無錫文庫

第二輯

鳳凰出版傳媒集團
鳳凰出版社

ISBN 978-7-5506-0971-6

9 787550 609716 >

圖書在版編目（CIP）數據

紀縣城失守克復本末等 / (清) 施建烈等纂輯. --
南京 : 鳳凰出版社, 2011.12
（無錫文庫. 第2輯）
ISBN 978-7-5506-0971-6

Ⅰ. ①紀… Ⅱ. ①施… Ⅲ. ①無錫市－地方史－近代
Ⅳ. ①K295.33

中國版本圖書館CIP數據核字(2011)第238846號

責任編輯　王　劍
裝幀設計　姜　嵩
出版發行　鳳凰出版傳媒集團
鳳凰出版社(原江蘇古籍出版社)
南京市中央路165號　郵編 210009
發行部電話 025－83223462
集團網址　鳳凰出版傳媒網　http://www.ppm.cn
印　　刷　無錫市證券印刷有限公司
無錫市揚名高新技術産業園B區75號　郵編 214024
開　　本　889×1194毫米　1/16
印　　張　39
版　　次　2011年12月第1版　2011年12月第1次印刷
標準書號　ISBN 978-7-5506-0971-6
定　　價　510.00圓
(本書凡印裝錯誤可向承印廠調换,電話:0510－85435666)

無錫文庫工作委員會

顧問

楊衛澤　毛小平　周和平　譚　躍

主任

王立人

副主任

曹佳中　陳海燕　吴小平

委員

方標軍　須　儉　陳堯明　尤文科
何承志　蔡文煜　葉建興　施　展
嚴克勤　劉　川　雷群虎　李祖坤
瞿　敬　華瑞興　周興安　姜小青

無錫文庫編輯委員會

主　編

王立人

副主編

須　儉　姜小青

編　委（按姓氏筆畫排列）

王進雄　王賡唐　卞惠興　全　勤　吴　迪　沙無垢
金其楨　夏剛草　倪培翔　徐小躍　徐志鈞　浦學坤
陳文源　過旭明　過耀華　許墨林　張志清　程勉中
湯可可　蔡家彬　劉桂秋　錢建中　錢菲菲　顧文璧

執行編委

王華寶　王　劍　薛　飛　陳紅彦　林世田　謝冬榮

徐憶農　陈　立

編務人員

顧志堅　李躍光

無錫文庫學術顧問

（按姓氏筆畫排列）

朱玉麒　朱維錚　江慶柏　李文海
沈衛榮　武秀成　金良年　胡福明
莫礪鋒　徐中玉　陳熙中　許倬雲
張仲禮　張廷銀　彭　林　程章燦
馮　遠　馮其庸　楊天石　趙生群
劉玉才　錢　遜　錢中文　錢文忠

總序

七千年文明史，三千年建城史，江南名城無錫，襟長江依太湖，自古以來就是魚米之鄉，禮儀之邦。無錫文化自泰伯南奔以來，騰蛟起鳳，尚德崇文，在數千年的傳承發展中，教化常持，經世務實，人杰輩出，大家林立，文藻絢麗，錯彩鏤金。舍南舍北皆春水，欲與湖山作主人，數千年的人文傳統，賦予了風光秀美的無錫以獨特的文化魅力，鑄就了城市剛柔相濟、秀逸清麗的文化品格。

無錫是中國吴文化的發源地。早在商代晚期，周太王古公亶父的長子泰伯三讓王位，携其弟仲雍奔吴，定居無錫梅里，建『勾吴國』，『端委以治周禮』，施以禮儀教化；興修水利，授以農桑，不數年而『民人殷富』。泰伯帶來的中原文化與無錫本地土著文明相結合，吴文化以及作爲其重要組成部分的無錫文化就此發端。晋室南渡，北方人群大量南遷，帶來了中原的文化技術，促進了無錫農業、水利、手工業和商業的發展，中原文明再度與吴文化進行融合互滲。在本土文化與异地文化的碰撞和交融中，不斷推動着無錫這座城市的文明進步。

無錫歷史文化『追歷七千餘載歲月滌蕩，遂經四大轉折而成其廣大深厚：泰伯西來，吴文化成焉；永嘉南渡，江左文脉振焉；宋室波遷，江南文風始焉；歐風東漸，錫邑占風氣之先，民族工商文化始焉。數百代鄉彦賢達智慧與創造累積，文獻足徵，無慮百千』（《錫山先哲叢刊》重版弁言）。無錫文化以兼容并蓄多樣化的形態不斷發展。

崇文尚教，以教促文。北宋嘉祐三年（一〇五八），無錫始設縣學；北宋政和元年（一一一一），理學傳人楊時在無錫創建東林書院，此後無錫出現了喻樗、尤袤、李祥、蔣重珍等一批知名的教育家。至明代，顧憲成、高攀龍等在東林書院講學，此後又有許多書院相繼而起。古代無錫對教育的重視，促進了『崇文』和『尚教』的風氣，也造就了大量的人才。自隋朝開創科舉取士到清末廢除科舉，無錫共出了五名狀元、三名榜眼、六名探花和三名傳臚，并有五百四十名進士，一千二百多名舉人；『一榜九進士』、『六科三解元』，自古傳爲佳話。近代以來，經濟的繁榮進一步帶動了教育的興盛。無錫籍國學大師錢穆曾說：『晚清以下，群呼教育救國，無錫一縣最先起。』此後無錫的實業家紛紛出資興辦文化教育事業。教育的繁興，在極大程度上促進了無錫的文化發展，出現了空前的文化人才崛起的高峰。

文脉綿延，後出轉强。歷來『文化』的概念有廣義和狹義之分，這裏的『文脉』之『文』，用的是狹義的概念，即指經史、文學、藝術等人類所創造的精神財富的總和。在無錫的歷史文化傳統中，自古及今，悠悠文脉，如瓜瓞之綿綿。必須指出的是，從文化發生學的角度來看，早期中華文化的中心是在黄河流域的中原地區，無錫在宋元以前，雖有像顧愷之、李紳、尤袤、蔣捷、倪瓚等一批人文英才，但在整體上，無錫的文氣是自明清以迄近現代達到巔峰。在整個江南地區文教昌明和無錫經濟繁盛、教育勃興的大背景下，無錫地區在經史、文學、繪畫、音樂等諸多領域中，建樹卓越，俊才雲蒸，真正呈現出『人文之盛，冠於南國；碩彦輩出，著述繁富』的局面。

求實務本、重工崇商。無錫自古爲江南富庶之地、魚米之鄉。明代東林講學者將士商并列爲『本行』，講求經世致用；近代早期維新的思想家、實踐家薛福成提出『黜浮靡，崇實學』，大力倡揚『工商爲先，耕戰植其基，工商擴其用』的觀念，這些都成了近代以來無錫人求實務本、重工崇商的重要的思想根源；兼以明清時期，封建自然經濟解體，資本主義開始萌芽，無錫經濟日趨繁盛。鴉片戰爭以後，上海開埠，由於商品經濟的發展和商業資本積累的增加，逐步形成了一個以上海爲中心的，北接江陰、靖江，西連蘇州、無錫、常州的經濟區域。有布、米、絲、錢『四大碼頭』的無錫，被譽爲『小上海』。到了十九世紀末、二十世紀初，無錫許多有識之士積極引進西方生產技術，大力興辦工廠，形成了近代六大資本系統，無錫成了近代中國民族工商業的發祥地和蘇南經濟中心。經濟的繁盛，不僅爲無錫文化的不斷發展提供了堅實的物質基礎，而且也形成了無錫文化的主流形態之一的，具有鮮明特色和豐富內涵的『工商文化』。

文化源長，文獻宏大。在歷史上，無錫有過兩次較大規模的文化整理。一八九九年，《常州先哲遺書》是包涵無錫在內的第一次區域性文化整理集成。一九二二年，《錫山先哲叢刊》是無錫真正意義上從城市角度進行的一次文化整理。當時，國家積貧積弱，社會動蕩離亂，身處亂世的有識之士高擎文化的旗幟，以縱覽千古的魄力和毅力致力於城市文化傳統的繼承與弘揚，爲無錫地方人文教育提供了文化楷模，對增强無錫崇文興教氛圍發揮了重要的作用，爲無錫躋身江南名城提供了文化動力，其意義至今爲後人感念。

滄桑巨變，天上人間。經過近一個世紀的奮鬥探索，特别是改革開放三十多年來的迅猛發展，中華民族强勢崛起。國運昌隆，盛世修典。中共無錫市委、市政府高度重視地方傳統文化的整理弘揚工作。自二〇〇七年提出『建設文明無錫，打造文化名城』以來，無錫全面深入開展歷史文化遺産的挖掘、清理、保護和修復工作，傳承弘揚優秀傳統文化，彰顯城市人文歷史底藴，掀起歷史文化名城建設新高潮。此後，市委、市政府在《無錫市文化大發展大繁榮行動綱要》中明確要求全面整理出版地方歷史文獻，市委、市政府在《關於深化文化體制改革加快文化强市建設的决定》中再次明確要求編纂《無錫文庫》，正式啓動迄今爲止無錫地區規模最大、綜合性鄉邦文獻集成的修編工作。爲確保《無錫文庫》的編纂工作順利進行，市委、市政府專門成立了『無錫文庫工作委員會』，由市委宣傳部牽頭，設立了『無錫文庫編輯委員會』，計劃用三年時間完成編纂出版工作。《無錫文庫》的編纂，將以嶄新的學術角度和現代學科框架對城市歷史文化進行全面梳理和弘揚，站在時代的高度，充分展示城市深厚的歷史底蘊，彰顯先賢哲人的智慧創造，解讀無錫文化的獨特個性，提煉升華無錫的人文精神，光前裕後，古爲今用，以文化人，由人化文，以史爲鑒，開啓未來。

《無錫文庫》的編纂出版必將發揮重要的文化功能：首先是搶救文獻。無錫自古即有豐富的地方文獻，無論經史子集，都有重要著作流傳於世。然而無錫近代歷經戰亂，一些重要典籍已毁佚，僅有書名存留；還有一些珍貴的明清地方史籍，也以孤本存世，處於若存若亡之間。由於各種原因，一些代表無錫文化的典籍保存於國内外各大圖書館中，在無錫不易見到。從清末到民國期間，在文化上有不少重要成果，而這部分書籍因長期被忽視而處於毁佚的邊緣。《無錫文庫》的編纂就是爲了搶救文獻，保存文脉。其次是古籍整理。無錫先賢留下的載籍很多，但現存書籍，版本雜亂，良莠不齊，整體而言没有經過系統編排梳理，使用不便。《無錫文庫》的編纂，就是從版本目録學的角度加以梳理，每書皆撰提要，鈎玄指要，便於閱讀使用。第三是服務大衆。《無錫文庫》所收皆爲地方古史遺文，是研究無錫歷史沿革和文化傳承的必讀書目。《無錫文庫》的編纂出版，使這些書籍的使用更加便捷和廣泛，對無錫的文化建設、城市規劃、古迹保護、名勝開發都具有很高的學術價值和實用價值。

歷史唯物主義觀是《無錫文庫》編纂出版工作的重要指導思想。《無錫文庫》是一部具有社會主義新時代特點的典籍集成，編纂理念和選編觀念更加科學，注重學術性、實用性和經典性相結合，并且儘量收入古籍版本研究的新成果，廣泛收集流散在國内外的珍貴典籍。編纂工作中，始終堅持『尊重歷史、尊重科學、尊重規律、尊重專家』的原則，堅持『雙百』方針，對傳統文化中重要的不同學派、不同觀點的資料兼收并蓄，力求客觀、完整和全面。當然，《無錫文庫》不可能包羅萬象，而以文史哲爲主要内容，兼顧其他類别著述，整體呈現出無錫歷史文化的發展脉絡。强化編纂工作的學術規範，提倡實事求是的良好學風，對文庫的整體規模、體例框架、所收書目、版式裝幀等進行反復論證，反復比較，多方聽取意見，慎之又慎，力争使《無錫文庫》成爲一部真正代表無錫文化的綜合性鄉邦文獻集成。

編纂出版《無錫文庫》的盛舉，得到了海内外衆多著名的文史專家、學者教授的熱烈響應。許倬雲、馮其庸、楊天石、李文海、徐中玉、馮遠、胡福明等無錫籍文化名人和劉玉才、程章燦、江慶柏、張廷銀、金良年等專家學者應邀擔任《無錫文庫》的學術顧問，他們扎實的學術功底、嚴謹的治學風範、卓越的學術見識，爲《無錫文庫》提供了有力的支撑。

千年吴地文明，百年工商繁華，賦予無錫人聰慧和靈秀，創造了具有獨特品質的城市文化和城市精神。當我們手捧先哲留下的珍貴文化遺産，不僅滿懷感恩、敬畏之心，更涌動着不負前賢、勵志圖新的激情，去努力創造城市文化嶄新的輝煌，讓無錫文化大發展大繁榮的春天更加姹紫嫣紅、繽紛燦爛！

無錫文庫編輯委員會

二〇一一年一月

凡例

一、《文庫》所收爲無錫籍作家的著述和與無錫相關的歷代文獻，分爲《官修舊志》、《地方史料專著》、《年譜家乘》、《無錫文存》和《近現代名家名著存目》五輯。

二、無錫地域範圍以現行行政轄區爲準。《文庫》立足無錫市區，兼顧江陰、宜興，適當選收江陰、宜興具有代表性的著作。

三、《文庫》所收著作，以史料價值高、使用價值大爲原則，適當兼顧其版本價值。

四、《文庫》主要采用影印方式出版，《近現代名家名著存目》收入作家小傳和主要著述目録。

五、《文庫》所收著作，其編纂年代下限爲一九四九年；《近現代名家名著存目》則不受此限。

六、《文庫》所收著作，原書如有蠹損、殘缺、漫漶不清處，原則上以相同版本予以換頁、補頁，使全書清晰、整齊。

七、《文庫》對所收每種圖書，均撰寫提要，置於每種書扉頁之背面；每册均新編頁碼，自爲起訖。

八、《文庫》編制書名索引和著者索引，以方便讀者使用。

第二輯編輯説明

本輯爲《無錫文庫》之第二輯《地方史料專著》。這些書籍皆爲個人著作，它們是官修方志之外最重要的地方史料，是對地方歷史更爲精細的記録和闡述。其中保存了官志中看不到的材料，所以也是官志極其重要的補充。無錫自古以來人文薈萃，所以歷史上存留下來的地方史料專著也非常豐富。明清以來這些著述得到了長足的發展。作爲方志體裁的史書，這些著作所述史事已細化到一個鄉村，一座寺廟，一幢宅第，一座園林，一所學府，一項工程，一個專題等，從而爲後人保存了大量第一手的史料。進入民國後，隨着社會的發展，在政治、經濟、文化、教育等方面，出現了許多專門的出版物，這些具有時代特色的文獻，爲我們保存了民國時期原生態的歷史材料。從這些文獻中可以看到當時無錫向現代都市邁進的步伐。第二輯所收書籍，不少都是孤本，彌足珍貴。特别是一些藏於外地圖書館的珍貴書籍，這次也盡了最大的努力加以搜集。由於歷史的原因，一些地方史籍已失傳，僅有書名存留，不無遺珠之憾。一些民國書籍也偶有缺葉。敬請讀者見諒。從另一個角度而言，也更説明了這次文庫編纂的必要。

目録

紀縣城失守克復本末

（清）施建烈 稿
劉繼曾 輯

《紀縣城失守克復本末》四卷，(清)施建烈稿，劉繼曾輯，民國七年(一九一八)無錫聚珍本。

施建烈，字叔愚，晚號獨翁，金匱人。道光二十二年(一八四二)秀才，咸豐九年(一八五九)舉人。自幼才思敏捷，同治初爲李鴻章幕僚，參與平定太平軍及捻軍諸役。晚年任華亭縣教諭，不久歸，卒於家。有《六有齋詩文集》。

劉繼曾，字長高，號石香，又號寄漚。原姓范，嗣劉姓爲子。生平博學，工詩善畫。十七歲時無錫淪陷於太平軍，避難於鄉。亂平後不事科舉，游幕荆襄燕趙，晚年歸里，以著述自娱。撰有《寄漚文鈔》、《寄漚詩鈔》、《忍草庵志》等。

《紀縣城失守克復本末》一書，所記爲太平軍於清咸豐十年(一八六〇)占據無錫縣城及周邊地區的史實。因作者及輯稿者皆爲親歷其事之人。施建烈爲淮軍幕僚，能看到當時清方及地方的軍事文書，所紀真實可靠。書中太平軍濟天福黄和錦上天王本章云：『狗官叨天父天兄天恩庇，打破無錫、金匱，計城廂内外離城五里之地，共殺男婦老幼妖民十九萬七千八百餘口，請天恩降敕封刀。』可見錫城民衆抵抗及被殘之慘烈，保留了原生態的珍貴記録。書中所録爲四年中攻守之數十次戰事，大多爲軍事記録，僅在書末略記戰後人口大減、野獸出没之慘狀。

本書據民國七年無錫聚珍本影印。

(徐志鈞)

紀縣城失守克復本末四卷

錫山掌故叢書之一

民國七年一月無錫縣圖書館聚珍本

紀縣城失守克復本末序

嗚呼生民塗炭之慨天爲之與人爲之與自泰伯采藥荆蠻實關吾土君于梅里歿葬鴻山之陽距今金匱縣治五十里而近仲雍君今常熟縣之梅里歿葬虞山武王克商求泰伯仲雍後得仲雍曾孫周章封諸吳爵以子吳越鄰而仇春秋魯定公五年經書於越入吳不詳何地迨檇李搆釁以迄姑蘇覆國戰守皆無與吾土戰國時地屬楚秦將王翦略地至此見居氏[illegible]於山山裂一石其文曰有錫兵天下爭無錫平天下寧始皇改置郡縣因名吾土曰無錫此無錫縣所由始蓋由商季迄漢桓靈代一千四百有餘年吾民不見兵革何其幸也厥後宋元易代帝㬎德祐元年三月元兵至無錫知縣阮應得死之十月元丞相伯顏屠常州遣蒙古軍都元帥闍里帖木兒萬戶懷都先據無錫州宋將麻士龍尹玉死之度民間固傳檄而定也元明之際湯和攻吳大破吳軍於錫山走莫天祐平江既圍他城皆下惟天祐堅守卒亦用游說而降民不至創深痛鉅也我朝開國邑諸生王玉汝約父老具牛酒迎師境上于是士馬皆歌笑而南不戮一人越軼前古雍正間析縣爲二置金匱縣是又金匱所自始其割據者三國時孫策并江東金烏珠嘗犯臨安馬足車塵度所必及吾民被慨與否書缺有閒惟吳越爭蘇州二十餘年閒俺

得偘失戰於無錫者凡七然旣戰則引軍而去去則各君其國各子其民也寇盜之旣晉時蘇峻反賊帥張健馬流攻無錫敗顧颺唐時宋可復據無錫及孫儒之亂其黨劉建鋒破無錫望亭諸屯度皆來去飄忽民旣未至酷也外患則明世宗嘉靖三十三年甲寅三十四年乙卯倭一再至其初至也自滸墅過望亭將犯城闔新安有土兵以爲苗子易也懲前創轉而南其再至也掠蕩口尋往常熟駐惠山方奔旋就殲於楊家橋度民不過相驚未變實旣也乃粵逆用烏合之衆長驅直入盤踞四年屠戮割剝戶口計去其六七嗚呼此從來未有之奇厄天爲之與人爲之與左氏傳曰輕則寡謀又

紀縣城失守克復本末　原序　二

曰輕則失衆今總督兩江使者權雖不逮古諸侯而轄境遼闊過之使陸建瀛固扼九江不輕越道士洑以爲滅此朝食計向忠武榮嚄唶宿將輔之以張忠慤國樑方可會湖北水陸諸軍蹙賊于上游賊雖悍動觸羅網必不能遽逞何以誤賊諜爲營弁采給約而冒險貪功一敗塗地反奔回棹賊艘尾躡以東逆首洪秀全於是破江寗建僞都稱僣號大局震動幾幾乎不可收拾一死塞責莫之哀也洎向張至已出賊後自曠野進營鐘山內杜東竄兼遏北渡之路外援揚州六合東壩寗國諸境喋血搏戰無慮日咸豐六年向歿命江寗將軍和春代之張及三品京堂許乃釗幫辦軍務而專以張

總統諸軍晝夜苦戰措拄又四年餘垂克矣十年閏三月庚戌大營雪雹交加軍譁餉和春用翼長王浚言靳餉而急責以戰軍遂潰和春乃釗倉卒退張自江北至丹陽集潰勇復戰歿總督何桂淸素倚張爲長城方大慟而和春至查文經薛煥等議謂蘇州根本要地亟宜內顧請布置半月回轅質諸和春亦謂然議遂決使何固守常州不輕去以爲先顧腹地計和春張玉良皆驍銳背城一戰勝負未可知巡撫徐有壬固不知兵置勿論浙江巡撫王有齡何所進用也一告急必悉全浙精銳遣大將以援常常不破則吾邑已下東南數十州縣財賦之區皆無恙何以徇寮屬之請空拳徒手進退

紀縣城失守克復本末　原序　三

失據坐視淪陷而莫可如何東市朝衣噬何及矣以陸何二公平日之心思才智豈至出婦人孺子下哉輕故也生民塗炭之厄天爲之與人爲之與同治元年三月十日按察使銜福建延建邵遺缺道合肥李公鴻章由安慶督師至上海上海處一隅無可進退之地全浙賊綫我後可慮一夷情叵測不用則資賊用則要挾萬端且不盡力可慮二賊衆我寡可慮三逆流進取形勢全失可慮四乃自四月署巡撫九月即眞戰必勝攻必取旣納常熟昭文之降即分兵急趨吾境東南以斷踞蘇逆首僞忠王李秀成之嘗二年十月庚戌定省城十一月乙巳復吾邑不浹旬而先後告克天人交應又何

神也三年留防勇丁皆城居每肆擾遺民裹足四年始集老氏曰大軍之後必有凶年而吾邑獨否十餘年來屢豐閒遇偏災不爲害且兵燹後濱太湖之民習蠶桑利倍農畝天於吾民若有偏愛生今日者宜如何痛定思痛以答天庥乃士務奢侈而偷薄成風農工商賈務財利而譸張倍昔中興盛業於萬斯年斷不至再罹兵劫然民不悔禍保無上干天怒而召水火盜賊凶荒疫癘一切意外之虞乎正人心以弭天怒是所賴於良有司非士人所能置喙矣紀縣城失守克復本末別爲一編俾後之君子有所覽焉金匱施建烈

紀縣城失守克復本末卷一

清　金匱施建烈叔愚原稿　無錫劉繼增石香編輯

咸豐三年癸丑二月乙酉逆賊洪秀全陷江寧將軍祥厚總督陸建瀛在籍團練紳士六品頂戴前廣西巡撫無錫鄒鳴鶴等死之

時洪逆以二年十二月陷武昌三年正月將棄武昌劫衆東下廷旨命湖北提督向榮爲欽差大臣而以建瀛幫辦軍務鳴鶴自廣西革職回籍建瀛奏調赴江寧令辦沿江團練而自率師會榮抵九江得榮公牘約會剿未期日差弁回途次爲賊所獲殺之而賊僞爲差弁約期速進建瀛信爲實急飭所部溯流上先鋒官副將劉長清諫曰今是使無關防公牘而差弁徒將一名刺道士洑地最險萬一戰不利奈何建瀛與襲長安薇壽春鎮總兵恩長叱使退遂越道士洑遇賊恩長戰歿屍順流下全軍大駭返棹急奔賊躡之過九江安慶天門山遂陷金陵

欽差大臣湖北提督向榮追師至出賊後初營句容淳化鎮進營鍾山號江南大營民賴以安

二十七日清明士女登城踏靑適南門外有杖斃土匪丁阿會懸竿示衆或訛言曰賊至矣民爭出城壅塞不得出自相踩踐或踰城或鳧水死者二十七人北門外長安橋有丐者

闖賊𨑳棄僮盡將自沈既知爲訛僮盡已失乃大悔
三月遊擊富安統兵兩營營於北門塘十二日二鼓有鬻湯
圓者過營敲竹片喃且吼兵逐見之或施火鎗或竄伏自踐
死者十餘人鬻湯圓者亦遁匿終夜惶遽
在籍吏部侍郎侯桐奉督辦團練之命
四月巢湖鹽梟劉正裕與他梟不睦鬬毆每用鎗礮死黨數
千人謀作亂事泄伏誅
五月初七日設盤查局於前橋旋移設於北門塘牛星殿桐
年老不任事城鄉少壯紳士代之賢否參半勇丁一二十人
頗擾民

八月殺無爲教民張葆修髮匠陳湯圓盤查局舉人周汝立
孫□□主之既汝立舟泊蘇州山塘自言白晝見鬼暴病卒
乃專上□□功得內閣中書
四年甲寅
五年乙卯大旱蝗邑中崇安寺桑大十圍蝗食葉枝榦折仆
米珠薪桂民不聊生
六年丙辰鎮江高資告急巡撫吉爾杭阿往援大敗自戕九
華山營潰居民惶駭多避之鄉既向榮退守丹陽張國樑克
復溧水句容復進營鍾山民稍安業榮旋卒於軍謚曰忠武兩江
總督怡良權代之旋命江南提督和春爲欽差大臣

七年丁巳怡良引疾以何桂清爲兩江總督和春爲江寧將
軍三品京堂許乃釗江南提督張國樑幫辦軍務和張二帥
不相能桂清居閒調停之江南大營勢頗振
八年戊午冬張國樑克復鎮江府城始掘長濠於鍾山麓
錫山有錫苗土人夜采之可得數十兩
九年己未冬張國樑攻毀九洑洲賊壘長濠成
和春兼江南江北欽差大臣
十年庚申正月金陵上關下關守賊皆降於張國樑
二月僞忠王李秀成陷杭州和春命廣西提督張玉良由溧
水駐防馳往克之

三月賊陷溧水溧陽闔金壇
賊之造亂於廣西也悍賊僞東王楊秀清故優伶習武伎
者也謀勇兼優僞北王韋正廣西監生能觀天文識晴雨
尤多謀僞西王蕭朝貴僞南王馮雲山故湘黔大盜善戰
僞翼王石達開故永安州胥吏自號小宋公明蕭馮二逆
皆爲向忠武榮陣斬於長沙潮貴子湧嗣爲僞西王破江
寧時戕我江寧將軍者也馮逆後無考韋正死子昌輝嗣
爲僞北王向忠武殁楊逆謀篡索僞天王璽於洪逆昌輝
素忠與楊逆戰不勝呼於衆曰若輩助楊秀清請殺我如
助洪氏則不失爲忠臣衆皆助昌輝戮秀清五馬轘其屍

石逆素善楊逆時守寗國涓輝召至金陵將殺之謀泄石逆夜縋而出走四川以叛以故悍賊推僞英王四眼狗陳玉成次僞忠王李秀成秀成聞金陵危乃由江西至徽州萬級嶺者安徽浙江間道也袤延三百餘里副將吳正熙扼守之兵僅七百秀成衆十餘萬攻之正熙全軍皆歿遂破建平廣德由泗安長興犯湖州爲圍魏救趙之計何桂清屢請兵於大營和春以金陵大功垂成每發兵或三百或五百或七百且管帶官不過偏裨二月遂偕土匪王長生合湖而趨杭杭城下段破巡撫羅遵殿死之中段上段將軍瑞昌督兵並募錫箔匠阻柵以守和春聞杭州破乃

檄廣西提督張玉良統勁旅七千以行玉良時扼溧水爲大營後路甫至杭一日而克然溧水空虛三月賊遂破溧水溧陽半圍金壇半趨常州常州僅總督護衛兵五十名徒飾觀不習戰何桂清急檄已革總兵熊知音督練勇三百參將周天孚督湖州防兵千人來援賊始卻楊里埠民擒賊三十餘人髮垂委地桂清恐斬之

閏三月朔錫金城守營守備蔣志善始行團練

常州營遊擊富安奉巡撫徐有壬檄至營於惠山

十六日江南大營雷雹交加軍譁餉大營失

先是三四五六年間大營勇額五六萬人積欠月餉一百五十餘萬之多何桂清初莅任至大營慰勞軍士諭以按月搭補欠餉三成奏調雲南糧道王有齡赴江蘇旋授蘇州布政使有齡工權算月入增百三十餘萬縉添募勇丁五六萬共十餘萬給餉無缺時擢浙江巡撫以去然糧臺按章給餉如故也和春憤兵勇要挾問諸翼長總兵王浚浚者舊曾充營務處官謂和曰六年大營存兵一千十三人賊八萬餘人撲我營軍士亦嘗譁向忠武公詬責之麾使速去士皆涕泣謝罪戰遂勝今日情事正同和從其言坐營門大聲訶斥責急戰語未畢而五萬餘人皆散張國樑聞兵潰由江北回丹陽鳩集潰勇賊十餘萬人追和

春許乃釗急國樑與戰腰脅中賊刃策馬渡河人馬皆溺事聞謚曰忠武和許二帥退守常州檄張玉良回援留游擊王玉林駐杭州城守

督辦糧臺已革福建按察使查文經倡議糾江寗布政使薛煥江安糧道王朝綸等請何桂清赴蘇州布置以固根本張玉良亦贊其議桂清請於和春與玉良同行和以手自按其額曰此已黑璧田方亮設賊至恃璧田生力軍搘持王玉林雖貲淺望輕然夙爲殿臣所任今帶黑旗勇四百皆殿臣部下一以當百之選吾已檄令由太湖徑赴蘇州公可一切聽其布置留玉林守蘇而自回轅可也璧田

者玉頁字黑亮云者風鑑家視額色卜盛衰之言賊臣者
張忠武字也既玉林至蘇紳士訶其無因疑爲賊請於巡
撫誘入轅門殺之懸首城堞黑旗勇遂反厥後迎賊破蘇
巡撫方據案閱視公牘首驟墜於案即黑旗勇之爲也

自二月至閏三月燕不至

竹有花紅白色參半

紀縣城失守克復本末卷一

紀縣城失守克復本末卷二

清　金匱施建烈叔懋原稿
　　無錫劉繼增石香編輯

四月朔乙丑日晡太子太保總督兩江五口通商大臣何桂清至泊舟皇甫墩署無錫縣知縣丁廷鸞金匱縣知縣暢和會謁見請留駐桂清勿許

初大營潰勇至常州桂清輒遣文武員弁各一人持令箭謂曰報名者給資歸伍入城及掠民一物者斬軍士無敢違者至是潰勇私掠於北塘桂清如前遣巡捕官宣令潰勇大詬漏二下守將富安遣兵謂牛星殿團董曰何宮太保泊此夜不舉火傳口號懼干詰願得燭五十斤與貴局

互爲聲援董事如其言終夜火光不絕

二日黎明富安遁鼓聲不絕而無節士人瞰之蓋縛狗於鼓架也

何桂清東下巡撫閉不納遂回望亭檄總兵曾秉忠駐無錫和春許乃釗輕舟潛過境

丁暢二令會銜示禁居民遷徙封民間倉粟遷徙之家粟入官

三日丁廷鸞乘馬出城守備蔣志善追及之於石塘灣掖以入守

暢和會遁

土匪剽掠蔣志善輒捕殺之血染衣盡赤而剽掠如故
五日候補道史保悠江寧府知府鄭濟美至
七日張玉良至駐軍崇安寺
八日常熟縣民執暢和會送至張涇橋團練局
十日甲戌賊自江陰宜興分竄吾境江陰賊至張玉良及蔣志善迎戰方勝而宜興賊越惠山趨西門玉良志善回顧城中突出賊城遂破
史保悠爲其部下鄭國魁所殺
鄭濟美統步隊曾秉忠統長龍船約會剿濟美戰死秉忠舟駛入太湖

樊玉田乳名毛大者邑劉塘橋人業篙舟三年至金山被虜甘心從賊破城時爲僞四百三十四丞相充鄉導官守城賊首僞濟天福黃和錦倚爲腹心
賊入城後卽出示各鄉言弔民伐罪秋毫無犯越日而四出剽掠謂之打先鋒婦女被虜更迭姦淫多或十餘人少或四五人謂之打水泡死則棄諸道路其不死者藏諸密室幽而姦之或據爲妻僞王以上曰王娘以下曰貞人奶奶
賊舉鄉人爲鄉官分軍師旅帥凡所欲悉令若輩取諸民戶給門牌或所欲不遂卽出打先鋒故鄉民輸將恐後厲雙福者邑泉橋人嘗應童子試賊首黃和錦入城迎拜馬首爲僞軍帥肆虐於西鄉
邑城外米棧及丁暢二令所封民間倉粟約三百餘萬石悉爲賊有土匪間有乘夜竊取者
賊打先鋒帕首皆紅黃綃民團以白布裹頭別於賊號白頭各鄉團練名白頭局者蠭起東南界長洲之蕩口鎭局巳革江西永新縣知縣華翼綸主之東北界江陰之河塘橋鎭局在籍戶部陝西司額外行走員外郞楊宗濂主之二局稱最强境內后橋安鎭至望亭鄰境東南至永昌北至祝塘皆一呼可集餘如禮社顧山六賢橋甘露方橋談家巷等處皆集團

十一日賊至嵩山有嵩山寺僧念亮者持鐵鞭當先適一悍賊馳馬來念亮縱步前入馬腹下以鞭倒捲賊下馬梟其首衆譟而前殺賊無算
十三日增貢生顧裏以白頭敗賊於芙蓉山斬其酋僞安樂使以徇二十四日賊大至戰不敵裏被執大罵不屈死
五月守賊黃和錦上表於洪逆其畧云狗官叨天父天兄天王恩庇打破無錫金匱計城廂內外離城五里之地共殺男婦老幼妖民十九萬七千八百餘口請天恩降敕封刀云云
按黃逆云如此計城破時自經自沈自焚或闔門殉難者尙不在此數也哀哉

初賊至張涇橋踞鎮焚掠有山東鄆城人粱國泰者楊宗濂僕也驍勇敢戰舉爲鄉團長率健勇十數輩持刀矛由側徑掩入國泰躍登屋巔而兮從者匿敗堵中見賊至國泰捦殺一賊傷數賊從者突出呼擊宗濂乘勢督團進賊大潰擒斬無算餘賊竄入城圖報復尋以大隊出宗濂及弟以迴率國泰選精銳迎擊於鴨城橋賊隔橋而陣躍躍作勢密布旗幟守以數十人陰分大隊爲兩翼襲宗濂後宗濂覺之令國泰過橋衝擊斬賊牽旗獲馬二匹兩路賊隊聞之氣餒踉蹌折回

十九日江陰賊出掠祝塘鎮宗濂往援賊以旗虛插鎮外縱火焚街口宗濂登高阜見賊飽掠子女玉帛無鬭志機可乘揮衆疾擊四面重圍搜捦數百人餘賊匍匐乞命皆國泰力也吾境而外江陰常熟團勇皆呼爲粱將軍以得隨鞭弭爲榮

揚名鄉有金阿狗名玉山者城陷時緣事繫獄賊至釋之爲鄉官頗能右鄉民賊不得逞揚名大橋本有團練勢甚張爲賊取乘頼金左右之後阿狗與賊忤遂集槍船數十專劫賊之往來於太湖者謂之剝毛皮而其黨遂并民船而亦劫之厥後爲賊所擊阿狗率衆遁

團練大臣內閣學士常熟龐鍾璐聞粱國泰名賞以四品功牌常熟官紳宴國泰龐握手懽然禮誼交盡國泰恃能而驕大言曰假我二千人克復江陰錫金可操券龐悟其輕躁姑令率所部守顧山未幾常熟陷國泰走甘露鎮索餉募勇甘露華翼綸所控制不識國泰遂不禮焉且察其從者多無賴疑通賊爲前導夜半率勇圍其舟列刃相向國泰投水衆以長矛鉤出碎其屍分其貲裝馬匹從人殲焉時楊宗濂設局陸山國泰死遠近村鎮皆納欵於賊衆亦瓦解宗濂挈家閒行之上海

八月厲雙福打先鋒於白兎辛巷恣淫掠

焚毛大破青浦南匯二城大掠於寶山之大場江灣等鎮恣淫殺而還升僞城天福初以與王拙耕勸降邑人勇文珊㢘九皋李某楊大官蔣狗大有功升僞城天侯此次論功升僞城天豫洊升僞城天福後賊眷愈隆升僞主將

十月長洲團首張漢槎先納欵於賊永昌徐佩瑗勢孤繼約和寓書華翼綸翼綸揣結仇已深陽以進貢名爲和而陰備之

賊欲官翼綸且責翼綸不蓄髮翼綸辭曰某雖不才嘗作邑宰待汝天朝一統後蓄髮未晚也賊亦憚翼綸聽之以故吾境諸鄉皆蓄髮而蕩口甘露獨否

十一年辛酉四月厲雙福打先鋒於新瀆橋火民居

五月黃和錦升僞濟天義責鄉官設局徵錢糧僞董賁緣無錫由僞監軍小面華二局設壜橋金匱由僞監軍黃順元局設東亭凡刑名錢穀事皆理之僞董染指餘臭頗贈

七月賊勒僞鄉官舉行僞試令曰不應試者斫其手賁餽試者按圖報名

蕩口局自議和後困於供億華翼綸全家之上海

協辦大學士兩江總督曾國藩克復安慶楊宗濂華翼綸偕蘇州松江常州太倉紳士往乞師

蘇紳之避於滬者以巡撫薛煥不知兵上海知縣劉郇膏獨力支持督民團禦賊勢岌岌署布政使吳煦督糧道楊

芳與夷酋通聲氣創立洋鎗隊助郇膏戰屢捷然夷性靡定至是發議乞師於曾時金陵沿江賊營林立惟夷酋火輪船駛過不相犯乞師諸人請圖練大臣檄附夷輪行兩晝夜達安慶曾慮兵單餉絀分顧不遑議未定宗濂等致書蘇紳欲月濟協餉數萬金以慰關部然後徐請分兵蘇紳白煥煥有難色既而國藩嚴飭海關道月濟三十萬不容緩吳煦乃檄候補知縣龔學潮偕在籍戶部額外主事錢鼎銘攜銀八萬兩爲犒師之儀旋得請

紀縣城失守克復本末卷二

紀縣城失守克復本末卷三

清 金匱施建烈叔愚原稿
無錫劉繼增石香編輯

同治元年壬戌二月署江蘇布政使蘇松太道吳煦以白銀二十萬雇夷商火輪船迎師於安慶

三月按察使銜福建延建邵遺缺道李鴻章記名提督淮揚鎮總兵黃翼升統湘淮水陸軍東征翼升以水師協勦東西梁山

十日鴻章抵上海營城南

十一月常熟守賊僞朝將駱國忠以城降

時浦東西廳縣皆復國忠降於我我得拊蘇州之背踞蘇逆首僞忠王李秀成畏偪悉衆來爭水師遊擊周興隆督

國忠堅守

十二月廪雙福統無錫賊衆攻常熟頗爲李秀成所嘉賞後洊升僞芥天豫

二年癸亥三月守賊黃和錦渡江攻揚州以僞朝王黃子滌代之

子滌凶殘甚於和錦民號爲潮白地

四月太倉崑山新陽既皆克統領全軍知州李鶴章督師進屯常熟西三十里之王莊金匱東北隅也

五月十四五日總兵劉銘傳敗江陰賊於楊厍僞忠王糾僞

章于護王晉王潮王侍王自無錫城至江陰顧山連營聚賊出犯水陸稱數十萬冀援江陰竄常熟北自江陰之北漍南至吾境張涇橋東自江陰之陳墅西至江陰之長壽縱橫六七十里爲石營土營石木卡百數十咸憑河扼險毀橋梁泊礮船勢大熾

二十日李鶴章以劉銘傳七營之衆并爲三營進北漍攻賊左郭松林吳建瀛黃中元所部八營并爲三營進南漍攻賊右滕嗣武張樹聲周盛波所部八營并爲三營進麥市橋爲中路淮揚水師提督黃翼升以水軍三營分助之周壽昌黃金志由嚴家橋進張涇橋備無錫援賊鄧長里張學仕水軍

先破界常熟之吳塔羊尖賊營仍堵其隘以截蘇州蠡口援賊鶴章自率馬隊列陣顧山應之

二十一日松林敗賊於陳墅銘傳令耆貴擊走常州賊於界江陰之華墅

二十二日銘傳嗣武軍焚賊礮船於北漍麥市橋濠壘俱就鶴章登顧山吹角趣諸軍賊衆我寡戰久未還無錫賊由長涇堠山羊尖大至鶴章望見之恐壽昌軍不敵遣馬隊敗之嚴家橋賊退屯江陰之長涇鶴章翼升因令中右軍大隊伏河岸僞將潛渡而水師急進南漍焚賊船松林乘間越南漍趨長涇賊大駭愕參將張林錦遊擊李長樂率衆奮攻之林錦陣亡松林長樂戴板揮刀盪賊陣血染衣盡赤賊乃潰追之至祝塘而北漍賊援長涇斷我歸路建瀛中元之軍敗之時酷暑將士渴且饑乃罷戰夜鶴章翼升赴陳墅約銘傳諸軍攜板曳柴潛設浮橋發種種火器擣賊營而伏大隊隘口殺賊賊大亂水陸軍譟而進聲震天銘傳軍破北漍賊營二十七嗣武等軍破麥市橋賊營二十三松林等軍破南漍賊營三十五殺賊無算

二十三日江陰無錫賊由蹌塘橋長涇西陳家橋分道至與敗賊合尚十餘萬鶴章令諸軍以小隊衝賊中堅而大隊圍之賊內怯旋敗銘傳軍追及八字尖松林等軍及祝塘長壽

嗣武等軍及三墉橋後塍賊各數千毀其營數十擒僞王宗朝將以下百餘酋獲馬五百匹船三十艘僞印二百顆軍械無算自顧山以西賊皆盡奏入總兵郭松林王東華加提督銜劉銘傳滕嗣武以總兵遇缺題奏副將黃中元擢總兵游擊周盛波擢副將都司李長樂擢參將遊擊銜顧邦桂周壽昌加副將銜知府張樹聲擢江蘇道員並賞長樂侃勇巴圖魯副將鄧長里長勇巴圖魯參將張學仕制勇巴圖魯名號陣亡參將張林錦都司汪龍淦守備施銀貴議卹鶴章還常熟銘傳仍駐揚厙而翼升水師駐大河

是時記名提督程學啓已統所部進屯峴子山大小唯亭

角直復移屯外灣塘所以扼蘇州之吭也黄翼升李鶴章由常熟而進兵吾境所以拊蘇之背而斷其右臂也我汪意在此賊所必爭亦在此江陰縣楊厙汛居蘇常之交常熟昭文無錫金匱江陰五邑之屏蔽距三城各五六十里沿江有城向設都司爲南岸要汛劉銘傳入駐後常州賊僞護王陳坤書糾僞驅王治王丹陽賊僞董王江陰賊僞廣王以合圖銘傳

三十日僞護王驅王治王率衆萬人回據華墅犯泗巷沙山龜山佰楊厙

六月三日銘傳設伏迎剿擒僞獨天義於沙山

四五日賊犯顧山北漍西塘市延及楊厙銘傳皆擊走之護逆欲歸江陰賊許饋糧萬石期七日破楊厙銘傳求援於李鶴章而別股賊方擾長涇綴我王莊大河之軍鶴章議先勦敗之然後赴援

八日夜唐殿魁以死士百人襲護逆於沙山焚二壘逐之至黄土塘

九日黄翼升令水軍襲賊毁十餘壘賊遁視塘青暘港鶴章所遣軍初敗賊於顧山陳墅嚴家橋賊退羊尖於七里橋作堅壘郭松林黄中元會王東華水師擊之破毁其牆復壘之浮橋溺者無算餘賊復遁黄土塘楊厙解嚴銘傳將攻江陰鶴章遣七營赴楊厙助之羣賊回顧江陰吾境戰事少休

七月二十六日僞納王部雲官以蘇州賊二萬出陷金匱縣之蕩口鎮巡撫李鴻章檄滕嗣武黄中元張樹聲吳建瀛等陸師十一營王東華等水師四營援蕩口

二十八日陸師遇賊謝家橋大破之追奔二十餘里

二十九日巡撫親督水師復破餘賊逐之至蘇州齊門乘勝破黄埭賊營俘斬數千

八月朔劉銘傳克江陰守賊僞廣王李愷順墮水死官軍得專意於吾境以圖蘇州銘傳旋率所部進營青暘鎮以固吾境官軍後路

十一日郭松林至堠山十二日敗賊於新塘橋久攻不下松林與部將王平西易用剛李長樂裹重絮禦賊槍踰濠乘牆立刃黄衣賊數人賊駭散追之至亭子橋僞潮王以城賊出拒復敗之刃及其肩幾就擒賊亦矛傷松林股始逸

二十日李鶴章令張樹聲滕嗣武列隊芙蓉山禦賊以立營賊出塘頭嚴埭敗之進入嚴埭王東華以水師入大圩夾擊奪其卡追至塘頭復毁其營

二十二日松林嗣武自東亭追賊九里街及東門分隊擊走南門賊東華與周盛波擊賊於張村寺頭焚浮橋張樹珊董鳳高逐賊至北門水師渡河焚賊船

二十六七日僞侍王李世賢僞璋王林紹璋率賊數萬至坊前梅村而高橋賊數千至西膠山出芙蓉山後城賊出北門犯塘頭東亭
二十八日鶴章登堠山分遣諸軍應賊盛波東華分進高橋塘頭西膠山牽賊勿東樹聲由東亭敵城賊樹珊嗣武出梅村坊前之後松林進堠山東以馬隊擊村落散賊令吴建瀛過河設伏自率李長樂易用剛誘敵伏起賊亂走坊前樹珊嗣武適至捦斬千計麻塘賊聚大胥橋憑河拒樹聲揮軍截之沈其礮船樹珊嗣武追賊近南門復馳回合擊賊遁揚名大橋口復遇松林軍奪賊船百餘艘捦其酋數十人西路則

盛波令楊長有周盛朝進姑亭廟扼西膠山賊胡金元劉啟福迎高橋及北門之賊而自率大隊敗賊塘頭㳂河抵城下賊恃衆將濟河半濟擊之掩殺無算金元啟福亦撻各軍旋俱歸營
二十九日李秀成由蘇州集僞納王郜雲官僞來王陸順得僞趨王黃章桂僞祥王黃隆芸僞紀王黃金愛並其養子忠二殿下七賊之衆水陸十萬偪我大橋角之營先是元年十一月夷將白齊文竊官軍火輪船二以叛是年六月率外國流氓二百人入蘇城投賊爲製大小炸礮是役以所竊輪船列礮以從鶴章急遣張涇橋十二營往援

三十日賊悉鋭攻大橋角發西洋三十二磅炸礮礮彈墮營中所觸皆糜軍士死枕藉勢甚殆周壽昌乘間率死士持連珠噴筒火器膝行伏河干發之猝中輪船藏火藥所聲大震而裂尺木片肉飛如雨並焚其長龍礮船斃賊及洋人數百賊船大亂移南岸而陸隊仍由浮橋渡河圍壽昌及吴勝淸營悍賊實草於濠蔽藤牌以登輒槍斃之屍塡濠復進幾不支矣而鶴章援軍疾馳四十里適至賊乃退而整隊鶴章令張樹珊等十營之衆援勝淸營餘軍及黃翼升水師援壽昌營樹珊軍戰久未逞擲火罋焚賊藥罋以馬隊洋槍乘之賊始潰溺者蔽流追奔至后宅翼升軍毀賊礮船猶相持猝見岸

賊敗奔乃亦張帆遁壽昌開營設浮橋渡衆横擊之亦追奔四五里圍悉解賊夜退黃埭
九月朔鶴章令嗣武樹聲復剿敗之追至望亭距河而返别服賊犯堠山圍吴建瀛營郭松林援之斃賊千人
二日城賊黃子澄乘我軍援大橋角未返出犯芙蓉山周盛波敗之奏入總兵王東華給正一品封典滕嗣武黃中元加提督銜副將銜周壽昌顏邦桂投副將守備孔慶玉童虎臣擢遊擊加副將銜汪丙炎擢都司加遊擊銜並賞壽昌壯勇巴圖魯道員張樹聲卓勇巴圖魯參將吴勝淸冠勇巴圖魯童邦喜振勇巴圖魯王平西勝勇巴圖魯遊擊董鳳高精勇

巴圖魯都司張士芳強勇巴圖魯守備楊正國翼勇巴圖魯
名號陣亡都司銜守備施本仁議卹參將張學仕坐失礮船
礮職
賊之犯大橋角也探防軍止三營易破破則達常熟太倉
擾我後路翼舉大局故以全力注之意我將不及措而不
虞其復挫也是役也失兩僞王及最驍悍之忠二殿下李
秀成痛哭去白齊文亦以此不慊於賊至見棄洪逆死助
其餘黨汪海洋等爋餘毒於閩四年四月郭松林援閩獲
諸廈門將械送上海至浙境覆舟斃於水
李秀成既敗於大橋角仍圖大舉復糾蘇州無錫宜興溧陽

之賊八九萬船千餘艘泊運河口自將悍賊踞金匱之后宅
而令各僞王由望亭后宅屯營互進
九月四日郭松林勦賊麻塘追至后宅歸途阻賊萬餘力戰
始出守備楊人傑把總但成秀死之滕嗣武張樹珊亦敗賊
鴻山統領李鶴章謂諸將賊方步步爲營以逸待我勞我亦
宜制之以營勿浪戰遣嗣武樹珊赴大橋角立營五
八日鶴章自督軍至后宅秀成率黃衣賊隊出拒奮前奪其
卡賊歸護之秀成營前敵壘猶堅其西三里皆賊連營倚河
自固攻之不克鶴章復益三營大橋角
九日松林敗賊鴻山十一日又敗僞金王陽王之衆於坊前
梅村追至下田橋先是常州賊陳坤書出踞江陰西南焦墊
蕩及吾境芙蓉圩二日劉銘傳由靑暘攻芙蓉圩斬僞天將
一捦僞朝將參護等酋坤書梟水逸圩賊悉走
十一二日復會芙蓉山周盛波之軍敗僞侍王李世賢於西
膠山賊退高橋
十三日秀成犯安鎮松林擊走之仍踞后宅西倉麻塘橋世
賢則北踞高橋惠山南及坊前梅村
十六日盛波擊走芙蓉山賊連破嚴埭塘頭賊營
二十三日賊犯堠山松林設伏安鎮興隆橋賊方圍營伏自
後發駭而奔秀成既見東路設備嚴欲西合世賢復犯大橋

角黃中元擊走之躡斬數百人毀后宅南塘賊營十一秀成
移居麻塘而世賢居東亭
二十七日賊盡出所部由坊前梅村東亭鴻山列隊數十里
欲犯堠山鶴章謂賊雖衆然屢敗中實餒宜滾營偪勦之令
周盛波進興隆橋合劉銘傳礮隊攻坊前張樹聲進中安橋
合郭松林礮隊攻梅村麻塘橋自率洋槍隊應之
二十八日盛波敗賊興隆橋追至東亭繞鴨城橋遇坊前賊
又敗之
二十九日以二營屯鴨城橋世賢率衆來犯盛波約松林急
進僞武王汪有維方窺堠山松林追賊往嵩山樹聲遇賊中

安橋繞由泰平橋亦追賊嵩山松林復進梅村西倉先毀梅村賊營十餘奪賊船數十艘捡偽護國軍師戶部尚書李生香及偽侯偽主將以下酋數十斃偽航王唐政才秀成由麻塘來援松林令吳建瀛攻西倉而自督隊敗秀成追抵麻塘秀成奔入營建瀛已破西倉賊營八會軍麻塘復合破其三營而秀成石營終不克松林傷乃返

十月二日世賢由東亭犯鴨城橋盛波閉營守潛出隊襲賊後賊驚潰追之方逾橋他賊復大至鶴章先馳往令松林進坊前樹聲進嵩山盛波軍專敵世賢敗之於是鶴章益飭諸將次第翻營偪世賢日以半隊出擊護其後作壘八九日諸

軍俱已偪賊發炸礮擊賊營猶阻於河

十日銘傳松林進營河干秀成突出大隊嵩奚兩山樹珊方翻營遇即戰符信余思樞橫擊之追至西倉礮毀其營二十餘

十一日鶴章銘傳合擊世賢營毀其牆數丈劉盛藻率親兵越而入賊營皆月牆窖穴其上發火槍如雨仍不克而程學啟攻蘇軍已於九日奪滸墅關賊聞皆驚

十二日大橋角守將滕嗣武黃中元乘霧攻嘯傲涇破賊營四是日世賢約陳坤書等三偽王由常州來助城賊黃子澄亦出至新塘橋鶴章令樹聲松林設伏世賢營後水師綴其眾不得與援賊合乃分道擊援賊竟夜屢敗之十三日復繞東亭要道築一營賊漸怖銘傳等乃乘夜襲世賢焚其更樓伏縣發破土城餘賊皆無措迷道四走世賢猶踞浮橋以殿諸將敗援賊方回軍賊見之乃大奔追之至南門尚未曙疾抵麻塘擊秀成分道設浮橋發諸火器賊遽潰掩殺逾萬坤書遁歸常州世賢遁宜興溧陽而秀成亦由北望亭繞靈巖木瀆之徑入蘇州

二十一日踞蘇賊首偽忠王李秀成見事棘夜出胥門仍由靈巖木瀆水道以去二十四日偽納王郜雲官偽天將汪有為殺偽慕王譚紹洸夜開齊門迎降二十五日獻慕

逆首於巡撫李鴻章要總兵副將爵官且要署其二十餘萬眾為二十營仍屯閶胥盤齊四門二十六日偽納王郜雲官偽比王伍貴文偽康王汪安均偽寧王周文佳偽天將范啟發張大洲汪懷武汪有為駢戮於我營二十七日

• 甲戌定蘇州省城

十一月二日三品銜知府統領李鶴章督軍攻克無錫金匱縣城

初鶴章等十晝夜滚營與賊搏既力卻秀成諸悍逆十月十六日張樹聲周盛波由鴨城橋進城東破三里街賊卡屯拒東門劉銘傳之駐青暘也西膠山與萬壽橋賊偪東

援吾境時縣丞丁祖蘅留曹陽營於十五日乘霧出疑兵走賊分營萬壽橋爲進兵高橋地十七日銘傳西歸十八日敗陡門奏卷之賊二十日以水陸攻克高橋賊營二十一日賊復至高橋擊走之陳坤書及僞英王叔來援知我已得高橋折往西陡門二十三日犯萬壽橋別由橫山絓官軍由前洲渡河犯石幢橋銘傳分遣所部敗之二十六日李秀成之衆方遁而西乘小輪船毀無錫西門橋以出繞至萬壽橋遣賊乘霧圍我營其輪船發炸礮衝高橋水師若將致死銘傳率百人伏河埂膝行前以洋槍斃其駕船逆夷賊乃逆伏駛其輪逸去而圍營之賊方挾草塡濠

猛進見輪船已西始遑遽徐得勝劉盛藻唐殿魁等乘之大潰斬二千人秀成走常州郭松林亦於是日督克新安笔亭賊壘鶴章令松林進南門周盛波移進北門張樹聲進東門李正佩張士芳廰北門符信余思樞廰南門黃中元繞闔西南滕嗣武繞屯高橋以絕常州宜興賊援賜賊黃子澄聞蘇州既斬降酋率七萬人守猶力傍河亦築土城附城中橋均護以數營攻之三晝夜不息我營已偪河干日塡河與賊併命是月戊戌朔盛波焚賊船百餘松林中元樹聲破惠山及亭子橋石卡至是日樹聲盛波松林先後破東北南土營盡進逼城頭賊漸移疾逾河昇梯以登賊不能拒猶巷戰粵賊數千走北門盛波擊斬過半復出西門而五洞橋賊營已先破不得竄乃殲焉

周壽昌擒僞潮王黃子澄郭松林擒其子黃德懋並獲僞酋數百人悉斬之斃賊二萬餘散脅從數萬人捷聞知府李鶴章擢道員記名遇缺簡放提督劉銘傳郭松林賞頭品頂戴總兵王東華黃中元滕嗣武周盛波張樹珊張光泰陳東友周國興擢記名提督盛波東友給從一品封典張桂芳羅得陞以總兵遇缺題奏桂芳加提督銜副將周壽昌彭述淸易用剛李正佩吳建瀛以總兵遇缺簡放壽昌加提督銜建瀛給二品封典顏邦桂加總兵銜參將易宏達遊擊吳家榜張

紹棠胡金元劉克仁董大義劉啟福謝連陞均擢副將道員張樹聲加三品頂戴直隸州知州余思樞同知劉盛藻趙宗道均擢知府知縣丁日昌劉東堂擢直隸州知州盛藻宗道日昌俱賞戴花翎教練洋人副將銜畢乃爾授官副將美敘羅殿矩給遊擊銜並賞得陞展勇巴圖魯述淸勵勇巴圖魯用剛紹勇巴圖魯正佩撲勇巴圖魯邦桂搏勇巴圖魯宏達堅勇巴圖魯紹宗鼓勇巴圖魯金元迅勇巴圖魯克仁赫勇巴圖魯大義節勇巴圖魯啟福禦勇巴圖魯連陞靖勇巴圖魯思樞俊勇巴圖魯盛藻恆勇巴圖魯道員符信特勇巴圖魯名號陣亡游擊周學林守備黃舒甲費承隆把總孫勳煥

趙明禮議郵

十二月僞主將樊玉田懼罪逸善後局董六品銜頂前內閣中書王言鏞遇之舟次執送常州府知府扎克丹行館斬之

紀縣城失守克復本末卷三

紀縣城失守克復本末卷四

清 金匱施建烈叔愚原稿
無錫劉繼增石香編輯

三年甲子正月二十四日郭松林滕嗣武等克復宜興荊溪先是吾境初克越七日而劉銘傳李鶴章分軍規取常州周盛波張樹聲等薄城而壘銘傳受奔牛賊降即駐焉陳坤書艮官軍之偪乃糾丹陽句容踞逆僞忠王子僞章王然王僞英王叔僞潮王子衆十餘萬由西道繞出常州城北圖竄腹裏冀我軍回顧而解嚴自正月既望陰雨連旬羣賊卷旗薙髮冒雨馳二月十一日江陰無錫常熟三城皆警十二日竄江陰常熟之賊蔓延至吾境張涇橋東亭十三日黎明突至

鴨城橋李鶴章先自無錫登陴督守令余思樞出城迎戰思樞所部見賊旗即卻幸鶴章前檄黃中元援兵適至橫擊之東亭賊潰遁知城中有備乃大肆殺掠於八字橋張涇橋他賊隊僞滕王利王黛王莊居焉十六日郭松林方過王莊遇即戰賊敗潰追殺二十餘里十八日黃翼升水師自羊尖至王莊痛勦賊引去吾境自是無烽火警

自正月至於三月人相食自西南鄉漸迤而北

方官軍攻宜興宜興民之出避者沿途自相食初猶食斃於路者既而病者仆者即未死亦食之及入吾境即先食吾境之民既而吾境亦食宜興之民甚至無賴子鬻之塊

之粥于市誑言曰牛羊肉也多食者腫發於面石塘灣有老嫗奉佛每二月朔至十九日茹素謂之觀音齋先一日食肉謂之封素後一日食肉謂之開齋俗習然也不意開齋日市人肉食之旋腫面旣而知悔將自裁隣人止之語聞於邑宰邑宰將嚴究其人而殺之粥人肉之風始息

邑城克復後計民居什不存一城中則賊毀其二土匪毀其一留防勇丁之所毀殆不啻什之六也

蓋賊雖橫暴居必求安亦猶夫人之情也土匪則不過於賊去後就勇丁之所不屑居者毀之作奸犯科固不免畏首畏尾也若勇丁則在事者固自矜汗馬之勞即不在事

者亦謂是同袍之力一若於業主絕無與者不甚愛惜勢有固然惟駁岸上室廬所存幾半緣僞潮王府城復後李統領入而居之故有所憚而不敢附郭則惟東門亭子橋存其五六若西南北三門一望瓦礫街衢磚石並被傷殘

蓋賊與土匪之爲無與勇丁矣

四月初六日我軍克復常州府城吾民之歸自外者始稍稍復業於鄉以留防勇丁城居故也

按府城以咸豐十年四月六日日加未陷賊凡四年克復而月日時皆不爽豈非天哉

四年己丑二月在籍指捐江西知縣秦恩延候選知府楊宗瀚知縣許國瑞教諭施建烈訓導潘江執送僞扦天豫厲雙福於署無錫縣知縣吳政祥下諸獄數日逸至上海投天主堂

亂後惠山一路人煙稀少有野獸自溧陽宜興山內成羣而來大者如駒小者如猿其聲或如劈竹或呦呦如小兒啼其噬人也人或獨行以前二足搭其肩驚顧其牙長寸許利如鋸齧喉而飲血若兩三人行差可免鄉民呼爲竹狗

三年秋城中大市橋有三丐者酣臥黎明皆死是年春寺塘涇側游人亦被齧官懸賞捕之示曰大者錢二千次者千次者五百一老農窮數日之力得一次者獻之官驗視

乃狗獾也怒曰汝欺罔已甚欲得錢千當與汝杖千痛哭乞免乃杖五百以故鄉民無捕竹狗者北門外前竹場有肆日旰時有一少年囊錢千坐片刻云是寺頭人將歸家明日後竹場有死者衆往視之則少年也囊錢猶在以後城鄉居民日多其患始息

紀縣城失守克復本末卷四畢　　無錫文苑閣排印

紀縣城失守克復本末校勘記

序　第二葉下第五行第六字受誤作采　又第六行第十九字僭誤作借

卷一　第一葉第六行第十八字棄當作棄　又下第五行第十四字陷當作陷　第二葉第一行第四字棄當作棄　又第八行第十一字泉誤作前

卷二　第二葉下第六行第十字棄當作棄　又第六行第二十字窖當作窖　第四葉第六行第二十字同上　又第十行第十一字鎮當作鎮　又下第七行第二字所誤作取　第五葉第二行悟其輕躁下有非大器三字奪　第六葉第十行第四字拄誤作持

卷三　第二葉下第三行第九字於字衍　第四葉下第八行第二十三字築誤作作　第五葉下第八行第二十二字擊當作擊　第八葉第七行第十八字棄當作棄　第九葉第六行第八字鎮當作鎮　第十葉下第七行第五字已誤作巳　第十二葉第三行第六字巷誤作卷

卷四　第二葉第四行第九第十字面腫誤作腫面　又下第十行第三字乙誤作己

錫金團練始末記

（清）華翼綸　撰

《錫金團練始末記》不分卷，（清）華翼綸撰，手抄裝裱本。

華翼綸（一八一二——一八八九），字贊卿，號篆秋，金匱縣人。華曾以舉人官江西永新知縣。清咸豐初，太平軍攻陷永新，棄官歸里金匱縣之蕩口。咸豐十年太平軍攻陷無錫、金匱，然而祇能占據近城之地。廣大農村組織了地方武裝團練，進行抵抗和維持治安。團練武裝頭裹白布，稱白頭局。華翼綸亦組織團練武裝，然而不久即被太平軍打垮。華翼綸祇得帶着家眷逃到上海。第二年，李鴻章組成淮軍到達上海。華與楊藝芳隨即加入淮軍。同治二年（一八六三）華翼綸與楊藝芳聯合總辦常熟、昭文、江陰、無錫、金匱五邑團練武裝，隨淮軍向西進擊。華翼綸充任大營向導，直至淮軍克復無錫。該書即是華氏創辦團練地方武裝抵抗和戰勝太平軍在無錫一地的歷史記録。按年月記録太平軍在錫地之史實，皆爲作者所親歷，極爲詳細，史料價值極高。淮軍各支部隊占領錫城後，大肆屠殺居民，搶劫財物和婦女，至晚各兵始將所擄馬匹、騎坐、婦女驅至東亭路，絡繹不絶，城中烟火衝天，人聲鼎沸，終夜有聲。華翼綸帶領人伕在淮軍走後入城收拾殘局，『進南門見路旁死屍堆積，街中潰血成渠，履爲之濕』。他們在城中處死了太平軍守城將領。該書所述無錫庚申之變淪陷於太平軍之史事，首尾完整，詳細生動，勝於同類之他書，爲不可多得之地方珍貴史料。本書向無刊本。書末有紅字一行：『據湘芙夫人所藏原稿校一過。』故知是抄本。

本書據清代抄本影印。

（徐志鈞）

錫金團練始末記

錫金團練始末敘

自髮逆踞金陵各大憲出示勸民間團練爲堅壁清野計舌敝唇焦而州縣視爲具文民間以承平日久不復言兵雖三令五申卒泄泄如故

咸豐十年三月金陵大營兵潰賊遂長驅直達自丹陽而下常州郡城猶守六晝夜至無錫蘇州城門不閉官兵本無鬬志而自巡撫徐以下無一人知兵故數百里無限其馬足者吾邑人本懦弱豈能抗此悍賊乃廹於勢之無可如何竟激而爲團練在四圍皆賊之中晝夜血戰者十四日城失而鄉得全者方四十里蕩口一隅竟以倡團事

上聞蒙奬飭過當因述其大畧爲團練始末非敢自炫實賴羣策羣力之讚助耳

同治三年八月既望金匱華翼綸遂秋自敘

錫金團練始末記

咸豐庚申。金陵大營兵潰。吾邑城中團勇數百人。不過招集無賴子。虛應故事。賊未至早已星散。四月初十。縣城不守。先是金陵敗兵逃下。擄掠財物。無所不爲。鄉閭土匪又四出搶劫。居民之載輜重道者。無一幸免。以致鄉民進退維谷。而城內賊酋僞忠王李秀成出示安民。反而嚴禁長髮肆擾。殺土匪數人。懸首四門。城居民逃出者皆欲回家。而四鄉黠者遂創爲進貢之說。以牛羊食米獻賊。冀得免殺掠。僞忠王駐錫五日。軍政悉派乾天安李賊。民事派監軍黃順元。屬僞福僕本邑人南門外天授鄉僞軍帥黃德元即順元之兄。以近城故被害較輕。長安橋市頭等處有富戶過姓胡充當旅帥。供應周到。民居未燬。揚名開化二鄉金玉山爲軍帥。頗護鄉民。本有團練。勢甚旺。後爲賊注意。賴金左右之。西門外富安鄉萬安鄉爲宜興衝途。錢南香爲軍帥。因賊蹤充斥。逃避遠方。北門外景雲鄉亦近城廂。有楊念溪爲軍帥。未甚損壞。但楊之舊宅在江溪橋。房屋百餘間。土匪燬其半。官兵壞其半。存無幾矣。其大鎮爲東亭。賊與民貿易之所。商賈往來如織。小市遂爲雄鎮也。懷仁鄉地半金匱。通江陰之要道。人民被擄者衆。軍帥張承壽。旅帥浦紫卿。均是殺吏出身。爲虎作倀而已。先是蕩口土匪知長髮陷宜興。必取錫金。於初四日即思焚掠吾鄉。人以爲不失於賊。先失於盜。心實不甘。遂羣議立局爲團練。先殺土匪頭目阿黑。衆心遂定。有廣東人小孔曾開設廣煙鋪於安鎮。來鄉游覽。鄉人捉而殺之。奸細由是絕跡。迨城陷後。共舉義旗抗賊。而四鄉應之者方六十里。十一日賊來蕩口。四更后橋得信。即飛集民團。鳴鑼爲號。鋤耰棍棒。皆作軍器。遇賊於堠山。有嵩山寺僧念亮者。持鐵鞭當先。適一悍賊馳馬沖鋒。念亮縱步向前。搶入馬腹。以鞭倒捲。賊墜馬。即梟其首。團衆噪前殺賊。無算。衆心大悅。衆志益堅。所獲軍械糧食金銀。以充裕團中基礎。然賊自破金陵大營。直沖數百里。無有抗之者。忽遭此辱。乃益憤。十二日五鼓。率大隊來攻。各處民團互相遞信。早已蝟集。數萬人乘之。復大勝。自十一日至二十八日。共十四戰。民團皆勝。是時北面常昭未失。南面民團望亭至陸賢橋同望圩。殺老長毛十餘人。東南民團長洲縣徐氏馬氏張氏防禦周密。賊始有畏心。而團練因此得堅。四鄉立局互相保衛者。西至后橋安鎮。南至望亭。東至永昌。

北至祝塘。皆一呼可集。其法以有急必救。併力於近賊之處。晝夜遞信。呼吸皆通。故一有警報。賊未至而團先集。且隨地留飯。隨時可食。凡耕田之人暇則耕急則戰無有異説亦無有誤時。有錢之人出貲相助蓋已深知賊之柞取民財無微不至。今不濟公。後必供賊。故其事易集也。五六七月各縣皆陷。而常昭無恙。實賴長州金匱江陰各鄉團之加。常熟知縣周文之頗能籠絡人心。以永昌徐少蘧主長州之團。以余主金匱之團。嗣有　旨。以龐鍾璐督辦團練。而常熟實無可恃之民團。賊知永昌蕩口爲東南屏障。不可破。遂由江陰先攻祝塘華墅。彼處求援於東南之團然相距八九十里。一再前往。奔命已疲。赴救不及。祝塘遂爲所據。北面之團失利。節節相阻。文報不通。賊注意常昭久矣。八月初二日已刻賊進城。民間及各官署皆未聞知。倉皇失措。時龐督辦在王莊。常昭既失。民團皆寒心。雖竭力整頓。而外援無望。不能鼓勵賊衆奉僞忠王命。變爲假仁假義。籠絡人心。時屆年終。忠逆赴安徽。守蘇福省者爲熊萬荃。即喜天福僞爵專以要結爲事。不復殺掠。忠逆倚爲腹心。於是各團有陰相約降。九月中長州張瀟槎先納款受僞爵而徐氏遂孤。十月中常昭守將錢得勝即慷天燕由僞舉人曹和卿名敬作介。授少蘧以同檢官銜。兩相和約。賞犒甚豐。僞帥熊倡令同至黃棣。安民給示。收漕鄉民完糧後。每家牆門貼一紙印憑。長髮便不到。抄擾。常熟之辛莊吳塔。蘇州之相城陸巷。一例效尤。而吾邑各團遂無鬭志矣。至十月廿日熊萬荃與徐少蘧來議和。言各不相犯。附近各鄉造册徵糧。均歸本地人辦理。不派長髮一箇。鄉民不願留髮者聽其自便。民團以歷次抵抗。死傷極多。見有可生之路。遂無必死之心。相與洽約。惟蕩口彈丸之地。結仇已深。仍陰自備數年來未嘗有一日之懈。且剛柔互用。和戰兼施。其得免也天也。亦人也。

咸豐十一年正月楊詠春同年自通州來信。已奉翁幫辦札委。帶兵五百到江北一帶連絡團勇。整理軍需。以便南剿江南各州縣。囑余連絡各主管民團者。以便屆時内應。暗念張軍門已陣亡。上路無良將。曾督又未到江南。統兵大僚各抱觀望。陽奉陰違。不覺憂心如焚。進退無據矣。二月初易服雇小舟由水道至永昌訪徐少蘧。細述近況。相對慼額。知少蘧與僞帥熊萬荃錢貴仁甚融洽。出示兩僞札均稱奉忠王諄諭安民地區。如有新兄弟不守紀律。擅自抄擾良民。准鄉官綑解來轅。按天法究辦等語。余局於正月五日在黃埭拏獲長髮十餘人。綑送到蘇。交於偽帥逢天福。（即劉肇均）其中正法一人。聞之甚慰。想鄉鎮暫可偷安。次日返棹。見蕩口楊樹港稍賊匪又設一卡收捐。每鎮由民衆自報。每值千錢收捐四文。較湖口卡短收一文。詢余姪味初。據云江陰常昭兩縣為英逆陳玉成麾下攻取。蘇省為忠逆獨占。陳逆不慊。每擇繁華市鎮。多設一卡。歸英逆管轄。以資軍需。八月間偽天王弟洪軍師到蘇。即調停忠英二酋之誤會也。賊中互相猜忌如此。然忠酋外柔內剛。深得民心。英酋恃勇而驕。人皆憚之。江南無立足之地。態偽帥為余言之。見文星閣前檣船雖豎偽旗。局勇游蕩甚為寒心。摒擋一切外事。託徐新甫辦理內賬。歸味初照料。三月中余赴滬瀆。免卻招忌。且得探聽各處消息也。居住四月。來往雖多熟識。皆虛儀威夷。不見官軍蹤跡。八月初六聞曾帥克復安慶。次日乘夷輪至安慶乞師。曾帥以久未得下游信息。且薛中丞在上海不通音問。見余至乃大喜。許以明年二月出師東下。明日即屬其弟九帥前往湖南招勇萬人。惟時麗督辦薛中丞聞余至曾帥處乞師。議不可不遣人往。遂令屬慕韓大令乞師後余十日至。曾帥亦許之至

同治元年二月余復往安慶即隨師東下督師者李鄂轉鴻章也由輪船帶六千人至上海累戰皆捷克浦東等城十二月常熟駱國忠以城降其時熟城三面皆賊賊數十萬包圍之路出江陰及吾邑各鄉東由崑太南由蘇省五閱月餘日先復領兵有偽祿王偽寧王偽庚王偽驅王偽普王偽周王偽奕王其最悍者偽慕王譚紹光偽萊王賴桂芳偽聽王陳炳文廣王李愷順鄰縣鄉鎮波及肆擾蕩口以有倫偉免焉二年四月李巡撫率兵克復崑山。直逼蘇城。李中丞以進攻江陰檄楊藝芳與余總辦常昭江陰錫金五縣團練設團練總局於常熟城中余又奉札為大營嚮導於五月初四日抵熟城時方稱兵攻江陰城余於初七日即往南鄉廟橋鄒義莊內設團練分局五六月大兵環攻江陰故錫地未有兵至督師李三帥鶴章為中丞胞弟忽有書與藝芳言蕩口有賊卡如欲不打卡須犒師銀萬兩余以賊方踞卡豈有本地而求免打卡者即作書覆藝芳言助餉則可犒師不能語極抗直藝芳以原書呈三帥六月廿七日早突有兵船張

鄧兩營至蕩口打卡將賊卡打燬大肆擄掠將難局存錢衣服盡行取去揚帆就走並不留守而蕩口之人既懼賊來報仇又慮兵來搶奪計無所出遂經憲委之團練華朗華芸莊沅州集團自衛招至千人而偽監軍黃順元率五百人來投聲勢遂張七月初七與賊戰於毛塘橋克之獲其旂幟無算生擒長髮賊十三名七月二十四日聞蘇偽納王并三偽王將来報仇攻蕩口團兵戰不利余於廿五日下午駐扎蕩口助之廿六日早自出督戰遇賊於坊橋之北不料陸勇見賊而潰余督舟師救出陸隊與賊戰自卯至末五進五退賊方退去我軍亦整隊回官兵雖聞信無赴救者團勇加無賴子見勢孤各自引去。全隊三千名至晚剩千五百人次日僅存二十餘人廿七日黎明賊已到六步橋蜂擁而来黃順元手下止有從者一人順元自執一旂立延祥湖橋上禦賊賊徑冲順元退至馬涇橋猶執旂而舞余亦止從者雙喜一人執余旂立橋上局中之勇先奔止有教練三保一人執洋鎗立新橋上開放二次賊迎面而来順元等四始退走賊追之不及余乘舟退甘露華瑞芳率舟師擊賊於湖口不勝亦退至甘露迨余至衆皆畢集同至廟橋局適午正遣人至蕩口附近囑鄉人遠避兩日夜蕩口甘露居民十去八九廿七日賊又至所傷男婦十餘人賊大掠一日夜各鄉村衣服糧食皆空廿八日官兵突至賊遠颺所掠財物悉為官兵所得官兵住民房計兩日烘火延燒房屋蕩口一鎮約四五百間余家燒去六十餘間第二次援大橋角官兵復駐蕩口又延燒民房五百餘間余本家親仁堂藏書為一邑之冠付之一炬前數年賊来未燬一椽。至是而不能保豈非刦數耶。八月初六日華朗亭孫阜先走謁中丞於王莊中丞知蕩口為常昭門户遂遣五成隊来援自率舟師由冶長涇來其陸師松樹督標正副等營至謝棣橋已遇賊蹤連戰皆勝廿八巳刻抵蕩口中丞亦由水路抵新橋余自王莊馳回見中丞於舟次廿九日遂調得勝之師冲方橋賊已遁至黃埭遂徑冲黃埭燬其營賊遁蠡口遂回師中丞自度地勢以大橋角當駐防與余約俟破江陰即来扎營是為克復蕩口

八月初二日克復江陰乘勝進攻無錫以督標營黃中元撫標親兵正營周壽昌來紮大橋角以防蘇賊之冲十二日扎張涇橋大營其餘分防堠山芙蓉山萬

萬安橋等處三師撤圍練局。檄余為文報局。並嚮導
大營。所辦傳遞文報。張涇礼營最多。事亦最繁。文報
往来不絕。余得張殿華之助以張涇安鎮羊尖蕩口
分設四局。余往來於各局督之。兵賊交沍中丞又在
上海文報由羊尖局送至常熟王莊局轉遞若蘇州
則歸蕩口局送至駐蘇各營。組織甚密。奸宄不能混
入。忠逆聞信自安徽馳來。並名周逆汪起賢侍逆李
世賢及三偽王王天將率衆十餘萬由望亭紮住進
攻大橋角之營。復連營自梅村毛塘橋以至江溪橋
數十里旗幟林立。又夷酋白齊文不用於中國遂投
忠逆。且奪一火輪船助之。忠逆自精銳數萬來攻大
橋角之營。其時周壽昌營正紮大橋口。且有浮橋可
通南岸。廿八日賊之火輪由漕湖入。我軍水師張學
仕營見之即遁。兵皆鳧水逃之蕩口。及甘露四十餘
船悉棄去。提督黃翼升在蕩口聞信即飛棹砲船往
援。白齊文於廿九日黎明駕火輪船逕撲周營。忠逆
督賊環攻黃中元營。營牆被輪船上開花砲打坍十
餘丈。輪船行駛如飛。往来如織。炮無不中。已傷勇七
八十人。勢幾不支。忽周營中放一火箭中其藥艙頃
刻炸裂。聲動林木。河波沸天。烟焰冲起數十丈。適時

不散。輪船擱住淺灘上。船中鬼子擊死屍身迸裂飛
至天表血雨肉泥徧灑田間。我軍黃周兩營乘勢殺
出。提督黃率水師將張學仕所失砲船盡數奪回。而
張涇橋督標正副營亦繼至。賊遂潰。大角橋之營得
全。賊以水攻不成。遂分兩股。忠逆紮望亭。侍逆紮梅
村。次第推進。蔓延至大牆門口及洪升里。北至西倉
鴻山謝埭橋等處。侍逆一股由梅村竄至江溪新塘
橋。迫近安鎮。窺我緱山之營。我軍以大橋角勢孤。又
添林字營紮六步橋。屢次進攻洪升里雙板橋俱遭
反躬。蓋兵心有怯不能取勝耳。九月上旬雨甚不能
戰而賊至各村搜掠且鄉民有以食物饋忠逆冀其免
抄也。八日樹字營進攻洪升里。為賊所敗。逃回者不
滿半數。三師憤甚。自來督師。整頓後連夜回駐張涇
橋。開濠築牆以固防守。每日出伏。互有勝負。賊無退
志。且援賊連營數十里。逃兵敗勇盡為賊擄。彼衆我
孤。相持數月竟不能逼城。而城中之賊亦時出冲突
至萬安橋芙蓉山等處。梅村侍逆時亦率衆冲至安
鎮堠山。忠逆冲過鴻山到大成橋。各鄉早稻至是時
適熟。賊遂擄民夫排日割取。忠逆運至蘇州。侍逆運
至溧陽。而錫守潮逆自運入城。金邑止有南延上半鄉

皆種晩稻。且近大橋角六步橋有官兵駐防。故未被劃。十月十一日程軍門學啓率開字營從滸關沖破望亭賊營。斬滸關賊目僞天將高逆一日夜轉戰三十里。踏平賊壘二十四座。直逼閶門。忠逆知黄埭蠡口已失。望亭又斷。恐蘇城有變。遂宵遁。李三師乘之專攻侍逆。六晝夜乘霧環攻。大破之。侍逆亦遁走各鄉安定。援賊既退。李三師調劉銘傳由皐橋進紮。扼常郡來援之路。調張樹聲紮尤大里。郭松林紮江溪橋。督標黄中元撫標周壽昌駐南門跨塘橋。周盛波紮寺頭。四面環攻錫城。三師自駐東亭督之。是時城賊外援雖絶。城外尚有賊卡。賊首僞潮王時出沖擊。狡悍異常。城内各僞官見勢不支。有發天豫黎瞎子通情黄順元。聯合十餘人乞降。約期内應。事洩知不免。即共攻潮逆府。潮逆登屋飛瓦。率親隨百人對壘。列一晝夜。乞降者卒爲所殺。官軍不得耗。未能外應。十一月初二日賊目忠懷朝將汪裕湖率衆出城沖突。各軍併力與戰。自午至酉。賊不支。退回江溪橋卡中。官兵乘勝破其卡。賊復遁入城。郭松林率親兵跟追之。城門不及閉。官兵一擁而入。城遂破。各軍紛紛皆進。潮逆在僞府聞變。方督衆上城守。適遇周壽昌兵即生擒之。其僞王孃三人。方載金寶欲出西水關。亦獲也。各營官兵皆空壁入城。爭利。賊降者半。死者半。無一得脱。此二年十一月初二日午刻也。至晚各兵始將所擄馬疋騎坐婦女至東亭絡繹不絶。城中煙火燭天。人聲鼎沸。終夜有聲　初李三師下令營中不准帶婦女。初四日督標黄中元查出營中被擄婦女三十六人。周盛波亦查出盛字營中被擄婦女二十八人。均匿東亭中局。其餘各營不肯送出。亦聽之。遂分出錫金本地婦女爲一處。其餘杭州湖州及南京江西婦女爲一處。藉草而處之。終夜哭不休。各營中兵勇聞局中有婦女。爭相來取。不與即拔刀相鬭。其勢能不禁止。有願從者聽其配去。不願者聽其擄去。有一年輕婦金陵人。抱一幼孩。云是王孃。不肯跟人。志甚堅。後見一少年將官貌美。欣然從之。而吾邑被擄婦女十八人均不願他往。局中人竭力保護。送至各鄉。訪其親族遺散之

初三日余遂募民夫三百人。半爲舊時團勇之忠誠者。入城救火。進南門。見路旁死屍堆積。街中潰血成渠。履爲之濕。乃先令抬屍開路。其中死馬四匹。松字營勇六人。餘皆賊屍。半日完畢。稍通城門之路。然大

街上屍首縱橫倒偃。目皆是。東西北城門中亦有積屍。視南門較少耳。各營官兵見城中賊館糧食充足爭先封大宅子。每爲勢力大者所奪。遂負氣放火焚之。各處火起。赴救不及。坍屋之聲。如除夕爆竹。相續不絶。大帥下令亦不能禁。廿五晝夜火始熄。而城中之屋去其大半。三帥於初三日入城駐小婁巷。余家屋中。此屋甚窄而合意駐此者。以城内巨室多起火故也。是時文報絡繹。東亭局隨營搬入城内。借鳳光橋陶氏宅。取其屋小無利可爭也。三帥檄各軍乘勝攻常州。而劉銘傳已進紮七墅堰。後軍陸續進展。

李中丞少荃自蘇來視師。至城中見所燒房屋。惻然傷之。檄楊藝芳與余辦善後局。幫辦者秦苣風臻、侯榕初緝熙、王伯陶言鑄數人已。且無米爲炊。有風作浪。人皆視爲畏途。故雖發聘札亦多托故不來。中丞來錫。遇解潮逆於中途。遂帶至城中正法。爲潮逆廣西藤縣人。軀幹倭小。狡勇非常。目光炯炯若電。詐稱不識字。不多言。亦無供狀。臨刑時顔色自若。同日處死者僞軍帥侯謙保。僞同檢秦鴻源。各兵所住屋中。曾爲賊打館。尚有剩穀。官兵據爲己有。每遣降賊盤存。且取他屋中貯糧運入己屋。并擄

民夫爲之磨礲。文報局中所招民夫三百名。頃刻而盡。終日來索夫役。勢甚洶洶。不得已又募民夫五百。亦頃刻而盡。初入城時。局中亦盤穀爲食。然夫役多。穀米少。且釜筐瓦缶恒爲官兵奪去。僅存破釜三四。不够敷用。局中人往往日晡不食。至半月後稍能就緒。賊中被擄之人。有仍爲兵擄者。皆得飽餐。其無力之男女老幼。兵所不欲擄者不得食。或就道路或尋倉庫拾取遺糧。經一月以後。糧盡食絶。淹淹待斃已。錫城初復。營務處符道傳諭速將賊屍掩埋。街道掃清。城門修好。遂募水木匠五十名。又募民伕五百名。

余督役興工。民夫時時爲兵擄去。有司事五人督之。亦每爲兵所虜。不能禁止。姑因循而敷衍之。十餘日始將街上及各城門經行之處。屍首埋清。街道亦掃潔淨。城門亦做好。燼餘之屋。所有裝修家伙皆被官兵取去。紮排出城。售至他處。城中無物不有。凡家用什物。及農田器具皆有之。蓋賊在城時。抄掠各鄉。攜至城中。堆積館内。迨賊去後。官兵擇其貴重之物。以細民取什用之物。以致填街塞巷。百物皆備。百文錢可買一箱古物舊貨。真目不忍覩也。十日後。符道下令不許將木料器具出城。四城門派員看守。米穀亦禁止運

出。而兵於夜間縋城搬運。然較前之公然載去者有間矣。全城民居室如懸罄。有心者能不爲之怳悅乎。自復錫城後三帥遂調各營攻常州宜興。以林字營松字督標等營攻宜興。其餘各營攻常州。密受中丞之議。按時而進。如探囊取物。於正月廿三日克復宜興。而常郡之賊。有僞護王陳坤書爲首。又僞趙王胡鋃龍。僞守王方宗海。爲輔。

同治三年正月望後勾結丹陽賊目陳逆乘間沿江口一帶以數萬賊冒雨冲入腹地。先撲江陰之楊厙。據之。又分股撲常熟之福山鵝鎮台逃避。賊遂踞福山城。分兩股陸隊。一股撲江陰城。一股采襲無錫。護逆督率之。民情喘喘不安。中丞檄符道往守常熟。命三帥守錫城。自統水軍兜剿。吾邑守城兵不過千餘人。帶兵官爲余思樞。其兵搶掠有餘。而戰守不足。並託言東門駐卡。驚潰不能防守。至是三帥深知思樞之不足恃。遂檄黃中元援無錫。郭松林援常熟。天適陰雨。日久兵不至。三師使弁持令促之行。黃中元兵先至。即出迎敵。二月十三日早賊已冲至鴨城橋。余思樞率隊出城。見賊旂即退。賊已冲至東亭。黃中元兵適至。橫擊之。賊稍却。且知城中有備。退往各鄉擄掠。八字橋張涇等處受害最重。其撲江陰之賊。僞驅王率之。官軍與戰不利。賊遂分股取王莊。折而南直撲羊尖鎮。黃中元禦之與戰亦不利。反被僧定邦馬隊冲突。中元憤甚。自率親兵退羊尖橋上。一日夜羊尖居民皆逃。惟陳仲華在文報局。警報不通。與中元死守。賊遂竄入練塘涇撲常熟。而黃翼升軍門帶水師自長江東下。擊退福山踞賊。乘勝進紫華蕩。追剿王莊賊巢。自治長涇抵蕩口。而錫境遂安。三帥復調劉銘傳擊回陸路援賊。賊之水路冲入腹地者實有四萬人。八九殲焉。六月六日設驛遞歸錫邑管理。乃將各局一律停撤。計辦團練局三年。文報局一年。無一遲誤者。蓋辦事皆得其人也。

據湘夫夫人所藏原稿校一過

勾吴癸甲録

（清）佚名撰

《勾吴癸甲録》不分卷，（清）佚名撰，清末抄本。中華文史論叢增刊《太平天國史料專輯》有排印本，抄本藏蘇州博物館。

《勾吴癸甲録》，爲清咸豐年間無錫某人所撰。癸甲，指癸丑、甲寅，即咸豐三、四兩年。全書所記爲一八五三年正月至一八五四年十一月下旬止。按月記，詳略不一。全文共約六千字。其時正值太平軍攻占南京前後，當時無錫社會面對南京失陷，『江南大震』，錫城内外社會動蕩，風雨飄摇。鄉間農民受太平軍影響，紛紛糾衆抗租。無錫城内外紛紛設立關卡，創辦團練，徵收厘捐等情況。書中也反映了當時社會沉渣泛起給社會造成的破壞。該書是不可多得的珍貴史料。

本書據清抄本影印。

（徐志鈞）

勾吴癸甲録

咸豐三年癸丑正月十三日錫山驛遞報粵匪由武昌放舟而下

兩江總督陸建瀛赴九江防守江南戒嚴

粵匪洪秀全先于咸豐元年在廣西搆亂占據西平州僭帝

號為首　命將士相持一載二年三月潰圍而出直撲省城

隨過桂撫鄒鳴鶴與提鎮協力守月餘解圍去徑渡湘湘

十二月破武昌三年正月乃順流而下事聞鄒鳴鶴時于賊退後

為實尚阿所揭革職回籍而陸建瀛將赴九江先期

以書與鄧至金陵詢以防堵事宜奏請協守

十四日總督陸建瀛師潰于九江十九日回金陵江寧江蘇巡撫

楊文定由江寧退守鎮江江南大震

此于二十四日顧竹樵由金陵陸制軍幕寄信是夜回錫始得

其實自此吴中避亂者絡繹於道

二月十四日據報江寧省城于初九日失守流言賊匪不日乘勢至蘇

城中遷徙一空

某月二十九日匪據金陵鄉省家書回鄉云是譴臬也翻係

音信不通金陵之破也匪從儀鳳門入將軍祥厚力戰死之陸制

瀛亦死鄒鳴鶴殉難于三山街次子親從之孫筍陔蹈潛回二十

二日破鎮江楊文定通守令供棄城走一隅於王楊常隨赴今下

蘇州供向提軍兵到乃止時楊朝省將賊者偽衆情洶洶館

米賊受之遂取揚城

二十二日錫邑南鄉張西橋土匪丁阿惠偽衆劫掠

是時人心惶惶土匪寓居邑南太湖之濱日日鳴鑼聚衆至于二

十一日斬殺諸頭秦基數日事始揪一朝而盡匪日張西橋又掠李

典商等一空其匪郁燒去濱有大戶黃某者鄉人匪于停串

約于二十六日午刻毀其居有富賞陸宝居于南門信夜道匪

期以降也饑民者千人萬延許金募勇報大成保衛並許給放

平米匪稍稍解散去時各鄉俱難平米鄉中大戶及城中紳從御之

時有指諸不逞之徒而平米者向衙于歙成者黃不接時固為

民害也

二十七日錫令吴獲丁匪杖斃之徇于南吊橋

是月有兵驛于北門外遇從之賊匪已抵城中人紛紛南竄于丁

匪狗家互相殘殺死者二十七人匪時人心稍定自丁匪竄後土匪
稍歛迹
三月初八日夜子地大震
自西南至東北有聲如風吼房屋搖撼殊甚匪亂乃定茶尚
十一月初五日夜戌刻地震大致相同至是再震不半年也
十二月丁卯夜兵譁于城內外邑人復有無寧居者
十三日申刻地又震
四月十四日錫令查勘奉差
是日常御勇二百名駐隊而去街艤樓舳午刻擊岸會大風雨
第之復勘而土匪俱逃遁無蹤矣
五月初三日奇寒燃爐綿
十五日黃埠墩口設鹽查局司事者原任中書王言鑄生員詞
孫元楷六品軍功辛翼倫副貢秦樹棠舉人汪聖求周汝立生員
錢鼎成吳嚴錫懿呈名請加具詳
時在籍吏部侍郎侯桐奉 旨團練處辦來就周汝立與王言
請謀以軍功起用另設鹽查局因與邑令吳內姻也請無不行

惟篤繼黃之無出爰以孫華江泰諧恒吾堂商用兩邑公項恒吾
堂者邑人辦公處也堂中司事者謹之乃復相與謀曰公項內有宦
與生息銀及書院飯食銀皆無關緊有分之款彼島平阻我者遂
定議呈請立案支用此項而商邀成復去院飯食銀秦家崇特
不可竟不給付鄉試一項亦以諸生未敢動用止勸令試公項旁
周與鐵艤平俱知之不許入局此外尚有鄰無諸人或出或入或錯
或久以私詳之無名概置不錄
六月十三日賊燒鄧楫鎮任良營于丹徒鎮邑人震驚
先是局中司事侮設同心防守四字爲角旗城廂分給各衙巷
清者之以罷頭刻收之
十六日狂風起半月始息
七月十九日欃槍星見于西方
星隨日沒其光最大凡見十日
委員分局鹽查
陽湖令口芊崇明兵註北里放生池本撤鹽查坼細與本邑局
中兵勇爭械大閧爲議上下水分司其事乃解爲後崇明兵鹽艘

常熟人查贵聯王子重犯焚庄通贼矣示高揭常明兵示更害

謂之

八月盐商局收细船税钱粮即停止

开设以来除收捐项外宁货如苏木等以为龙茎者亦更有

五月起船船钱网仍杂有红黄之色存内以为必与贼市一概起存

发价商用来邑乡向南有江北贸贩之船往来宁议無船之

里量其长短大小定其纳钱多少给与来局稽验放行终之

一月御人将以私税量搘者解之知田子母... 试以子孟...

彼已即已自为已甚既而思闻风弊止乃事解之...

唯情不以缚之而使各处随之为终矣

是有捐而捐偷之议而果行定议照上届脉案捐款减半勘

捐

时锡金吴庚诗行会金高庚两邑也按以每亩捐钱五十

文保恒英查言议闻佩而牧者吴庚有开捐而不至之论冬之

竟格而行闻者附记... 将来取有后议捐田者可取有

览焉

致吴庚书　国家承平二百余年巨周黎庶今以贼氛遍地民生富

捐遍论有为大饥馑及去年亡忙粮赋征派之... 一议捐田则凡

农业小户均在流... 重之又有指捐不可一邑民自达实系無家

未经一议捐田惟益艰之在不完少成止之系乎民力大贤谓难不可二加征

预征义所不成... 议捐田户已贴加手续矣　圣世大有损失不可三

田多者大富田少或無... 女取之有田之家成富贵商贾富

而减者何以服人心锡金捐事历有为事一议捐田以征归遥以

为例有田之果... 何况借款善后... 闻事按之续济

更示捐以付时事大事闲难不可四

又致吴庚书　捐见以为四不可之外又有四难捐田必先清粮籍出

于道光八年办理清收自今未遣全荒则清亡事间清粮之后迄今一百三

十年来田亡荒而各知民纵既不能户户核实而其首依从诡寄其难一正

项钱粮历年而多拖欠捐似亡数必能一律清完其难二得金两

邑平田共一百二十余万亩今捐每亩五十文可得钱六万余串其间大户居

其七本家捐输共计一六八千余应由小户捐出殊不知大户数多而易集小户数

少而其捐其难三况吾邑之民捐未得而不敢遂恐其为此捐田之事柳以稍稍

为其先纠一其难四

為害田禾鉄少栽法收成歉薄不害凡更其殃而有此而難安
理也多棘手執而子列伏官係捐户户中酌加成數補此一款以干
串串閱既免官樣樣累來來滋弊弊名謀謀稱于兩邑者並無終哉
初七日撫軍上海勇假賊匪戕官擄城青浦亦喪邑人益震
邑人自四月後避難于鄉者陸續回城至是復有遷移者
浦匪首周立春在房橋治而上海匪首劉利川結連嘆吳縣
探甚團送移許乃釗率師往剿久未克復甚至以就撫之說
計議軍營藩黄謝綬還入城剃服以款

十月改設徵收局于崇安寺紳士代徵
時以賊氣通衢錫未開徵而軍需孔急紳侯桐等十人具呈請
徵錫邑延紳士代徵並改設崇安寺每兩徵制錢二千一百文紳
民一律
十一月初五日南禪寺設壇以祭故廣西巡撫江寧翰林鄒鳴鶴
同祭者吳江趙魯沂同邑顧奭顧翰顧誠經蕙生丁彥和秦文
楷秦麗昌也
十九日錫令殺去為教首陳陽允梟示黃埠墩

先是鄉人有張寶者素奉去為邪教傳徒于錢橋一帶素掛
則寫惠山之離垢菴局中錢昌新書知之并慮其口訣稱天福之
子舉之亦在幫內乘月夜率鄉勇往擒到局鎖以口訣投之
邑令乃送錫究出教首陳陽允陳丹陽人邑北門外修髮匠也
捕治之未詞飾乃坐以通賊殺之出示宣論將張寶解蘇
局人遂率鄉勇毀離垢菴起獲其傳徒名籍名稱
與大獄有事之老白是邪教非賊匪也誅其渠魁足矣又飭其
殺之其生發乃止

十二月初二日王彦林來接錫令
吳令殺陳陽之後方自謂整頓地方忽被劾去
初四日金邑三堡鎮紳衆抗租滋事
是歲大稔而金鄉佃户不肯納租三堡鎮地總黄阿慶主其
謀有大大趙姓首錫來其本城廣邦為錫兩拘其隣鎮張金橋
紳士顧鳳仰為之調停請錫釋放乃會調停而勇全鄉張亮
宵寢衆拘捻趙姓之事
錫邑西陽山下亦糾衆抗租

陽山一帶鳴鑼聚衆約數千人携刀西向搶大户並指稱要
搶新塘橋錢氏家詳大悝遂議請常熟仲董趙振祚來
錫商辦
初七日常仲趙振祚率湘勇栗福查緝鄉人之不法者
是日乘船數十艘從下卿旗幟鮮明前往陽山一帶勇戚丁
為鄉誤過新塘橋有吴修壽者生言狂悖立擒之修壽父
某請生即識之字師也陽山人聞風走陷遂往三堪橋設伏
鋪衆抗拒向勇火鎗並舉燒燬郡莊郡人捉猩逃遁一空頃
風伊以伍肉迎犒遂回城趙騎馬穿大紅斗蓬入城觀者以為武
錫新安鄉周姓被搶搶細八大王倪盈壽
十七日金三堪橋罗獲黄偕祀二犯正法梟示
黄偕祀即地保黄之弟也俗所云頂缸者
二十一日錫倪盈壽孫杏壽吴修壽正法梟示
錫令文下將以立枷斃之後日不死乃殺之
除夕城門戒嚴
是夕局中派人守門戒商店收帳不得出夜北門有傳

金州代君融修妻言華嗤之雖其眉以示懲鈐之厚先是府
中机犯禁者劉甚再周示四門用古刑刑也
四年甲寅正月孫元揩夜子動立密詰犯詳叙四偽奖嘉樹書
及王言傳華翼隨等於不公控府
自鑑查所本姓陳陽元一犯數省殺之指以通賊者也張氏父子以
此倖功陰以廣綢名業犯請以訓導孫元揩加同知銜其子孫
動立用中書犯此詳而太府不知泰自之處之急以程象白狀而
泰与王某連名控之下之狀飭令查覆被所嘵之狗膆請

道

允某等調停某於兩事亦中懲治師爺大諾于市孫季森講和
力止之往請丁某等調停乃設譯兩問所取援
二月初八日張實魁育于惠山坊鄉婦雍之倒
張久沸蘇獄移近省獄重闵諸淇扣張忍被戮傳示寄衆
邑學人張淹蘭狗雅于 旨送知府陳亡倒識郵
淹蘭原名蘭塔道光癸卯江南鄉試舉人考取教習揀選
知縣投効直隸軍營勝帥保獲録先算善祿慶年二月賊擾
大營虐蘭師衆遁旗攜眷賊和仍受虐甚備勝帥奏照知

州死事議郎　工書甚速，物色知府陳士倜甚異之也

四月蘇桂許舍　欽差尚給時怡以鄒鳴鶴殉難入奏，請本年

旨已革廣西巡撫六品頂戴鄒鳴鶴協力防守金陵，被賊戕

害，實堪憫惻，著加恩追贈道銜，即照道員陳士倜議郎

鄒殉難已隔一年，歸金陵未復，死事諸臣多未入奏，本年

二月邑紳侯桐等連名具呈請鄒由紳申詳請奏，始得奉

是　恩旨

廿八日周董周融之說

或云鬼祟之也

五月十二日南水仙廟增設盤查局

是局南門攜船抽厘，秦元楷主其事。先是二月間秦早擬設

此局，侯侍郎力阻之曰：此何事也，詰　旨乃可。秦復提帶

仲益來局，侯以貽害反覆駁辯，實于五月初局中人揚言已

奉憲諭收稅矣，隨于南水仙廟設稠收稿片，翌頭謂之洋

貨。而兩稅實未奉明文，且稿片久于例禁，亦未奉明文，邑人以為

脂膏不解，又以南鄉富豪染之利，鄉人趕買新絲並于仙便抽

厘，何以南鄉人也，特為其鄉請免，不得已于十日乃出

佛蘭西來開天主堂傳教

梅灣研堂金石跋云今歐羅巴奉天主耶穌，溯其生年當

隋開皇之世，或云即大秦遠教，大秦即黎軒，見漢書西

域桂阿洋布爭貞觀九年至長安，始以天主教入中國之說，康

有景教流行中國碑　兩漢時是中國之有天主教為矣，特

在禁例未敢公然傳習耳。道光二十年英夷擾粵，議約南省

中國習教之罪一條，經廣督者英奏請，但準在五通商五口

地方建設稠堂，不得擅入內地傳教。今錫邑有說天主稠堂一所在

北門外三里橋下，向係漁船聚集，設稠傳教，人知習之，廿六年

始于內塘建天主堂，額然廣展，錫闔未敢合邑人見，本年

有佛蘭西來輔稿惠先生者，雜籍易服傳通，即自上海來

公然開堂傳教，每逢禮拜日漁船來集，數百人至堂禁器

是實因中國交生，稱靈而入教，行而地識者爰之

廿一日錫令王調任，張廣業來攝縣事

六月初七日大雨，是五月大水陸蕎

米價騰貴章邱積雪水積退然任窪成陵已不免凶灾矣

廿三日梁湖船匪什剎持械圍廬州客舟于北黃泥橋下劫掠一空殺傷甚衆

梁湖船者向販私鹽為業約數百人近又散居北里四寶橋中一帶諸多不法自上年臘月廬州失守廬客挾資負販來錫泊舟于北塘泥橋下向皆米商未與米行通識惟因是時米不通商改販雜貨並以烟土取利要者廬潮人包送不肯于南門抽厘有見其販土多資者以形跡可疑之說白之局局告之縣縣憲其非賊不肯妄拏而梁湖人願任其事局中章寶綸陳信之遂首是夕乃殺主人倘以人金全開伏大賊匪入告因此妄以擒殺賊匪為名即了矣高氏正言曰人可欺天不可欺遂留有客憲查辦

七月初一日縣示本邑商店捐厘助餉凡船載貨物禁止抽厘出示之後一面諭撤南局

初三日大憲撤縣訪拏鹽查向匪徒

按察使吳特憲恪札開訪聞錫金二縣有匪徒私積鹽査搶掠行旅不聞請飭據境內設卡抽厘驗放飭縣會營不動聲色包實速查拏從嚴究辦

十四日梁湖船總領劉正宇段先花二名斬首梟示

劉正宇與其子錫與廬商素識乃設家館紀患由劉聞說廬州之富自謂能主謀拒捕劉縣且貿供火鎗兵器私具兩自有戎擒其一面之詞將與大獄乃殺之

十五日撤南局

撤南早春縣諭遣退半月厘捐復撤去

城廂行十家牌

十家牌本保甲遺意主家稽查奸細晝則盤詰夜則巡警昔王文成行之贛南而效者也上年五月寇警當事有識者議及此而當事者不以為然張侯令錫勸行二十家牌錫閩插旗氣面添更夫數人五播巡夜而已

閏月十六日縣奉憲撤裁撤北局

蒲憲陶批詳內開鹽查奸細原所以保衛地方今查經理得人無任事者久之為利擄船抽捐假公事以飽私囊核其南

民怨聲載道是非患未已內江將作南復成陸畀令接

該府等會詳請將此局一併裁撤係為西內起見兹承所

詳亦經文宗接憲吉批仰即遵照公正紳董另行設局不

得仍前擾累商旅

八月金匱錢侯德誠蒞任

詳局新董顧鳳伊等八人

廿日無錫吴侯陸鏞蒞任

自此舊行二十家牌法停撤

十月李蔡匯徒擒　正法梟示黃埠墩

該匪狂言無忌　或云此病失心瘋者

十二月初五日水凍

無論河水池水東西高下處盡結冰狀胸年約刻許

廿六日夜子地震

聲自東南來掀簸三四數

見聞録

（清）余一鰲 撰

《見聞録》不分卷，（清）余一鰲撰，清代手稿。

余一鰲，無錫人，書生，於清咸豐十年四月太平軍攻入無錫之時被擄作民伕，隨太平軍歷經蘇州、常州、丹陽、句容、溧陽、高淳、太平、采石、和州、無爲、盧江。十個月後逃出盧江，輾轉流徙至長沙。因清方官員要了解太平軍情況，讓余氏把所見所聞寫下。全書僅二十餘頁，首載曉諭其中輯録了擒獲陳玉成經過。書中所記爲太平軍頭目名字、職官、聖庫、士兵、避諱字、告示、軍中贊美上帝詩及做禮拜等情況，還輯録了英王陳玉成王府匾聯，匾爲：『英王行府。』門聯爲：『英氣昭昭歡騰士庶；王威赫赫喜溢軍民。』余之所記雖無錫當時情況，但對了解太平軍後期情況有參考價值。特别説到清方當時引進洋槍洋炮遠勝於太平軍，很有價值。

本書據手稿本影印。

（徐志鈞）

欽差大臣督辦安徽河南兩省軍務兵部大堂霍鑾
巴圖魯勝　爲通行曉諭事。照得本大臣自撫
皖豫以來，統領馬步雄師，皆率苗練，風馳電掣，力
掃鮮魏，一戰而解潁圍，再戰而克潁上，計召粤
捻積年悍賊，無不亡命喪膽，殘喘苟延。本大臣
正分派大兵齊集勁旅，直搗蒙亳老巢，以收掃
穴犁渠之效。適值粤逆僞英王四眼狗陳玉成
因廬州圍急，突圍出竄，盡欲占踞壽州，併合北
捻，再圖大舉。本大臣一面撥派兵勇四路邀截，
一面咨飭前四川川北道苗沛霖設伏壽城以
待。旋玉逆果率領該部悍賊四千餘名及僞
王僞官人等，於四月十七日竄至壽州之中津

渡地方。即經在壽州之苗副將苗景開、署壽春
鎮中營游擊朱佩蔡及按練之余安定等，密布
探宜伏兵城内，將四眼狗立時擒縛，並將僞導
王陳仕榮、僞從王陳得漢、僞王宗統天義陳聚
參、僞扶天大軍主將向仕才、僞王宗虔天義陳
安泰、僞禧天義梁顯新等，及僞官數十名同時
擒獲。本大臣當派副將統帶海州壽春鎮總兵
博崇武、副將馬隆、游擊王金奎、都司郭自彪、范
得勝，帶領馬步三千迅押，於二十三日解赴本
大臣大營，當即親提研訊，實係首逆無疑。罪大
惡極，法無可寬。本大臣於訊供後遴派文武大
員，督帶弁兵星夜兼程檻送

京師，盡法懲治，以伸
天討而快人心。此狗逆爲常悍賊，陰狡殊甚，外餘衆見
渠魁就係，計無所之，一律薙髮歸正。本大臣已
分撥各營歸隊當兵，仍令隨軍剿賊。鈔呂狗逆
部衆均已全就蕩平。本大臣查四眼狗陳玉成
係著名渠魁，倡亂多年，流毒數省，於大江南北
屢次攻破省會郡縣城池，抗拒王師，戕害官吏，
罪惡多端，擢髮難數。今乎天奪其魄，自投羅網，
爲大局之轉關，實
國家之洪福。從此粵逆捻匪，無難一鼓殄除。本大
臣現已親督大軍，會合　僧王及江楚諸路官
兵，整隊掃蕩，剋日蕩滌逆焰，重覩
昇平。爲此出示通諭爾軍民人等一體知悉：務須
各安生理，保衛身家，共伸敵愾之誅，咸切同仇
之志。即鈔呂各股匪衆，如果及早悔悟，殺賊立
功，本大臣法外施恩，亦可網開一面。如再執迷
不悟，甘爲賊黨，大兵一至，玉石俱焚，後悔何及。
爾軍民其鑒本大臣愛民如子，疾惡如仇，令出惟
行，毋謂言之不預也。凜之毋違。特示。

同治元年四月

夫賊之猖獗如此者其間不過人衆耳今暨耳因根於民耳其所至之地擄民以從不從則刀斧隨之從亦繩索繫之防之如罪囚視之若草芥民畏目前之死貪須臾之生無計脫身忍耻苟活日久髮長臨陣懼官兵誅勦遁逃苦路境不知加以賊中巡查之鎖拿關卡之盤詰幸逃至官兵地界復畏鄉民之搜剥鄉團之誅戮進退皆陷坑遠颺無善策千辛萬苦何無可奈何仰首呼天愁腸百結或思家念切悲來填膺吞聲飲泣而不敢言歸者比比然也嗟乎誰無父母誰無妻子豈樂於從賊哉亦至不得已也是宜解散周恤不當概以賊視其甘心從賊者盜匪耳痞棍耳無籍之徒耳平居鄉里不齒作賊乃夜郎自大殘慘為常兇惡成性有腰纏回籍金盡復入賊中者是當誅戮勿遺非脅從者可予以寬典也比賊畏官軍堅忍敢戰畏鄉團合力齊心其憚楚南官軍較别省為甚賊砲火不如官軍之猛烈馬隊不如官軍之迅疾器械軍火不如官軍之精備其所恃以為固者人衆耳然一萬人之中能出仗者不過三千人去歲陳逆救皖桐賊之抵桐城者合捻匪不下二十餘萬十月官軍敗賊於挂車河陣獲溺水逃散者不下二萬器械軍資委棄殆盡其鋒大沮惶惶然恐官軍長驅直下一日數驚均思鳥獸竄矣特以官軍務持重賊得以暇運軍火備器械赶兵歸隊復札桐城繼又留其義安八人守桐城陳逆自率大隊攻樅陽圖救安慶分屯孔城錢家橋大河口一帶其衆亦十餘萬其患病養傷牌尾分住廬州廬江桐舒等處時樅陽守將韋國忠（志俊）以數千之衆扼要守禦兩月地勢雖得軍心亦齊賊勇無所（衆無所）加今年正月退兵由舒城犯英霍英山守將余際昌孤軍鏖戰衆寡不敵遂至敗績賊得衣冒字營號衣攔入麻城乘虛倍道襲陷黃州連破德安諸處夫官軍開差日行數十里賊有時不分晝夜倍道日馳百餘里令出唯行死亡不計其破蘄州也自黃州繞道羅田至蘄一日夜凡馳二百里兵法出其不意攻其不備是矣聞其破黃州時疲困已極城門虛掩相與枕籍而寢一無防守官軍若亦倍道乘其憊而擊之黃州可襲克也數日後始備城守分股陷黃德支郡亦皆無兵之地也夫桐城二十餘萬之賊敗於數萬官兵樅陽數千官兵能卻十萬之賊英霍之失賊窺我兵

寡也黄德之陷賊乘我無兵也兵法攻堅則瑕者堅攻瑕則堅者瑕賊救桐城犯樅陽皆至敗沮是攻我堅也其破英霍陷黄德乘隙而入是攻我瑕也有官軍之地苟勢足抵禦賊斷不能攔入此其畏官軍之明驗也聞去秋賊過鳳陽廬壽六安各地鄉團圍子均戒嚴以待即悍如陳逆過隊時皆兩不相犯而圍中反有出薙其尾者賊云以數千人攻破一圍死傷甚多得不償失蓋深得堅壁清野之法此其憚鄉練（作堡）之明驗也誠能防禦不疏兵民協力地方不被其擾然後餉可籌兵可用賊可滅矣

鼇一介草茅至愚且陋遭時不幸陷賊十月其中情僞雖未知詳悉而大概可陳伏蒙　垂詢敢據見聞所及略具於後謹呈

鈞覽　咸豐十一年四月布衣余一鼇謹上

呈

東征局憲

偽天王洪秀全　稱救世聖王，其子稱救世幼主，

偽翼王石達開

偽干王洪仁玕　精忠軍師，洪秀全之胞姪，著書頒行，若資政新篇、月令、曆书，檄文尤類甚多，

偽忠王李受成　破蘇州，今在蘇州，

偽侍王李世賢　去年冬犯臨安，竄杭州，現在江西，

偽英王陳玉成　即四眼狗，年二十七歲，原係粵匪大綱之近侍，由典聖糧升三十檢點，七年犯湖北，由固始犯光州，陞成天福，破六合，升成天義，八年率九大人狗抗節于三河，偽封英王，九年破江浦六合，官軍陣四千餘，十年正月官軍敗之小池驛，賊遂過江，三月攻南京官軍，破長城陸徐千餘，其大隊隨其弟陳時永破蘇常，四月復從丹陽常州至無錫，一半在此，五月至蘇州，約李受成攻杭州，李遂由嘉興進兵，陳遂由無錫宜興長興孝豐將抗於臨安，距杭州五十里，以杭州官軍甚衆，且大暑，死亡枕藉，遂退兵，七月復破廣德，過江，分股由巢和江浦六合天長盱眙遠揚，令股犯鳳陽壽州六安由舒城救桐城，十月官軍敗之，十一月復犯樅陽鎮，官軍拒却之，十一年正月由舒城六安犯英霍，分陷黄州、德安諸處，意在救安慶也

偽輔王楊國忠　十年破金壇，犯鎮江，偽東王楊秀清之姪，十一年犯江西，

偽章王林紹章　現在桐城，

偽贊王蒙　不知名　又有小西王、長王、明王，皆居南京，不知名姓，

偽恰天義提統軍務英王弟陳時永　狗逆之胞弟，年三十餘，十年偕李受成陷蘇常，歇伏于南京，其妻歇伏于常州，七月由丹陽句容溧陽茅山東壩至建平，將犯廣德，聞狗逆退兵至廣德，遂退至東壩，由高淳太平府至采石過江至和州，

八月武上安為始，九月平大隊到廬江，時狗逆亦到舒城，會救桐城，十月官軍敗之，殘犯桃陽，官軍卻之，十一年正月犯英霍，陷黃陂，焚之賊，狗逆外此賊最烈。

偽秉天義黃、浩天義劉、姜洋炮、懷天義陳、堯天義、傑天義、
列天義、其中分中隊、前隊、後隊、中隊中、前隊前、中一隊、中二隊、中三、中五隊、
偽格村主將宏天義陸學禮、狗逆妻胖、又有中西主將者、去冬廻霍山
涵天安羅、湖北人、貢天安向、進天福謝、好色、三賊係陳时永部將、
大左隊量天安唐政才、祁陽人、姜摇洋船、號呼為左翮子、於八六呼為左八共今前截犯之、縱祝信必誅、
小左隊泳天安程馬統、號稱其長、號稱最長其號稱黑心白
邊、威云官軍敗于丹陽、張從統國樑、即為其長號所傷、號呼為
馬猷子、左一隊勸天安程卜、此賊前為狗逆同為羅大綱近侍、
左二隊義天安倪號會、湖南人、益天義謝瞎子、已死于麻城、
㊞天福薛郡倫、廣西人、八年李九大人巳三河時、城內即係此人
所守、後調守五路、現隨狗逆犯湖北、守廬江者、永天福鄒甯
保、狗逆之姪丈、協守廬江者有占天燕李士賢、湖北人、攀天
燕姓劉、二賊皆奉調在分彩、到者其有戴天燕姓姜、其
坐守廬江而不能調者有魏趙成、係廣西起事六人內一火夫、

偽衛國元臣後、堅貞隨天豫、官雖小而位則尊、前守九江廻
出者、狗逆到廬、均不接見、偽輔王楊國忠之母舅、守廬於功
天安陳泗才、狗逆堂姪、守桐城、副掌率朝將忠良將將居
前軍主將吳如孝、宣天安張、守安慶、者天義葉芸來、文將
帥張、守巢縣、蓬天福黃、守無為州、恩天安黃、鑰天福馬玉
堂、安徽人、係本將本人民、號呼為馬四天、此人尚能底蘊石
煋、守運漕、積天安何、守西梁山、鋭天安陳、守五路、捷天燕彭
学進、勸天燕黃、守三河、偽英殿左十七承宣李有陳文益者、
廬江人、先為軍師、八年引李九大人冲入三河、以至失利、即此
賊也、其廬江城垣未城皆其所造修、現在賊中為豫、守泥汊、
鍊天侯江彩彩、去冬調至銓家橋、

偽官職

義至豫偽五等爵也
王、義、安、福、燕、豫、侯、其次為經政司、其次為軍政司、有文
武其事總督、文職較大、有總軍職同軍政司、其次為丞相、為參軍、
稽勳職同丞相指揮、其次為檢點、宣傅、奉宣職同指揮、其次為將軍、有正
副、有提牌總制職同將軍、以下為師帥曰旅帥曰通傳曰協理曰百長曰卒長司

馬、其一州鎮守者曰佐將、其徵收錢糧、支應民夫、差務曰監軍、
總首州也、此官多用本地人、須熟悉地方者為之、其四門有四門
甲長、其一州分五軍、曰軍帥（左右前後中五營）、一軍分五師、有師帥、一師分五旅
曰旅帥、次曰百長、曰伍長、曰司馬、每一司馬管五家、其田每畝月
出錢一百文、曰貢事、糧米在外、復又畝出夫、運送軍需、周
而復始、曰打差、四鄉有硝館、拆民房以熬硝、柴薪房草、
供應火食、支發夫價、皆取給于民、故民視官軍、若旱苗之
待霖雨、其辦事也、下鄉有旗、印封、大小砍伐不遺、故賊住之地、
年久數百里無樹木無瓦屋、民畏之若虎狼、恨之如仇敵、
而無如之何也、

其典官、庫曰典聖庫、糧曰典聖糧、倉曰聖糧倉、油鹽曰典油
鹽、火藥曰典紅粉、有正典紅粉、副典紅粉、隨徵典紅粉、火箭曰燒箭、火
繩曰燒繩、火爆曰先鋒包、硫磺曰米碎、亦曰米粉、合藥每
硝一斤、合磺二兩、炭二兩九錢、放洋炮者曰土洋粉、如常藥擣
三日、洋粉則擣七日、硝加淨、硝曰典硝、鉛子曰典鉛、馬弔頭
刀鎗曰典鐵、木曰典木、（雕印）廚曰典廚、旗曰典旗、水曰典水、衣曰典

袍、柴曰典柴、獄曰典牢、穴曰典冥囚、舂曰典舂、輿曰典輿、馬曰
典馬、查拿逃人曰巡查、（每一人要手銬一人點火一人、背負而放）此職專生殺之柄、抬炮曰長龍、曰長
龍館、鳥鎗曰小炮、曰小炮館、打旗者曰龍旗館、大旗館、其護
將館、捉親兵處、所用弓弩洋炮、藤牌、（或）又馬隊、不自騎、糧月支貴
號衣曰號衣、親兵曰護將、腰牌曰聖牌、守城者曰火印、（牌上如）調兵
把卡用令旗、號筒曰號角、挖地道曰開龍口、其人曰須食糧一
節、接送文書曰疏附、每十里一疏附館、其供應取給于鄉
官、其鄉鎮支應來往公事人茶飯民夫者、曰局、曰監局官、

其把卡有官卡、民卡（之別）、民卡凡肩挑貿易來往、均需驗貨
抽稅、給票放行、空身者往回、官卡凡公事人來往、均須驗
該票掛號放行、無該票則指為逃兵、立時鎖究、不（報）姓名則
不問、

其偽官銜、王曰福、稱真天命天父九門御林某官某、誅
候則稱天父九門御林真忠報國某官某、以下則列其統帶
官銜于前、自銜列後、若某官統下、或（某官）隊內某官某、稱官稱
隊內、局官稱統下、

其文字（偽天王文書曰诰旨）王行下曰谆谕、瑞谕，義曰训谕，要曰诲谕，福西豫曰珍谕、钧谕，傒以下曰晓谕。王称本底，本从裁；義称本阁；称本兄，如以下称本第、本爵，称本邑。

其所居王称府，義称阁，如至傒称第，軍政司至将軍称衙，以下称馆。

其来往文书，平行曰照会，下行上曰禀達，下等上曰禀（?）等申，私函曰敬袍，上行下曰札示，簡條曰挥，其领米油盐子药银夫，皆须先至佐将处领挥，以館收挥付物。功牌曰执照，急文书曰圍马文，上刻圆印，中画一马，旁列官衔，夜半皆得入城。

其相称，是其属员称第下，小弟某，训其属称小弟某，贼上与下称兄某与某弟。五等爵与王称小官。先生曰书史，曰掌書（雇来先生曰民書）、贼子曰公子，进侍曰官司，贼妻曰贞人，其王有六部尚書侍郎，義至福有文（武）軍政司，並隸有六科。

其受傷者为能人，患病者为病人，年不滿十六岁、及年逾四十二者曰牌尾。每破一处，则留此三项人養息於館。其出仗者为精兵，做工挑担抬粮者曰牌面，则随调随往剔除（?）。

其守城者，每牌面一名，日发糙米一斤四两，精兵斤半，牌尾一斤，每七日人发油二两，盐四两，钱五十文。行軍者，如民之地则不准办饭，近官軍之地及新破之地，则掠民食以为粮，油盐均（須）自带，名曰打粮，擄民间衣服、牛羊、鸡豕，名曰打先鋒，住民房曰打館子。

其行路也，每一营只带隊旗，每館有打館旗，領路有打担旗，每夜聽令（發號令兩字，其皆謂美上字也，如行路則）次日行至某處打館，四更吃飯，五更起行，打館之四更即行矣。星月满天，咫（?）尺不见路，则爇燎照之，负戈之，挑担者，肩摩接（踵）於路矣。陳行贼日行不過七十里，狗逆常日馳百里，路遠者二更方到，四更又行。將到其地，譬隊旗所在，寻打館旗，於路遠散，跟打担旗，赶不上館，则揭腹野处。

其年月，称太平天国辛丑（?）年，月大三十一日，月小三十日，每月逢?房、昴、日为礼拜，百姓仍依大清年月日。

贼自称为天兵，贼称捻匪为北队兄弟，捻匪称贼亦为唐（?）之?，称为隊兄弟，百姓称捻匪为红毛，称贼为长毛，称官兵为

為大兵，稱我兵法為牽牛，雖蓄髮數年，於良民未嘗一日忘
本牛也。
其王有若與男羽林軍、忠貞牛衛軍、忠恢陞衛軍、忠義宿
衛軍之號，其主將有前屬軍、屬後軍、屬左軍、屬右
軍之號。
其官有屬前、或某屬、屬左、第右第、第十第之號，如承宣有英屬
三十七名，宣亦相召屬，共四十六，丞相將軍有不下一百二十五將軍，
若舉其大概，餘類此。其所有以官屬官之分別，其冊子只
家冊、兵冊、名冊之分別。
其字，國作国，丑作好，卯作榮，亥作開，火作伙，王作汪，蘇作花，
懷作恢，山作珊，全作荃，清作菁，爺字不准寫，貴作桂。
其守城者奉調曰出師，迎敵曰出仗，亦曰迎隊。每出一令，則
令人打鑼曰傳，名曰喊令。又有講高甚，勉眾合力打江山或（勸人勿念家室死生有命富貴在天先苦後甜先憂後樂之語，名曰講道理）每
開先鋒、發先鋒，旗則曰講道理，開先鋒、發官兵之號，
屬勇也。其喊令也，大令則曰某某有令，如此如有不遵令
者，斬首示眾，小令則白如有不遵令，拿解天法究治，其

殺人放人、趕兵歸隊，皆喊令，並賊中識字者少，皆示不能
將卷喊令，則老幼皆知，庶而易傳也。
其守城也，城中無百姓，故心亦無內應，其守城流，亦不注眼
銃眼炮臺，十步間更樓，謂之查更也。
雖嚴寒大暑大雨雪，三更五更均不敢懈，查更係城內巡
查之事，其城操某人管分，則將來其姓名于上。其出
仗也，趕兵最嚴，不前致死于官兵，則死于趕兵之刀，若進
退皆死，不得不死中求生，蓋官軍條條生路，惟冒死上
前是死路，賊條條死路，惟拼偉一勝是生路。官軍坐守
月有餉，賊雖有攻破城池，方得搶掠，故狼奔豕突，只時不畏
死傷，狗逢而極長者為同馬槍，故賊則闕從之，所據者非設之
炮利耳，賊中說每殺同馬槍，官軍無不卻者，而湘勇此，官軍
則能堅忍不戰。其破蘇常也，每說城高池深，皆必棄而不守
以資我，皆天父開恩也，弗不打仗耳，若打一敗仗，四面皆必稱渠
又多，我兵無死所矣，並賊未嘗稅祝官軍，亦未嘗不畏官軍
也，其破蘇常亦僥倖耳，此皆積年老賊所言也。

賊示

偽欽命文衡副總裁九門御林忠勇羽林軍英王陳　為諄諭軍民一體咸知事。照得兵燹無休，並閭閻而交困；昇平有待，要此時命以奚從。條我真聖主上承天命，下御人寰，治底無為，接若有夏以仁厚澤多歡一時，惟當開創之日，不無征伐之行。數年以來，疆場多故，運謀決策，無非早致昇平；教稼明農，期必先登富庶。憶自台下長圍告破，取半壁而爭先奪門，勁敵胥揹獻誅城而無後。然此固日人力，又孰不謂為天心。而凡狂氛熾焰，尚且難支，豈彼小醜跳梁，那堪作祟。雖妖孽窺吾切近，實出擬於彼非遙。赴日天兵雲集，電掣雷轟，所有橋梓，皆成灰燼。為此特行諄諭，仰爾軍民人等，或為國宗，或事安居肆業，或戎兼並壯，兜鍪之色，修具耒耜，無憂鋒鏑之驚。若久守之軍，不無困苦，須知苦盡甘來，慎無困苦而悍雲。至帶化之士，亦足強識。然要強多端，及慎勿恃強而凌弱。其在良民，踴輸賦稅，也洗其血汗，復竭其脂膏。要知兵燹頻仍，流離失所，嘗今總裁思之於此，心則痛切。惟望爾等各侍時已布德福，我兵亦宜各發天良，為之體恤，總期爾等軍守軍規，民安民如分，維兩則歡然一家，指日復光中土，同登至世，共樂天於。維馬勤之兵，若績加多，還當從優，永之與榮無疆。何當何存抗違，倘如失爾試為細思之，本總裁當原諒也。特此諄諭，咸使聞知。

其印長七寸，寬三寸，四面盤龍，文曰天朝九門御林忠勇羽林軍英王陳玉成　賊中之印至侯始刻名姓

賊讚美

讚美上帝，為天聖父；讚美耶穌，為救世聖主；讚美聖神風，為聖靈；讚美三位，為合一真神。真道豈與世道相同，能救人靈，享福無窮。智者踴躍，接之為福；愚者省悟，天堂路通。天父洪恩，廣大無邊，不惜太子，遣降凡間，捐命代贖，吾儕罪孽。人知悔改，認得昇天。認即魂字

破蘇州後改未向為天子若年此係老讚美

新讃美

讃美上帝爲神爺，爲天聖父；讃美基督，爲救世真聖主；讃美聖神爺，爲聖靈；讃美三位，爲父子一脈親。下同，詞句仍用，認得昇天。

賊稱拜奏章

小子某某，今衆小子等跪在地下，祈禱天父上主皇上帝，光祝明明本日禮拜，衆小子理宜設具清茶果品，敬陳歌功頌德天恩，並求天父上主皇上帝，時賜聖神風化醒天下萬國人人，早日回心，共同讃美天父上帝權能，太平一統世界，咸沾祝福。衆小子日日有衣有食，無災無難，今世見平安，昇天見永福。托救世聖主天兄耶穌贖罪功勞，轉求天父上主皇上帝，在天聖旨成行，在地如在天焉。俯准所求，心誠所願。

每拜天父，賊皆用此奏章。每逢禮拜之日二更敬天父，頌讃美，焚奏章而畢。

賊禁語

土木石塑紙畫像、死妖讀救約樣、邪教打色、烟酒戲、地輿卜筮、祝命相、聃佛、娼優、尼姑女巫、嫖賭、生妖十九項。後云：此語多刻些，凡是賊兵守土衆佐將、偽一體須及也。欽此。

狗逆所居偏曰：「英王府」，門聯云：「英氣昭昭，欽膺十殿王威赫赫；嘉遙軍民，屏江。」偽守將鄒侢保門聯云：「天地毓菁英，湖里豪傑挺生，爲傳丁寄寒族；因節決策，合邁千載著春秋。」彼何人哉，殊仰止于丹壺古簡，閔律常陞要。值此月美繼統，偉第兒輪輪摭綜，行將造橋。若據學祭，資救被接好民也，敢爲情於鄉來台棠。

咸豐十年四月初十日賊破無錫老親少弟均陷危城存亡未
卜鼇子身被擄歷蘇州常州丹陽句容溧陽東垻至建平折還
東垻由水路歷高淳太平府至采石過江抵和州八月至無為
州九月至廬江患足不能行十二月足愈今年二月十七日在
廬江藉事出城脱逃破衣藍縷越賊卡數道行泥塗中二日至
無為州之牛埠跟貿易人至桐城所屬之六百丈渡江至池州
府銅陵縣大通鎮對江地名荷葉洲始達官軍地界蒙外委吴
君邦林收納清明日雜去長髮三月初四日自荷葉洲搭船初
六日泊安慶初八日抵望江之吉水鎮晤王湘帆大兄承蒙資
助十二日搭船上湖北二十日抵武昌府時賊踞黄州省城緊
急外人不准進入旁皇罔措無所適從恰幸稽查望山門委員
即係表兄楊少雲始得進城四月初三日搭船上湖南十八日
至長沙中間萬苦千辛備嘗艱險瀕於危殆者屢矣仰賴
上蒼垂佑幸逃虎口窮途所遇之人有素昧平生而周全備至
有逾故素者身無半文跋涉數千里以至湖南二三君子周全
之力豈須臾忘哉至長沙日長者有詢以賊中情事者因據聞

見所及録之以呈於潢池蹤跡雖未備其各端而小醜跳梁殄
滅不難大略可知矣至於用兵滅賊之機宜封疆大臣專閫將
帥自有方略草野鯫生不敢妄言也

李閣學政迹録

（清）秦曙村 編

《李閤學政迹録》，（清）秦曙村編，清光緒二十六年（一九〇〇）吉林印書館鉛印本。

李閤學即李金鏞（一八三五—一八九〇），字秋亭，無錫人。早年經商，同治三年（一八六四）捐資獲同知官職。投效李鴻章門下。後調東北，在吉林將軍指派下，多次爲捍衛國土與俄國交涉，勘定國界，收復邊境被占國土。任吉林知府後，整頓財政，興辦水利，剷除土匪，興辦教育。去世前成功開采漠河金礦，因積勞成疾，殁於任所。由於李金鏞功績卓著，光緒十六年（一八九〇）皇上御賜祭文褒獎。命在吉林、無錫等地建祠堂，春秋由地方官致祭。後來李金鏞之子李澍恩業師秦曙村收集有關李金鏞的御賜祭文，國史館列傳，吉林通志列傳，李鴻章奏請賜恤疏，吏部、兵部批文，請建祠奏疏，墓誌銘，行狀，祠堂碑文，祠祭文書等編成一書，刻印於光緒二十四年（一八九八），宣統元年（一九〇九）又由吉林印書館排印再版。該書保存了惠山李金鏞祠堂的碑文及對聯等内容，保存了李金鏞生平事迹的重要材料。

本書據宣統元年吉林印書館排印本影印。

（徐志鈞）

光緒庚子五月

李閣學政蹟録

安吉吴俊卿

御賜祭文

皇帝諭祭軍營病故二品銜吉林候補道李金鏞之靈曰
鞠躬盡瘁臣子之芳踪賜邺報勤國家之盛典爾李金鏞
性行純良才能稱職方冀遐齡忽聞溘逝朕用悼焉特頒
祭葬以慰幽魂嗚呼寵錫重壚庶沐匪躬之報名垂信史
聿昭不朽之榮爾如有知尙克歆享

光緒十六年　月　日

巖谿靈秀世裏所鍾揚休山立
晚然其容剛眞性情見大顯方
儒州牧普莫遍數版山河尋金
精誠亨翱曾不懋遺為天下鏡
清高遺像慈贈崇祠一編滄普
千載瞻思

汪洵敬題

國史館列傳

李金鏞江蘇無錫縣人同治三年由監生捐納同知投効淮軍隨同諸軍克復無錫金匱宜興荊溪常州等城出力

賞戴花翎加運同銜九年秦隴回匪不靖辦理興安甘捐轉運軍械糧餉西軍以振光緒二年淮徐海沭薦饑金鏞倡義舉糾合浙紳胡光鏞等籌集十餘萬金既至繪圖徧告義捐接踵而來全活無算自是而之山東之青州武定兩府屬十餘州縣直隸之天津河間冀州三府屬二十餘州縣親歷查放不下五六十萬金景州紳民爲建生祠五年捐升知府六年委修西淀之千里隄長七十里百日蕆事七年奉檄出關辦理琿春招墾時琿春界外蘇城溝華民墾種者數千戶常苦俄夷侵掠金鏞與俄之邊界官廓米薩爾反覆辯詰嚴申禁約海參崴通商議設領事俄人遂欲於東三省要地一律設官金鏞據約力辯其謀遂阻八道河有華民王純依窩棚被俄官焚掠慘殺八命金鏞往驗確實與廓米薩爾力爭卒將犯案俄酋抵法八年吉林將軍銘安疏陳金鏞才猷留吉委用旋委勘圖門江口界址中俄條約由瑚布圖河口順琿春河及海中之嶺至江口嶺以西屬中國距江口二十里立土字界牌地圖以紅線爲界地曠而界畫未詳遂至嶺西之罕奇毛口歲等處海口鹽場均畫置線外已與條約不符俄人復於中國界線內黑頂子地私設卡倫距江口幾百里金鏞按圖援約責令廓米薩爾退還佔地重立界牌復以沿江口三十五里之廣坪溝設中國卡倫以備控制八月署吉林府知府嚴禁抹兌以整錢法攤丁於地以甦民困九年攝長春廳事廳屬爲廓爾羅斯公地光緒七八年間丈量加租民擾不堪金鏞兩詣廓爾羅斯公府籲情求緩並援道光年舊案呈請奏准永不加租又創建養正書院同善堂所至與民講孝弟力田老幼環聽親如家人父子廳屬周圍八百里盜風素熾劇盜苗青山黨羽甚衆金鏞設計擒斬屬境以清金鏞在琿春嘗遣人運布三萬匹至高麗買牛以給耕者中途水涸舟膠盜刼其布後知爲金鏞之物悉數送還並以車代運其在任裁革陋規清理積訟除盜安良興利剔弊均能事事求實廳以

大治關東稱循吏者皖言李高謂金鏞及前署昌圖府知府高同善也十二年獲盜出力以道員用十三年查勘精奇里河四十八旗屯地被俄佔地四十餘里金鏞與俄員據約辯論挖濠定界由補丁屯至老瓜林一百七十餘里以安旗丁辦理琿界各事刊有琿牘偶存一書記其事旋調辦漠河礦務五月由墨爾根入山勘道裹糧露宿行三十六日始達漠河金廠在萬山中凡建屋設廠購糧招夫經營備至共設漠乾洛三廠歲增數十萬金利源頓啓十五年以吉林設電敘功

賞加二品銜十六年以積勞咯血病歿於漠河礦局直隸總督李鴻章奏

聞得

旨下部議卹尋

賜卹如例

吉林通志列傳

李金鏞字秋亭江蘇無錫縣人有用世才以事例及保舉累官知府需次直隸光緒六年吉林有意於治疏設有司官將軍銘安咨調道員以下于直隸金鏞請行明年受檄往琿春度荒地四十餘區招徠墾種有爭訟則平之蘇城溝者在琿春東咸豐時以歸俄羅斯所在數千戶皆華民也以彼征斂苛積與迕俄威以兵金鏞召還界內撥田與之民賴以全使者奉

詔來定界議謂昔年分界初未照約畫綫而罕奇毛闊歲等鹽場海口我所必不可讓者皆列於綫外中俄條約故以海中之嶺爲界嶺東屬俄嶺西屬中國宜據與爭使者度俄必不從則姑索黑頂子黑頂子背海面山去琿春六十里周以俄境中一綫達琿春不足索也則姑佐使者索之俄亦以非要地歸焉顧俄頗敬服金鏞與書特署曰李知府自外姓名之而已八年署吉林府攤丁於地民田病潦出俸溝洫之明年移署長春府金鏞故坦易不事威儀所至視民如家人與言孝悌力田操南音恐民不喻反覆不自休民以是益親愛之出俸倡建養正書院購書數千卷庋貲學者且厚其廩餼又建同善堂一時有李高兩青天之目高謂奉天昌圖知府高同善

也壤與長春接而金鏞請免丈量夾荒事民尤悲思至今初長春府故蒙古地朝廷借居流民墾荒者日押租錢至郭爾羅斯納蒙古公領地歲仍納租錢久之墾踰所領故曰夾荒于是丈量議起民復醵錢以賄相與立永不丈量碑矣既又言理藩院代請丈量

朝旨如所請金鏞爭之將軍且搨碑以獻曰丈量公有所得某有所得他亦各有所得不丈量則皆無所得也將軍笑曰得幾何曰若而數又笑曰君休矣時銘安已罷將軍蓋希元也未幾希元去金鏞亦去十二年擢道員開金礦黑龍江之漠河旋卒北洋大臣李鴻章具其事以

聞

詔贈內閣學士蔭一子知縣於原籍建祠且

命國史館立傳吉林循吏莫或先之矣劉貴者不知何許人蘇家溝民推爲長俄令其短髮如其制倡言俄夷也吾儕中國民而變於夷不可俄怒掩誅之跳免乃盡誅其孥於是蘇家溝民遷於界內貴依金鏞終焉

奏請積勞病故　賜卹疏　　李鴻章

奏爲辦理漠河邊礦道員積勞病故懇

恩優卹恭摺仰祈

聖鑒事竊二品銜吉林補用道李金鏞經臣遴

旨奏派辦理黑龍江漠河金礦事務自光緒十三年五月由墨爾根入山勘道至十四年十二月在漠河設廠開工前後出金幾及四萬兩礦務日有起色前據該道稟稱夏間時患怔忡氣逆咳血頭暈夜不成寐猶能力疾治事七月以後日難支持醫言積寒已深用心過度乞假靜養暫委該局提調候選知縣袁大化代理廠務旋接電報該道於八月初四日在差次病故茲據袁大化等稟請具奏前來臣查李金鏞江蘇無錫縣人同治元年由候選同知投効臣軍隨同克復常州無錫宜興各府縣城九年經前大學士左宗棠派辦興安甘捐並轉運軍械糧餉光緒二年徐海一帶

奇旱官賑不能徧及該道首倡義賑南紳聞風競起三年四年直東晉豫大饑諸紳分道往賑該故道經辦山東之青州武定兩府直隸之河間天津冀州等處集資數十萬活民數十萬自是東南義賑接踵而興十餘年徧及各省論者謂該道徐海一役實開風氣之先六年派修直隸西淀之千里長隄工堅費省旋經前督辦吉林防務吳大澂奏調出關勘定奉吉兩界圍荒查出琿春開荒四十八處招集流民墾種遷回界外蘇城溝越墾華民數千戶勘定黑頂子被俄人侵佔舊地書清黑龍江東岸精奇里河四十八旗屯被侵界址其署吉林府任內嚴禁抹兌以整錢法攤丁於地以甦民困署長春廳任內裁革陋規清理積訟自捐廉俸建書院立善堂其最得民心者尤在清查郭爾羅斯公地詳經調任吉林將軍希元奏明永遠免丈加租一案至今關東稱循吏者競言李高謂該故道及前署昌圖知府高同善也逮漠河之議辦金礦也該處三面斗入俄界又以產金久爲俄人覬覦屢招游匪潛入開挖頻年派兵驅除芽孽未靖疊經出使大臣劉瑞芬黑龍江將軍恭鏜奏請開辦礦務以絕窺伺之萌仰蒙

寄諭垂詢飭臣遴派幹員前往籌辦地居絕徼集資匪易得人尤難當以該員李金鏞熟悉邊情且於南中紳商信義久著奏明派令招集股分前往開辦該道亦以事關重大不敢辭避慨然自任遂勘道入山裹糧露宿披榛伐木皆自古行跡所未經歷四十餘日經千九百里始達漠河漠河向無人烟建置之難則平地赤立購運之費則千里孤懸往來轉解皆必由俄境僱俄船需費浩大口舌百端兩年以來規模粗具十五年出金一萬九千餘兩本年正月至八月出金一萬八千餘兩取金之硐夏則盛漲冬則層冰縋深鑿堅備形艱險其初礦丁不耐工作旋集旋逃駕馭招徠殫畫心力現招回流民二三千人悉恃礦務以爲生計調練防勇藉壯聲威以前日之絕域窮荒自經營金礦以來商販漸興兵民相習氣象迥非昔比邊外空虛之地得此搘撐其間隱收實邊興利之益方謂經理得人逐漸開拓有裨時局該道竟以積勞致疾遽隕其生前此奏調漠河差委之同知姚嶽松知州劉械林等先後病歿

差次皆患怔忡咯血病狀略同蓋其地瘴癘毒惡凝寒中人而經辦事件又極勞瘁
險阻也李金鏞氣體素健自到廠後始有脾泄心悸等疾經年隨從員役相繼死亡
終無退悔歿後接其病中稟牘區畫各事詳盡如常歎其忠懇之忱臨危不改卒以
身殉深可痛傷伏查李金鏞從戎服官並有功績生平遇有義舉無不踴躍爭爲郎
如天津之廣仁堂上海之撫邮局並其一手創辦利賴至今而江北直東之救災吉
林長春之治行尤彰彰在人耳目卓然可傳出關十年周閱三省歷辦懇荒勘界並
有益於邊務民生至漠河一役力任艱難漸著成效創久屯之規畫杜强敵之侵陵
尤屬中外大局所關默數邊才彌堪惋惜合無籲懇
天恩勅部將已故二品銜吉林補用道李金鏞照軍營立功後積勞病故例從優議
邮並將事蹟
宣付史館仍准在無錫縣原籍自行建祠以爲絕域勤事者勸除將履歷事實清册
咨部外所有辦理邊礦道員積勞病故緣由理合會同黑龍江將軍臣依克唐阿恭

摺具陳伏乞
皇上聖鑒訓示謹　奏
光緒十六年十一月十六日具奏十九日奉
硃批着照所請該衙門知道欽此
遵　旨議邮奏　　　　　　　　　　　　吏部
查二品銜吉林補用道李金鏞因辦理漠河礦務於光緒十六年八月初四日在差
病故據大學士直隸總督李鴻章奏請照軍營立功後積勞病故例從優議邮光緒
十六年十一月十九日奉
硃批着照所請該衙門知道欽此查原奏內稱該員係三品銜吉林補用道嗣據該
督咨送清册內開該員李金鏞由吉林設電出力奏保二品銜臣部檢查官册相符
應照二品銜核議至辦理礦務病故人員臣部並無議邮之例向係比照承辦軍需
例辦理惟據該督奏稱漠河一役力任艱難漸有成效請照軍營病故例從優議邮

欽奉
硃批允准臣部自應欽遵辦理應請將二品銜吉林補用道李金鏞按二品銜從優
加贈內閣學士銜仍照道員實官廕一子入監讀書六月期滿以知縣註册候銓再
該督原奏所敍三品銜核與册報不符因何聲敍錯誤仍應報部備查於光緒十七
年八月初二日具奏本日奉
旨依議欽此
遵　旨議邮奏　　　　　　　　　　　　兵部
奏爲遵
旨議邮彙奏事內閣抄出大學士直隸總督李鴻章奏三品銜吉林補用道李金鏞
辦理黑龍江漠河礦務差次病故懇將李金鏞照軍營立功後積勞病故例從優議
邮等因十一月十九日奉
硃批着照所請該衙門知道欽此欽遵到部臣部謹按定例章程議給邮銀襲廕繕

具清單恭呈
御覽應得祭葬銀兩移咨禮工二部辦理
大學士直隸總督李鴻章奏病故官員請邮一摺查三品銜吉林補用道李金鏞辦
理漠河礦務在差次病故經該督奏請照軍營立功後積勞病故例從優議邮查辦
理礦務在差次病故人員例無議邮明文惟係奉
硃批着照所請臣部自應欽遵辦理並據吏部議覆查明該員由吉林設電出力奏
保二品銜按二品銜從優給予贈銜襲廕奏准知照到部臣部亦應將吉林補用道
李金鏞按二品銜從優比照提督總兵出征病故例給邮銀二百兩等因光緒十七
年十二月初三日具奏本日奉
旨依議欽此
請建長春專祠疏
奏爲已故道員遺愛在民援案籲

恩在於長春府城捐建專祠以順輿情恭摺仰祈
聖鑒事竊照光緒二十年六月間據吉林分巡道訥欽轉據長春府文韞詳據副貢生高培田監生王振鷺等數十人聯名呈稱追贈內閣學士已故二品銜吉林候補道前署長春廳通判李金鏞權任該廳時創立養濟院牛痘局以及粥廠義地凡生者病者死者均霑實惠尤以文教不振難挽澆風捐廉倡建養正書院購經課士以倡實學下車五月清理積牘六百餘起在任三年激濁揚清民風丕變披星戴月百廢俱興以是離任之日士民攀轅泣送絡繹於道至今遺愛歷久難忘聯名呈請在於長春捐建專祠以伸報享等語由府詳道轉請具奏等情據此時以軍務方興未及覈辦茲復據該紳士等懇請查照前呈具
奏查李金鏞江蘇無錫縣人其倡舉義賑以活災民則有功於江蘇山東直隸一帶其開礦漠河以充餉實邊則有勞於黑龍江一省其於吉林琿春辦理邊界墾務則爭地以折俄員闢荒以聚流民至於昭示大信執理不撓尤得辦理交涉之要樞以

政蹟錄　七　吉林印書館排印

故俄人稱該故員爲李知府而不名並圖其貌以爭購一時敬禮如此至辦理地方事件頗能寬猛相濟不姑息以養奸宄不操切以博能名且均從根本做起所在設義學行鄉約與民相處如家人父子論者謂關東循吏無出該道之右者是以長春士民愛戴尤深查該道積勞病故時曾經大學士前直隸總督李鴻章臚陳政蹟奏
蒙
恩准郵贈內閣學士將事蹟宣付史館並於無錫原籍自行建立專祠在案
天恩至優極渥何庸再爲瀆請惟以該道服官吉林最久長春政蹟尤多既據該紳等臚陳籲懇足徵遺愛在民未便沒其感戴之忱合無仰懇
天恩俯准援案將已故道員前署長春廳通判李金鏞在於長春府地方由紳民捐建專祠並由地方官春秋致祭以彰政蹟而順輿情理合恭摺具陳伏乞
皇上聖鑒訓示謹　奏
光緒二十二年　月　日奉

硃批着照所請該部知道欽此

請建黑龍江專祠片　王文韶

再據督辦黑龍江漠河金廠道員周冕稟稱已故吉林補用道李金鏞於光緒十三年奉委辦理礦務漠河一帶向無人煙一切開物成務悉屬草昧經營歷年以來商民輻輳成效昭然皆該故道創辦之力而於中俄交涉事宜尤能力持大體至今沿邊居民及江左旗屯等稱道不置該故道於十六年八月因積勞過甚在廠病故當經前督臣李鴻章奏請
賜郵立傳並於原籍建立專祠前吉林將軍長順亦以該員服官吉省深得民心請於長春府地方立祠均經奉
旨允准在案漠河礦務係該故道創辦有裨邊防大局而祀典闕如似不足以勸有功而彰藎績擬請於金廠內捐建該故道專祠由委員春秋致祭等情請
奏前來臣查李金鏞生平見義勇爲救災放賑卓著賢聲其開辦漠河金礦於自古

政蹟錄　八　吉林印書館排印

人跡罕到之地爲
國家興利實邊洵屬功績昭垂無愧馨香之報合無仰懇
天恩俯准金廠委員在於漠河地方爲該故道李金鏞捐建專祠春秋致祭以順輿情出自
慈施逾格謹附片具陳伏乞
聖鑒訓示謹　奏
光緒二十四年三月　日奉
硃批着照所請該部知道欽此

墓誌銘　陽湖呂耀斗譔文

光緒十有六年八月四日二品銜吉林候補道李君卒於黑龍江漠河礦局大學士合肥李公以君事蹟入告得
旨宣付史館原籍建祠越二年九月初十日君之子沛恩將葬君於無錫之誌公橋

爰奉狀來乞銘余以君事應銘法誼不得辭按狀君諱金鏞字秋亭常州無錫人曾祖學益祖聖興父廷發皆以君貴贈榮祿大夫妣皆夫人君爲人開爽洞達樂施與喜任事精力尤過絕人同治初元今大學士李公督師上海君上謁言事令參松字軍營務三年從下蘇州保擢同知賞戴花翎從下常州進運同光緒元年徐海大饑君集貲往賑三年賑山東青州武定四年賑直隸河間天津深冀全活甚衆五年築任邱千里隄以工代賑費省工牢六年以知府從前督辦吉林邊防吳公大澂出山海關檄君駐琿春闢荒地四十八所勘定黑頂子舊地九年署長春廳通判擒斬劇盜苗青山清丈廓爾羅斯公地永不加租比去送者數萬無上下皆曰循吏聲流入關已而黑龍江議辦漠河金礦令君往勘漠河在額爾古訥河東爲黑龍江極邊往時淘金者卒數萬人俄人覬覦數遣人探苗君自墨爾根勘道入山披榛伐木皆自古人跡所不至歷千五百里露宿三十六日始抵漠河經度累月創商款官辦之議李公具疏以君督辦其事遂籌欵設廠置器械通糧運比二年得黃金三萬八千兩

君以糧械往來必假俄船轉運欲自漠河開直道南抵齊齊哈爾城復造舟由松花江溯流以達漠河分水陸兩道通運議未就而君年老居邊積勞病怔忡數月卒年五十有六君先以

敘勞擢道員旋以吉林電工成

賞加二品銜卒贈內閣學士余謂邊地上曠人稀官治相距率數百里戒備空虛敵人往往生心故自來治邊者必興屯牧務生聚爲戰守之具吉林黑龍江與俄爲境自咸豐間中原多故未遑勤遠俄遂乘勢蠶食至比年朝廷加意東陲稍增兵備簡大臣任邊事而瀕江上下俄屯以千里疆埸之事嘖有煩言君宦游兩省常因事補苴壞其機牙集巨貲歷險阻以從事於荒遠無人之域其意在理財聚人以足兵食爲禦邊久長之計非斤斤言利較歲入之贏絀已也既局於勢力又天不假年功緒不竟是以識者惜其才又悲其志然豈非慷慨丈夫哉君配陳氏封夫人子四長澤恩先卒次沛恩知府用候選同知次溥恩鹽大使次澍恩孫一福保余昔籌常州善後多資君力自是以意氣相許故知君爲深既述君行事復紀君語爲銘銘曰環海百國羅剎爲雄西人擯之將逞於東造舟治道自以爲强聚兵邊鄙堡屯相望江流沄沄險與敵共假途饋運何恃不恐勢將噬臍兵柄是疑鬱此二難人莫我知礦稅餉軍聊固吾圉凡此兵謀皆君所語上世覲德當今爭力揖讓虎狼是謂大惑惟君審敵絕域儆備立功未竟齎志歿地推君本計實維伐謀君創其始誰其嗣之抵璧沈珠過談無補我銘君功以詔萬古

行狀

謝家福

曾祖學益

貤贈榮祿大夫祖聖興

誥贈榮祿大夫父廷發

誥贈榮祿大夫本貫江蘇常州府無錫縣民籍年五十有六

君諱金鏞字秋亭高曾以來世服先疇父贈公貿遷吳會以信義稱先君子及余孝

惠先生皆與交善咸豐丙辰君年二十以贈公命師事余孝惠隨先君子收養金陵難民先君子語孝惠曰秋亭大帥才毋以鄉邑善士目之家福於是始識君庚申賊陷蘇常贈公病革君焚香籲天刲股和藥卒不起既葬矢志殺賊會今大學士肅毅伯李公由海道濟師駐節滬上君墨衰往謁同治甲子以從克蘇州各城賞花翎同知乙丑復常州等五城加運同銜時大亂初平耕織無具君措貲爲之購置散給復設清節保嬰施棺諸局嗣左文襄西征檄君轉餉與安徽鎮兩淮積功以優薦不報光緒丙子各省苦旱江廣義紳貲君銀十三萬賑江蘇之淮安徐州海州明年丁丑賑山東之青州設撫教局同善堂戊寅李公檄君往直隸賑河間天津深州冀州等屬已卯春築任邱千里隄以工代賑勸紳民開井溉田積穀備荒又設天津廣仁堂養窮民無告者君精力勝人戴星而起幷日而食雖嚴寒酷暑不少怠然君未嘗言勞也自是遐邇交稱君善士君之以例爲知府也李公知君可大用君亦毅然有當世之志東三省與俄按壤大吏求邊才李公以君應遂於庚辰十月行將軍銘公

檄駐琿春君遇事與俄官力爭不少屈顧俄人反以是敬之稱爲李知府而不名且爭購其像壬午秋權吉林知府民爲奸商酷吏所苦行空劵市無見錢地丁苛派役費繁重君悉革之癸未冬調判長春盜魁苗靑山黨羽徧布交結官役白晝橫行莫敢誰何君遣死士授方略擒之其黨謀刼獄則斬以徇矣創書院義塾建同善堂養濟院牛痘局掩埋局以養以敎於聽訟尤致意士民歌思播之管絃有李公德政龍圖案等小說三年報政去送者數萬人行數百里自是上下交稱君循吏東三省翊衞

神京寸土皆關

國本吉林之黑頂子黑龍江之四十八旗屯謀國者以爲甌脫君不忍恝置與彼人力爭以是得稍稍歸我侵地丁亥保擢道員入覲臚陳邊事於是有會辦漠河金礦之

命過滬相遇置酒祖行坐次語家福曰漠河距俄一江江面至窄俄二十里一堡兵數百兵餉厚踰我三倍蚩蚩者渡江歸其伍爲之采金沙充軍實江之東通於海海口屬俄曰海參崴方設廠造船思擅江海之利復自其西鄙開鐵道越歐州而東不數年將達此矣相與欷歔者久之人之言礦謀富國也君更以之定邊天祚

聖淸以有君當非偶然而已也孰意竟止于是耶期年規模大定君在廠兩年得黃金二十鎰値白金四十萬兩復議鑿山徑購輪船將大有爲而君以光緒庚寅八月初四日卒嗚呼先君子識君於少時謂可大帥今果然耶豈其事業已足言而名位不必較耶抑世運有升降天故厄之以年不令其大有爲耶是可慨已君以電工勞

賞加二品銜吉林候補道

誥授資政大夫配陳氏

封夫人子四長澤恩先卒次沛恩知府用候選同知次溥恩次澍恩孫男一福保沛

恩以家福兄事君四十年知君爲深乞爲詮次行事乃撮其大要如右吳縣謝家福謹狀

政績紀略　王慶長

公里居卽以濟人利物爲志光緒丙子丁丑間江南沭陽饑公率鄕人集貲助賑是爲南紳義振之始已而海內無歲無災自是公席不暇煖矣會

朝廷整飭邊防合肥相國首以公薦遂調出關既至則招墾琿春荒地保護我民之在俄境者海參崴華人日衆交涉日繁議設領事而俄人遂欲於東三省要地設官公持不可上其議於將軍督辦事遂寢又以中俄邊界久未淸理由琿春烏龍溝前赴黑頂子引牛河至圖門江口人跡罕經之處歷弗周歷乃以咸豐十一年交界道路記文界牌漢文條約等並指海中間嶺互證參稽乃知黑頂子固爲我國地卽罕奇毛闢崴鹽場海口亦在我境內按圖據約與之爭辯不少遷就議將成奉檄署吉林知府除奸鋤暴不畏强禦尤善處旗漢務爲持平背無怨咨年餘調署長春通判長春土地豐穰民物豪富非惠而有政者不能治之公日坐堂皇事無鉅細必爲伸理暮夜有託則婉辭謝之獲劇盜十餘人保道員屢治奇獄若有神助士民爲歌詩紀其事木廠災公升屋籲天跪煙焰中火猛風烈屹不動比及其衣忽反風滅保全民居不可計數以火毒侵肺喑不語者數月去之日遐邇送者境內之民迄于蒙古聞風而集沿途旅邸至不能容公走行謝之三日始得乘車其辦黑龍江礦務也礦在額爾古訥河側向無人跡欲往其地必借俄輪公謂此礦之開繫乎邊務豈可假途爲久遠計遂裹糧入山先謀通道歷四十日始至張蓋爲屋藉草爲縟編葦爲渡採菌爲糧險阻艱難雖老於行者未或遇慶長有東征隨筆紀其事還至省又過江至精奇里河履勘旗屯旗屯者旗地之淪於彼疆者也俄人侵其地虐其民民無可訴聞公至跪而迎者數千人俄人爲之震恐乃爲畫溝自守計請于彼之大臣無相殘害民困少蘇既奉命督理礦務則嘆曰是可以對吾君矣戒子書曰是可以對吾祖宗矣蓋礦在萬山中陰寒慘烈夏不解凍秋卽雨雪又多深林密箐毒蟲異獸中其氣輒病病且死公初至卽脾瀉從者亦如之親友貽書勸以疾辭公義不少顧但捐廉助振爲全廠祝釐而已初廠中煙酒賭博妓女之屬無不備飮食服用又皆資于俄俄人故昂

其值金旺而不獲利公爲設市廛平物價禁妄費所獲遜於前而囊有餘金以是人樂就之始也僅數百人繼也數千人至萬人或言斯事微末不足以展懷抱公曰噫此豈僅爲財用計耶蓋公常以時局爲念雖處下位未嘗一日忘有爲奏功未終齎志以歿海內識與不識罔不痛悼焉公爲人慈祥愷惻而見義勇爲尤復膽識過人故所至有聲俄人敬憚去而猶思曰李知府李知府聞其名至爲斂容甚者影其貌爭購藏斯猶不足異匪類且德之嘗買布三萬疋往高麗換牛以給耕者水涸舟膠盜奪其布旋知爲公物以車代爲運往又其家人自琿春回阻風入山盜將害之有識爲公之子者乃獻蔬兩筐護之出又有高福者劇盜也其黨十三人皆有絕藝擾吉林數載官吏捕急乃浼紳士賫夜往見公曰大人至願就縛耳其至誠感物如此公在官每行郊邑車二乘蔬一束從者數人往往有留之寢食者忘其爲長官也嘗有農人攀轅願少駐曰我母常欲望見靑天今幸已遇將奔告母也蓋李靑天之名赫然震二千里云慶長交公晚故於公之行誼聞而知之者畧焉而但紀其政蹟公

辦交涉則遠人懷德畏威治地方則百姓家尸戶祝敝車羸馬無異寒素櫛風沐雨視爲故常尤能處膏不潤長春爲殷富地卸篆贏數十金商人乃公出三千金爲醵卻之斯較古人一錢之受爲尤廉者已他如郵資交獎善類創建書院義學以培英才購置圖籍田畝以惠士林修道路設橋梁施醫藥利斯爲餘事亦不勝縷指數焉勞勩卓著遺愛在民公而忘私捐軀遠徼嗚呼雖西漢良二千石又曷以過哉公名金鏞字秋亭無錫人官吉林候補道

贈內閣學士

山東生祠記

劉恩溥

光緒丁丑晉豫畿輔饑而河間一郡尤劇

天子命大學士直隸督臣李公籌賑三省派翰林院編修吳公大澂津海關道丁公壽昌總其事而以鹽運使如公山天津道劉公秉琳佐之民得暫免溝壑明年戊寅復派候補道盛公宣懷吳太史大澂補賑于時江蘇紳士太守李公集貲賑豫督憲李公函邀公來直攜從事十數人分巡各境布衣草笠坐露行烈日中窮簷陋巷無一戶之不入察視計口授錢給籽種與藥餌周歷既竟誠能格天甘霖隨沛督憲致書相慰勞被澤者感泣爲長生位頂禮拜之呼爲慈父神君生佛如是猶以爲未足也思所以報公者議爲公立生祠公聞固辭而踴躍醵錢不邀而集者四萬家公卻不果乃更捐千金卽祠爲義學夫公無官守而宣揚

皇仁出於朋儕籌賫遠賑他方稽之史册亦罕聞焉故設公位於前堂而爲各恩憲立位於後堂記其事於石以爲

聖主賢臣萬歲千秋之祝云公江蘇人印金鏞字秋亭官三品銜卽選知府祠成董其事者前山西甯武縣知縣張大令景沂山西候補知州劉刺史景芬戶部趙主政文瀾例得附書

海州工賑記

徐達泉

光緒二年冬海州大旱饑其西鄉阿河等鎭既得請於制府沈公撥款査賑而中丞

吳公復檄就地籌捐以工代賑達泉於是有捐挑甲子河之議維時水旱連年公私交敝醵錢興役事同團沙而李君金鏞金君德鴻瞿君家鑫至自滬上携有紳商捐款將赴沭陽査賑目覩州境困窮之民亦思有以撫䘏而拯救之也馳函滬上胡方伯雪巖唐觀察景星顧君容齋江君雲泉周君味六諸賑之用續又助二千三百金而州中官民捐欵亦陸續湊濟達泉乃與李金瞿三君相度勘估博興工役計傭與錢救饑於一時興永利於異日首濬甲子河自臨浦河西岸新河頭至州東門一千一百丈修唐陶山先生遺蹟也繼開至帶河自甲子河北岸小石橋至州北門四百餘丈徇紳耆請通風脉便薪米也海州瀕海積窪每當夏秋之交潦水縱橫汨汝漫渙深不可舟楫淺不可輿徒行旅之難視他州縣爲甚乃議建橋梁築道路以期四達無阻一自滕家莊至黑風口築路七百餘丈建朐山石橋以達於板浦一自臨浦河東岸至太平河西岸築路一千二百餘丈卽以起土處成一小河舟車便焉以達於南城一自北塘溝至小河口築路一千三百餘丈建三石橋以

達於新浦一自州北門至贛榆之東關築路三千八百餘丈以達於贛榆其東關以
北至靑口路五千餘丈大小木橋十亦由李君別籌鉅欵歸莊君桂生侯君大中經
理當此之時饑民趨役如水赴壑荷插鼓舞刻期蕆事而行旅之出塗者皆就坦夷
忘艱阻焉他如築大埔圩工七千餘丈培書院膏火田也疏薔薇河以通州西南巨
流濬雙龍井以便居民汲飲廣種朐陽松栢追石曼卿種桃遺風凡茲工費總用錢
二萬五千餘千滬上之捐蓋居十六民不知饑工垂於久惠洵厚矣哉嗟乎世俗衰
薄耰鉏德色箕帚誶語一二好施之士稍能沾潤其宗族鄉隣者蓋亦鮮焉而胡唐
顧諸君慷慨捐貲布惠於千里之外海國之濱李金鏞諸君子者赴人之急嚴寒冷
霜之天疲精悴神不爲少阻洵如制府沈公批牘中所謂惠心仁術蒸被無涯者矣
達泉忝爲民牧不能馴致康年日覩其民疾苦顛連而無術以救借人之力以紓民
阨而貽其利豈獨斯民之幸司牧者尤媿謝不遑焉至於閤州官民佽茲荒歉集貲
濟役其功亦不可沒故爲之記以示茲工之成之有所自

江廣諸公助賑壽邑東青龍鄉序　劉鑄

國家軫念民依深仁厚澤數百年於茲矣每遇偏灾議捐議賑以故承流宣化不惟
民牧多循良卽修士亦敦任卹一視同仁無遠弗屆遐邇一體不分畛域所以廣
聖朝子惠元元之至意尤足多也丙丁二歲東省大祲甚地方捐
賑屢次又遇雹灾麥秋竟虛幸賴江廣秋亭李公仲萬韓公綬之謝公媚川施公艾
臣王公分局助賑而吾鄉之困始蘇事既竣鄉人感其德而無以報也共欲頌其美
以勒諸石而索言於予曰諸公之來歷數千里陋巷窮檐親行查驗何其勞焉計口
分糧或以錢鈔稱物平施何其公也收無依之童稚助有喪以資財何其周也而間
以餘力出妙藥以活人集名詩以諭世何其嫻以正也計吾鄉六千六百七十戶大
小二萬四千六百口共給糧二千二百石京錢七千六百八十千其於他鄉類然並
益邑朐邑亦然較之罕饑戶鍾黍輸吾粟當不過是可不謂厚惠歟盍序其事以傳
其美於無窮予應之曰諸顧思諸公之爲此舉也非徒爲其名也實將以救灾恤惠
爲
國家裕休養生聚之計也夫裁成有餘輔相不足此古大人經緯萬端之要而諸公
以家居之修士行之非有經濟之實者不能行也將見或秉鈞衡或膺民社當必更
有以造生民之福而佐
聖明隆平之治於無窮矣豈以鄉曲之譽爲輕重哉然衆議不可違也善行宜樂道
也爰浣筆而爲之序

無錫原籍專祠落成請由地方官春秋致祭片　裕祿

再査前辦黑龍江漠河礦務二品銜吉林候補道李金鏞於光緒十六年八月間因
積勞過甚在廠病故當經前督臣李鴻章於光緒十六年十一月間奏請
賜卹立傳並在於該故道原籍無錫縣建立專祠均經奏
旨允准在案茲據督辦黑龍江漠河金廠道員徐傑稟稱該故道專祠業經無錫縣
紳士候選通判莊達璋等在于縣境惠山之麓購地一區建造完竣請照例列入祀

典由地方官春秋致祭等情具稟前來臣復查無異合無仰懇
天恩俯准飭部將該故道李金鏞照例列入祀典由地方官春秋致祭出自
慈施逾格謹附片具陳伏乞
聖鑒訓示謹
奏二月十三日奉
硃批着照所請禮部知道欽此

飭地方官春秋致祭原籍專祠札　陸元鼎

爲札飭事據黑龍江礦務駐滬分局光祿寺署正職銜程彬等稟稱竊奉督理黑龍
江漠河礦務直隸卽補道徐　札奉
北洋大臣裕　札開光緒二十五年二月初九日在天津行館專弁附　奏李故道
金鏞專祠落成懇請列入祀典由地方官春秋致祭一片於二月十五日齎回原片
十三日奉

硃批着照所請禮部知道欽此恭錄轉行到局奉經移知無錫縣欽遵查照在案茲
據李故道之子李守沛恩函稱二十五年八月初三日秋祭之期當遣家丁請縣到
祠致祭邑尊傳諭因未奉上憲行知不便照辦刻屆春祭有期懇乞據情稟請撫憲
札飭無錫縣定期詣祠致祭等情前來當查李故道專祠落成請列入祀典由地方
官春秋致祭所有原奏及欽奉
諭旨本衙門無案可稽祀典攸關理宜愼重卽經批飭呈驗飭知後再行飭縣詣祭
在案茲據該職員程彬等稟呈飭知並據聲稱無錫縣治之昭忠祠暨各家專祠已
於二月初九日由縣躬親致祭李故道專祠應請飭縣另行擇期詣祠致祭等情到
本護院據此查驗飭知無異合行抄錄札飭札到該縣卽便遵照擇期詣祠致祭以
隆報饗仍將致祭日期報查毋違此札
飭照章輪流値祭原籍專祠札　　　　聶緝槼
爲札飭事案於光緒二十六年六月二十一日准

禮部咨所有內閣抄出直隸總督李鴻章奏請將辦理黑龍江漠河金礦事務已故
三品銜吉林補用道李金鏞照軍營立功後積勞病故例從優議邺並將事蹟
宣付國史館仍准在江蘇無錫縣原籍自行建祠等因光緒十六年十一月十九日
奉
硃批着照所請該衙門知道欽此又內閣抄出裕祿片奏三品銜吉林候補道李金
鏞原籍無錫縣專祠建造完竣請列入祀典由地方官春秋致祭等因光緒二十五
年二月十三日奉
硃批着照所請禮部知道欽此欽遵各到部均經行直隸總督轉行遵照在案今准
呈請再行知照江蘇無錫縣原籍相應移咨江蘇巡撫轉飭遵照可也等因到院准
此卽經札行蘇藩司轉飭遵照辦理在案茲據該故道之子湖北候補知府李沛恩
稟稱無錫惠山之麓祠宇林立春秋二季祀事繁重向係錫金二縣令輪流値祭茲
距八月秋祭在卽皋府故父李道金鏞專稟祠乞査案札飭無錫金匱二縣輪値致
祭並行藩司一體飭遵等情到本護院據此查錫金二縣同在一城境內專祠是否
不分籍隸何縣向係輪値致祭本衙門無案可稽旣與官爲致祭
奏案相符應准飭縣照章辦理除稟批示並分行外合行查案札飭札到該縣卽便
遵照查明春秋二季是否由該縣與金匱無錫縣輪値詣祠致祭仍照向章辦理可也毋
違此札
無錫專祠記　　　　俞樾
光緒十六年秋亭李公以積勞病歿於漠河礦局
天子憫焉贈內閣學士銜
詔於原籍及長春廳及漠河金廠咸建專祠已而原籍無錫縣專祠告成求記於余
余謂公之功不在一隅公之祠不止一處茲祠雖建於原籍然記公之祠書公之事
固宜舉其大者最公一生行事其隨同淮軍克復常州無錫金匱宜興荊溪諸城及
籌備甘捐轉運軍械糧餉以濟西征之師則功在軍旅其創義賑以拯徐海沭之飢

遠而及於山東直隸集貲數十萬金全活數十萬衆則德在生民其權吉林府也攤
丁於地以杜吏胥之擾禁市用空拳以數民之誑豫其權長春廳也擒斬大盜苗靑
山以靖閭閻請永免廓爾羅斯公地加租以蘇民困創設養正書院以興文敎此又
其政在邊陲者也然此猶非其大者其大者則在與俄　　以來若英
若法若美若德並交於中國然皆隔絕大海惟俄與我壤地相接識者謂今之天下
猶古戰國也戰國之大患在秦今日之大患在俄自咸豐閒中原多故未遑措意東
方俄遂乘勢蠶食我邊地
中朝雖特命大臣履定疆圉而迄未能如約畫界公前後從將軍銘安督辦吉林防
務大臣吳大澂出關疆理其事按中俄條約自瑚布圖河至圖門江口嶺以西皆屬
中國距江口二十里設立界牌地圖以紅綫爲界而前之定界誤以嶺西罕奇毛口
歲諸處畫置綫內俄復於中國界綫內黑頂子之地私設卡倫距口歲幾及百里公
責令退還侵地重立界牌琿春東有蘇城溝者地陷於俄民瀕於死公招之還授之

田華民數千戶得生衆如故又有八道溝華民王純依爲俄人焚其棚殺其人公與俄官廓米薩爾力爭卒論俄人如律俄欲於東三省要地設領事官公執不可乃止俄頗憚公之爲人呼之曰李知府不敢名及將治礦於漠河適有精奇里河勘界之議

朝議卽以屬公公與俄定期會議而當事者又依違不果公曰吾可得罪於上官不可失信於俄人投袂而往使得伸公之志則疆界一定俄忠其少衰乎嗚呼此公所以義憤塡膺而不能已者歟其治漠河之礦也或以地苦寒勸勿往公曰凡治礦者皆爲利我治礦非爲利也漠河與俄止一江之隔俄三十里置一堡堡設兵數百耽耽於漠河久矣我此行也聚財聚人借開礦爲治邊之計耳披榛伐木裹糧就道由墨爾根入山皆自古人跡不到之境鑿行四十餘日始抵漠河營造屋宇招徠流民訓練勇丁創立廠次而產金之硐在萬山中深林密箐夏不解凍秋卽雨雪縋深鑿險艱苦萬狀公經理有方以次開拓自光緒十四年開工十五年出金萬九千兩有

奇十六年正月至八月出金八千兩有奇成效甫著而公病矣病中猶以往來必假俄道乘俄船異日懼爲所梗欲自漠河開直道南至齊齊哈爾城復造舟由松花江溯流而上直達漠河分水陸兩道以便轉輸建議未行齎志以歿疆臣悼歎

廷論惋惜蓋非止區區爲開礦計矣公諱金鏞秋亭其　人由同知歷官至吉林候補道加二品銜余因無錫縣原籍專祠落成而爲之記敬舉其大者宣示後人非徒爲一鄉矜式而已將以推明

聖天子眷懷勞藎風勵臣庶之義使後之拜公祠者聞公之風行公之志以固邊境之藩籬而戢外人之覬覦此則

朝廷敕建新祠之深意也夫至公之事蹟上有

國史下有墓志不具書

祠聯 附

大學士李鴻章

彼族包東溟而遠跨華離地錯惟漠河猶扼邊衛君是充國一流蒼天悠悠胡不慭遺斯老　此事關北徼之大防保障功高獨珂里先留祠宇生値中原多故忠靈耿耿尚期默濟時艱

南洋大臣劉坤一

一生事業惟忠信　萬古功名此綸嘗

前任江蘇巡撫陸元鼎

惟俊傑識時俗吏儒生兩無與　以忠信爲寶州里蠻貊皆可行

太史惲毓嘉

張僕射抗陳籌邊疏功在社稷利在人民犖犖生平合獨行循良爲一傳　班都護未入玉門關天靳其才帝褒其績巖巖新廟貌共梁溪惠麓以千秋

候選道史致馴

天下惟非常之人建非常之業我公負忠勇孚誠信勞於王事頓教數萬里沙漠遐荒盡爲利藪非常之人吾見亦罕　朝廷行莫大之賞待莫大之功使君披荊棘闢

草萊宏此遠謨備歷三五年風塵跟[illegible]爾兩捐軀莫大之賞誰曰不宜

子壻閔廣綸

漢水昔從游甥館言旋曾寫公慟惻腕弱　泰山今安　廟貌倍心傷

於乎公之歿於漠河蓋八年矣漠河名不見圖志或卽旁烏河之訛地距齊齊哈爾城徑行千四百里惜其道至今未通礦在萬山中爲巴特哈鄂倫春達呼爾諸部落牧處之所不至公至慘淡經營歷兩年效甫著而遽隕可爲當世言國是者涕泣道矣公少業賈故豐於財性豪俠喜結納其後財日絀其仕也集鄉父老話別里門曰吾到官後如買田宅爲子孫計書來責我不慭歿之日積逋纍纍其家至今僦屋不負初志可謂難矣吉林長春之治行琿春龍江之邊務直東淮徐之救災古之名臣善士所釐而一見者而公若優爲之更僕難數跡其本末則皆不愛錢三字括之耳

中庸言不變塞焉强哉矯公之謂乎邊礦之役尤中外所豔稱
朝廷褒予殊異吉江兩省曁無錫原籍皆得建祠起甿廫而俎豆名山可謂榮矣世
銓舊爲公從事爰檢篋中所藏奏疏傳志等凡紀公政蹟者屬常熟王敬安慶長釐
訂之面屬歸安閔葆岑廣綸任繕寫付諸石印題曰政蹟錄王君嘗從公漠河開創
之勞實與公俱故知之最詳閔君則公之女夫與世銓同往漠河者也嗟乎豪傑不
數覯人盡如公何處外侮之紛至然苟克盡其年得竟其用其有裨於國計民生者
當復何若而竟止是豈非天乎讀是錄者可以感矣光緒二十四年秋九月邑後學
秦世銓謹跋

外舅李公於光緒戊子創辦漠河邊礦迄於庚寅奏功未終齋志以沒朝野惜之廣
論絕域相從仰窺經畫其心力交瘁情形雖極章疏傳記各家之闡發摸以我公當
時志事不過略見一班耳語云事變之來未知所止公既以身許國設竟尚在其所
以馳驅執劾者當更何如錄竟爲之喟然云光緒二十四年九月婿安閔廣綸謹跋

政蹟錄　二十一　吉林印書館排印

嗚呼　先大夫之見棄二十年於兹矣澍恩時方弱齡於　先大夫之功績事業未
能仰窺萬一卽各項政要公牘亦多闕而不存於世此憾事也乃業師秦刺史曙村
於光緒戊戌年間集國史傳誌章奏若干篇而彙刻之題其首曰政績錄於　先大
夫平生所經畫軍政賑務交涉防邊開礦各事均能述　　未夏吉林
改設行省　雲津紫陽南海三帥先後秉節東來以整飭吏治爲改良庶政本源時
馬瀫五部郎卽請旌揚名臣事蹟旋採訪本省循吏推　先大夫爲最當軸韙之而
政界諸君子急欲覓政績錄一讀爲快顧此錄之刻幾及十年或存或失偵如廣陵
散矣緣急重付印刷以因政界諸君子之請惟念澍恩早違庭闈讀書不成納粟入
官厠身於吉林政界者八年光緒丁未夏權篆農安戊申秋移任賓州才識棉薄無
裨治理謬膺
憲遇兩登荐牘忝叨非分益切愧懼惟有兢兢焉效法先型勉益自勉以冀弗隳
先大夫之令望曁　列憲之期許耳庶乎此錄之再版益見重於政界而澍恩事君
立身亦得有所指南矣澍恩謹跋於吉林賓州直隸廳署時在宣統孟春中旬

無錫光復志

（民國）錢基博 撰

《無錫光復志》，（民國）錢基博撰，民國原刊單行本。

錢基博（一八八七—一九五七），字子泉，號潛廬。一九一一年無錫光復時，錢任錫金軍政分府秘書。後歷任蘇浙聯軍中校參謀官，無錫縣立圖書館館長，清華大學、聖約翰大學、光華大學、無錫國學專修館等校教授，生平著作等身。民國初，無錫縣政府發起重修《無錫縣志》，錢基博按照新的縣志體例，分列專題，加以撰寫，《無錫光復志》即是其中之一。後來新的縣志雖未成書，而錢氏所撰之志則保存了珍貴的地方史料。《無錫光復志》分爲『匡復篇』、『軍政篇』、『財政篇』、『民政篇』、『司法篇』五部分。全書以志書體例，每叙一事，必溯流討源，詳於沿革。『匡復篇』着重記述革命大義、推翻清朝封建統治、伸張民主共和之思想；『軍政篇』詳述無錫在光復過程中的武裝起義經過，着重記録新政權武裝力量的建制；『財政篇』詳細記録新政權的財政政策及税務收入；『民政篇』詳述錫金軍政分府成員的組成，關於議會、警察等現代政府組織皆有詳細記録；『司法篇』記録了對舊司法制度的改革，注重民權。作者不但是無錫辛亥革命的親歷者及參與者，且具有民主革命思想。錫金軍政分府是無錫歷史上第一個三權分立的政權，而《無錫光復志》即是按行政、立法、司法這個思路加以編述。全書資料詳贍，思想前衛，是一部詳盡的無錫辛亥革命史。書中有當時的珍貴照片多幅，書後附《光復門碑記》和《圖書館碑記》。

本書據民國初印原刊本影印。

（徐志鈞）

潛夫二十七歲自箴

是臥龍出山之日抑眉山讀書之年自謂學已有成而女智勿能沈淵泉女才勿能提置鄄孔子曰未可與權李先曰天下益人神智者莫如書也胡不歸而玩索金板六弢之書綈袠秘記之篇

軍政分府門前

圖中前行中坐者無錫軍政分府總司令秦毓鎏字效魯也坐毓鎏左者則副司令孫保圻字審懿總收發秦昌源字叔培及招待員秦巨源三人也坐毓鎏右者則副司令吳廷枚字錦如執法官劉晟字書城及錫軍水師隊官張錦榮字曜齋三人也立毓鎏後者則庶務員張有誠字孟脩有

錫金軍政分府職員全體攝影

誠之左爲間諜科員沈用舟書記張本立字道生李鶴臯字伯申掌印秉庶務員龔宜戊字葆誠及間諜科員秦慶鈞有誠之右爲間諜科長周公鼎字銘初會計吳仲淵招待員秦翔臯文牘員王世澄字劍潭及庶務員秦會源字雲階都十八人

錫軍全體攝影

錫軍第二營拔淮攝影

錫軍水師全隊槍炮船攝影

民國統一紀念攝影

黃花岡紀念攝影

光　復　門

圖書館

公園全景

公園之一部

公園之一部

圖中後行中立者司法部部長薛翼運字南溟也立翼運左者則副部長史濟良字問耕及庶務楊靄士二人也立翼運右者則看卷石靜山及收發華孟調二人也坐翼運之前者左爲審判官王宗瀚字海蕃右爲檢察官俞錫蕃字進生坐宗瀚左者則幇審委員胡樹蘭字子芳也坐錫蕃右者則幇審委員王家駿字竹賓都九人

中華民國元年無錫縣臨時縣議事會議員攝景

競志女學

右無錫私立競志女校蓋吾邑侯君鴻鑑建也吳江金一嘗言（侯生熱心辦學毅力過人家無中人產一身而辦五校而競志一校又有幼稚園有初等小學有高等小學有中學有師範其經費不資于官不資于公而資于省視學之俸資于譯書之勞金資于同志之慨助資于賢夫人之釵釧不敷則歲終鬻其家藏之書畫猶不敷則鬻其家中之器用作書呼號四方四方之君子哀之而不能助之或笑之侮之乃破其產子身走贛省復爲省視學仍以其俸所入資競志而餘校悉閉復以不習世故橫被謗譏久乃得直去歲秋孑身歸梁溪時三吳輕之徒方用事侯生雖少年著書談革命而不能挾武器不能論事說劍術復不能依附大黨溫溫無所試近世革命不革心非諂媚不能致令聞侯生心跡高自甘抑塞不欲揚己以自顯）其推獎君可謂至矣博尤致慨于革命不革心一言謂世之所謂偉人長德者陽揭國民福利之幟陰以揚己自顯爲主旨者何可勝道此民國肇造之所以擾攘無已時也如侯君者可以風矣志之所以風也　潛夫記

無錫光復志敘目

右六篇。都二萬餘言。計屬稿二十日卒事。約日得千言有餘裕矣。吾邑秦毓鎏者。蓋吾書之主人翁也。吾書正敘毓鎏筦領軍民隆隆盛時。曾不幾何而毓鎏則已敗矣。嚮日附和景從。岸然以擁戴毓鎏自居者。今已縮首藏頸。全軀保妻子之不暇。而暇囁嚅出一辭爲毓鎏訟冤乎。誠不意毓鎏事已敗壞至此。猶自斷斷力持平情之論者。反在當日面爭發赤之錢氏子也。不亦異哉。博嘗謂鈜鎏誠有沽禍之道。然當鈜鎏柄兵操邑政時。壹以安靖爲務。初無大過惡之可言。惟於地方一二不逞之徒。小加懲創。爲地方謀治安。是則府胥小之怨實甚。武三思謂「我不知世上何者爲善人。何者爲惡人。但與我善者卽善人。與我惡者卽惡人」。而不自別白是非所在。此又今日蚩蚩者之所謂輿論也。然在鈜鎏左右一二帷幄之士。誠不免酣歌色荒。自玷官箴。鈜鎏益無堅明約束之才。重滋邦人口實。甚有謂上有好下有甚焉者。博亦嘗引古人「從好不從令」之言爲誠。謂「君苟毋好是。何至所部將佐靡靡成風乎。」鈜鎏惟自引咎。初不曒曒自辨明也。惟聞鈜鎏嘗於深夜引一私人自貳者於密室而告之曰。「君猶自憶去年作無錫市議員時。會議禁縣官佐冶遊之事乎。今言猶在耳。吾儕已覥然躐尸其位矣。夙昔所用呰敖若輩者。益躬自蹈之。縱不自愧於心。獨何面目見若輩乎。」其人嘿無以應也。此則邑子某君嘗爲博言者。然鋶鎏終未嘗自明而諉過於其徒。誠亦有足多焉者。旣鋶鎏辭職。丹徒張鵬繼之。此風少衰。後鵬自謝病去。而儀徵嚴偉代焉。遂用邑人裘泰齡爲第二課課長。泰齡夙慕游於河南者也。家居。失職已久。去年仲冬。博猶親見泰齡日飲崇安寺茶店。口日誦「不得館無飯噉」之言。博時不知其誰某。然私心故已鄙之。誠不意一旦乘時僥倖。猝起柄用。遽自居移氣。養移體。朝笙歌而夜麻雀。一自瀹其夙昔寒儉之態也。嗚呼。昔何蕭瑟。今何豪舉。天下士不可輕量。故如此哉。博嘗聞之邑中某先輩曰「今日縣知事署、惟第三課端居有方。至第一二兩課。自課長以下無一人無外嬖焉者。日晌午而署空闃無一人矣。此則不能無歸獄於裘君重揚其焰之過也」。言下喟然。嗚呼。輿人爲誦。曉恩怨而泯是非。當官而行。有聲色而無政事。吏事日習於偸苟。民風益流於慆淫。上下巧僞相遁。莫知紀極。豈獨吾邑也歟哉。此則博之所爲以「潛夫」自氏也。吁。癸丑中秋後三日。晨起。筆之。錢基博。

無錫光復志叙目　四

無錫光復志

匡復篇第一

錢基博曰。無錫。古荆蠻地。泰伯來奔。肇建吳城。自號曰句吳。于是奄有茲土者。遂爲吾族。吾族。世稱漢人。漢人之稱。匪朔然由來已舊。蓋劉季自以嘗封漢王。卒受命爲天子。遂用漢爲有天下之號。傳三世。至孝武帝。中國已大安集。民滋繁庶。于是興師出兵。北征匈奴。絕大漠。破窴顏。襲王庭。窮極其地。追奔逐北。虜名王貴人以伯數。單于怖伏。西闢玉門。康居龜茲。重譯來享。移師東指。戈朝鮮之旆。拔兩越之旗。南弔番禺。交趾身毒。交脩職貢。東夷西僰。莫敢不來王。武帝已殁。中國雖易姓。然餘威猶震。異域殊方。因仍目吾族曰漢人。故吾族終以漢人自居。用以自張。然而勢浸衰微。莫克自振奮。光昭漢烈。戎狄之禍。越世滋深。五胡於東晉。回紇於唐。契丹於五代。女眞於宋。至元人盜有方夏。臨我漢人。卒爲明太祖所驅逐。傳之子孫。享國二百祀。滿人崛起遼東。字其國曰清。實屋明社。兩京已下。無錫望風靡。於是居是土者。已覩大勢去。佖睨不敢出聲。買禍。靦顏易胡冠服。爲士民羞者。垂三百年。及黎元洪起義武昌。稱都督。宣言「排滿復漢。」略謂「堂堂大漢。屈膝東胡。夫復何顏。本都督爲民除害。用特先舉義旗。願我父老伯叔諸姑姊妹兄弟。協心一力。攘夷光復。中興漢室。本都督有厚望焉。」書未抵無錫。秦毓鎏已舉兵應。用湔宿恥。毓鎏者。嘗學於日本。陰圖革命。嘗創青年會。糾合少年學生之有志者。日本警察嘗受中國使臣嗾使。擅逮捕中國學生。毓鎏率衆力爭。日本開博覽會。置中國福建品物於臺灣館。幾視之爲領土。毓鎏謂爲辱國。糾其徒衆。堅與日人持。卒移出之。俄羅斯恃强侵佔中國北邊。毓鎏益發奮謀集義勇隊東歸拒俄。夙故振振有名字在東瀛三島間者也。已黄興謀用湘獨立。毓鎏已與焉。勿克。毓鎏東走皖。南走粵。終思發舒己宿意。勿獲。鞅鞅發疾歸。杜門。至是聞武昌兵興。蹶然起。陰招錢鼎奎孫保圻吳廷枚輩數十人計事。商團教練許嘉澍團員竇魯沂蔡容與焉。謀定。未及發。知無錫縣事孫友蓴夙豪滑。間何得知之。亦陰爲備。已請得防營兵自固。心猶以爲未足。復增練衛隊。怙恃兵衆。負固不服。毓鎏恐縣發迫友蓴太甚。致鋌走險。阻兵接義師。交綏震地方士民。非弔民意。勸兵遲勿發。陰使人說友蓴所部兵效順。餌以厚資給。俾得要領。毓鎏曰可矣。傳有之。先人有奪人之心。薄之也。遲恐變。然吾邑夙號繁富。地四通。椎埋不逞。逋匿者什伯。輒思竊發。掠民貨。不可不有以大畏其心。命倪國樑部所團民兵。吳浩秦元釗募死士。都四百人。爲守望隊。巡行道路。用靖地方。不軌。許嘉澍竇魯沂蔡容集商團團員得五十六人。聽命。爲進行隊。駐公園。毓鎏誓師舉義旗。頒定軍律若干條。約法三章。曰戒之哉。毋爲不義。毋或乘機復私仇。毋先辜戮辱官吏。燬官舍及文書。衆諾。无敢違者。華承德嘗卒業日本士官學校。自負知兵。時在側。遂被毓鎏命。持令箭督進行隊。整旅進攻孫友蓴于無錫縣署。其衆已陰受鉥鑒約束。舍械出迎。友蓼已喪師。惶駭无所爲計。已。亦降。承德使人監視。揮嘉澍分兵守獄。防囚變。逸出擾地方。自率兵歸公園反命。鉥鑒復命進攻金匱縣署。金匱縣者。夙無。在清世宗雍正四年。始析無錫地成縣。知縣事者故異署。然同城居。不別邑。時則知金匱縣事者。何紹聞也。恇怯。匪友蓼比。已先易服變姓名遁去。舊所部門皂丁壯。無人主。俛首迎承德降。勿敢抗。卒搜捕得紹聞。錮之室。鉥鑒使召友蓼及紹聞。謂曰。吾無多求。于汝曹。汝曹私資自携去。吾不汝奪。民間租稅。汝曹勿得持銖黍去。速盡納之。無遺。二人唯唯順承。釋二人。使去。當是時。父老子弟。狃習故常。安于清廷久。驟見更革。逐去清廷官吏。笞駭疑莫措。滋鉥鑒詬厲。鉥鑒曰。民不可與慮始。其必有以曉之。草示文。眎衆。揭于四衢。謂滿族竊據中國。逞威肆虐。已二百八十餘年。乃者武昌首義。將欲登斯民於衽席。振大漢之天聲。無錫爲泰伯端委之區。聲名文物。夙爲南國冠。允宜當仁不讓。見義勇爲。用舉義師。匡復茲邑。用仍漢字之舊民于是曉於大義安堵如故歲次辛亥蓋無錫匡復之歲九月十六日庚辰其匡復之月之日也時毓鎏驟任大事心勿能毋動錢鼎奎孫保圻吳廷枚輩莫不悉心參畫言无隱而鼎奎尤加盡力焉毓鎏益倚畀之事不剬已草創百端肇建軍政分府分軍政民政財政司法都四部部置長一人總部事衆勸毓鎏自綰一部長印而以其餘三部事分畀其徒毓鎏謂不可心知承德才未可退卒私謂其所與曰華君誠能軍有功軍政部長微華君莫屬吾儕已无尺寸功新起驟用事材又不逮華君恐不能輯士衆辜衆望不如推任縉紳先生負宿望者屬之三部事吾儕亟潔身引退睎人無擅權位自私利之心衆皆曰善遂定議推承德爲軍政部長裘廷良爲民政部長孫鳴圻爲財政部長薛翼運爲司法部長士論翕然蓋廷良姁姁溫恭端厚人以長者稱之鳴圻爲人寬容得衆心翼運明習法令夙幹練士民畏服然嘗因事齟齬毓鎏毓鎏故怨之甚或評於毓鎏曰翼運甚齮齕君愼無爲之地資以事

柄。毓鋆曰。不可。吾禁約人勿私怨是報。吾雖嘗見厄於薛君。然其人才。能斷大事。吾爲地方得人。可以私而害公乎。且吾懷私憾薛君而必復之。是則吾用繩人者而先自壞之也。己之不正。何以令於人。士大夫益服毓鋆之度。毓鋆已睹四部任有人。挈其徒避去。卒以四部離立。莫能相上。而事權不一。政益遲滯。責无所歸。羣謀有以專責成。統事權於一人。舉毓鋆任總理。總四部。承德辭軍政部長職。遂徹去軍政部。毓鋆益兼任軍政。毓鋆已任事。睹鄰郡邑寡下者。慨然曰。德不可孤。大義不可以不休明。傳檄四方。其辭曰。僞清朝愛新覺羅氏者。韎鞨遺胤。肅愼餘苗。邑殊禮義之鄉。人習貪殘之性。日者皇明建極。帝道遐融。頑亦刜左衽而披朝衣。解椎結而昇華冕。而豺狼有性。梟獍難馴。遂致亂我彊常。變九隆而背誕。負其地險。携七部以滔天。豕突狼奔。蹂郊躙郭。肆沈黎而作孽。雄虺九頭。驅雜種以莚災。封狐千里。於是武臣血戰盡瘁以殉封疆。義士捐軀。懷忠以報社稷。神州陷沒。生靈延殃。爾乃沐猴而冠。

欲仿人家拜跪。登場作戲。妄擬大漢威儀。億千年山河含羞。三百載蠹肆螫。盜我府庫。食我倉廩。賤我黎民。居我宮室。泰岱於焉失色。草木爲之怒號。於是蜀郡五丁。楚人三戶。精貫白日。氣攤玄雲。呼吸則林壑沸騰。喑嗚則乾坤搖蕩。橫劍鋒而電轉。疑大火之西流。列旗影以雲舒。似長虹之東指。漢家之厄十世。宜光武之中興。至元之祚九傳。識朔運之已至。鈍鑒等誼在敵愾。志深同仇。因天下之失望。遂海內之歸心。爰舉義旗。以應漢讖。不敢貽赴義不勇之誚。容忍忘有善欲偕之箴。霜露所均。亦秉容夫異類。衣裳之會。義尤切於殊隣。佇看群醜投降。燕雲肅穆。願與諸君痛飲。幕府流連。毋貽後至之譏。致昧先幾之光。無任延頸待命之至。此檄。其文蓋（博）草也。（博）無文。然豐於記誦。猝被鈍鑒命草檄。焦思不得一字。已雜錄他書傳記文爲之。實匪己出。久益忘其所自。然頗雄麗。能聳人觀聽。鈍鑒以爲能。未及布。然而江南郡縣已有下者矣。四境底定。門於城之東北。額曰光復。以志功也。述匡復篇第一。

無錫光復志　　乃

軍政篇第二

總論

錢基博曰。無錫非用武地。然陸路四闢。踞孔道。東通姑蘇。西接常州。太湖在其南。川河午貫。盜舟時出沒爲民害。遂稱江南奧區。毓鎏已恢復之。思設兵。備寇盜。當是時。清人負嵎南京。不服。睥睨吳會。鎭江首當兵衝。已佔於民軍。然猝起兵。援師未集。衆寡。恐不敵。無錫夙隸常州。爲屬縣。已與隣郡。流言孔亟。民數相驚。寇至。率遷徙。毓鎏曰。是吾責也。防敵東竄。擾茲邑。宜練陸軍。然吾地濱臨太湖。港汊紛歧。藪盜賊。微有水師不可。諮於衆。無他議。

陸軍

初無錫之未復也。士大夫恐驟發難。地匪或乘機句外來盜。擾害地方。用團民兵自衛。請顧忠琛募之。纔得三百人。而忠琛規復蘇州去矣。終以餉械絀。无所籌。羣議散其衆。毓鎏謂不可。陰留之。命倪國樑團爲守望隊。駐於邑廟。知無錫縣事孫友蕚方謀抗毓鎏不受命。大懼地方人士。嗾所團民兵相討伐。任散遣。益增其衛兵。至百數十人。卒降於毓鎏。

毓鎏已降友蕁衆。知金匱縣事何紹聞聞風遁。舊所部門皂壯勇。無人主。侻首降毓鎏勿敢抗。至是毓鎏編之。益以秦元釗募死士。四門巡查錢濟香所部巡士。四門巡查者。毓鎏於匡復後猝置。用司巡行四門稽不軌者也。成一營。都四中隊。名曰錫軍第一營。使秦鐸爲管帶。而以顧傑爲第一中隊隊官。侯中柱爲第二中隊隊官。秦元釗爲第三中隊隊官。張國凱爲第四中隊隊官。都屬於鐸。鐸秦姓。故邑名家子。愛誦小詩。頗精於鑒別。容貌恂恂儒雅。然性跅弛不羈。有力。嘗卒業江南陸師學堂。爲裨將南京。率兵攻淸軍于雨花臺。敗歸。自謂已累官至陸軍第九鎭馬隊隊官。故毓鎏使將兵。捕擊土盜。援勦隣邑匪。頗有功。內亂僅戢。迺思外競。時南京纔降。漢陽已陷。淸庭益增兵遣將。并力殲鋭。下窺武昌。勢亟。毓鎏益憤慨。謂「不直進兵取北京。搗其根株。終無以奪滿人之氣。武昌之圍卒不解。萬有一不幸復蹉跌。北軍益得席其戰勝之威。長驅而東。介馬吳越。禍誠不可言。吾邑雖蕞爾。然大勢已去。吾邑寧復有幸。吾不忍再坐視淪骨。願悉索敝賦蒐邑銳卒以從」。衆謀僉同。遂命前陸軍三十五標三營前隊隊官顧乃鑄。募丁壯。得五百六十八人。使爲之管帶。名曰錫軍第二營。晨夕訓練。軍容整肅。旋由淮北援軍總司令顧忠琛檄調赴臨淮關。爲援軍。至是陸軍部擘建南京。嘗電禁擅募兵衆。略謂「本部成立。調查民國義師。其已編成軍者衆甚。北伐實有餘裕。業經電知各處不得添募軍隊在案。茲特重行申禁。嗣後呈請招募。概勿准行。其有藉辭故違者。決不寬縱。以肅軍紀」。時民國紀元元年二月二日也。迨乃鑄已將錫軍第二營去。毓鑒復詰「無錫軍單而匪猶衆。蜂起奪民賄。四鄉請兵者日數至。僅一營。不足數分撥」。遂于二月九日。睎通衢。募兵。謂「吾邑光復。曾練兵兩營。用鎮衛地方。備北伐。茲奉陸軍部令。調一營。赴前敵。爲臨淮北伐軍後援。自應遵令前往。惟吾邑劫盜滋衆。恣行無忌。本軍政分府除暴安良。責無旁貸。亟應補招一營。以保治安」。臨時縣議事會會員睹睎文。大譁。謂「已經部電令禁募兵。毓鑒違令擅增募意何爲」群爭之鈕鎏不得疊電請陸軍部江蘇都督令鈕鎏止使勿復募當是時南北媾和已成一家益無需多兵張軍勢陸軍部江蘇都督亟許議會電告鈕鎏曰「南北一統兵多餉已絀毋再募速設法裁遣」鈕鎏陳辨略如前揭昞文旨謂「無信流言」終不受命員卒成軍名曰錫軍第三營使張國凱爲管帶鈕鎏以秦鐸先將累有功使之統率錫軍爲團長然制一團都三營錫軍第二營顧乃鑄將抵南京卒編入江蘇陸軍第二師亦復屬于錫軍錫軍乃僅餘兩營後鈕鎏已自撤去無錫軍政分府遂以常州兵一營併入之乃足三營自此遂改稱曰常軍隸江蘇都督而不復以錫軍名矣然錫人士終以鈕鎏躁增錫軍第三營已在軍事大定之後疑有意挾兵自重者錢基博曰其說枉也無錫初匡復吳浩已募得死士鈕鎏嘗使人爲言于蘇州參謀廳廳長顧忠琛謂「其人故多亡命剽悍易死實精卒」遂編先鋒第一營後忠琛卒賴其力嘗用以克天保城者也然鈕鎏勿留自將竟用以屬忠琛使立

功今所募第三營兵什九市人无賴不得業者鳥獸集耳其精勁遠匪吳浩兵比乃謂銑鋈欲挾以自重是不挾强而挾弱也然則銑鋈亦勿智矣哉吾謂銑鋈不必驅市人而戰致犯兵家所忌惟此輩當日怏怏勿得食散在民間實能始禍故銑鋈急募爲兵食之餉俾得所生養授以覊勒範我馳驅期于內蠹不生外盜自息雖月費金錢累鉅萬然較之任彼輩窮走險外句劇盜焚掠地方致貽禍者孰爲得失有不待言者終銑鋈職地方卒無大擾害未必非此之由也夫君子不爲過情之論其亦有以恕之矣此則錫軍之大凡也惟無錫之有軍蓋始于顧忠琛之團民兵忠琛未獲出任事孫友蕚初欲以李標勝任之李標勝者海州人嘗官飛划營管帶用捕獲盜獲罪前知無錫縣事張丙廉去官者也然與友蕚雅有恩故故欲任以團民兵銑鋈謂「微吾鄉人爲之必無同恤患難愛護地方之心且標勝友蕚私人恐不我用其人雖才不可任」嗾地方縉紳堅與友蕚持卒任忠琛忠琛無錫人夙將兵于皖勇

而仁。能惠愛士卒。得其懽心。終被罪逮戍。所部懷之甚。至是欲赴皖集舊部。成軍。毓鋆謂「吾儕團民爲兵。不過暫用捍衛地方耳。誠恐貲用不給。須預爲異日遣散之地。今募皖人來吾邑爲兵。自是壯悍可用。異日猝被散遣。去皖已千里。貲裝之歸。且不易。流離吾土。甚至殃禍地方。不如募用土著。無後患。」忠琛卒用其言。故錫軍雖有客籍人雜厠其間。卒不多。然而無錫初未嘗無客軍也。當無錫未匡復時。孫友摹乞兵江湘營。得百人。隊官劉秀寬將以來。駐于城外。毓鋆將舉兵。先誘說秀寬。使率兵効順。嘗餌以厚貲。給秀寬。則諾。毓鋆堅邀之。繳槍械爲信。防中變。秀寬僅稍繳。安毓鋆心。實未嘗盡繳諸毓鋆。及無錫繼匡復。軍政分府初草創。甚乏于貲。秀寬所部兵因毓鋆給不饜心所欲。大怨恨。語聞于毓鋆。毓鋆恐或掠民間爲變。陰使人盛宴秀寬于酒樓。犒其衆。撫以好言。而假爲說辭。用告于江湘營統帶。卒使檄調秀寬所部兵回防江陰。乃得無事。于是無錫遂無客軍矣。

無錫軍政分府。初設軍政部。剬制軍政。衆以華承德有功。使長軍政部。署置軍職。得總參謀長一人。參謀長。參謀官。各三人。執事官三人。軍需科科長。軍需官。軍需科科員。各一人。執法官二人。軍械官。軍械長。各一人。軍醫官一人。軍醫長二人。書記官。書記顧問官。各一人。書記長二人電局長。電局員。電報檢查官。各一人。衞兵司令長八人。司事生四人。司書生三人。差遣員十六人。都五十八員。而兵不編一卒。械不置一槍。徒紛紛多署軍職自張大。用費無藝。纔三日。去職費至千金。似若已甚夥。者。然而軍府肇建百事草創。纖悉必購具。所耗貲實不盡過當。惟地方人士更事已寡。睬覩經日不多。而貲用至鉅。已大譁駭。遂撤去軍政部。

軍政由總理處主之。總理處。設總理一人。鈕鎏爲之。下設總務科。科長一人。科員三人。秘書科。科長一人。科員七人。間諜科。科長一人。科員九人。糾察科。科長一人。科員七人。庶務科。科長一人。科員十人。會計掌印各二人。司書三人。都四十六員。用佐總理治事。鈕鎏後以無錫軍政分府總理、任南京臨時總統府秘書。一身而二任焉。大懼不克長駐無錫。貽誤地方。辭已勿獲命。遂增置協理二人。使孫保圻、吳廷枚。爲之副總理。時則民國紀元元年正月十日也。總理處、初總四部事。擅有兵柄。剬斷一切。權莫與競。後軍民分治。民政長、掌民政。不復稟成于總理處。權始削。及撤去司法部。法院獨立。無可干之者。總理處權益削弱。僅司兵事。設執法科。掌軍法。惟財政部于餉糈有關。仍事事關白總理處。勿擅制。他無過問。總理處者。有總理之名。無總理之實。[illegible]鑿。謂「名實乖背」。遂于正月二十三日赴蘇。言於都督。撤銷無錫軍政分府總理處名目。改稱曰無錫軍政分府司令部。財政部屬之。自爲司令。月給薪百六十元。置副司令二人。人月給薪百二十元。視協理。財政部長一人。月給薪。視司令。總軍需長一人。月給薪六十元。軍需員二人。人月給薪三十元。總務科科長一人。月給薪七十元。科員一人。月給薪四十元秘書科。執法科。員額。月給薪。略同總務科。惟執法科科長。月僅給薪六十元。庶務科科長一人。月給薪四十元。科員二人。人月給薪三十元。書記三人。人月給薪二十四元。司書生二人。人月給薪十二元。都十九員。幾及總理處員額之半。未幾。南北言懽。天下大定。鈕鎏電陳北京大總統。南京留守。蘇州都督。請撤去無錫軍政分府。謂「去年九月。敝邑光復之初。設立軍政分府。本屬一時權宜之計。當是時。金陵未下。地匪伏莽。蠢起如蝟。江蘇悉兵赴前敵。不暇兼顧下邑。遂練錫軍以謀自保。先後練成陸軍一團。水師一隊。復佐以四鄉編練民團。數月之間。鄰郡邑盜賊。仍起不靖。錫軍輒奔命先往。勿敢告勞。四境底定。士民樂業。地方安堵。幸得免于隕隮。迄今民國肇造。軍政亟宜統一。敝軍政分府。何敢挾兵自重。除錫軍第二營已編入第二師外。所有一三兩營。應請派員接統。敝軍政分府。自當立行取銷。所有經辦之事。應如何交替之處。即請鈞裁」。卒得請。遂以五月一日。撤無錫軍政分府。編錫軍爲常軍。已如上述。茲不贅。

無錫兵制。至改編常軍。都三變。始者鈕鎏起儒生。將兵。莫知營制。適秦鐸自雨花臺敗歸。謁毓鑾。毓鑾屬草定營制餉章。凡營餉。日計。不月計。官佐曰薪。目兵夫役曰餉。都十四人爲一棚。棚有正目。月給餉十二元。副目佐之。月十元。正兵四名。每名。月九元。副兵八名。每名月八元。都三棚爲一排。排有排長。月給薪二十五元。都三排爲一中隊。中隊有隊官。乘馬一匹。月給薪三十元。公費二十元。司務長。掌餉稽餉糈。綱紀庶務。月給薪二十元。司書生一員。月十元。號兵二名。每名月給餉十元。護兵二名。每名。月八元。司雜役。伙夫七名。每名。月六元。馬夫一名。月給餉視伙夫。都四中隊爲一營。營有管帶。乘馬五匹。月給公費三十元。不支薪。下置教練官督隊官各一員。佐之。各乘馬一匹。月給薪。每員三十元。執事官一員。乘馬一匹。月給薪二十元。護目一名。月給餉十元。護兵六名。每名。月給餉八元。馬夫目一名。月給餉視護目。馬夫四名。月給餉視護兵。打掃夫二名。餉亦如之。號目一名。餉月給十二元。都十五名。屬執事官。軍械長一員。月給薪十六元。軍械目一名。月給餉十二元。軍需長二員。每員。月給薪十六元。書記長一員。月給薪視軍需長。司書生一員。月十二元。都官佐三十三員。目兵夫役五百六十八名。乘馬十二匹。爲一營。差遣官無定額。率仿襲清制。無大更張。惟痛減薪餉而已。後雖增爲一聯隊。然兵額減而官薪增。兵之制于是始變也。蓋十一人爲一棚。棚有正目。月給餉十二元。正兵四名。每名。月九元。副兵六名。每名。月八元。都三棚爲一小隊。小隊有小隊長。月給薪三十二元。伙夫二名。每名。月給餉六元。供使令。都三小隊爲一中隊。中隊有中隊長。月給薪五十六元。公費二十元。司務長一員。月給薪二十一元。司書生一員。月給薪十二元。號兵二名。每名。月給餉十二元。護兵三名。每名。月八元。都四中隊爲一大隊。視營。大隊有大隊長。乘馬一匹。月給薪一百十二元。公費一百元。次隊長一員。佐之。乘馬一匹。月給薪五十六元。軍需長一員。月三十元。書記長軍醫長各一員。月給薪視軍需長。司書生二員。每員。月十二元。號目一名。月給餉十四元。護兵長一名。月十元。護兵四名。每名。月八元。匠目一名。月給餉視號目。槍匠四名。每名。月十元。皮匠四名。每名。月八元。醫兵駕車兵各四名。每名。月給餉視皮匠。駕車馬二匹。喂養夫四名。每名。月六元。伙夫二名。每名。月給餉視喂養夫。都官佐三十一員。目兵夫役四百六十九名。乘馬四匹。成一大隊。都三大隊爲一聯隊。聯隊有聯隊長。乘馬二匹。月給薪二百十元。公費一百元。聯隊次長一員。佐之。乘馬一匹。月給薪一百五十四元。三等副官一員。乘馬一匹。月五十六元。執旗長一員。月三十五元。副軍需官一員。月四十元。二等書記官副軍醫官各一員。月給薪視副軍需官。副軍樂長一員。月二十元。司書生二員。每員。月十四元。護兵長一名。月給餉十元。護兵六名。每名月八元。伙夫二名。每名。月六元。畧同前制。惟排稱小隊。營稱大隊。兵額稍減。官薪益增而已。然官薪雖已加增。仍視清制爲減。是亦秦鐸所更定也。己。臨時陸軍部肇建南京。初頒陸軍編制之法。錫軍遵改聯隊曰團。大隊曰營。中隊曰連。小隊曰排。一排三棚。一連三排。一營四連。一團三營。團有團長。階大都尉。乘馬三匹。每月規定薪洋銀三百元。公費一百元。惟薪餉得支什七。不實給。團長以下同之。次團附一員。階左都尉。乘馬二匹。每月規定薪洋二百二十元。團副官一員。階大軍校。乘馬一匹。月八十元。旗官一員。階左軍校。乘馬一匹。月五十元。三等軍需長一員。階同右都尉。月一百六十元。三等軍醫長一員。階。月薪。視三等軍需長。二等司藥一員。階同左軍校。月五十元。二等獸醫一員。階。月薪。視二等司藥。二等書記二員。階同右軍校。每月規定薪洋四十元。一等司書一員。無階。每月規定薪洋十八元。實給。二等司書一員。無階。月十四元。實給。號長一名。比上士。月給餉七元。護兵長一名。比下士。月五元。護兵。比上等兵者三名。每名月給餉四元五角。比一等兵者五名。每名月給餉四元。都八名。馬夫四名。每名月給餉三元。伙夫二名。餉視馬夫。右官佐十一員。目兵夫役十六名。都任職於團本部者。營有營長。階右都尉。乘馬二匹。每月規定薪洋一百六十元。次營副官一員。階大軍校。乘馬一四。月八十元。三等軍需一員。階同右軍校。月四十元。軍需軍士一名屬之。比上士。月給餉七元。三等軍需一員。階。月薪。視三等軍需。看護軍士一名屬之。餉視軍需軍士。三等書記一員。無階。視額外軍官。月三十元、一等司書二等司書各一員。槍工、縫工、靴工軍士各一名。比中士。每名。月給餉六元。號長護兵長各一名。比下士。月給餉五元。護兵四名。比一等兵。每名。月給餉四元。駕車兵四名。比二等兵。每名。月給餉三元四角。伙夫二名。右官佐七員。目兵夫役十七名。都任職於營本部者。連有連長、階大軍校。每月規定薪洋八十元。司務長一員。爲額外軍官。月三十元。二等司書一員。上士一名。選於正目。月給餉七元。護兵三名。比一等兵。每名。月給餉四元。伙夫九名。每名。月給餉三元。右官佐二員。兵夫十三名。塞佐連長。受其指揮。用治一連之事焉。排有排長。階。每連。第一排排長。爲左軍校。規定薪洋。每月五十元。其第二三兩排排長。階。右軍校。每月規定薪洋四十元。號兵二名。比一等兵。每名。月給餉四元。棚有正目。中士。月給餉六元。次副目一名。下士。月五元。上等兵一名。每名。月四元五角。一等兵三名。每名。月四元。二等兵六名。每名。月三元五角。都十二名。然惟餉有多寡。而伙食實無等差。每名。月三元。自上士以至於伙夫。一也。官佐僅有薪。不別支伙食。此其大略也。蓋兵之制至是又一變矣。後改編常軍。卒復稍有更易。今不著。

治軍有律。無古今。一也。毓鎏將舉兵。誓師公園。布軍律。誅者六。賞者伍。都十一條。曰。殺戮無辜者斬。乘機縱火者斬。奸淫不道者斬。肆掠民財者斬。強賒買民貨者斬。虐殺外國人。焚其教堂者斬。保護外國人教堂及醫院者賞。保護商業者賞。捕獲奸細者賞。捕獲逃官及逋吏者賞。捕獲匪盜者賞。誓已畢。軍士肅肅蜿蜒而出。無有違者。然毓鎏倉卒施布軍律。纔舉舉數大端。而軍人品彙不齊。情僞至萬變。疏網濶目。不足以勝之也。毓鎏嘗議。置糾察科編憲兵。用整飭軍紀。嚴稽不軌。事卒無成。遇有獄。輒復於先所定者無可比坿。時以意決之。後設執法科。以劉㦸爲執法科科長。劉瑋佐之。掌軍法。依大清新刑律分則草案決事。然實不適爲軍律。不過自賑其無意於重輕。免貽人口實耳。誠亦有所不得已也。至民國元年二月二十日。江蘇都督頒江蘇軍政府陸海軍暫行軍律審判章程。抵錫。始克有所遵循焉。

軍械

初華承德之長軍政部也。嘗使王耀梓蔣飛趙衍赴蘇州都督府請械乘小汽船。謀得請。徑携載回無錫。給兵士。道楓橋。楓橋。在蘇州西。都督已遣軍駐防。日曛。猝睹耀梓等所乘汽船。鼓輪駛絕速。似欲衝橋下過者。疑有異。羣用槍注擊。彈下如霰。創者三人。蓋蔣飛趙衍及舵工也。船已壞。勿克駛。卒赴蘇陳乞械於都督。載飛三人赴醫院。而耀梓隻身。已無船。得械。無以運。徒手歸。後舵工先創重死。飛病創經年。終不救。卒。惟衍得生。吾錫軍職死事者。纔飛耳。飛創。械已得請。毋敢往取者。毓鋆已主軍政。許嘉澍程品元卒毅然往。用飛划船運載以歸。纔得林明敦中針槍百。刺刀百有一。子彈二千。前膛來福槍二百。銅帽一萬。鉛彈十斤。

火藥二百磅。都壞敗不可用者。時鉅寇劇盜。方舟聯檣自他郡縣至。所持槍械多精新。白日肆劫。勢張甚。四鄉請軍者日夕至。然吾軍所給械已窳舊。遠匪盜比。銃鏊謂「器械不堅利。無殊空拳。用猝薄寇暴。此之謂予賊以卒。智者所勿爲」。益不恤犇致重金。賫財政部長孫鳴圻。用購械於上海。都俄羅斯一千八百九十年毛瑟槍百九十六桿。刺刀數如之。子四萬枚。銃鏊已得槍械。日益發舒。奮兵四出援勦。旁達鄰郡邑告驚者。蓋無不有錫軍廁其間矣。然吾錫軍日益增。而鳴圻前所購俄羅斯槍纔百九十有六。不敷分授諸軍。其精利尤匪德意志一千八百八十八年毛瑟槍比。銃鏊亟復使鳴圻購諸。得千桿。刺刀數如之。子八萬五千七百枚。銃鏊意猶未足。益購機關槍一。子萬枚。而軍械粗完好矣。此則吾錫軍政分府籌購軍械之大凡也。然吾錫初匡復時。地方羣不逞者蜂起。思乘機越奪民家。然徒虛手無所持械。不能威人使盡出其賫。竊勾鐵工。鑄刀斧。恣爲暴亂。盜風熾甚。家不能自保。銃鏊謂「亂不可長」。

軍事

亟飭諭境內鐵工曰。「凡購鑄刀斧軍械等物。匪得本軍政分府許可。勿得擅鑄與之。如違。依軍律嚴懲。不貸」。然後。私鑄之風。稍衰息矣。

無錫已光復之十五日。誅僧霞明。先是。霞明謀爲變。聚其徒。私歃血盟。鑄巨刀。重十八斤。純用鐵爲諸。鋼傳於刃。背厚半寸許。長三尺。匪有兼人之力者。無能任也。而霞明竟謀於北里鐵工。俾鑄諸。都十五柄。則其徒衆多勇力者。可知矣。勢洶洶。未及發。事聞於毓鎏。亟使人掩捕。獲霞明及其黨五人。搜之霞明室。復取得前膛來福槍二桿。所鑄巨刀一柄。并携以歸。讞諸。剝霞明衣。衷軍服。遂槍斃諸。餘釋勿誅。吾錫受槍斃之刑者。蓋首自僧霞明始也。四十九日。盜掠開原鄉之錢橋。燬民居。斃一婦人。毓鎏使管帶秦鐸督執事官嚴恭寅。軍械長周坤元。將兵。討之。獲盜船二。俘盜五人以歸。蓋錫軍下鄉剿盜始此矣。五十一日。泰伯鄉之大牆門口。有盜。劫質店。盡其蓄。無有遺者。毓鎏使第一中隊隊官顧傑。差遣單秋亭。率兵往捕。卒擒獲盜十一人焉。五十三日。使秦鐸討孫二於王莊。王莊在無錫東七十里。隸常熟縣。故二。常熟人。夙佃富室須氏田。歲歉。勿盡納其租。須氏益持之急。二怒。殺雞豕餉衆。衆不悅於須氏者已夙。衆燬其家。擁二。豎幟稱都督。四出句結。寖蔓延及江陰。江陰亟遣兵討之。不克還。二勢益熾。常熟民政長勿能討。使來告急。毓鎏命秦鐸率執事官嚴恭寅。第一中隊隊官顧傑。第一排排長程品元。及第二中隊第二排排長徐翼通往。抵張涇橋。會第二中隊隊官秦元釗。第三排排長尤丙照兵。蓋元釗二人先督所部兵。巡緝東鄉。道此。至是隨鐸赴王莊。討二。二糾衆抗。勿受命。鐸纔鳴槍威之。二衆已震駭鳥獸散。卒縶其黨二十人。二遁。亂遂平。此錫軍越境討賊之始也。元年正月三日。胡埭秀民瘠句太湖盜。陰爲之間。嗾使白晝攻質店於市。店夙具槍械。至是用禦盜。盜久攻。終勿克入搜刦財物。盜怒。焚鄰室。冀火延質店屋。迫其人使闢門避火出走。得遂乘機進取店資去。然店牆壁高堅。火勿能越。徒燬鄰居多室。戕一人。毓鎏命第四中隊隊官張國凱亟率第二中隊第二排排長徐翼通。第三排排長王長聲。督兵往。盜已遁去。鈕鎏謂「胡埭地逼太湖。便盜寇」。遂駐兵焉。十三日。東亭突至盜三十餘人。竊居民家。刦人質。迫使出錢贖。鈕鎏急使張國凱疾往捕諸。盜他遁。遂獲竊盜者。二十一日。新安鄉民變。鈕鎏命秦鐸遣兵勦諸。先是新安鄉張杜石巨室張氏。家世富。有田。都予民佃。使納租。索諸。苛甚。民怨已久。是年。歲已歉。張氏猶不肯少貸。索益亟。勿還。錮諸室。鞭諸。民益怒。聚鬨張氏家。須臾。至數百人。焚諸。張氏之室燼焉。走告於鈕鎏。鈕鎏命秦鐸調軍鎮撫諸。鐸適有事南京。使第一中隊隊官程品元督兵往。已。品元還報命。謂「民聚衆抗勿服。我軍嘗槍斃七人。中一婦人也。然而輿論囂甚。頗有謂。品元勿戢兵。縱使掠民居。迫淫民婦致斃者。鈕鎏怒。亟還所掠財物予民。係兵士數人於獄。謂「品元約束不嚴。記大過一。惟秦鐸當日因公抵南京。但平日督率無方。於斯可見。應記常過一」。隨飭執法科存記。稍賑懲儆紓民冤焉。然錫軍卒用是詬厲於地方人士也。故鈕鎏頗自引疚，而張氏意則猶未慊，曾不稍自訟，益恨其佃，潛伺軍返，亟糾族衆，奔抵所屬佃民居，縱火燬諸，爐其村。惟村民懾軍威，已先逃散，俾免於傷。銑鑒初恨張氏歛怨始禍，猶不知悛悔，係其人，欲置重典。新安鄉鄉董陸紹雲夙與張氏有連，極謂「誅之恐益長頑佃之風」，言於銑鑒。銑鑒謂「其言正」，緩其獄，貰諸後，卒無歸獄張氏者。二月十二日，蘇州光福山濱湖而處，夙藪盜，潛竄入南延鄉之蕩口、甘露，太伯鄉之大牆門口、后宅等地，句莠民爲間，勢已亟。銑鑒使聯隊長秦鐸、率程品元第一中隊第二小隊隊長甘子厚、第四中隊第一小隊隊長孫奐、第二小隊隊長謝學源，督兵駐防焉。已越十有三日，蕩口甘露有盜舟至，都十餘艘，泊河干，舍舟刦我軍槍械，持不解。鐸亟增兵馳赴援，盜始遁去。二十三日，第二連連長顧建勛率三排排長程振圻勦盜景雲市之江溪橋，俘十四人以歸。三月十日，江蘇都督電告銑鑒曰：「光福盜已飭水陸師會勦，誠恐竄擾錫境，迅分兵防堵。」銑鑒亟令團長秦鐸分遣團附丁倬、軍械長周坤元。第三營營長張國凱。第三連連長秦元釗。第十連連長寶魯沂。二排排長范迪筠。三排排長萬恒德。督兵。扼蕩口新安東港胡埭濱湖各要地。水師隊官張錦榮。率舟師。泊獨山門。防光福盜。盜竄西橋。營副官丁士清。顧建勛。奉秦鐸命。往勦之。盜逸。追獲盜舟二艘焉。十二日。盜舟十八艘。竄常州之漕橋鎮。民團禦之。斃盜二人。而民團首領亦戰死。無復能軍者。使告急常州軍政分府。勿能應。亟電乞兵江蘇都督。都督令鈕鎏遣兵援之。使秦元釗將以往。盜已逸去。元釗率兵追之。不及。歸。十五日。盜舟七艘竄羊尖。羊尖隣常熟縣。故常熟縣民政長使乞兵。鈕鎏令鐸使程品元率第一排排長錢公武。第三排排長金啓南。往勦諸。盜始遁焉。後鐸益命將遣兵四境。勦隣郡縣盜竄無錫者。於是錫軍足跡。遍抵常熟吳縣及武進三縣之境。盜亦稍稍畏。勿敢近。是則博所云「鐸將兵。捕擊土盜。援勦鄰邑匪。頗有功」者也。然論者輒因鐸後貴驕。恣情聲色。不事軍政。至欲并其綏靖地方之功而沒諸。不著。然鐸初將將兵嚴肅，嘗於功名，遇有驚變，身先士卒，遇往不待，[illegible]乃勿競終[illegible]非所謂智勇怠於宦成者歟。惜甚惜焉。惟仁人能好人，能惡人。在鐸故勿自愛惜，致玷清議。然而世之惡而知其美者，何其少也。抑亦與於不仁之甚也已。

偵探隊

初無錫縣例置馬快八人，金匱縣如之，蓋司捕盜之役者也。軍興，寇盜日衆，鉞鑾謂「斥候不明，躁興兵討捕，倉卒恐相失」。選於馬快，得十六人，設偵探隊。中置隊長一人，月得薪十六元；次十五人，每月人得餉八元。使吳正榮爲之長，帥其衆，屬間諜科。正榮甚勤於職，頗能捕小盜自効。惟大盜，勿能擒。然後陳軍政分府，遣師征勦焉。

水師

初欲立舟師，莫知戰船形制者。鉞鑾嘗使間諜科科長周公鼎攷索其形制，製一舟，須貲若干金，費鉅，無所得貲，鉞鑾計莫之何，已。浙江駐錫鹽捕右營管帶徐誠檀，因所部中哨兵舟艘、軍械、餉糈，無不貲自鹽商張恒源。值軍興，鹽躁滯銷，商困，無力任餉，有「裁遣弁勇，收回船械」之議。

已謀汰去中哨弁兵夫役都七十五人。事未及行。爲銑鑾所聞。謂此輩。
客軍被汰。驟不能歸鄉里。留吾地。窮無所得食。恐禍地方。吾設舟師。苦
無籌貲地。計不如謀之誠檀。私諭商人指。俾自輸船械於我。我因其人。
而用諸彼輩。已有所歸命。勿至爲禍吾地。吾亦不勞費而得舟師爲我
用。使請誠檀。告之故。俾曉譬張恒源。輸之卒。如銑鑾議。都砲船四艘。大
槍船兩艘。小槍船四艘。砲五尊。九響毛瑟槍二十四枝。五響毛瑟槍及
前膛來福槍各十二枝。子一千八百枚。火藥十五鎊。累值鉅萬金。然而
銑鑾得諸。初不費地方銖黍貲也。遂編爲錫軍水師。官弁兵役仍舊。惟
稍更其制。置隊官一人。月給薪洋三十元。公費二十元。領砲船一艘。餘
以三哨官領之。凡砲船。有隊官或哨官一員。哨官月給薪洋十八元。下
置舵兵一名。月給餉洋六元六角。頭兵砲兵各一名。每名月六元三角。
正兵五名。每名月六元。伙兵一名。月四元八角。都兵九人。惟隊官所領
砲船。別設司書生。佐之。掌文牘。月給薪洋九元。餘同之。凡大槍船。以隊

長一員領之。月給薪。洋十二元。下置舵兵一名。正兵四名。伙兵一名。都兵六人。凡小槍船。以隊長一員領之。視大槍船。下置正兵三名。伙兵一名。都兵四人。凡砲船四。大小槍船六。官佐十員。兵六十四名。使張錦榮爲隊官。統諸。錦榮。已見汰。得鈕鎏力。編錫軍水師。仍得統衆如故。感刺骨。益勤厥職。率師船。匡輔陸軍。巡緝四鄉。捕逐水盜。吾錫嘗賴其力焉。後鈕鎏已自撤去無錫軍政分府。錫軍改編常軍。隸江蘇都督。江蘇都督請簡鈕鎏爲無錫縣民政長。然錫軍水師。初未歸諸省轄。仍隸鈕鎏。鈕鎏。謂「民政長統軍匪法」。請編爲水上巡警焉。

軍醫

當鈕鎏規復無錫時。嘗嚴規約起義諸人士。謂「勿得虐遇旅居外國人。致損睦誼」。頒爲軍律。衆已遵鈕鎏命。勿違。外國人感焉。先美國人李克樂楙建普仁醫院於無錫。至是益慕民軍之義。函告軍政分府。謂「凡軍政部警察局商團及保衛局各職員。有因公病創。積瘁成疾者。院長勉力施診。一律免費」。吾錫軍人嘗仰賴焉。後軍政部長華承德使俞伯銘爲軍醫官伯銘無錫人業醫在無錫匡復之際嘗設赤十字社茲雖授職軍醫官不支薪纔給藥資而已閱二月伯銘卒因請治者衆無佐助追視軍人疾辭於毓鎏遂擅醫於普仁醫院雖藥資勿少給焉夫李克樂一覊旅之外國醫士耳曾不心存畛域其視吾軍人之疾苦未嘗取銖黍賞悉力調治若已有諸論者以爲難

民團

無錫之有商團由來舊矣軍械足備服習已久蓋商人平昔團以自衛備寇盜者也吾錫匡復商團嘗與有功焉然而初未嘗有民團也迨軍興而民團起矣先是保衛團於邑城以次天下市青城市萬安市富安鄉開原鄉開原北鄉揚名鄉開化鄉新安鄉泰伯市南延市北延下鄉懷上市懷下市十四市鄉紛起治民團團費資房捐或勸募團械有已自購具者然大都請購於無錫軍政分府者半焉毓鎏與以江蘇都督府所嘗頒給者曰是雖窳舊用備盜足矣然民團團員多者纔四五十人少僅十餘人衆寡力已薄雖有械盜勿畏也況市自爲制鄉自爲政

團勿聚操械勿服習有械益與無械同然團員多鄉居食力勿能無自營其生雖有日聚諸而習械者然習已畢都儲械公所而團員紛紛徒手散矣故團員與械不相親平居械自械團員自團員卒有盜至團員勿及取械禦盜盜輒掩襲公所儲械而有諸先奪團員所恃毓鑒謂「械勿足資團員自衛甚藉寇兵」嘗邀集各市鄉董團事者議整一民團章制而選邑子嘗習爲兵退伍者分赴諸市鄉教練團員用兵法部勒諸然鄉人子弟大都伏處閭里無遠慮侔旦夕盜勿至自娛嬉終勿耆毓鑒議錢基博曰「吾聞之鄉先輩叔耘薛氏其論民團也謂「天下事無實意者鮮成效務虛名者多後患」」博 有懼焉述軍政篇第二

無錫光復志　三十六

財政篇第三

財政部之略史

錢基博曰。爲唐有言。趙將李牧之居邊也。軍市之租。皆自用饗士。秦毓鎏之領無錫軍政分府。蓋視之矣。無錫初匡復。剏建軍政分府。設軍政民政財政司法都四部。部置長一人。而推孫鳴圻爲財政部長。下置簿計收支文牘稅務及庶務四科。每科長一人。科員多者五人。少至二人。佐焉。民間租稅所入。餽軍之糈。都財政部領諸。掌其出納。關白總理處。後軍政民政及司法三部以次撤去。總理處規模日溢。改名無錫軍政分府司令部。惟財政部仍舊。益夷屬於司令部。然領租稅事如故。實侵民政署主計課職。主計課者。設於民政署。用司地方財賦者也。於是臨時縣議事會議員錢基厚。議請撤去財政部。歸併於主計課。謂「日本渡邊廉吉曰。地方行政。纔內務行政之一部耳。要其終。卽課賦地方租稅。是也。是舍財政。且無所謂民政。今民政署已組織完全。則財政部不容不撤消。且財政部所掌。皆民政署主計課之事。夫以一民政長佐治職所管之事。而必別設一部置之長。儼與民政長敵體。不幾隣於尾大不掉乎。此行政法學上所不容有者也。議員謂誠宜裁撤財政部而歸併於主計科便」。衆善其議。聯署名。疊請於江蘇都督。南京大總統。下其議毓鎏。毓鎏謂其持論甚正。實迂遠於事情。自以勞苦功高。不恤竭蹶經營於艱難締造之中。而基厚儒者拘文義。必欲繩以承平時法。心頗不平。力陳辦辭。致激憤。略謂「無錫光復以來。業經編練陸軍一標水師一隊呈報在案。邇者伏莽蠢起。地方不靖。幸賴軍隊用資鎮懾。是軍隊已有不能驟撤之勢。惟軍隊既以軍餉爲重。而軍餉尤以糧稅爲主。需由軍政分府財政部征取。俾受成於司令部。故能相其緩急。源源餉軍。至民政署主計課一職。僅能支配地方行政經費。已無籌措軍餉之責。果一旦撤去財政部。而與以征取糧稅之權。則軍餉將何以取貲。是直欲絕軍隊籌餉之源。而陷地方於危地。設有不測誰執其咎者。且時局未底於承平。必兵力所及之處。乃有民政之可言。敝邑已有軍隊。而四鄉

官款田賦及貨物稅

抗租之風益甚。以此類推。可見權稅之征。亦非兵力不爲功也。現財政部會同民政署辦理銀漕稅項。毫無窒碍者。實惟財政一部屬於軍政分府之故。計非暫緩取銷財政部不可。大局攸關。不敢緘默。」其言當日情勢。誠亦有然者。益堅不應議會議。亟督財政部征縣租稅。用餽軍。一倣李牧自用軍市租饗士故事。後毓鎏自請撤去無錫軍政分府。已得請。然後財政部隨俱撤焉。

無錫地方不過百里。創制萬端。驟用兵千人。月費數萬金。可謂蕭然煩費矣。然地味饒食。厥田已上上。川河溉注。溝通五湖。道路旁達。舟車綃轂。百貨載於塗。租賦所貣。其費以億計。未有舉事而匱財柄兵而憂餽者也。初無錫財賦已徵儲在官者夥甚。毓鎏將舉兵。恐驟發難。猝迫逐官吏。至陰盜其貣去。已預使人一一潛伺察。勿予逃。毓鎏謂「能强得官中簿籍。權算。無俾隱者。必蔣士棨吳學萊二人任之。其可。」蓋士棨夙僵直自喜。勿可干以私。然學萊老於錢穀。佐之。精鉤稽。益不能隱也。後士桀卒威使縣官獻册籍。然初不必盡出士桀力。惟學萊益督同縣官無錫厘金局諸當事者、及駐錫各官銀行會計、悉力句校。無纖毫隱。都得銀三萬九百六十三兩。洋五萬七千五百八十元。蓋無錫初倚供軍用。貲於司法行政之費者。大率都此金也。後毓鑾已領無錫軍政分府。益奮於創作。政日滋繁。財用不繼。不得不別籌理財之方。其道亦至多端。而其廓然與民更始稱樂利者。惟田賦貨物稅二者而已。凡田賦有二。曰忙。曰漕。忙征銀。漕征米。銀以兩計。米以石計。已征於民。然後給之串票。明載田畝銀米之數。所以昭民信。杜浮收也。無錫先已析金匱爲縣。別置令。征賦於民。其科則大率重於無錫。已匡復。衆議併金匱入無錫爲一縣。設無錫縣民政署於故金匱縣官舍。惟田賦之則。猝難更張。已得江蘇都督電。畧謂「今年成熟田畝。都減征什二。無忙漕一也。其忙銀一兩。征洋一元八角。漕一石。征五元。均加稅不別征。征洋。毋征米」於是簿計科科長吳學萊言於孫鳴圻。謂「宜仍襲其舊。勿改。設無錫縣徵收

銀漕處。分置兩櫃。而用易貫字分名之。蓋析取錫匱兩字左偏體也。凡舊隸無錫縣田畝。其賦納易字櫃。金匱縣田畝。納貫字櫃。則不戾於舊貫而民易曉。」嗚圻可學萊議。蓋勢有勿能無因舊制者。初無錫知縣事者。年選老吏曉漕稅事者。使自辟佐。征銀漕。名曰漕總銀總貳焉串冊其屬也。金匱縣如之縣官但拱手受成而已。然畢事不給薪其佐初亦不領公府錢。由漕總稍資給焉。然其人大都窟穴於漕自肥而朘民者也。轉不以自枵腹賠累爲苦而利爲之。甚有爭輦重金賄官求得者。官益陰引爲利而視其出金多者任諸。謂「其身家殷實可信」至是嗚圻。謂「上下交徵利。勿少給薪且督使出多金而重予之事權是導之剝民以自活也。惟吾能重恤其私。乃可責使不懈於公。然後分俾之事權。勿剬於一人而董之成。庶不恣於爲惡。」設掌漕掌銀掌冊掌串四員。每員月給薪。洋二十四元人各專其職。毋相侵越。下置司漕司銀司冊及司串生各若干人。佐所掌者治事。月給薪。多者十六元少至八元一視其事之繁簡爲多寡焉。初忙征銀。漕之折色亦征銀。然而銀匪民間所有。其流行於民間者。纔銀元銅幣二者而已。於是民間納賦。厥惟銀元及銅幣是賴。漕總輒强抑銀銅兩幣之值。而故高銀價。恣營奸利。縣官陰貪其朋分肥己。民有不服者。輒指爲抗賦。益重懲諸。於是漕總之惡滋甚。至是鳴圻謂「漕總作奸。縣官實縱諸。吾可坐視而不爲之地乎」已據都督電稱「銀一兩。值銀幣一元五角。漕一石。值銀幣五」遂下令銀幣照市作價。大書高揭於櫃側。日一易。毋得絲毫增損。一滌其舊染之汚焉。初串册掌諸一人。往往民已完賦。輒私截串票予諸。而不錄於底册。仍揑未完。官比差追。隱不報。遇皇室有大典禮。故事輒蠲免宿欠。市民惠。而串册。侵吞之私。於以遂矣。至是鳴圻分掌册掌串爲二職。使之自相稽報。用互鉗制。俾勿得獨營其私圖。然後侵吞之風。少衰息焉。匪直此也。初無錫縣。一里。謂之一圖。圖有總甲。掌錢糧。凡盈縮完欠。追催比較皆其責也。每開征。總甲輒擇圖中民戶。其家產能自完納者。代爲先完徵串票。然後持票勒其人加倍還已。轉輾贏私利。名曰代票。然其貧困無可噬利者。初不肯代也。官明知其爲民害。然而利其墊解。卒莫之禁者。至是鳴圻謂「賦納自民。入諸官府。何必假手總甲。俾代票。重增民累。」嚴禁勿得代。令民自書都圖戶名斗石細數。携投櫃自納。設串房。立時截給串票持歸。民頗以爲便焉。觀於斯而鳴圻剗除勝朝銀漕之弊。略可覩矣。然大都學萊擘畫之功居多。此無錫田賦之大凡也。無錫已匡復之三日。毓鎏自以邑子蹶居民上。亟欲得民懽心。草示文。揭於四衢謂「釐卡爲病商苛政。本軍政分府體恤衆情。自後除鹽糖酒菸等物照舊認捐外。所有釐卡一律裁撤。用特告閤邑紳父老知之。」都撤去黄埠墩、清明橋、南橋、望亭、五河浜、堰橋、觀音墩、大渲、馬口、北栅口、四河口、及雪堰橋釐卡十二處。商人大悦。越三十四日。江蘇都督電知各縣民政長。謂「江蘇省議會議決截釐抵補。宜征收貨物稅。凡本省土產及外省運入之貨。各按值百抽二征收之。各縣應設征收貨物稅總公所。由民政長慎選專員管理之。吾錫釐捐局撤，而貨物稅公所代興，其所長應遵都督電令由民政長慎選專員者。惟鯨鑿自以所部兵衆，饟虞不繼。已得都督電知征收貨物稅，益欲筦領裕饟源，堅不肯遵江蘇省議會決議，予無錫縣民政長選任貨物稅總公所所長之權，益圖於財政部長孫鳴圻。設貨物稅總公所於北里竹場巷。鳴圻自領所長，月給薪洋百五十元。下置總務兼總賬者，正、貳都二人。正月四十元，貳月三十元。外賬一人，月給薪，視總務兼總賬者之貳。帮賬一人，月十八元。管票兼造報者一人，月二十四元。批算二人，月給薪，視管票兼造報者。塡書護照聯票者，一正二貳，都三人。正月得薪，無殊批算。貳月十二元。庶務兼總稽查者，正、貳都二人。正月給薪視帮賬，貳月給薪視塡書護照聯票者之貳。催繳認捐者，一正二貳，都三人。正月給薪十四元，貳多者十元，少亦八元。紗廠抄數者一人，月十元。都十六員。佐所長駐總公所治事。設貨物稅查驗處於火車站、黃埠墩、普濟橋、清明橋、北栅口、冷濆港、大道各要地防漏稅也。然後有查驗之責。已無征稅之權。與廳卡遂不侔矣。所以杜流弊也。每查驗處。置稽查員。多者三人。少亦二人。月給薪。洋二十四元、二十元、十八元、十六元、十四元、十二元、及十元不等。凡貨物道無錫者。由查驗處稽查員驗明貨物之數。告於總公所。然後總公所遵百二之稅率征收。旬一報。財政部轉咨軍政分府。用告於江蘇都督焉。其制大率無錫貨物稅總公所總務兼總賬辛誠所規定也。

惟江蘇都督府財政司。謂「無錫貨物稅總公所所長。由無錫軍政分府財政部部長孫鳴圻兼領之。殊與江蘇省議會議案不符。」函言於江蘇都督。飭毓鎏「應遵照議案速將貨物稅移交無錫民政長分別征收支解。」毓鎏已因無錫軍政分府財政部。違法侵民政署主計課職。不直於地方人士之口。茲復見斥於江蘇都督。心大怒。陳斥江蘇都督府財政司。以私害公。慢上欺民。署謂「財政司巧假議案。舞文弄墨。敝軍政分府寧犯不韙。冒把持財政之惡名。萬不敢取媚上官。致貽餉絀軍潰之禍。」

財政司卒無如何。迨無錫軍政分府已撤去。然後由江蘇都督用人代嗚圻爲無錫稅務公所所長焉。然毓鎏數與無錫縣議會爭糧稅。與江蘇都督爭貨物稅。堅不予無錫縣民政長以征收二者之權。似若甚利焉者。然而餉軍購械。闢門築橋。興作萬端。都費去洋二十一萬五千二百八十元。而給將士薪餉十一萬八千九百四十元。購辦軍械軍裝。四萬六千一百七十四元。南京蘇州江陰等地協餉一萬四千一百四十元。犒軍七百七十三元。及司法部費一萬二千五百三十元。皆與焉。其中田賦纔三萬四千七百七十二元。貨物稅纔二萬五千九百四十二元。不過用欵四分之一而已。惟田賦及貨物稅二者。蓋無錫更制之大者。故著其略。述財政篇第三。

民政篇第四

錢基博曰。無錫匡復。委廷梁已被推爲民政部長。俞復副之。廷梁夙負時望。然年老病。頗心畏事。已勿獲固辭民政部長職。無大小事。壹委于復。爲復僵毅。敢任事。益奮于自任。初未嘗有所謙謝退讓諉避。後廷梁卒陳于江蘇都督。謝病去。薦俞復自代。盛謂「復。才長心細。守爲秉優。孫鳴圻素負知人之鑒。然未嘗不推復才。謂其措施裕如。闔邑蒙庥」。蓋毓鎏已疊得江蘇都督府電飭銀漕貨物稅征收之權。無不屬民政長者。且軍民已分治。民政長專制民政。不復稱民政部長。稟成于己。自以擅兵柄。深恐饟源爲人所扼。陰利鳴圻長者平易。凭財政。初無所持異。嘗堅屬廷梁以無錫縣民政長薦鳴圻。無錫縣議事會議長胡雨人率衆力爭。以爲不可。廷梁重違衆議。卒薦復。亟引鳴圻推復之說謝毓鎏意焉。然復素性木強。勿爲人撓屈。已數見齮齕于人。居頗鞅鞅。勿自得意。然復夙嘗被選舉爲江蘇省議會議員。已應江蘇都督府電召赴 會議。

例由民政署總務課課長孫靖圻代理復職然靖圻亦江蘇省議會議員也故復屬民政長職務于學務課課長孫思贊思贊復固辭勿肯于是無錫縣參事員蔣曾燠楊壽枏突進民政署嚴詰總務科科員陳作霖秦銘光雷啓元朱錫麒輩略謂「復已去何人代尸職者」欲奪取無錫縣民政長印去時靖圻故在署銘光私請于靖圻曰如何靖圻夙與曾燠雅有連謂「予之可」錫麒持不可曾燠壽枏已勿獲印大怒終篡取得官文書一束乃去復歸走訴無錫地方法院無錫軍政分府副司令孫保圻吳廷枚竭力勸止復毋訴復心憤辭職去論者多惜復才不竟其施甚有謂靖圻謀篡復位嗾使二人迫去官者或曰保圻嘗與知焉惟保圻靖圻從兄居家故有怨勿應與靖圻密謀其事秘世故莫能明也然復在官已勿獲行所志初未及有施于民適鈕鎏柄兵奮創作甚府民怨民益德復故復獨能無爲而治得令名以去蓋亦鈕鎏之力也時鈕鎏已自撤去無錫軍政分府遂以代復然鈕鎏終以錫麒堅持不予

秦鈺鎏爲政

印曾燠勿用也。論者謂鈺鎏實詘于保圻莅枚，畫二人曾以去歟滋鈺鎏勿使用云。

初鈺鎏之未任無錫縣民政長也。已銳志于地方更革。謂可樂成。難慮始。民情自古已然。益不惜身府嫌怨。興革百端。無錫。市故萃縣城北。百貨載塗。肩負踵接。行道者滋衆。道廣不盈丈。已崎嶇。陰雨泥濘。民以爲苦。于是乎別闢民廛。除道路。門焉于城之東北。顏其額曰光復。橋焉于門之外內。字內橋曰新民。外橋字。視于門。利交通也。肇建圖書館於三清殿故址。濬民智也。益擴公園之地。貲給巨萬金。度宏規而大起。邑人士女游焉息焉。娛民志也。設孤兒院于同仁堂。禮聘女師。教養孤子。俾底于成人。卹孤寒也。始築小菜場于聖諭亭接官亭故址。嚴諭商人。俾自毀去肆廛水櫃。毋得過侵官道。除道路也。鈺鎏夙夜勿皇康寧。殫心茲土。治具咸張。終民政長職。端緒粗畢。然被衆怨已夙。詬詆萬方。而鈺鎏之志益堅。卒至召鬧取怒。用克底于有績也。亦僅矣哉。

民政部及民政署之制

無錫民政部。繼無錫軍政分府四部之一。其長。亦無錫軍政分府總理處之屬官耳。初無專斷民政之權。裘廷梁已被舉爲無錫縣民政部長。自謂年老病。勿能任事。衆遂推俞復副廷梁治民政部事。下署總務科科長一人。科員二人。庶務科科長一人。科員四人。文牘科科長一人。科員七人。都十六員。惟民政部初草創。更新百度。復大懼輿情隔閡。至所施乖民意。初勿能無周諮博采。收集思廣益之效。增置民政部部員無定額。用羅致邑士大夫明曉治體。嘗有聲稱者。後廷梁已辭職。遂以復代廷梁。遵依江蘇臨時省議會議决。脩正江蘇暫行地方制。稱無錫縣民政長。其辦公處。名曰民政署。不復稱民政部。隸屬無錫軍政分府總理處。署置佐治職。例五課。然復任民政長時。僅總務學務兩課。總務課課長一人。課員五人。兼領警務課事。庶務二人。會計二人。屬總務課。學務課課長一人。課員二人。實業課。因公府絀經費。勿能興舉實業。不置。惟主計課。例掌地方財政。似不可缺。然當是時也。無錫田賦貨物稅及各雜稅都先領于無錫軍政分府財政部。民政署雖置主計課職亦贅旒耳。無可學者。故缺不置。幾十三員。然復在職。政簡。事已寡。初未嘗有留牘也。已。復去。兢兢繼焉。其署置民政署佐治職也。凡總務課。課長一人。課員十人。總收發員招待員各一人。屬總務課。警務課。課長一人。課員三人。學務課。課長一人。課員二人。縣視學一人。屬學務課。實業課。員額視學務課。主計課。課長一人。課員六人。租稅局委員一人。屬主計課。都三十三員。五課具備。幾再倍復時之員額焉。

民政長之選舉

初江蘇臨時省議會議決脩正江蘇暫行地方制及民政長選舉章程也。縣民政長由縣公民用複選舉法選舉之。複選舉法者。謂縣公民先選出初選當選人。是謂初選舉。每一市鄉。爲一初選舉區。執行初選舉事者。惟市董事會或鄉董。已選出初選當選人。然後由初選當選人選定民政長。其執行者。蓋縣參事會也。無錫縣自治籌備公所所長楊道霖。自謂所長縣自治籌備公所。其性質差可當縣參事會。陳于江蘇都督府。請遵臨時省議會議決縣民政長選舉章程。執行選舉民政長事。聯署名者。蓋副所長孫蕃圻華祖綬二人也。都督謂「已規定民政長選舉。其初選由市鄉機關執行矣。無錫縣鄉機關。未據報一律成立。」不許。後卒無有選舉者。

警察

無錫之有警察。由來舊矣。始僅中南西北四區。已匡復。許嘉澍爲警務長。益推廣爲五區。遂以中區爲第一區。區長。嘉澍自兼領之。不別給薪。下置區員一員。月給薪十四元。一等巡長二員。每員。月八元。三等巡長三員。每員。月七元。每一巡長。帥巡士一排。計第一區巡士都五排。每排十人。每人。月給餉。多者六元。以次遞減半元。最少五元。亦有一二三等之差。南區爲第二區。設區長一員。月給薪二十元。巡記一員。月十元。一等巡長一員。二等巡長二員。每員。月給薪七元半。巡士三排。西區爲第三區。所設官佐巡士員名視第二區。北區爲第四區。設區長區員巡記各一員。一等巡長一員。三等巡長三員。巡士五排。東區爲第五區。官佐員額視第四區。惟巡士僅三排。三等巡長纔一人焉。都官長三十員。巡士百九十人。就屬警察事務所。警察事務所。設警務長。月給薪八十元。下署警務員一員佐之。月三十元。巡記三員。掌治官文書事。一等巡長五員。率巡士五排。直隸警察事務所。別名曰縣巡警。劇司游巡守衛及偵探之役。惟偵探者不服制服。餘無不服制服者。用以巡衛地方。稽不軌。纔足供使令而已。然而初未及施敎練于巡長及巡士也。迨毓鑒已任民政長。遂以吳廷枚爲警務課長。廷枚謂「警學有專科。微平素服習者不可。」亟建巡警講習所。訓練巡長及巡士。厥爲異日巡警敎練所之權輿焉。

無錫已光復之五十日。胡雨人。蔣曾燠。倡議糾集無錫十七市鄉公民。選舉代表。遵依江蘇暫行縣制。陳請于無錫縣民政長裘廷梁。請組織無錫臨時縣議會。略謂「行政代議兩部。必同時具備而後可以言治制。必相輔而行而後可以言治理。江蘇已告獨立。都督首先召集臨時省議會。益徵斯說不誣。舉省例縣。無容兩歧。無錫縣已有民政長主持行政。亟應組織臨時縣議事會。以爲臨時代議機關。實有不可緩者。」廷梁可其言。謂孫靖圻精研法理。使協議於十七市鄉代表。暫定無錫臨時縣議事會議員員額。查照無錫縣所屬地方納稅總數九十萬六千二百元核計。應額設議員四十九名。惟十七市鄉。納稅多寡。猝不易稽。姑以人口多寡爲標準。無錫闔邑人口。都七十九萬八千二百八十六人。以議員員額四十九人除之。每人口一萬六千二百九十一人。選出議員一名。按十七市鄉分配。得無錫市五名。萬安市。泰伯市。各四名。天上市。天下市。青城市。南延市。懷上市。懷下市。景雲市。揚名鄉。及開化鄉。各三名。富安鄉。開原鄉。新安鄉。及北下鄉。各二名。北上鄉一名。每一市鄉。厥爲一選舉區。衆無異議者。元年正月十九日。遂召集開會。廷梁使民政部部員孫靖圻撰祝詞。俞復蒞會致于四十九議員之前。略謂「今日爲吾錫臨時縣議事會開會之第一日。亦即吾錫平民政治發軔之第一日。竊惟縣會之職權。所以指導行政。整理一縣之政務。今民國肇造。國會未經召集。民國地方通制未頒。江蘇暫行縣制。雖經臨時省議會議決。尚未公佈施行。然一縣之中。行政機關。無一日可間。即指導行政之機關。亦無一日可間。願自今日起。兩機關。相提相挈。戮力同心。圖謀吾錫之幸福。謹抱此主旨以答諸君扶翊共和之盛意。」此肇建無錫臨時縣議事會之大凡也。及毓鋆已任民政長。壹遵江蘇暫行縣制選舉章程。規定無錫縣議事會議員額。查照無錫縣所屬地方納稅總數七十二萬一千八百三十八元計之。應額設議員四十三名。按十七市鄉分配。得無錫市五名。青城市。萬安市。泰伯市。懷上市。南延市。景雲市。及富安鄉。各三名。天上市。天下市。懷下市。開原鄉。新安鄉。開化鄉。揚名鄉。及北上鄉。各二名。北下鄉一名。每一市鄉。厥爲一選舉區。諸選舉區分配議員之法。壹以諸選舉區納稅之多寡爲準焉。選舉已畢。遂以九月十一日。召集開無錫第一次正式縣議會。毓鋆親致頌辭於四十三

祭孔子

議員之前。其辭曰「龍山之陽。大地照明。篳路籃縷。自周勾萌。周有泰伯。實啓吳城。周有令典。詢於萬民。僕忝民傭。規于周京。百爾君子。宏我漢聲。無黨無偏。論持於平。下臣司民。敢告使令。」其辭蓋預屬博所撰也。至諸議員之孤懷讜議。蓋具載無錫縣議事會記事錄。茲不贅。

毓鎏已長民政之四月有七日。晨。祭孔子。諸校師弟子咸會。首奏軍樂。次歌頌聖之歌。歌曰「羲農荒遠文周微。孔教何巍巍。糟粕付秦灰。日星終古揚光輝。二千餘年道統歸。有教本無類。萬派尋源委。聖之門兮海之水。中外同風會有期。亞澳歐非美。奚分耶釋回。都在我教之範圍。」再致侑神之辭。其辭曰「維中華民國元年十月七日。無錫縣民政長秦毓鎏等。敬以清酌庶羞之奠。致祭先師孔子曰。巍巍夫子。天挺聖質。秉筆六藝。不作而述。夏商無徵。從周志壹。周衰文敝。始皇首出。封于泰山。議禮徵儒。博士七十。曰古是謨。席蒩車蒲。皇赫斯怒。坑儒勿崇。六經用錮。項籍一炬。圖史靡遺。賈董鄭馬。炎漢經師。抱殘守缺。文其在茲。周程張朱五子誕宋人師之風誠正自訟宋深漢博越元及明夫子之道萬古長庚崇極而祀今有非孔余末小子夙夜自董詩書易禮公穀左氏畜歲詁經拳拳膺服仰止者五請陳其目大道之行天下爲公選賢與能爲億兆宗貨惡棄地毋藏於躬力惡勿出豈其自封禮運著論是謂大同四時之序成功者去物窮乃變吾人不齬據亂昇平太平三遷質文遞嬗後來益賢義傳公羊三世代謝歐儒頌斯是謂進化內夏外夷無墮大坊夷夏奚分不以土疆進于中國諸夏是議夷行則夷春秋之義降夷有杞不聞遷地狄入成周豈曰進之筆削維嚴是謂攘夷夫子訂易炳焉北辰屯貴下賤大得斯民咸男下女取女用吉亢龍有悔尺蠖之屈君子觀象是謂抑尊周誥殷盤聱牙之文易詭而奇子咀其芬繫辭於易无取形似作爲文章辭達已矣魯論二十文無摛藻不求艱深是謂明道綜茲五事下垂千春民到於今雅言宜遵載瞻祠宇臨之在上攄辭侑樽式告吾黨尙饗」是亦博所撰擬者也辭畢三鞠躬而退於

是邑人士侯鴻鑑孫靖圻及錢基厚三人。肅肅以次登壇立。講演孔子微旨。卒。奏軍樂。邦之人於是觀禮焉。

述民政篇第四。

司法篇第五

錢基博曰。無錫光復之前一日。夜。金匱縣獄囚已變。毀獄遁。知金匱縣事何紹聞閉城索。至天明。勿獲一人。纔半日。而無錫匡復矣。華承德已降知無錫縣事孫友萼。亟揮兵守無錫縣獄。防囚乘機得逸去。何之益謹。越日。囚則譁于獄。羣謂「吾儕迫飢寒作惡。今已易世。勿俾更新。何時可脫獄者」不服。脫械肆詬罵。喧豗聲達牆外。洶洶欲出獄走。守獄兵已寡。無敢止者。軍政部軍械官劉孟堅居故鄰獄室。已覩事急。獨奮身入曉衆囚語曰。汝曹速安靜無譁。軍政分府非無意貰汝曹前辜。計不過少遲數日耳。汝曹何得亟爲變者。汝曹果突獄出走。且已嚴兵陣。納彈于槍。伺餉汝曹。汝曹死。得無後悔」囚疑有備。心慴不敢動。惟孟堅家世仕宦居鄉。夙豪縱。世所稱劉老錢者也。然是時。毓鎏新起用事。未及綏靖地方。因已閧于獄。孟堅纔片言倉猝定變。邑人賴焉。已。事聞于毓鎏。毓鎏謂「獄囚脫者已漏網。而必重誅罪于羈獄勿得脫者。于事不爲平。」

運。日：「事大定，當盡貫之。」時薛翼運既被推爲司法部長矣，鈕鑒嘗屬以貰因事，翼運則陳四于庭，益不恤殫心研鞫，衡其情之誤故，平其罪之重輕。惟罪疑者貰，愚民情可矜憐者貰，不幸過失犯者貰，餘皆勿得貰，還繫獄。蓋謂「縱奸長惡，民受其殃，實背民軍弔民伐罪之初衷也」。故其用法，聲爲嚴峻。然在當日，亂事方興，寇盜橫起，白晝掠人市，恣行無忌，實匪任刑明法，無以折奸人不遏之氣，銷逆亂之萌。周書有之曰：刑亂國，用重典。其勢有不得不然者。惟翼運自以鄉居姻故干謁者已衆，心欲嚴行法，尤嫌絕人太甚，謂「不如外州縣人爲之，俾怨有所歸，勿至集矢于己」。亟言于鈕鑒，請江蘇都督速遣法官駐無錫縣治獄事。江蘇都督可其請，遂以王宗瀚爲無錫縣審判官，月給薪洋百元；俞錫蕃爲無錫縣檢察官，月給薪如之。下署置庶務、會計、收發各一員，每員月給薪二十四元。書記一員，月二十元。刑事寫生四名，二正二貳，正月三十元，貳月二十元。民事寫生名額及月給薪，無不視刑事寫生者。司法巡警長四人。每人。月給餉十二元。領司法巡警四名。每名。月六元。都十六名。分屬于四司法巡警長。遇有獄事。日以一司法巡警長率所部四司法巡警供傳訊拘捕之役。謂之值日。四人周而復始。其應役赴四鄉傳訊也。壹視道里遠近規定旅費之多寡。刑事。領公府費。民事。兩造各給半。誡勿得過索。違者有誅。而清廷差役持票詐索之風絕矣。其制大率翼運所審定也。時宗瀚錫蕃雖任審檢事。然翼運筦領司法部事如故。蓋宗瀚嘗仕清庭。故官習已甚。而不知振作。滋不足道。錫蕃夙攻法家言。然勿曉閭閈情僞。故事無大小。壹稟成于翼運。史濟良副焉。錫蕃嘗欲停止杖笞之刑。壹依新刑律處以自由刑有差。翼運曰不可。今細民不軌于法。其爲亡命宿惡者寡甚。大率迫于家人婦子啼飢號寒。勿得食者。什人而九耳。吾儕已勿能加哀矜焉。必依律處以自由刑有差。在若人益不獲自營其生。而一家之人斷糧絕炊。需塡溝壑矣。則是帑戮之刑也。吾今日坐堂皇。擇其尤者。痛懲笞之以儆其餘。已加杖焉。益勉其自新。急釋還寧家以觀其後效。是不亦仁至而義盡矣乎。錫蕃又欲依律嚴行罰鍰之制。謂「年可累巨萬金」。翼運曰不可。罰鍰故不爲非法。然在人已不幸誤罹于法。吾儕轉陰引爲利。人亦謂我何哉。況吾罰使出金者。其人而爲富不仁者歟。是明教以恃財作惡也。倘窮無所告者歟。彼已不自聊其生。而作奸。而犯科。吾重使之納贖金焉。則是水深火熱。不足以喻其益烈也。吾去。任君爲可耳。終翼運職。未嘗有罰金者。蓋翼運不主故常便宜行事有如此已。越三月。翼運迺去。而錫蕃卒因陰受賕賣獄爲地方士夫攻訐去官矣。述司法篇第五。

自叙篇第六

錢基博撰次無錫光復志。已卒事。私念馬遷自序。讓美先世。孟堅叙傳。首詳家聲。于古有然。今豈異云。遂歸懿美祖德而繫之辭曰博系出堠山錢氏。其先蓋高陽之後。與蘇顧溫董爲同姓。至老彭。商賢大夫。子孚。嘗爲周文王師。仕至泉府上士。因官爲姓焉。至漢而有征東大將軍讓。重瞳。美鬚髯。手垂逾膝。能平九江盜。拜爵至富春侯。食邑五千戶。用旌其成功。卒。謚曰哀。圖像廣陵郡祠。武烈昭千禩矣。然初未嘗不以博學聞當世。傳九世。至興德。世居長興。仕晉。至冠軍府記室參軍。善書札。古作。博通天文。世稱爲文璨先生者也。子伯仁。曾仕于宋蕭梁易姓受命。遂掛冠歸。天監三年。詔舉世家勳德之士。郡守劉渾表稱錢氏爲望族。自漢以來。公候令使之貴。名聯勳册。文獻足徵。今伯仁年齒雖暮而不怠。進脩。克副勳德之舉。蓋能世濟其美。有如此者。其後至唐太宗之世。有孝環焉。幼聰慧。書通八體。射穿七札。耽玩典籍。工詩諷。年十六。以門隆授富春尉。已奕世勳閥稱鼎盛矣。而孝璟放情巖谷。十辭不就。嘗愛臨安縣土厚水清。迺相縣之東南茅山。徙居焉。厥號茅山祖。五傳而至沛。生而雄秀。博覽經史。嘗學晋右軍王羲之書。臨池清思。八體超逸。眞草俱成。一日。偶題木上。入木三分。遂以達于唐朝。穆宗知其姓名。再傳四世。至唐季。而武肅王起兵臨安。奄有吳越。功烈盛稱彪炳矣。惟王家承儒範。幼而岐嶷。工爲詩詞。文章草隸。縱横自得。皮光業楊凝式之倫。嘗屢稱焉。武肅王之子。曰文穆王。好攻儒者學。善爲詩。有錦樓集傳世。已。王有子曰忠懿王。雅嗜書詩。著政本集十卷。翰林學士陶穀序焉。子文僖公年不十齡。有高爲天一柱。秀作海三峯之句。王則大喜。後著典懿集三十卷。擁旄集五卷。漢川集五卷。伊川集三卷。當時謝絳尹洙歐陽修梅堯臣之倫。皆在公幕府。唱酬吟咏无虚日。時人咸爲嘆羡。後曾贈冀國公。著後漢功臣年表者。蓋公之子也。公八傳而至迪。精天文地理之學。買莊于無錫梅里堠山。喜其泉甘土厚。遂定居焉。是爲堠山錢氏始祖。已傳十一世。至子應。曾舉明進士。喜作詩。後錄于梁溪詩鈔者。幾百一耳。再傳四世。至法曾。明亡。嘗隱居北郭。讀書自怡。著文四百篇。自題曰求是齋文稿。蓋常州瞿給諫麗江所謂「其行芳志潔、彷彿于稿中見之」者也。法曾之孫曰照。曾著希天閣文稿三百篇。給諫謂「讀其文而清矯拔俗之概可想見」焉。照生子奎。能紹前緒。著有北郭吟稿規世格言文稿兩種。則昔人所云布帛菽粟之文也。蓋自法曾。而照。而奎。祖父孫曾代嬗文學。能著書。然年已湮遠。緗簡飄零。後選于昇陵文徵者。僅存什一于仟佰焉。昇陵文徵者。蓋給諫纂錄郡賢遺獻之書也。奎生子士鏡。是卽武進李兆洛所著傳。稱其少穎悟。能讀書。善賈。賈遷江陰。日致饒裕。因家焉。然不肯自私所有。必以致宗人之在錫者也。年五十。自題小影。有句曰。隔院書聲聽尚樂。芸編親對樂何如。則其老而好學。彌可知矣。有子曰若浩。于博爲曾祖父。瞿給諫嘗許其能文。少精八法。暇則偶一臨摹大小米。幾亂其眞。碎紙遺墨。時零人間。致波傑有姿。嘗數

無錫光復志　　六十六

見姓氏于李兆洛吳縣馮桂芬及無錫秦湘業三君子之文者也。及其歿也。馮桂芬爲之傳。有男子子二人。莫不蜚有聲稱。著弟子籍于李兆洛之門焉。蓋伯子曰維樾。夙習音韵天算輿地之學。著有恒星赤道全圖及輿地略。兆洛亟稱其能。後嘗見推于蘇州陸潤庠。謂「士衡麗製。縟錦成章。安石小文。碎金比價」者。次居季。維楨其名。書法在趙董之間。著有含暉閣詩存。蓋博之祖父也。博年五歲而受經于父。十歲。畢九經。十二歲。學爲文章于先仲世父。性已顓愚。自以始得姓于三皇。初盛于漢。衰于唐。中興于唐宋之際。下暨齊民于元明。儒于清。繼繼繩繩。卜年三千。雖家之華落不一。續之隱曜無常。而休明著作。百祖无殊。典籍大備。燦然可徵也。博胚胎前光。早承家學。父詔兄誠。不離于典訓。斐然有述作之志。銳思毫芒。潛神默記。恒十四年。年已二十五。而漢宇重光。無錫匡復矣。當是時。終尸其事而董之成者。蓋秦毓鎏也。惟毓鎏已鄉居用事。勿能无恩怨于人。譽己不虞。備擬于神聖。毀乃求全。窮詬爲盜跖。譽毀譽嘗功罪莫明孟子曰無是非之心非人也心有懼焉博己交館藏有年矣時進箴誠初未嘗旅隨多士有諾諾之和終何必景附輿人肆申申之罵廣諮衆詢匪有稽于官文書者不錄詳紀其事僅述不作竊比皇祖老彭初未敢稍加論斷也是耶非耶博則烏足以知之述自敘篇第六

無錫光復志

六十八

無錫光復志餘

無錫光復門碑記

邑人錢基博撰

粤在重光大淵獻之歲。上暨黃帝紀元四千六百有九載。九月。既望。無錫秦毓鎏等舉兵攻令丞尉于官舍。降之。當是時。父老狃于故制。驟見更革。駭疑莫措。朋興衆言。以間染毓鎏所爲。毓鎏曰。予以眇眇之身。未有以大信于父老子弟。一旦辱加臨焉。勿順勿令。故其宜也。于是禮賢士大夫之廬。以勿拂于民望。壹吏軌民。以靖民心。椎埋屠狗。盜連爲羣。飛謀搆畫。思乘間越奪民貨。毓鎏擢擿良奸。不爲聲章。先事候情。落其機牙。磔其梟狠。以大畏民志。民老幼婦女不驚。市賈不變。毓鎏曰。未也。市有廛。不爽不塏。道路不闢。有司之職也。市故萃縣城北。貨別隧分。肩負踵接。噓氣成霧。上接乎霄雲。於是乎別闢民廛。除道路。節宣其氣。勿使有所壅閉。於是乎氣不沉滯。而亦不散越。是以心志不爽。無郎于慆淫。然後民無夭昏瘥疾之憂。其在夏令曰。九月除道。十月成梁。今其時

無錫光復志

矣。墮厥職勿修。亦其惟予之辜。鳩工董役。選能于衆。視于塗。平于陂。塵舍于道旁。梁于川門焉于城之東北。顏其額曰光復。以志慶也。有言于毓鑒者曰。無門焉。古者王公設險以守其國。於是乎有城郭溝池之制。然而春秋囊瓦城郢。沈尹戌曰。子常必亡郢。苟不能衛。城無益也。况時勢異殊。巨丸流砲。擢堡墮壘。加猛烈焉。于城何有哉。不如毁之斥民居便。毓鑒曰唯唯。否否。不然。此古物也。吾聞有王其勤者字時敏。松滋人。令于無錫。當嘉靖三十二年。東人入寇。蹂躙江南北地幾徧。無錫城久廢。其勤至官之三日。相城舊址。咨于父老。謀築城。時富咨于財。貧惰于力。囂囂然譁也。曰。孰庀爾財。孰鳩爾徒。城從地湧現乎。其勤堅持其議。不爲動。日討縣之人而訓之。于民之不可與慮始。寇至之無日。晏安之不可以懷。躬執版鍤。以身先之。不三月而城成。而寇已叩城。突攻號呌。聲動地矣。濠旁有樓。寇窟其中。發石飛矢。無不中城櫓。時有潘海者。勇士也。縋而下。渡濠。置烈炬。燔城樓。燼焉。始得列戍于城。因告其勤曰。賊弱可擒也諸生苗子白起糾合里中驍勇得三百人出西溪與寇鏖戰遇于西城之濠死者三十六人竟斃寇巨魁破額塗腦寇氣奪我軍乘陣岡守城以獲全民得相完聚如他日寇退而後手額走相慶告曰侯生我侯生我城何在則今之百堵屹立者是也吾聞遊于羅馬之都者歸而語曰入其國雖一隳磚一壞瓦皆可憑弔英雄在在攄吾人懷古之念況其崇墉危垣其令人俯仰慨慕不尤大哉予是以睪然高望有舉而莫敢廢也予生也晚幸得從諸君子後振我漢聲匡復故物則斯城也其亦故物之一也歟蓋鯨鑾之言如此則信乎城之不可隳也博 嘉鯨鑾能持大體門爲志光復之盛存焉而不毀諸留以爲吾民瞻弔先烈之地道實並行而不相悖者博 聞嘉靖三十二年寇之至也在城百雉外白骨矣民狃于承平久不見兵無不目逃而氣懾者而三十六人者慷慨蹈難不旋其踵豈非高忠憲公所謂天下有事匹夫能執干戈捍寇賊雖不幸死其氣自足千古者哉博 嘗登西城憑眺環濠如帶諸

老先生猶或太息指踪 博曰。此三十六人殉義之地也。庶幾于嚮風慕義。如忠憲所云。生有所勸。天下一旦有事。執干戈爲吾民衛者。必相繼而起也歟。然則城之有係于民者。不綦重耶。三十六人舊祀于邑西水仙廟東西廡。其姓氏人多知者。故不著。獨其殺敵致果。偉爲國殤。有以立懦夫之志。可記也。因附記之。邑公民錢基博撰文。

無錫民政之碑文

邑人錢基博

惟黄帝受命四千六百有九載。八月。癸丑。黎元洪起武昌。越一月。庚辰。無錫秦毓鎏等舉兵應之。縣令丞尉以次降。明年。政成。民大以和。辰于國慶。大合樂。雜陳百嬉。同休宣和。士女歡會。塡郛溢郭。事已大畢。毓鎏屬于 博曰。今大義休明。實有光于邦人士。宜其永廣譽無窮。著文於石。惟吾子是勤。 博數數辭。弗獲已。横題其上曰無錫民政之碑。昭其朔也。其辭曰。

越稽古皇。堯黎舜黑。胼胝手足。作傭萬民。貴下于賤。屯大亨貞。勿規于

古亢龍有悔。高而無民。皇帝已待。臣僕億兆。剸制割宰。蔑古自秦。今二
千載。增高繼長。隆極而殆。誕降武人。黎氏元洪。奮起張楚。曰天下公。力
摧帝制。四海向風。毓鎏氏秦。天牖其衷。崛興茲邑。于古東楚。令孫友蕚。
不毓鎏與。刲衆阻兵。負力而強。思鉏吾徒。狙伺百方。毓鎏曰咨。無恣臯
狠。壞其角距。令孤無佐。遂糾義勇。薄攻令舍。令衆袖臂。我武莫當。令駭
無措。被逐出疆。無禮于民。視此傖荒。金匱縣令。治不別邦。夙居同城。匿
走勿追。威燀旁達。莫抗顏行。順承勿梗。黔首改化。率民自新。負眚肆赦。
盜連爲羣。怙終作狂。越奪民貨。民用勿康。走告毓鎏。斧斵其吭。剗滅暴
強。奮揚武德。亶卒訓兵。徂征勿率。義誅信行。民靡懷慝。男樂其疇。女修
婦職。大寧民居。毓鎏之力。毓鎏唯不。曰微予功。予德不孤。孫吳才雄。保
圻孫氏。吳名延枚。乃相同德。匡予隕隮。豖石垂後。子文瑰魁。博魯無文。
弗敢自才。辭不獲命。尙其勗哉。刊辭石表。萬古崔嵬。

無錫圖書館碑記

邑人錢基博

無錫光復志

中華民國元年六月。邑人秦毓鎏已長茲邦民政。自以儒生躐膺民社。不當惟簿書期會之知。慨然益引文化爲己任。于是諮謀于衆。肇建圖書館于故三清殿舊基。倣大塊之大方。踞坤靈之正位。合體宸極。仰模元象。因度材而鳩工。廠千門而列萬戶。繚以周閣。巔以鐘樓。十二辰于是乎正。八儒三墨于是乎羣聚觀覽焉。當是時。總其事而董之成者。蓋邑人秦玉書也。閱月九。用金萬五千。有書盈萬卷。上自經史百子。旁逮星算方輿樹藝之流。金石之刊。西方大秦之書。崖略粗備。潔緻精良。可披可哦。用餉孤陋。此則邑人顧倬之功。不可沒也。邑人龔宜戊襄促役。周同愈吳廷槐佐蒐書。抑亦預有勞焉。是館之落成。將在茲歲之某月。謂博不可無一言。博乃愓然應。畢然起曰。僕何言哉。僕少小好讀書。日卒二三線裝書。不以爲苦。纔苦無書讀耳。逌弱冠。走四方。稍稍購儲。踰兩千卷。往往庋置焉。甚矣。已有之。不可。恃也。猶憶童年十二三借書讀時。惴惴恐主人索太急。匆遑畢讀。每得一册。輒窮晝夜讀不輟。心。猶以

七十四

爲未足。纂鉤元要。目存而手攝錄焉。及其既也。書已爛熟胸中矣。惟藏書之家。邑無二三。有之矣。輒又自私己有。秘不肯假人。人雖欲讀而無如何。宜其常保有是書矣。誠不自意其一旦身死而骨未寒。子孫已不知寶藏祖父手澤。徒喟詩書之無預于潤家。有燒論語以爲薪者。有沉水三十六萬卷者。僕嘗謂自私利其書之厄。厄于秦皇之火。則甚矣已有之不可恃也。夫物私之一己。誠不若公之人人之爲愈也。又豈惟詩書爲然。然而世之自私利其書者。嘗聞僕言而知所反矣。則曷若賫儲是館。可以典籍。爲是書計久遠也哉。邑人錢基博記。

無錫光復志

七十六

光復隊紀事

（民國）蔡　容　編

《光復隊紀事》不分卷，（民國）蔡容編，民國元年（一九一二）鉛印本。

蔡容，無錫人，生平不詳。一九一一年十月十日武昌起義爆發後，至十一月初，南北已有多省宣告獨立。接着江蘇宣告獨立，上海光復，無錫社會發生動蕩。江蘇巡撫程德全電令無錫縣主事起義，而遭到拒絕。當時錢業商團中的教練許嘉澍等發動商團成員秘密成立光復隊，參加了秦毓鎏發動的起義，推翻了清政府在無錫的統治。在無錫光復勝利後，錢業商團解散了原來的光復隊，在無錫光復一周年的紀念日子裏，光復隊决定印製《光復隊紀事》一書，收録光復隊規約、參加起義時的全體隊員的名單，同時加寫了光復隊成立的原因和參加光復無錫的經過，爲後人留下了辛亥革命時期無錫的寶貴史料。書前有秦毓鎏、錢基厚所寫序言。編者在『後記』中寫道：『撮叙是編，擁護共和之熱忱，不負光復之初志。』表達了編輯此書的革命思想。

本書據民國元年鉛印本影印。

（徐志鈞）

民國元年十一月

光復隊紀事

秦毓鎏署

光復隊紀事目錄

第四篇

光復隊規約

全體人員姓氏表

附言

△勘誤表▽

第　篇	第　行	第　字	勘誤	更正
第一篇	第十九行	第三十四字	事	時
第二篇	第一行	第二字	常	帝
第二篇	第十五行	第五字	國	圖

序一

吾觀天下之人。擾擾熙熙。心爲形役。其不爲名利所驅者鮮矣。孔子曰。古之學者爲己。今之學者爲人。又曰。君子喻於義。小人喻於利。何慨乎其言之也。爲人之學。求知於人而已。喻於利而已。喻於利之小人。無往而不營其私。終不肯損毫末以利天下。小人道長。相師成俗。此世道之所以日下。國事之所以日壞也。滿清叔季。上下交相征利。置國事於不問。欲求不亡。其可得乎。有志之士。惄焉憂之。毅然以改革政體爲己任。張空拳。冒鋒鏑。斷脰決項而不悔。性命且不顧。於名利乎何有。大義既明。人心丕變。故鄂師一舉義而天下應之。當此之際。人人迫於義憤。如醉如狂。莫不爭死敵。要非有所爲而爲。亦不自知其所以然也。逮九月中旬。滬蘇光復。吾邑謀響應。一唱百和。不數日而事定。毓鋆與諸同志非素相善也。顧一呼而來會者數百人。雲集景從。奔走恐後者。非有他也。激於義而已。而光復隊諸子。當事起時。奮不顧身。事定皆翩然辭去。仍各安舊業。心志皎然。尤爲難得。此非孔子所謂爲己者乎。可不謂之君子乎。日月不居。倏忽已更寒暑。光復隊諸子於週歲紀念之日。追紀其事。以示來者。隊長蔡君有容。徵序於余。余維同袍之義。不敢以不文辭爰書所見。以歸蔡君。並願與諸同志共矢初衷。以相勵於無窮也。是爲序。

中華民國元年十一月十日秦毓鎏

序二

清末艱虞。百王澆季。有志之士。目覩是時朝政。刻覈無親。而士大夫又馳鶩聲氣。樹黨伐仇。知事終不可爲。橫慮困心。迨辛亥八月。武昌起義。天下喁應。雖醜裔方張。視之蔑如也。閱一月庚辰。無錫秦毓鎏等。舉兵應之。摧女眞之餘孽。振大漢之天聲。當是時。父老狃於故制。駭見更革。駭疑莫措。不毓鎏與時錢業商團團員蔡君容等。密糾合義勇。得四十四人佐之。縣令丞尉以次降。大難既夷。邑之才俊子弟。奮跡師中。積功累伐。珥貂相望。簪紱雲興。而四十四人者。絕口不言勞。祿亦勿及。今夫水之歸壑也。其未至則澎湃洶湧。雷奔雲譎。及至於壑則已矣。鳥歸巢者無聲。葉落糞本者不鳴。其勢然也。期年。蔡君容等以所編光復隊紀事來乞序。余應之曰。南朝以來。如裴不魯悉達周迪之屬。類以鄉兵捍賊取勝。蓋君子之不忘乎其鄉。而後能及於天下也。今海內明盛。而物衆地大。孽芽其間。猾黠之徒。相聚爲盜。而蒙藏竊發。邊久無備。四夷八荒。出沒於肘腋之間。兵戎之興。累世不息。民不見義。而懸於不賓。願諸君勉之。天下事不止此。幸益自振奮。庶幾保我子孫黎民。而絕西人之窺伺。姑首是書以

俟民國元年十一月錢基厚撰文

第一篇

無錫錢業商團組織光復隊緣起

歐風東漸。民權日重。專制之虐政。漸不容於二十世紀之亞東大陸。况滿清以塞外賊種。盜我中夏。暗無天日。垂三百年。吾民忍痛飲恨。已非一朝。數十年來。國之志士。羣謀革命事業於海外。其迭興義師者。迄辛亥三月羊城之役。凡十有七次。雖屢起屢蹶。然革命思想。已漸引入於國人之心腦中。錢業固多壯志青年。與容同志者亦甚夥。每於聚談之際。縱論國事。無不慷慨激昂。痛時局之艱危。憤民族之陵夷。聞羊城失敗。又無不頓足三嘆。而嗟漢人命運之蹇也。

當辛亥春。留東學生。紛紛歸國。組織國民軍。雖曰邊警日急。用以救亡。然醉翁之意。固不在酒。時又有全國商團聯合會之設。諸同志本多舊錢業體育會員。爰相擬重整旗鼓。以謀聯合。至是與容合力共謀。相約致力於本會。卒以未得當局者之允許。事未果成。四月。虜廷以民氣漸張。思以假立憲爲掩人耳目之計。新內閣成立之次日。僞詔奪民辦鐵路爲國有。一時民情憤激。川鄂湘粵羣起抗爭。而格殺勿論之僞旨又下。以人命爲草菅。誣爭路爲煽亂。報章騰佈。全國震怒。諸同志每閱報載。輒痛心疾首而相謂曰。虜廷以詐術待我。立憲既僞。民權永無發展之一日。苟不覆滿清。我漢族終無有生之日也。乃八月十有九日。而武漢之事起矣。

一聲霹靂。全國震驚。四方志士。雲起景從。光復獨立之聲。騰於報章。諸同志眉飛色舞投袂。而起曰。吾漢族一線之生機。其在斯乎。時兮勿失。吾輩雖不能隨三楚健兒。殲此醜虜。亦當盡力於一隅。以盡天職。惟時風聲鶴唳。人心惶惑。商界諸董。乃謀設商團。以圖自衛。諸同志遂鼓吹組織錢業商團。容亦從事其間。人心思漢。滿運告罄。不匝月而湘桂贛粵。秦晉川滇。先後獨立。同志王君景濂。與容最相能。時密商光復事。乃與相約曰。姑俟民軍舉義之事。一盡輔助之力。蓋吾輩可以任破壞。而不足以任建設也。九月十有三日。江東國民軍。起於滬上。翌日。蘇錫一帶。漸見應響。容於是與王君密謀。就本團組織光復隊。以爲預備。並擬宣言書。以視同志。頗多贊同。惟依人範下。未便外洩。故除同志而外。僅互相示意而已。十五日程督宣布江蘇獨立。吾錫志士秦君效魯等。亦急謀起義。時益迫切。是晚。復與諸同志秘密集議。而光復隊以成。十六日乃召集全體隊員宣布之。表同情者共四十四人。無不抖擻精神。勇躍爭先。大有矢志復仇。視死如歸之概。遂從諸志士之後。驅逐僞吏。還我河山。不崇朝而光復之事業竟成。

事後。王君景濂。就當日光復情形。作記以示容。並囑述是隊之緣起。及事前之種種。以留紀念。嗚呼。容幼而就商。鮮受教育。既乏政治智識。曷敢侈談革命。祇以頻受感觸。激我天良。誓與滿奴不共戴天。又以生逢其時。得與諸同志一盡國民之天職。實幸事耳。況吾邑光復之舉。皆諸志士之力。吾隊同人無毫髮功。所不能已於言者。當此民智幼稚。阻力叢生。自組織以抵於成。其間艱難困苦。難以言喻。苟用心稍懈。則大禍之至。有非可逆料者矣。今者南北統一。共和告成。革命事業。由秘密而進於光明。故容等亦敢表示隱衷。並述梗概。雖然。諸同志與容等組織斯隊。未始非光復民國之太倉之一粟也。

中華民國元年三月蔡容謹述

第二篇

光復隊始末記

黃帝紀元四千六百有九年。天運辛亥。秋。九月。十有三日。上海光復。紛傳民軍將蒞錫舉義。十四日。錢業商團青年同志。謀秘密組織光復隊。以爲協助民軍之預備。十五日。無錫志士秦效魯先生。歸自海上。集同志於己宅。密謀起義。錢業商團教練許嘉澍亦預焉。因相聯絡。是夜。同志復秘密集議。並訂規約八條。推蔡容爲領袖。主理一切。並公請許嘉澍爲司令。光復隊於以成立。

十六日。蘇都督程德全電錫宣告獨立。無錫縣僞吏孫友蕚。抗不遵命。人民互相觀望。雖製白幟。未敢懸掛。蔡王馬施諸君。緣各就所在地。首竪白幟。不數時而全市招展矣。時效魯先生暨諸志士。竪義旗於公花園。邀致舊商餘體操會員十二人。整旅出發。時許嘉澍周公鼎相繼報告。速往公園。同志乃號召全體。共得四十四人。亦整隊入城。遇於寺巷。合力同進。由臨時司令華承德爲總指揮。首至錫署。光復隊領袖蔡容。揮展白幟。首先衝入。全隊繼之。商餘會員向縣堂放槍三排。以示威嚴。時恐暗伏由外襲擊。嘉澍乃令光復隊隊員。扼駐署首。以資防禦。並分守監門。以鎮獄犯。華承德暨諸志士直入內堂。立飭僞吏。交出縣印。錫署既復。歸至公園。嘉澍恐北里空虛。匪類乘機。乃撥十五人。派尹思安帶領。馳回北區。以資保衛。少頃。效魯先生下令進取金署。因復整隊前進。一如錫署。惟當金署進取之時。忽報錫署監犯暴動。意圖越獄。嘉澍遂率隊員九人。馳往防守。餘員仍留金署。由蔡容領率。時有人進言。金署監獄。後通監衕。急宜派員駐守。容深善其說。然所留不過十四人。殊難調派。乃勉抽二人。往駐衕口。金署事竣。順道收復釐捐總局。時局有餉項。因派隊員孫祿增楊祖桐暫時留局。餘皆仍歸公園。自午至暮。僅數小時。而全城光復。蔡容因以急需北回。保衛商市。請於效魯。既邀允。遂奏凱北旋。嘉澍等至錫獄。派四人伏處牆外。以防越逸。復以四人。駐守監門。嘉澍則親帶隊員章念祖。深入內監。時獄犯已強半脫鐐。意圖突出。勢甚洶洶。嘉澍覩此情形。知非可以力懕。急喻以好言。並許三日以後。當有辦法。務各安心靜守。切勿暴動。各犯聞言。無不悅服。仍上鐐散歸原處。因得無事。二人退出獄門。飭獄卒謹愼防守。於是亦率隊而歸。惟祿增祖桐。尙留駐總局。隊員馬家駒祝廷樑。本往來城廂內外。傳遞消息。家駒乃復任偵探。既至總局。卽調回祿增祖桐自任駐守。時效魯先生指定企署爲軍政分府地點。卽時遷入。並派人至總局提取餉項。家駒押解到府而歸。至是全城大定。草木不驚。光復隊責任於是告終。

茲記專叙光復隊單方之行動。若隊外之種種。與夫起義諸志士之若何佈置。及其他各團之若何盡力保衞。則非本記所得詳載

辛亥九月十六日進行時分往各處人員詳表

進取錫署人員

許嘉澍　蔡　容　王景濂　王復楨　章亮祖　高昌鼎
鄒祖耀　包本錫　許炳緯　王福煥　胡宗潤　孫廣銓
朱光鰲　秦宗瀛　趙　勃　吳廷楳　吳學杰　吳秉彝
孫祿增　施　瑾　尹思安　朱志奎　張楠熙　顧廷柏
謝鼎鎮　陸鼎勳　高昌祚　章念祖　范福海　華　潔
吳蔭棣　丁寶鉦　黃　復　江肅羽　過錫庚　徐爵培
吳源昌　陳錫熊　江祖嵩　張茂康　楊祖桐　王鎏祖
楊德潤

進取金署人員

許嘉澍　蔡　容　王景濂　高昌祚　高昌鼎　鄒祖耀
包本錫　胡宗潤　孫廣銓　王福煥　秦宗瀛　吳學杰

吳秉彝　孫祿增　施　瑾　張楠熙　謝鼎鎮　章念祖
丁寶鈺　江肅羽　過錫庚　楊祖桐　王鎣祖　陳錫熊
江祖嵩

在金署派往錫署彈壓獄犯人員

許嘉澍　孫廣銓　秦宗瀛　吳學杰　章念祖　王福煥
謝鼎鎮　丁寶鈺　吳秉彝　施　瑾

收復蘆捐總局人員

蔡　容　王景濂　高昌祚　高昌鼎　鄒祖耀　包本錫
孫祿增　楊祖桐　胡宗潤　張楠熙　江肅羽　過錫庚
王鎣祖　陳錫熊　江祖嵩

留駐蘆捐總局人員

孫祿增　楊祖桐

收復錫署後撥回北區保衛人員

尹思安　許炳緯　顧廷柏　華　潔　趙　勃　范福海
吳廷楳　朱光鰲　吳蔭棣　陸鼎勳　吳源昌　楊德潤
黃　復　徐爵培　朱志奎　張茂康

傳探消息人員

馬家駒　祝廷梁

第三篇

組織光復隊宣言書

粤維朱明淪祚神皋濺腥索倫韃靼之野族亂我冠裳黃帝神明之華胄辱在皂隸蓋越二百六十有八年矣驕橫恣肆荼毒中華屠揚州戮嘉定萬姓之餘痛未忘設駐防苛捐輸凡世之深仇宜報洎乎今茲益張凶惡路歸國有既欲奪我財産格殺勿論復將制我生命陽託立憲陰施專制吾民處此異族虐政之下水深火熱之中慘罹痛苦可謂至矣況借債以裕私囊賣路以媚外國疆土日蹙權利盡亡憫國殃民莫此爲甚痛彼醜虜殆欲實行其寧贈友邦勿與家奴之手段以陷吾民於再重之奴隸嗚呼千鈞一髮毫釐千里危乎殆哉亡無日矣

春秋復九世之仇小雅重宗邦之義黃胄血胤誰不思奮此先烈所以疊舉義旗前仆後繼惟以時機未熟屢起屢蹶邇者天命棄胡人心思漢川鄂一振四方景從湘粵同時並舉秦晉遙爲應響惟我江南文物之邦乃以金陵負嵎致使獨居人後實我江南人民之奇恥也

九月十有三日。滬上民軍。首舉義旗。蘇浙旦夕可下。倘得大軍一集。同聲致討。則東南半壁。不難指日而定。我錫爲滬甯衝衢。蘇常要道。文化物產夙號名區。鐵道運河。水陸並捷。急宜及時響應。從大師之後。伸弔伐之舉。一戰而下金陵。再戰而尅幽燕。犂其庭。掃其穴。雪三百年淪亡之恥。還我河山。立億萬載共和之基。拯民水火。是則我四萬萬同胞無上之幸福也。國家興亡。匹夫有責。匈奴未滅。何以家爲。學生多投筆從戎。女子尚羣起列隊。我儕雖寄身商界。職務所繫。縱不能直抵黃龍。滅此朝食。亦當循民軍軍政府令。每州縣興師一旅。會其同仇。擊殺虜吏之旨。戮力共進。以盡天職。我父老兄弟。深明大義。當能夙體此意。同讎敵愾。容等不才。敢與諸同志共組一隊。以從革命諸巨子之後。共襄義舉。光復全邑。陟九峯之巔。建我漢幟。決太湖之水。滌彼胡氛。我熱血志士。愛國男兒。其速興起。其速興起。

黃帝紀元四千六百有九年辛亥九月十四日 蔡容 王景濂 同啓

第四篇

光復隊規約

時急矣。勢迫矣。黃歇江浦。義旗一伸。曾不數時。一戰而克製造局。再戰而復火藥局及吳淞砲台。是誰之力歟。非商團之力歟。我儕同爲國民。同屬商團。况我錫文化之開。獨先他郡。商團之設。亦獨能首步滬團之後塵。顧光復之舉。豈願貽後至之羞。今者。國民軍將派人蒞錫。佈置一切。同人用組斯隊。以資臂助。驅逐民賊。恢復漢業。以重光九龍之山色。而與我商界人士。相見於共和之域。謹擬規約。列諸左方。

一、本隊由錢業商團團員之有志光復者組織而成

一、本隊以光復本邑爲目的

一、本隊俟國民軍起義時卽起而協助

一、本隊於臨戰時悉聽國民軍之命令

一、本邑全境光復之日卽爲本隊責任告終之日

本隊責任告終之後仍歸商團盡保衛之義務不預他事

本隊設領袖書記軍需軍械各一人掌理諸務

本隊編制由司令臨時定之

光復隊全體人員姓氏表

司　　令　許肅澍　字澌之年二十六歲錢業商團教練。
領　　袖　蔡　容　字有容年二十五歲職業達源錢莊。
隊員兼書記　王景濂　字企周年十八歲職業達源錢莊。
隊員兼軍械　王復楨　字少珊年三十歲職業福泰錢莊。
隊員兼軍需　章亮祖　字性笙年二十五歲職業恆升錢莊
隊員兼軍號　高昌鼎　字立新年十九歲職業達源錢莊。
隊員兼軍號　鄒祖耀　字煥之年二十歲職業怡昌錢莊。
隊　　員　包本錫　字仲英年二十九歲職業廣盛錢莊
隊　　員　許炳緯　字經伯年二十歲職業廣盛錢莊
隊　　員　王福煥　字叔文年二十歲職業廣盛錢莊。
隊　　員　胡宗潤　字潤蓀年十九歲職業廣盛錢莊。
隊　　員　孫廣銓　字筱寅年十八歲職業廣盛錢莊。

隊員　朱光鰲　字鶴山年二十一歲職業達源錢莊、
隊員　秦宗瀛　字庭芳年二十歲職業達源錢莊、
隊員　趙　勃　字國夫年二十歲職業達源錢莊、
隊員　吳廷棋　字調侯年十六歲職業達源錢莊、
隊員　馬家駒　字浩生年三十歲職業匯源錢莊
隊員　吳學杰　字寶樹年二十三歲職業匯源錢莊、
隊員　吳秉彝　字仲懿年二十一歲職業匯源錢莊、
隊員　孫祿增　字子佑年二十歲職業匯源錢莊、
隊員　施　璜　字鍾良年十九歲職業匯源錢莊、
隊員　尹思安　字漢如年三十八歲職業同和錢莊
隊員　朱志奎　字煙波年二十二歲職業同和錢莊、
隊員　祝廷梁　字柏臣年二十四歲職業德餘錢莊
隊員　張楠熙　字鳳梧年二十歲職業德餘錢莊、

隊員　顧廷柏　字季良年十七歲職業德餘錢莊。

隊員　謝鼎鎮　字孟葬年十九歲職業怡昌錢莊。

隊員　陸鼎勳　字策臣年二十三歲職業恆升錢莊。

隊員　尚昌祚　字錫蓀年二十二歲職業恆升錢莊。

隊員　章念祖　字勖伯年二十歲職業恆升錢莊。

隊員　范福海　字智泉年二十歲職業恆升錢莊。

隊員　華　潔　字汝潔年十六歲職業恆升錢莊。

隊員　吳蔭棣　字季聲年十九歲職業贏泰錢莊。

隊員　丁寶鈺　字禮明年十九歲職業信成銀行。

隊員　黃　復　字教復年十八歲職業信成銀行。

隊員　汪肅羽　字有鴻年十九歲職業允裕錢莊。

隊員　過錫庚　字茂如年十八歲職業允裕錢莊。

隊員　徐爵培　字植欽年十八歲職業允裕錢莊。

隊員　吳源昌　字桀甫年十七歲職業九裕錢莊

隊員　陳錫熊　字夢肖年二十七歲職業義和錢莊。

隊員　江祖嵩　字歲山年二十歲職業義和錢莊、

隊員　張茂康　字筱珊年二十一歲職業德豐錢莊

隊員　楊祖桐　字幹夫年十九歲職業德豐錢莊、

隊員　王鎏祖　字大奎年二十歲職業德豐錢莊、

隊員　楊德潤　字道均年十七歲職業德豐錢莊·

附言

吾邑光復。在常鎮之先。踵蘇滬之後。是時金陵未下。澄兵未降。北虜猶張。戰禍方殷。諸豕紛紜。一夕數驚。人心惶惑。亟亟堪危。邑之富紳巨賈。紛紛遷避。而迂舊之輩。更遷怒民軍。幾以舉義爲謀叛。革命爲犯上。光復事業。殊覺危殆。幸各界諸志士。首倡大義。吾儕同志。乃得追隨其後。共盡天職。當斯時也。吾儕左右覊縛。不得不用秘密結合。以免阻力横生。故所爲宣言書與規約。皆不敢公諸大衆。並名稱亦隱而未宣。吾隊之用心。亦良苦矣。光復以後。吾隊名稱既得供獻於世。然猶人言嘖嘖。時生非議。吾隊辦事之艱。益可見其一斑。若非秘密審慎。有不貽乃大事者乎。今者。河山光復。氣象更新。熙熙攘攘。優遊於五色旗下者。蓋儼然皆共和國民矣。一年容易。又是秋風。忻逢國慶之盛。倍益追思之懷。撫今感昔。轉覺喟然。撮叙是編。所以表示隱衷。藉誌勿諼。並勉進吾諸同志擁護共和之熱忱。始不負光復之初志云爾。

中華民國元年十月十日王漢魂謹識

紀念品

光復隊紀事

無錫錢業商團光復隊一週紀念會發布

無錫振華新記印書館代印
城中倉橋下監街口

記錢業商團無錫光復一週紀念會

弁言

夫安不忘危古有明訓前事不忘後事之師吾黨拖犧牲主義從事光復歲華易逝又屆秋風欲希望於將來不能不紀念於既往此紀念會之所由起也况乎同志星散痛勞燕兮分飛來日大難嗟國事兮頻危雖一歲之匪遙實已更於舊觀同志諸君爰擬於吾邑光復一週之期開會紀念以懇親之意盡策勵之心永矢初衷共踐始願紀念會之開豈徒然哉

紀事

籌備會

十月十有五日蔡君有容王君恂盦等發起邀集全體同志開籌備會於本團事務所公推蔡君爲主席宣布紀念理由並籌商辦法經衆議決依照縣議事會議決案以十一月六日爲紀念日（去年光復爲陰曆九月十六日即陽曆十一月六日故定爲吾邑光復永遠紀念日）遂定五日開會以本業公所爲會場六日提燈自繫各種燈彩職員團員一體乘馬並舉定籌備員十六人分任開會及提燈籌備事宜茲將籌備員姓氏錄後

紀念會　主任籌備員　蔡　容　王景濂　籌備員　尹思安

馬家駒　包本錫　秦宗瀛　高昌祚　王鎣祖

提燈會　主任籌備員　王世庚　謝學源　籌備員　謝鼎鎮

章念祖　鄒祖燿　丁寶鉅　施　瑋　吳學杰

紀念會

(甲)開會

(一)會場情形

十一月五日就錢業公所開會以九如堂後廳爲會場中懸安不忘危四字以表明紀念之宗旨左右各懸鮮菊花圈左側圈内嵌一槍彈綴成之鐵字右側圈内嵌一赤色染成之血字爲光復之紀念品前廳上有匾額書去年今日四大字廳之左懸五族全圖右爲去歲光復時進行路線圖一幀所經路線分色標明又有去歲秘密文件二種一爲組織本隊宣言書一爲規約前後週懸各界所贈對聯場内滿紮綢彩燈旋交錯復廣裝電燈光耀奪目前廳樓上爲招待室廳前高閣爲軍樂台上懸重提往事四字前門紮有燈彩牌樓上書光復紀念會五字分紅黃藍白黑五色内裝電燈燦爛可觀各隊員一律戎裝身佩紀念帶上書無錫光復一週紀念並於胸際懸掛黃花以爲紀念本團團長畢紹閭君團董上蓉台君暨全體職員團員均於下午二時齊集會場來賓二百餘人民政長國民黨分部長秦效魯縣議會代表陳翊屏市議會議長錢鏡生警務課員周銘初總巡官許湛之北區巡官陶春圃縣教育會會長孫北萱市教育會會長共和黨分部長錢孫卿竢實學校校長秦卓夫及全體職員學生東林學校校長張醉仁女子師範學校校長黃淡如工業學校校長陶達三

常軍步隊團代表趙鉦單仲卿王長聲錫報館記者吳驥德商會代表顧子珍趙藝經商團公會評議部副長劉季初幹事部副長高季連教練部副長龐魯芹第三支會代表李逸民第四支會副會長虞念民第五支會會長周廉生第二支隊代表高鶴卿第六支隊隊長王莘農光復先鋒隊代表沈石庵諸君皆蒞會惟是日大雨淋漓各隊員殊抱歉忱

（二）開會秩序

本日開會秩序（一）振鈴開會（二）奏樂（三）述開會辭（四）民政長演說（五）來賓演說（六）本團職員演說（七）唱紀念歌（八）奏樂（九）振鈴閉會鐘鳴三下遂振鈴開會奏樂畢本團團長單紹聞先生登台述開會辭略謂去年吾邑光復草木不驚秩序如常人民慶幸而各團員熱心維持尤堪嘉尚今屆一週特開會紀念以誌勿諼明日並舉行提燈會耤表歡祝云爾次民政長秦效魯先生演說次錢孫卿先生蔣淡如先生孫北䕶先生相繼演說次商團教練部長顧伯超先生晉頌詞（顧君因足疾未到由副長龐魯芹先生代讀）次職員蔡有容君演說次全體團員唱紀念歌奏樂閉會茶點而散時鐘鳴六下

（乙）追祭先烈　　六日上午十時全體隊員齊赴惠山忠烈祠致祭死義諸先烈由民政秦效魯先生主祭周君銘初爲贊禮同祭者爲民政署職員及常軍團長蔣長光復先鋒隊全體隊員工業學校全體學生

（丙）攝影　　致祭既畢由本隊邀請光復時首義諸志士在祠前合攝一影以留紀念時秦君效魯吳君錦如高君映川錢君湘伯周君銘初秦君振聲丁君超雄丁君亦清張君子

均秦君巨源秦君叔培張君孟脩衛君梅初皆預列既畢卽整隊而歸

（丁）贈旂　下午二時全體赴公園向國旗行慶祝禮畢常軍團長秦振聲君團附丁超雄君營長丁亦淸君張子均君合贈本隊紀念旂一面題詞曰（光復舊德）繼由民政長秦效魯先生以前錫金軍政分府司令長名義贈本隊紀念旂一面題詞曰（還我河山）本隊依次舉槍奏樂並由主任員蔡君有容promise前答謝

（戊）赴懇親會　下午四時秦效魯先生邀集去歲光復同人於尙武社開懇親會吾隊忝列同儕遂全體預會開會後秦君登臬演說畢卽與全體同志行握手禮並於尙武社後合攝一影而散

（己）提燈　六時全隊齊赴周師街草場乘馬提燈排隊出發推定陳君進立爲幹事員王君恂盦爲糾察員於經行各地詳加佈置沿途並分發燈名說明書首由許司令湛之帶隊前行次掌旂員於國徽中燃點紗燈再次軍樂員胸前懸彩花中置電燈光線四射照耀如晝再次爲隊員職員爲殿軍樂洋洋緩轡而進既行出江陰巷經北塘至三里橋由河干折回逕過蓮蓉北吊橋直入城中達倉橋左折而經民政署署內迎以炮竹再折過興隆橋經盛巷橋南埮復南行進寺巷經觀前街駁岸轉而過喜春街出大婁巷經師古河再折而南至三下塘是時風雨暴至遂出孤老院巷由二下塘折而北回返至事務所散隊是役也沿途觀者如堵頗極盛舉惜因天雨致預定路程未克竟行不免令人有乘興而來敗興而去之慨

（庚）宴會　提燈畢本團特設席馥怡樓全體同志共赴宴會是時相叙一堂融融怡怡酒進一尋乃交相稱祝曰共和萬歲中華民國萬歲舉杯暢飲盡歡而散

附會場臨時職員姓氏表

招待員　趙藝經　顧子貞　錢鏡生　龐魯芹　周銘初　朱品良
　　　　單崇禮　趙子章　吳清如　王慰曾

幹事員　陳進立　張仲銘　王仲幹　王賡之　王仰蘇　蔡百鬯
　　　　單條貫　張子植　高錫蕃　王少珊

書記　章保和

軍樂員　謝竹良　沈石庵　張嘉惠　高立新　王少泉　秦庭芳
　　　　高鶴卿　施鐘良

附錄

秦效魯先生演說詞

吾邑光復。在去年今日。光陰荏苒。瞬息一週。回溯當日成事之速。實賴貴隊諸君子義勇當先。有以致之。事後復以餘力保衛閭閻。得措吾邑於磐石之安。鄙人實深感激。惟毓鎏始任司令。繼長民政。不克與諸君朝夕相見。共籌進行良用歉仄今當一週紀念。得與諸君叙首一堂。相與慶祝。深堪欣慰。且諸君於光復後。能不爭名利。各安舊業。心志尤爲高尚。然鄙人於此而有感焉。昔孔子有云。狂者進取。狷者有所不爲。夫狂者勇於進取。狷者則近乎保守。我中國前之所以不興者。蓋以抱厭世主義者多。而抱救世主義者絕少。此卽狷者之所爲。今則改建共和。人人當以國家社會爲重。則狂者尙矣。尙願諸君於此二理。權其從違。於權利一面。自宜不爭不攘。以狷者爲取。於義務一面。則當效狂者之進取。以昔日之心爲心。況事至無可如何之際。有不得不爲狂者之勢。佛子所謂我不入地獄。誰入地獄。且今革命成功。僅得復漢滅淸之表面。其實政體未改。人心未革。言之可痛。現政治之改革問題。姑置勿論。至人心之改革。吾黨可從自己做去。以一洗從前不良之習慣。求得共和之眞諦。毓鎏疎才善病。屢辭民政一職。無如屢不獲命。前日親謁都督。力辭方允。將來解職之後。或能稍暇。當與諸君時相晤敘。共勵初志。是則私衷之所願也。

錢孫卿先生演說詞

今歲基厚赴紀念會者二次。一爲前數日東林學校十週紀念。一卽今日貴商團之光復一週紀念。惟紀念有二種。曰週年紀念。曰永遠紀念。今日貴商團之紀念會。雖曰週年紀念。然可作永遠紀念看。蓋去年吾邑光復。鷄犬不驚。人民安堵。有賴貴商團之力爲多。此後我父老子弟。念及吾邑光復之易。與諸君光復之功。卽紀念及貴商團也。而紀念之意。又分二層。中國人習性。紀念者。蓋謂紀念其已往。在泰西各國。則由紀念既往。而及於希望將來。今日之會。是貴商團紀念當時經營光復。與如何維持秩序。此既往也。至將來貴商團如何盡力義務。如何保衛治安。俾地方無驚擾之狀。商業有振興之望。又將於此會有希望矣。頃民政長以狂者狷者之喻。勉勵諸君。言甚碻當。鄙人亦甚望諸君實做狂者。以盡義務。且當今非比從前閉關時代。是進取時代也。若人人非狂者。事事不進取。則不足以與列強抗衡。並不足以立國於世界。然欲與列強抗衡。又非重海陸軍不可。與全國皆兵不可。惟今日之兵。大都招募而來。良莠不齊。可用之於亂時。不可用諸已治之日。故兵變之耗。屢有所聞。夫招募不足恃。則當如貴商團之熱心義務。咸知從兵。以求所以進取之方。一邑如是。推而至於一省一國。則不從招募。亦全國皆兵矣。苟達全國皆兵之目的。則海陸軍不言強而自強。然後國基可以鞏固。列強可與抗衡。此又鄙人之希望於將來也。

黃濬如先生演說詞

項民政長與錢孫卿先生之演說。均從志字一面勉勵諸君。鄙人見會場中間懸有安不忘危四字。偶有所感。爰從惕字爲諸君一言。去年光復。諸君能不避艱險。捨生忘死。率同人執戈倡義。以維持地方。保衛商業。其勞苦功高。實爲可敬。而在諸君當日之情形。所以能冒死爲此者。豈有所爲而爲哉。實出於無可如何。不得不然耳。蓋滿清叔季。列強環伺。政綱廢弛。危機之發不可旦夕。於是羣起而推翻滿清。改革政治。以救危亡。當斯之時。實已至無可如何之地。苟其不然。則皮之不存。毛將焉附。此諸君之所以捨性命。拋職務。毅然爲之。究其竟也。無非欲轉危爲安耳。顧視光復以後。國事紛紜。承認無期。地方自治。並未改良。人心並未改革。一切現象。不但無優美狀態。且有甚於前清之惡劣者。此鄙人所竊痛也。乃環顧國內。惟見成功者興高采烈。一若別無餘事。冷眼者意懶心灰。避世不出。設長此以往。恐革命之目的未達。而國又將亡。諸君能毋痛乎。鄙人深望諸君勿謂今日已安。而忘後日之危。則安不忘危四字。願諸君永以爲座右銘也。抑又有進者。諸君出而盡力義務。進則經營商業。故鄙人於商業上。又欲爲諸君進一言。今日中國商業。日見衰頹。以處商戰之場。殊不足與列强競爭。其原因類以無實學。無道德所致。倘諸君能於經商之餘。研究實學。講求道德。則名譽益彰。自可操券。且可使各團體咸有忻羡之心。欽仰之意。亦未始非貴商團先聲奪人之處也。

孫北萲先生演說詞

頃聞諸君之崇論宏議。甚爲欽佩。惟鄙人於紀念中有樂觀悲觀二義。蓋從前滿清專制。政治不良。以故革命崛起。無非爲求良政治也。迺今革命雖成。而政治良否不難有目共覩。前清時財政紊亂。然尚不專賴借債爲生活。行政惧在用人。然尚保有統一的形式。今則何如。且各省分崩瓦裂。外强壓迫日甚。杼柚有其空之慨。閭閻聞愁怨之聲。此種景象。非毗於悲觀乎。至論去年吾邑光復前之狀態。風聲鶴唳。一日數驚。士民遷避。旰夕旁皇。其時商業之凋殘。人心之惶急。誠有不可終日之勢。若非貴商團首先倡義。以任防衛之責。恐亂機猝發。地方蹂躪。則商業財產。更不知損失幾許矣。飲水思源。所以有當日之治安。今時之幸福者。伊誰之功。言念及此。吾人又當持樂觀主義也。然鄙人今所馨香禱祝於諸君者。當先國家之憂而憂。後地方之樂而樂。毋徒持樂觀主義。謂今日已治已安。而更不慮及於後患。仍宜猛進迨羣。戮力同心。以共謀維持保護之方。今則爲地方有益之團體。他日爲國家有用之人才。胥於此會卜之矣。

商團公會教練部長顧伯超先生頌詞

今日爲錢業商團光復隊舉行吾邑光復一週之日。鄙人因患足疾。不克躬預盛典。媿歉殊深。敬請　龐魯芹先生代伸鄙懷。爲諸君進一言。

去年今日。非吾邑光復之日乎。當是之時。風聲鶴唳。一夕數驚。全邑士夫。莫不駭汗撟舌。相率遷避。惟獨諸君。本其愛國愛鄉之心。出任防衛之責。又恐謠言蜂起。人心驚惶。匪徒乘機搶掠。大局糜爛。商場蹂躪。環顧全邑。又無光復之實力。諸君不惜犧牲性命力任其難。遂奏光復奇功。以安大局。使吾邑兵不血刃。一時反正。此非諸君之功乎。今當貴隊舉行一週紀念。爰修蕪詞。聊表頌忱。

蔡有容君演說詞

今日敝隊開會。辱荷各界諸君子寵臨。無任感忭。頃復承民政長及諸先生錫以勉詞。敢不奉爲金石。容並代全隊四十四人謹謝。至今日此會。蓋有二意。去年光復之役。敝隊同人。略供奔走。實爲國民之天職。不敢言功。今日之紀念。非紀念敝隊。實紀念無錫之光復也。此其意一。觀吾國今日大勢。表面雖已共和。而國民確有共和資格者。十無二三。且多藉名攘利。不顧大局。政紀紊亂。國事廢弛。而嗤嗤之徒。則更不知共和爲何物。夫人心不一。根本不立。何言強國。頃民政長演說。謂義務一面。當做狂者。又曰政治之改革問題。姑置勿論。至人心之改革。吾黨可從自己做去。今日此會。實本斯意。卽謀所以互相策勵。毋墮落共和資格。並以喚起一般人之共和觀念。俾使領略意味。變換心志。以確向共和。此其意又一也。

贈聯

萬姓歡呼重覩天日　一年容易又屆秋風（民政長秦毓鎏）

梁溪當蘇省之衝還我河山盡洗二千年粃政
泉府自周官伊始同人懽忭剛逢十一月良辰（共和黨無錫分部）

錫墜當吳會要衝直抵黃龍掃蕩胡氛三萬里
泉業為商團領袖師與白馬首建奇勳四十人（竢實學校）

塵氛掃蕩半賴商團與子賦同仇擊鼓興師光武漢
桑梓治安實資錢業良辰留紀念提燈走馬遍梁溪（東林學校）

紀念一週由紀念人於紀念地趁紀念日期快留紀念
共和萬歲建共和國為共和民值共和世界歡祝共和（無錫市議事會議長錢鑑瑩）

光復一週紀否當年馬上　共和五族試看今日域中（無錫市議事會副議長陳作霖）

往事試重提造幾許英雄博共和兩字
良辰留紀念看大家額手祝民國萬年（無錫縣教育會會長孫肇圻）

惟錢業實先各業百餘里治安是保首從桑梓建奇勳
以商團而助師團四十人奮往直前手定山河成偉績（無錫市教育會會長錢基厚）

往歲經營為地方維持秩序
今朝紀念是國民慶祝共和（商會總理商團公會會長華文川）

恢復河山不以好殺貪功有乖人道
推崇事實從此思源飲水咸仰商團（上海書業商團）

商戰人才咸知兵戰　今年秩序大異去年　（五族少年保國會無錫代表陳可權）

商團師旅助民國共和歲星紀一週依舊金飈壯秋色
錫地山河繼蘇城光復胡氛欣盡掃首推錢業建奇勳　（許棫）

去年奮勇爭先不讓軍國人才功推獨步
今日顧名思義回溯梁溪光復歲已一週　（鄒家麐）

不必駐重兵雖四十男兒竟使全城光復
依然思往事隔一週歲月咸歌舉國共和　（趙人鏡）

協力同心掃除專制　去年今日建立共和　（許嘉澍）

商團諸友實建宏功溯去年執戟荷戈轉眼又逢光復日
民國一週好留紀念看今宵提燈走馬大地疑開不夜城　（周公鼎）

紀月紀年又須紀日　爲民爲國不僅爲商　（吳殿棫）

建設新民國更無揖讓征誅　光復舊神州猶憶去年今日　（施復生）

去年吾邑響應商團首先奮勇　今日全邦統一國民咸受光榮　（王祖暐）

附本團光復時出發處聯

堂堂七尺男兒飲水思源記否當年辛苦地　忽忽一週光復撫今追昔敢談他邑血流時

附本團光復時機關處聯

暑往寒來快煞荏苒光陰屈指已屆興漢節　去年今日驚看飄颺白幟是地獨開商界先

紀念歌

紀念紀念　大家來紀念　一年容易　又値菊秋天　回思去歲　光復我全邑
龍山十里　秋色放光燄　一轉瞬間　駒光如過隙　願從今後　歲歲憶前年

燈名說明書

看！看！！看！！！
看今朝[illegible]馬燈齊豔　不是賽會　也不是掉燈　要曉得　去年今日
就是光復無錫　放開自由花　共享共和幸福

燈名及其說明

一平等　瓶式燈一上寫一等字（瓶借作平）
二自由花　前自由二字合成一燈紅色（爲自由係赤血換來之意）後菊花燈一黃色（爲九月之紀念品）
三稱雄地球　前雄字燈一後地球燈一雄字黃色爲黃種稱雄地球之意
四重見天日　前天字燈一後日球燈一天爲青色並可借作藍
五雄雞一唱天下皆白　前燈式爲地球上立一雄鷄後白字燈一白色
六醒獅　前燈式醒字一後青獅燈一醒字黑色與上四種合成五色
七五族一家　前五族圖式燈一後一家二字合成一燈一字紅色家字之（宀）黃色（丁）藍色（夕）白色（七）黑色蓋於二字之間隱寓五族一家之意
每種燈後間以圓·長·扁·長圓·扁圓·三角·五角·六角·八角·海棠·各式小燈

無錫錢業商團記錄

無錫兵灾記

（民國）侯鴻鑑 撰

《無錫兵災記》不分卷，（民國）侯鴻鑑撰，民國鉛印本。

侯鴻鑑（一八七二—一九六一），字保三，自號病驥老人、滄一等，無錫人。教育家，南社成員。侯鴻鑑至而立之年方成秀才，其時已肄業於南洋公學師範院。一生致力教育，曾任竢實學堂校長。侯創辦競志女子學校，終生任該校校長。此外，曾任省視學，一九一一年參加辛亥革命，任無錫縣臨時議會副會長。平生著作等身，有教育、歷史、地理、游記等著作數十部。新中國成立後，他被選爲無錫市人民代表、政協委員等。

一九二四年第二次直奉戰争，奉軍獲勝南下，江蘇督軍齊燮元被免職，齊軍兵潰敗退，所經城市無不燒殺搶掠，無錫亦遭嚴重兵災。由於無錫商團武裝堅守無錫城垣，城中民衆生命財産得以保全。然而在被圍的九天中，無錫被齊軍敲榨銀元幾十萬元；奉軍來後，又被迫交納『軍餉』六萬元。兵災之後，城外商業繁華之區被搶劫焚毁，街區成爲一片焦土。惠山名勝之區亦遭重創。此書即爲此次無錫兵災的逐日全記録，爲不可多得的地方珍貴史料。

本書用民國原刊本影印。

（徐志鈞）

無錫兵災記

自序

吾作無錫兵災記僅就個人所親歷及所見聞者略志吾邑之痛以告同人耳圍城九日痛苦萬端不堪奇險情形迄今猶痛定思痛也即如名園古祠胥爲焦土揚威耀武殃及池魚尤足爲湖山痛哭而教育受其影響學校輟其絃歌更當爲吾邑前途痛憤不置至於搜括金錢以供武暴者之欲壑剝削脂膏以盡征服地之責任軍用借墊各欵自舊臘十二月起至本年二月底止如記中所載已二十六萬五千一百四十元零三月一日起至五月十九日止代辦給養購置物品等項暨國軍開拔費及徐州建築營房費等又九萬七千六百四十九元零此本册中尚未及記載者要之地方府庫空虛民不聊生之景象凡吾邑人皆當知身當其衝之官吏士夫固已形神俱瘁矣所最可太息者局外人之無識譏評或則當時避難他徙或則閉戶不知地方艱危事乃至事後顚倒是非漫肆逢迎軍閥之讕言是皆足爲吾邑前途憤慨者也邑之父老兄弟以及旅外諸君一閱此册當亦同爲籌謀眞正善後之策乎此吾之望也十四年五月二十日病驥老人自序於百一樓

無錫兵災記

侯鴻鑑

慨自江浙風雲瀰漫數月。吾邑之自衛。所以維持秩序者。商團實利賴之。顧以地當蘇常孔道。夙負富庶虛名。兵車絡繹。供應浩繁。軍餉攤派。搜括殆盡。齊督燮元。指撥守提。馮令祖培。承旨獻媚。先後凡二十一萬元。財力於以消耗。民力遂致不堪矣。迨齊氏旋寧。馮令卸篆。韓紫石省長委林令芾楨。來錫署理。下車之始。調查全邑賦稅債項及各種應收應支之數。列表公布。出入相抵。尚虧五十餘萬元。既段執政免齊氏職。韓省長兼軍務督辦。盧氏永祥。受宣撫使職。率奉軍將南下。蘇民驅齊下野。蘇軍第二師砲隊營長秦洸駐蘇。宣布獨立。齊氏去寧。第六師之一部分譁變。三山街等市廛。均被掠。韓省長遂調第六師及第十九師分駐鎮江丹陽常州江陰等處。沿滬寧鐵道而東下。凡蘇州崑山南翔上海皆有蘇軍之駐防焉。

蘇州秦總司令洸。特於一月四日之晚。電錫飭彭團長啓鵬率師一團。來錫駐防。公電拒絕。無效。翌日下午。彭軍抵錫。設團部於無錫飯店。派隊往梨花莊楊木橋臯橋三處掘濠布防。地方人心。爲之震動。彭團長派兵一排往稅務所監收。適徐稅務所長朝彥赴滬。鄭科長友漁急電滬速徐所長返。

林縣長邀鄭科長及地方各公團代表籌議供應辦法於無錫市公所。議決由稅所提款五千元存縣署以備支應。是晚鑑亦在座。市總董錢君孫卿偕各公團代表往訪彭團長。晤陶團附鑫。錢君先之以招待不周之謙辭。繼詢以防堵何軍之南下。答以昨奉令開拔。實未明言防堵何處軍隊也。終叩以貴團各軍官等之姓名。擬爲洗塵。陶團附遜謝。遂畧與周旋而出。

翌晨奉總司令委邑人王君宣任稅所長。而撤徐朝彥。錢君孫卿勸阻王君宣。毋遽接任。徐王兩人偕往蘇。

由縣署每日支應彭軍二百五十元之供應費。自昨日始。

附郭鄉民。凡在防線內者均遷避一空。

彭團長奕奉令撤回蘇。防留兵一連。分駐皋橋梨花莊等處。邑之供應費減爲每日五十元。

是夜有蘇軍一團通過吾邑而往上海。

又以一月七日秦洗派某營長來錫。帶工兵數人。拆斷皋橋鐵道。邑人震恐。時閱報載盧宣撫使抵寧。翌日報載齊燮元在滬聯絡浙江孫傳芳組織聯軍。又聞上海張允明克字軍爲浙軍擊潰。齊燮元盡收上海蘇軍。於是報載齊任聯軍第一軍總司令。孫任第二軍總司令。越數日。聞南翔及崑山均有毀壞鐵軌之説。未幾蘇州兵變。五團六團激戰閶胥門外。時一月十一日也。越一日。秦洸遁。渡僧橋西之市廛皆被刼掠。於是吾邑聞之人心驚懼。一若將有戰事起於轉瞬間者。蓋南北鐵軌皆毀斷。一旦戰禍起。人民奔避無路。故愈覺惶恐耳。

連日風聲甚緊。防務愈急。商團公會楊翰西會長適以事假欲赴滬。各支隊開會舉代表往廣勤紗廠勸楊會長銷假視事。教育界同人亦公函楊君勸駕。並函救火聯合會召集各段消防隊。爲地方協助防務。

錢君孫卿偕林知事及各公團商請某連長退回蘇防。索費千五百元。不允。磋商兩日始就緒。復請省警備隊穆映芝隊官及水巡警隊陳星三區長。激勵水陸各警協助防務。

報載奉軍前線至鎮江。與駐鎮蘇軍已接觸。常州戒嚴。時爲十六日也。

是晚。余至水獺橋。忽見青菓巷方面由北而南之行人奔跑而來。勢如潮湧。詢之則云蘇軍已至。在北大街搶掠矣。余頗疑之。即下車逆向前行。至大市橋。店戶皆閉市。復前行。始知北門外因電燈忽滅。有人反奔曰。來矣來矣。致有滿城之驚恐。越兩小時始定。

齊軍連開重兵向常鎮前線。吾邑警備隊有奉令赴常說。公電留防。是晚聞皐橋鐵軌修理完整。常錫有明日通車之說。翌日。聞奉軍有包抄蘇軍之計畫。特於丹陽方面發見奉軍蹤跡。常州長途電話。謂駐常之蘇軍。即日開往丹陽前線云。

戰爭之局。形勢直逼常錫。間大起恐慌。深懼潰兵東下。巨禍即在目前。於是地方公團。籌議防務。請由水陸警及商團合力擔任。籌商給養之方。則設法食料及屯駐之所。抑知不旋踵而駐常蘇軍。忽有明晨退駐吾邑之消息也。

自是乃成吾邑之巨災者。開始之刼掠。即此駐常蘇軍王旅長所轄之一旅也。礮火連天。人民刼運。非逐日詳記。不足以明眞相。鑑既為圍城中之一人。且為縣教育會之代表。當呼號奔走。亦嘗躬預其間。事後追思。痛定思痛。有奇感焉。

一月十八日。即夏曆十二月廿四日。晨七點半鐘。商團公會司令部來電話云。蘇軍即刻將來錫。故集各公團會議對付方法。鑑往城外錢業公所。（商團司令處）見華藝三高映川兩先生及王君克循顧君彬生等先蒞止。知接常州姚知事電話。九點半鐘蘇軍到錫。常州城外。昨晚已刼掠商店十數家矣。時楊君翰西已往關帝廟視察防務。錢君孫卿陳君湛如單君紹聞馮君雲初及陳星三區長皆到。藝三先生遣人速涵西會長返。共商辦法。楊君云。供應方面。已豫備饅頭及他種食物。駐紮地點暫定車站北面。豫備稻草蘆席等物。爲時甚迫。共議赴車站籌商。待車至即向彼軍官接洽。表示各團體以禮招待之意。或不致有所決裂也。於是同人先後均赴車站。時余偕顧君錢君馮君四人同行。迨出城過大洋橋。已見火車抵站。齊軍紛紛下車。迎面來。余向錢君云。光復門宜暫閉爲是。錢君急電警察所先閉新北門。余三人仍往車站。遇嚴君伯英。謂三君速返車站秩序已亂。余三人旋身約十數武。將至大洋橋。突聞槍聲絡繹起於前。行人反奔。余等亦北行。孰知北面車站。排槍又起。連續相應。行人驚駭。分向東西荒野遁避。余三人亦西行。向某家側門暫避。時趨入此門者凡二十餘人。約十五分鐘。槍聲稍稀。余等即出。仍沿大路南行。過大洋橋。但見有兵廿餘人。各持食物。紛紜攫食。店門皆閉。行人四散。運河南堍有兵十數人紛攫各物。蓋頃間下車之兵。欲購食。强索未遂。放槍示威。頃刻淩亂。致搶掠各物。居民逃避。鑑偕顧君嚴君遂沿河行。從而趨前者數百人。有新世界旅館某君及無錫飯店某君皆云兵已破扉入。彼等皆自窗戶出也。鑑等從西村繞行里許。至東門。知東城已閉。復繞至東水關。亦閉。由嚴君雇小艒船撑至水門外。門與水面距約二尺。適一磚瓦小舟浮水門裏。乃以篙遙摘其纜至門邊。與此船相距約尺餘。時又有一小舟來。乃高君仲珊等五人。於是因舟窄門低。即分三次由門下拳曲半體而渡。始入城。鑑偕顧君嚴君三人既來城中。道遇秦君卓夫。共往縣公署晤林幹材知事。知林知事頃間亦在啓泰棧前聞槍聲始返城。即請李乾一警佐共同商城防問題。楊君幹卿適來晤李警佐。云頃由警察報告城內打鐵橋天寶銀樓被刦。書院衖口彙興煙店同時亦被刦。聞有潰兵三五人刦物後即放槍示威。向南門逸去。鑑等謂五門四關。以嚴閉爲要。已入城之兵。由警士查拿。未入城者。永以不開城關。爲第一要務。時城外侯警佐（鐵臣族弟）電話招林知事李警佐出城議事。籌給養方法。林李二人約同人先後出城。知城外大洋橋一帶商店住家均遭蹂躪。其首受搶掠者。爲新美華鞋店。其次則天保棧及某食物店某洋貨店。自馬路兩旁以及通匯橋一帶被搶之戶三四十家矣。午後王凱慶高艮山馬葆琛三旅長。向林知事楊翰西會長及各公團索欵十五萬元。以充軍餉。否則不能負地方安寧秩序。僉以地方財力窘迫。決不能任此鉅欵。議久未決。於是林知事等入城後。不得不向銀行界呼援。惟各銀行代表均未到縣署會議。遂四出尋訪。至晚七時。始於中國銀行行長汪叔梅寓中得中南交通江蘇各銀行代表。遂邀往縣署商借欵項。華藝三先生代表上海銀行列席。至夜深始議定。由縣議會參事會商會農會教育會商團公會四鄉公所欵產經理處市議董兩會等十公團出立借據。並由邑紳富薛南溟楊翰西榮德生孫鶴卿蔡兼三唐保謙諸君作保。向五銀行借銀五萬元爲臨時軍費及防務經費。

泗堡橋顧子卿家及竹場巷某氏是晚均被刦。城外工廠及工房甚多。而女工之爲齊軍騷擾者。慘不忍言。欲避入城。閉不能入。蓋午後四時。老北門曾開城一次。城外居民絡繹逃避入城者甚多。嗣因潰兵搶掠。漸近城垣。恐有意外。故又閉城。迨晚間潰兵屢次欲乘亂撲入城。均爲城外商團所阻。是晚聞北門外某衣莊學徒受流彈死

商團佈防甚爲周密。第一支隊。防守北大街至顧橋。第二支隊防守北塘至三里橋。第三支隊防守城內五城樓四水關。第四支隊防守北門外黃泥橋露華街。至馬路一帶。第五支隊防守南門外。第六支隊防守西門外。至北城脚。第七支隊防守東門外亭子橋南至羊腰灣。第八支隊防守廣勤區。第九支隊防守亭子橋北至小粉橋。商團游巡第一隊防守通匯橋交際路竹場巷等。游巡第二隊協助城內防守。游巡第三隊防守小三里橋一帶。

鑑偕徐東屏孫雨蒼夏擎宇三人。自新北門至老北門視城防。遇商團某君偕專門電料畢業生二人往縣公署。接洽裝置城關電網事。以助城防。大洋橋之電網。本早豫備。以時

促不及裝置。致被潰兵已衝過洋橋。而直迫城垣也。

夜九時。城外槍聲四起。火光燭天。城內居民驚惶。北望光復門外。煙迷火熾。電話問訊。知城外齊軍。搶掠焚燒。從馬路中心。麗新批發所焚起。南北兩面。均已延燒。振元五金店亦燒燬。（振華爲蔣哲卿內姪所開）後聞留春內兄。（名士棟爲吾邑著名之算學家）及其眷屬均從火焰中爲人救扶而出云。是夕被刼者數十家。被焚者十餘家。天明時。猶見火光熊熊。餘燼未盡滅也。

鑑在競志校中。登百一樓。啓北戶。遙望北城之外。火勢猛烈。黑煙上冲。但聞人聲槍聲。呼號擘捅。雖慘不忍覩。然蹀躞往返。終夜不寐。天明時無錫飯店之茶房來電話云。店中被搶一空。某夥受擊。茶房某某等受槍傷者一人。（槍彈傷足）受擊傷者二人。

又聞商團公會電話。竹場巷有某家被搶。商團捕獲二人。又在泗堡橋捕二人。隆茂米行格斃搶兵三人。各支隊各有與潰兵對擊事。而第一支隊擊退老北門外攻城之齊兵。第四支隊擊退光復門外攻城之齊兵。及掠奪槍械數枝。尤爲奮勇云。

十九日（夏歷廿五日）晨槍聲逼近光復門外。電話訊知又有潰兵數十人欲攻城。爲商團擊退。

邑人宋君靜廷。昔留學日本士官學校。回國後。任軍務多年。秋間江浙戰時。任邑城總指揮。頗得地方士紳信任。昨在齊軍初到時。同至車站招待。以其與高旅長有同學之誼。故偕楊會長林知事與三旅長周旋數次。設法制止潰兵搶刼之謀。故楊會長於天未明。先送去現欵一萬二千元。爲請求實行制止焚掠之行動。三旅長始允洋橋以北歸齊軍維持。洋橋以南歸商團維持。但現洋須換鈔票。遂由錢市董馮君雲初吳君士枚等在城內按戶設法。借到鈔票萬二千元。重由楊會長送往旅部。楊會長爲之潸然淚下。既而告人曰。彼焚掠吾城外人民如此。而吾等尙欲送萬金與彼。是又何說。聞者含忍痛憤而已。

是日上午。時聞槍聲。蓋潰兵繼續由常來者。又數次。前後已共有萬人。到處搶掠。無不放槍示威。店舖居戶等。一日夜中被搶者已百數十家。人民之四散逃亡者無算。馬路左右。無店不搶。無戶不搜。刼餘之物。爲地痞及江北人之租居城外者。無不作引線。及隨同搶物之人。尤爲不計其數。往往潰兵三五人。此輩則數十人隨之。取物無算。亦有導者一二人。潰兵數十人。共搶一二處者。如錢君子泉昆仲之典當及衣莊。均爲齊軍搶掠一空。是鑑與擎宇內弟等所設之源順油行。有電話來報告齊軍破門而入。刼去銀元鈔票若干。第一次銀角銅元。棄之於地。第二次則銀元已罄。故銀角銅元。亦皆被刼去。

午後齊燮元由滬帶兵來錫。在兵站方面。侯警佐胡晉階分所長二人供應之繁且艱也。須臾之頃。索供帳。索食料。索麵粉麵包米糧等。稍一支吾。則槍以示威。罵以壯勢。固無從怠慢。瞬息而索餉問題。入城問題。二者同時提出。則又全城人民。入於恐怖之險境矣。論地方財政。已將破產。各銀行以庫鑰交出。傾所有而儘公家借用。至城守問題。則僅此一牆之隔。城外漢昌路一帶。如咸康綢莊。綸華洗染公司。榮盛新衣莊。錦豐布莊。三一公司。洽恒利米店。勤益衣莊。開明茶社。馬順興竹器店。恆祥提莊等。均成焦土。延燒民房十數家。損失甚巨。而搶刼之戶。又百數十家。所賴以保障城內數千百戶之住家者。二丈餘高之孤城。乃忽聞有齊氏大本營移入城內之說。則全城生命財產之危險。自又恐怖及於全城矣。於是由楊君涵西宋君靜廷等往齊氏營中。探悉索餉三萬之問題。倘早能解決。則入城可不成問題。故由錢孫卿楊翰西馮雲初陳湛如諸君籌商應付方法。定下午開會籌措之。

有親友及學生家屬電話來。詢競志女學校中可否暫避。因南門聖公會及普仁醫院之避難婦女。已有人滿之患。故女校應設婦女收容所。鑑答以秋間雖有收容所之設。此次未曾向紅會接洽辦理。

午後兩點鐘時。忽聞槍聲不絕。鑑登樓北望。見新街巷內。行人西奔。急令校役出探消息。但見靑菓巷由北而南者。路人皆接踵奔逃。少頃。一門役倉皇來報。門外街巷。逃者甚多。皆云北門已啓。潰兵已進老北門。於是家人輩舉室倉皇。欲設法出西水關。暫向西鄉署避。鑑方午餐。時有族中老弱數輩來校暫避者。亦皇急甚。又有競校舊生孫君之家人及兒女輩適來校。亦言街上逃避之人甚多。羣相驚詫。計無所出。孫君之家人則相率往第三師範學校暫避。鑑謂在城則無論爲醫院爲學校。兵果進城。其禍一也。出城則四面皆潰兵。其險相等。且出城亦不易。徒爲驚擾。於事無益。姑午餐。再飭人往北門探消息。少頃行人奔逃者稍稀。勢似安定。知城外有潰兵欲入城。守衛商團在城樓擊射示威。潰兵亦還擊。有流彈傷人。故觀者奔馳。致有齊軍入城之謠耳。於是家族親戚等人。長幼皆安。而鑑遂將大禮堂陳列之寰球一攝展覽會所有歐美帶歸之物品。立刻收拾盡淨。均置百一樓中。因環顧平時所最珍貴之品。即家藏各物及鑑三十餘年搜羅之關于歷史上美術上磁銅各器。金石圖書。地理上博物上之磚石數千種耳。萬一亂兵入城。在彼則一錢不値。而毁棄之。在我則半生心血。數代珍傳。備將來博物院之材料者。均在是也。矧加以此次十一國之採集。自海外來者。尤所不忍。是以在鑑之重視者。皆爲人所鄙不屑道之物也。既爲之歎。又爲之笑。吾人不幸。生此亂世。而理想與事實。眞不啻數千階級之相隔。尙復何言哉。

聞北城外吊橋邊所設之電網。因觸電而斃一兵。西城外電網。亦有以觸電而斃一理髮匠及一犬。

聞火車汽笛聲。自東來者。探悉運來齊軍二十餘列車。登城遙望。城外被搶之家。不知凡幾。因城防謹愼起見。沿城之草屋及瓦屋。皆由商團及警察兩方飭工拆卸。盡一日之力。尙未能拆畢。北吊橋下有一人。身穿摹本皮袍。旁置亂衣數襲。一足爲槍擊斷。血水滿地。呻吟未死。蓋一乞丐。昨晚搶人衣物。爲兵截奪而中傷者。

午後林知事召集各公團及銀行各錢業代表等籌商供給及款項。林知事報告齊氏嚴定每日由地方供給米二百石。麵粉五十包。菜柴油鹽食物用品各若干。餉銀三萬元。久之議決食物由兵站處侯警佐孫蓉鏡董俊之等採辦。米麵兩項由各公團擔保。向各米行各麵粉公司記賬。供給餉銀。由錢業湊借一萬元。儘當晚送去。於是錢楊陳馮四君再三向錢業諸君懇商借出。由十公團出借據擔保。夜九時由宋馮諸君送往齊氏司令部。

是晚齊軍開往阜橋錢橋前線約二千餘人。聞齊軍自昨日焚掠後。今晨吹號歸隊時。散去千餘人。噫此千餘人者紛散四鄉。流爲盜匪。哀此鄉民。重重災禍。尙勝言哉。

是日城外商團以屢經與潰兵接觸。不敷分布。且城內防務薄弱。楊會長特調第一支隊。暨游巡隊退守城中。第二支隊第三支隊亦入城協助以固防理。

城外搶刼各戶甚多。自今晨齊燮元李廷玉劉玉珂等到錫後。派兵一排。巡視各處。立拿潰兵數人鎗斃之。且斬二人首示衆。攔阻所搶刼之衣服包裹等件。堆積大洋橋北面之道旁。刼風稍靖。然馬路行人。早已斷絕往來。北大街則被剝衣服之行人。時時見之。

城內防衛。用磚石土囊。堵塞五城之門。水關則用木樁釘下。再用土石塡塞。並用小船載土石攔住之。五城四關之門外。及吊橋均用電網護守。顧甥轂同。南洋電料畢業者。及某君等三人。裝設電網。奔走甚勞。對於防護方面。始則有謂此種電網。未必有效。自城外觸電斃兵後。乃知電網確爲防護之利器矣。

是日救火聯合會組織城區消隊。分五區十二段。共有隊員職員五百餘人。分段登城協助城防。設事務所於市公所。推舉高君仲珊爲總隊長。

晚七時。縣公署電話。謂車站司令部在電話中招林知事談話。知事接電筒。詢何人。則云司令部。問吾軍到錫。何故閉城不納。何人主張閉城。是否商團會長楊翰西。林知事答曰。

非楊會長之意也。乃大軍到錫下車之始。即有少數兵士不守秩序。地方紳士及各公團領袖。倉猝間恐搖動人心。故議決暫閉城關。以維秩序。斗電筒中又云。速開城。林知事答以當立刻召集地方各公團會議。於是一面通知各公團會商。一面請宋君調查所以欲入城之故。因此人心又驚怖萬分。既而宋君回城。方知齊氏尙無入城之必要。祇須軍餉早送一刻。軍士即當開往前線也。自錢業所湊之萬元繳出後。齊軍始取消入城之說。人心亦遂稍安云。

是日齊氏委徐景華稅務所長朝彥爲無錫縣知事。而罷斥林知事。地方士紳。深以林知事忠厚誠懇。一旦去職。殊爲可惜。雖欲挽回。而處此暴兵強權之下。亦無法以留之也。徐景華奉委後。即欲入城接印。各公團以爲徐氏入城。必生糾紛。萬一齊軍因而入城。又將奈何。故請從緩接印。錢楊諸君再三向徐氏磋商。始允將縣印明日送出。在城外接印。本日先將徐氏之行李送入城中。於是乘商團整隊入城之便。開北門之隙。將徐氏行李百餘件。保護運進城內。時有見徐氏行裝之多。頗疑藏有軍火。幸齊軍無一人入者。姑將其箱籠等物。置稅務所。交鄭友漁科長代收之。齊氏又委任宋君靜廷爲警察局長。宋君辭不就。蓋昔日吾邑本有改所爲局之議。此時則萬無組局之理。宋君之不就。當然也。

夜十一時。聞齊氏移司令部於車站。少頃。忽偕李廷玉等乘車離錫南去。越一時聞喧聲。鑑登樓遙望。有黑煙沖起。頃間火光上升。鎗聲續續。知城外齊軍。又肆焚刼矣。爲之咨嗟痛憤不置。鑑從電話中詢知外黃泥橋益懋五金店被焚掠。因之潰兵搶刼各戶。又復飽掠而去。蓋日間潰兵流竄四鄉者。附郭一二十里擄掠後。晚間來城。將贓物置火車中。夜深又在近城肆掠。矣可勝浩歎。

二十日(廿六日)拂曉。鎗聲自東起。電話探悉昨晚東門外亭子橋大街。均遭搶刼。華氏所設之永康典。被刼最多。蓋大門堅實。打擊未破。從隣右薛君樂山之酒米糧食店破門而入。(樂山爲余競校教員兼庶務)先爲擄搶一空。樂山從黑暗中驚起。携家中婦稚啓後門出避荒野叢草間。遙見火光通明。倒毁牆壁之聲硼然。知從典壁鑿毁多數大洞而進典。所刼衣物包裹箱籠。有潰兵數十往返輸運。半夜始盡。薛君等大小六七人露宿草間。待天明返室。僅見破箱殘篋。蹂躪不堪。米豆已空。其斗器物盡毁於地耳。收拾刼餘。薛君遂率家人避往鄉間。事後來城。言之猶恨恨也。

上午魏邦彥奉齊氏命來錫任前敵總指揮。有以昨晚焚掠事告之者。乃派巡街之隊一班。游行北門外附郭處。見有一兵狐皮其袍外。罩以女皮襖。肩洋鎗。挑一大包。首以正幅

無錫兵災記　**十六**

洋綯裹之履聲橐橐。從運河左畔。促遽前行。爲巡街兵喝阻。乃怒目反詈。遂爲一排長鎗斃。又有二兵入露華衖某民家搶衣物。各易服棄鎗欲遁。突遇二兵。强令脫衣。不允。鑿鎗作欲擊狀。則曰我輩亦兄弟也。彼二兵指爲假冒。非脫不可。遂脫與之。更易服。强以脫下之軍服穿之。始揚長而去。此二人相與歎息。而另謀入室刼人矣。

無錫飯店某被兵以鎗柄橫刼。且剝脫皮袍馬褂。而逐之出店。

商會會計薛君釆臣(昔爲余競校會計)住太平巷。爲齊兵五六人。闖入喝問銀錢藏何處。薛君曰無。即握拳擊之。並搜索箱篋銀物衣服。傾所有而去。未幾又來十餘人。薛君則乘其翻箱倒篋時。遁避門外厠所。抑知又來二人。剝其皮袍而曰對不住。始去。

電報局朱君燮鈞電話告鑑被掠一空。三十年來積蓄。現爲孑然一身。衣服亦剝去。幸逃至局中。同事某君脫一敝裘。以暫取溫耳。

源順某君紫羔皮方馬褂已刼去矣。有謂服此不相稱者。即擲還。索銀幣易之。而擊宇懸壁羔皮馬褂。則掠去服之。以爲身量恰合。是日城外親友之被刼者甚多。惟北塘則有第十九師方營長受商團二千元之保護費。故北大街及北塘至三里橋被刼之鋪戶較少。

上午徐景華偕林知事交卸縣篆。林知事遂囑林公子携縣印偕錢楊二君縋城送出。午正徐景華接知事印。即在城外辦事。執行縣知事職權。林知事移居省立第三師範學校。

商團公會司令部本設在城外錢業公會。嗣因錢業公會爲方營長設司令部。楊君因將商團司令部移入棋杆下楊宅。

午後顧君述之請糧食公會。調查城中各米店所積米糧。僅有五百餘石。且米價因來路既絕。漸漸提高。顧君等以圍城三日。人口三萬餘。食糧問題。當有所規畫。於是商由公會明定米價最高者八元五角。次者以八元爲最低限度。並商諸各倉廳所有存米。定次米價爲六元八角。如有貧戶無以生存者。擬辦平糶及賑米。但仍以調查入手。須得確實情形再議辦法。

錢君楊君因防務需欵供應需欵。已將城外各銀行存欵均已移入城內。前日借墊之欵。應還者尚未還。縣公署無人負責。對于地方種種。須商量辦法。因召集地方各公團代表在公署開會。下午五時。各公團代表及地方士紳齊集公署。商定防務及對于欵項負責之人。撮其要者。則一電燈斷煤問題。二城關開閉問題。三欵項負責問題。略述當時危急情形如左。

李君繼曾孫君迪剛報告戚墅堰震華電廠供給耀明電燈公司應用之電。今以兵事關係。無煤可運。致輸送電力。豫計兩日必罄。今日震華派來工匠三人。途中被刼。衣服盡剝。急須設法送煤。以續電力。聞者驚駭。一面商送煤之法。一面商接電之方。耀明新記改組後。與申新三廠。本有太平線相接。故送煤方面由地方公團辦一公函。及蘇軍方面。辦一保護執照。約送三船。即可無慮。惟臯橋方面正在接戰。能否通過。橫林方面。又有奉軍。亦能否通過。是皆不可必者。祇能姑爲之耳。接電方面。申新因十九師駐軍關係。機匠星散。無人開機。除申新外。慶豐絲廠之機電力亦足。惟無線可接。且亦駐軍。既而議定。先從送煤入手。再向申新商以慶豐之匠。往開申新之機。暫救目前之急。

城關之防務。本日有人提議。須開一城門。或水關。以備人民之逃出。否則籠中之鳥。坐困危城。非辦法也。又有提議須開南門及西水關者。以本日午後。徐知事有從西水關入城之說。更有提議盡去土石。開西門一扇者。議久未決。有一二多發空論。於事實毫無關係者。持之甚堅。在座諸君。及鑑等。均以爲如目前之城關。用土囊磚石。堵塞城門。用土石船隻。沈塞水關。已甚堅固。萬一開一門或一關。齊軍乘隙攔入。不可不豫爲之慮。時猶有某某君等。徒唱高論。故作破壞者。經華藝三先生盛氣痛駁之。而以處此危城。應如何協力。崇實。勿生意見爲是。然後始議定西門畧去土囊。門罅一隙。僅容一人出入。明日徐知事單身入城不帶一兵。吾同人共往西門。迎入四鄉公所談話。以謀城內治安。及制止城外焚掠之辦法。

各銀行款項應還前夜借墊之欵。當然由債權人負責。地方維持種種。當由各公團設法籌措。此時暫負保管之責。公推楊涵西會長。當仁不讓。又由馮君雲初陳說利害。制止座中不相干之言論。楊君始允暫負責任。藝三先生又言全城防務。既僉謂信任楊君。當合力公推。一致信任。勿再有他言紛擾事實。

供給問題。議定每日米百石。麵粉五十包。照前日所議借賑運送。而兵站供應之繁。全恃城外惕臣晉階二人爲之。

鑑對于今日之會議。竊怪吾邑人神經過敏者。喜發高論。以灰負責者之心。彼理路顢頇者。又復善發廢語。惹起糾紛。使無藝三先生年高論卓。雲初之痛憤快語。楊君之慨允負責。則危險情狀。恐無從能决也。

是晚城防問題。在市公所商定城牆上如有人出入者。須嚴行禁止。夜間城防。由消防隊負責。晝間城防。由自衛團負責。商團則日夜負責。

自衛團者。乃王峻厓秦叔培丁輔臣及敬輿弟周渠淸仞千昆仲等所組織。始名城區子弟自衛團既以入團之人衆。遂分爲東西南北中五區。分區分段各招團員。協同城防事務。先時人數未滿百人。敬輿弟曾告余欲借縣教育會爲子弟自衛團事務所。自分區後。竟有三百餘人。遂設總事務所於市公所。

吾邑曾經學習陸軍而服務軍籍現在圍城中者九人。如高仲珊秦震生顧建勳曹血俠竇魯儀等。皆卓有軍事知識。由錢君紹介於楊君。共同規畫城防要務。入夜亦均分任登城防守。指揮一切。

鑑返校晚餐後。聞某君言南門外商家有齊軍索欵保護商場之說。經商家合湊若干元以爲給養費云。

夜十一時後。槍聲漸密。火光又起。電話詢悉孟淵街永大典。既受多數齊軍。從後門破壁而入。搶掠一空。又肆行放火焚掠。半夜。火光漸息。

翌日聞第一分所警界中人云。夜間火起時。漢昌路有未刼之店。均搜括殆盡。聞無錫飯店茶房來電話謂蘇軍官夜半驚起。查詢起火之處地與飯店相近。致某處長某司令某副官等。均驚惶失遁。措避車站。可見縱兵焚掠。高級軍官。絕無制止能力。吾民遭殃。不堪設想。燃眉急迫。若决江河矣。

二十一日(二十七日)晨起往市公所。聞絲繭堆棧爲齊軍搬運絲繭若干包。以及米糧麵粉等。共裝二十餘列車。東去。天明時。聞掌號聲。乃召集散兵也。聞汽笛聲。乃裝載貨物也。噫、是眞老子所謂大盜不死。天下不治矣。明火執杖。古所爲盜。率衆焚掠。今所爲保境安民。明目張膽。光天化日之下。刼商貨。血民命。闖獻不是過也。吾錫何幸。遭此荼毒耶。

八時半。鑑往四鄉公所。知華藝三先生方邀陳君爾同、高君印川、孫君見初等。已將紅十字會於前日組織。今推鄒君同一爲文牘。幷召集舊時紅會之會員。速行組織救護隊。出城救護城外難民。分配隊員。即日出發。

九時半。見昨日議決歡迎徐景華新知事者絡繹至。知昨晚兵站處惕臣弟有電話來。報告魏邦彥總指揮。印發齊軍即日入城之佈告數十張。限令今日進城。警信競傳。合城聞者。驚駭欲絕。僅此孤城。而不能守。則城外水陸舟車。無處不掠。市廛村舍。無戶不搜。者轉瞬焰掠之慘。即在城中矣。其恐怖危險之狀。果孰從而制止哉。一時各界人衆。一籌莫展。錢君孫卿適見宋君靜廷。至。因曰。今日之事。維持城內治安。非君莫屬。宋君曰。頃從錢橋來。錢橋一鎭。盡遭慘刼。吾已全家殘破。眷屬失散。而兒女僕從。尚有三人。無從尋滅。吾苟有權。當爲地方效力。錢君曰。君勿以齊氏所委之警察局長名義。而以各公團推重主持城防名義履行城防要務可矣。至城外如何維持。今日公衆要求徐景華任之。且齊軍入城問題。魏邦彥之佈告。非設法取消不可。否則全城生命。其何以堪。正躊躇間時已十時半。高君馮君等十餘人。迎導徐景華。由西門步行來公所矣。甫入門。楊君等迎入前庭。藝三先生首向徐景華大聲曰。全城生命。今日盡懸於新縣長之手。屈膝叩首。痛哭不起。一時地方士紳。以及各公團五六十人。失聲皆哭。不禁膝之盡屈。頃刻間。圍繞徐景華伏地呼籲。以救合城生命者。不知凡幾。徐亦跪地。不知所措。時鑑與執中等六七人立最後。覩斯環象。亦不知涕泗之何從來也。但見唐君某跪地長號曰。今日縣長不救全城生命。生命果又何託。又有某君謂一縣之長。不能救人民。焉用縣長爲。相持約五六分鐘。徐亦涕泣扶楊華諸君云。請起而言。於是羣起立。宋君猶伏地痛哭曰。錢橋吾之家鄉。盡遭浩劫矣。惟縣長救之。徐又扶宋君起曰。從長計議。姑坐而談。乃相將入廳。主賓團坐。徐宣言曰。此事吾本不能爲。撫帥之命不得已也。雖然今日之事。如何能了。惟賴地方諸君協助。方可有爲耳。錢君謂如何協助。既請明示。救援全城。還須縣長容衆請求。轉達軍事當局。徐答以熟商之。錢君曰。此時人衆。擬請縣長別室坐。吾儕推代表數人。偕縣長逐條細商何如。徐曰諾。於是推華楊錢三君入別室。與徐會商之。蓋徐之未來也。同人本提出今日最要之條件數則。豫備逐條要求者。一取消齊軍入城之佈告。二宋君維持城內防務。三徐氏在外辦公。一二科推舉邑人在城內佐理縣事。其餘種種。姑俟商至何種地步。再論如何。是以此時錢楊諸君即逐條熟商，楊君楚孫筆錄。馮君雲初傳語。約半點鐘。馮君邀宋君入室。鑑語同人云。城關開放問題。可能決取消矣。少頃。邀顧君彬生等數人入室。又隔十餘分鐘。馮君以草稿一紙出。倩韻樓輔臣等筆錄兩份。以備傳觀及帶出城者。俄頃間雲初出語同人曰。徐縣長有宣言。未幾。錢君導徐出就賓席。先由錢君布告各條。（一）徐縣長擔任在三日內不開城。城外秩序。由彼維持。城內秩序。公請宋靜廷任警察局長。力維安寧秩序。（二）兵警共同組織聯組稽查處。以稽查在城外搶刼者及私行在城牆自由出入者。（三）縣公署辦事處。暫設城外。第一科公推顧君彬生任之。第二科公推鄭君友漁任之。徐又宣告盡力出城設法。爲之楊君謂聯組稽查須即日成立。鑑謂魏司令入城佈告。是否取消。錢君謂徐縣長已允延緩三日後再商也。於是聞者僉謂以一場痛哭。換得三日後再商一語。歡迎會變作哭迎會。其效果僅三日。亦城可哀也已。十一點半徐氏出城後。衆散。

是日震華電力僅有一日。申新管理薛君明劍以機匠皆散。無從開機。倘以慶豐之匠。開申新之機容或有所損壞。何人負責。且有十九師駐軍在廠。奈何。於是由楊會長商請駐軍他徙。更由地方各公團致公函。任損壞機器責。明劍允之。遂由唐君帶機匠往申新接洽。駐軍既他徙。即晚通電。惟機匠仍由明劍招回舊工匠數人爲之。自後全城黑暗危險之境。乃得光明到底。

下午楊會長錢總董宋局長縋城出。見徐氏及魏指揮商准城關延緩不開。城內人心始稍安靖。城外搶刼之風。則依然不減。東門外典當紗廠亦均波及。商團在守城時。見有潰兵三四。挑負包裹。內着皮服。外罩軍衣。途過行人。無不旣剝其衣。復擊以鎗。而商團往往在城上放鎗示威。强者且開槍還擊。弱者則舍之他去。附郭民居十室九空。即近城村舍。亦多蹂躙。哀吾錫民。曷其有極。

是晚宋君靜廷不肯就警察局長職。顧君彬生不肯就第一科長職。嗣由各公團名義致函宋君。始允暫爲維持。鑑往縣署見顧君彬生。適因簽稿不肯署名。同人均相勸。爲地方維持現狀。錢君云。一科任重。同人所以欲推顧君爲之者。以公署種種必有邑人主持。庶不致任徐所欲爲也。顧君述之。亦勸顧君彬生勿辭。至主稿則僅署第一科長而勿署姓名亦可。鑑云不署名。僅改章可。即改一閒章亦無不可。總之能實在辦事。即於地方有益。

何必斤斤於小節爲也。顧君諸之。

是夕交際路一帶又火起。知齊軍焚掠猶未已也。

二十二日(二十八日)晨。知齊氏偕李劉等由滬來錫。設司令部於鐵路貨捐局。由徐氏傳命地方各公團。須繳餉銀三十萬。蓋聞蘇常各索四十萬。非有大宗欵項。不足以鼓勵軍心。向前敵死戰云。

申新雖由明劍督率工匠燃電輸送。以日夜電力。設一不足。電綱關係在防務上殊屬最要。仍請孫君迪剛及顧甥轂同協助照料。並派警察及西門外商團保護。以防潰兵攔入。(迪剛因事未往。轂同往助數小時即返。)

傳聞浙江孫傳芳有派兵來錫助戰之說。某旅長到錫後。見北外齊軍焚掠狀。即託故返滬。

北城外有二兵。向吊橋邊電綱處衝入。甲兵且口操詈聲而前行。語未畢。已觸電倒斃。乙兵搜甲兵之衣。得鈔票一束。攫去。

源順店中之電話。爲齊軍割斷。店中夥友。亦遁避不敢出。僅留一夥友一學徒。三司務守店中。午後有司務一人。爲齊軍剝去衣服。夥友偶向門外探首。適一兵過。即被拉。再三哀懇。始放回午後學徒向鄰右借電話報告危險狀。且云電報局之護兵。由夥友司務等與之接洽。每日將鹹魚鹹肉烹就贈食之。故曾兩次來。以善語招呼潰兵。第五第六兩次之光降。謂此店已被搶數次。無物可取。孰知兩日後。魚肉之情已失效力。再欲請其解勸。則有一兵示意。非送銀錢不可。因叩其數。則索百元。加小費三十元。可爲永久之保護。儘一日必繳此數。方可通融。鑑告擎宇。不得不如數允之。遂設法縋城送出。自後遂以此百三十元之交誼。得免第七第八兩次之騷擾。

第三師範與商業學校收容士紳家眷甚多。安息會婦孺收容所收容難民亦多。同人發電上海紅十字會及旅滬同鄉會者。電稿爲電局扣留。蓋電局長已爲齊氏另委某君爲之。凡所發電報均經檢查。如有關係者則不發。故發往上海呼援之電。竟被扣留。可憾之至。

東門外自亭子橋以南。至南門南禪寺一帶。居戶均遭齊軍搜索。北門外廣勤路亦均大遭刼掠。最可恨者。于胥樂公園中之通俗教育館。陳列物品。盡遭搗毁。惠山泥人店有被兵搗毁者。是皆於彼無益。於人有害。眞不解何以破壞若此。可慨可慨。

是日爲三十萬元之強迫。楊君錢君等邀集各公團開緊急會議。由馮君雲初提議向各

業經理分頭設法。注重錢典兩業。但吾邑錢莊。均在城外。已皆破產。典業之在城外者。大
小亦被刼者十數典矣。在城之各經理。無論如何盡力拼湊。總難湊得成數。楊錢馮諸君。
再三向兩業磋商。經數小時之生吞活剝。勸之以公。動之以義。哀之以情。至晚始由兩業
各勉集二萬元。先爲解救燃眉之急。此項債欵。仍由十公團名義。出借據簽字。負完全責
任者。時方寒雪紛飛。尖風狂劈。楊錢馮三君。邀同宋局長陶君冠倫。同縋城而出。繳此二
萬元之急欵。並携楊君楚孫所草地方父老顧紳景璐等數百人之公呈。歷述地方痛遭
浩刼情形。日夜焚掠。絕無底止之慘狀。亦爲帶交齊氏。閱之時。揚孫宋馮陶五人入見齊
氏。備述籌欵之艱。齊氏云。戰事非銀錢不可。戰勝須賞。敗亦須餉。在未交鋒鏑以前。尤當
以獎勵激勸爲先。歲鼓其衝鋒死敵之心。督促其殺敵致果之勇氣。苟欲士卒之奮發向
前。舍銀錢無以爲力。言至此。陶君冠倫起。遞公呈。齊氏閱畢。憤然作色而起曰。速趨某旅
長某副官來。二人既來。齊氏擊桌怒詈。以手指旅長副官之面曰。吾耳已聾。吾目已盲。地
方糜爛。竟至如斯。不速砍汝二人頭。無以謝地方。明日再如是。定不汝等饒也。二人唯唯
而退。楊君言廣勤路工商事業。皆殘破。錢君云某之商業亦破產。宋君之鄉間家破鎮毀。
地方慘狀。既如呈文所言。目前先繳二萬元。其餘二十八萬。可否延緩再繳。或竟能豁免。

以全民命。齊氏默然。送客。楊君見齊氏室中所有之桌椅几榻。陳設各品。均爲廣勤路華盛頓飯店中物也。五君縋城返時已十一點鐘。不虞越三小時。漢昌路又火起。連燒數家。鎗聲又起。蓋各店戶之被刦者。此來彼去。再接再厲。至三翻四覆。搶無可搶。則以一火了之。居民受其殃者。所謂天翻地覆。即上穿天花板及頂篷。下鑿地板及階石陰溝等處。可爲無孔不入。無微不至也。齊氏之耳聾目盲。絕無聞見。某旅長某副官之頭。依然無恙。命令不行於咫尺。尙何戰云乎哉。

是日聞有砲聲自西北方來。疑爲常州奉軍南下者。久之又寂然。以電話詢洛社。知有奉軍駕砲車來洛社。人不多。下車察視地勢。稍逗留半小時。因鐵軌已爲齊軍拆毀。即上車返。常又電話詢石塘灣。知軍事上無甚消息。常州電話已不通。在下午因謠言繁興。人心驚恐。以爲奉軍將到。必有惡戰。故城內居民以閉城六日。究不知何時有希望也。自衛團又開會於市公所。組織完密。分任防務。雖手無寸鐵。而木棍石灰包以助守城。消防隊是夕亦分段上城守護。冒風雪而登城。握空拳而巡夜。同此身家生命之關係。莫不勇氣數倍。匯瀛四姪在西區三段消防隊。敬輿弟爲自衛團駐所主任。兼文牘。各家子弟及靑年。類能盡一分子之義務。亦均頗見勞苦云。

楊君翰西因風聲甚緊。屢開會議。一方面整飭商團。嚴行防護。少用子彈。空放示威。非至萬不得已時。不輕開槍擊射。一方面召集水陸警備地方各機關代表等。商决辦法。(一)推戒嚴司令程星三區長爲城防總指揮。以統率城防各機關。(二)組織聯合辦事處。(三)分任防務區域。水警及警備隊任晝夜巡邏。(四)商團消防隊自衛團游巡隊任城牆瞭望。(五)縣警任西水關防守及各城門防守。東南北三關歸水警防守。(六)組織聯組稽查處。(七)由戒嚴司令示禁閑雜人等登城閒眺。(八)東西水關改釘木樁卸去泥石。(九)機關出入非宋局長命令不能放行。(十)城上傳遞衣物。統由第一分所門首城牆上傳遞。必由分所警察稽查。會議散後。楊君涵西復戎裝策馬。冒雪出巡。由北而西。由西而南。勞勉商團之防夜者。凡越兩小時。始返商團公會。是夕消防隊之防夜者。由各段居戶。賫粥一餐以取暖。

夜半聞槍聲。急起開窗北望。無動靜。登露臺南望。則黑煙上沖。久之火光起。電話詢知南門失慎。是否齊軍放火。尚未明也。蓬蓬勃勃。約一小時許。漸見火熄。(事後探悉爲某典起火。幸未延燒。故損失尚不巨。)是晚電火通明。聞申新機匠已招回原有工人十數人。故慶豐機匠。當時未用云。

二十三日(二十九日)晨往市公所。遇昨晚縋城而入之某君云。老北門。外雖經第十九師方營長之步哨。每夜保護。搶掠者固較好於新北門外。然後祁里江陰巷外黃泥橋。均遭擄掠。以羣所知者言之。王蓉齋家。單紹聞家。張全泰家等。皆爲亂兵所刼。其尤者江陰巷中之施端周家。而某某數人且爲之綑繫索銀。事至可憤也。

紅十字會。在秋間江浙戰事時。蔣哲卿內姪爲理事長。故紅會鈐記。存於耀明公司。此次哲姪於廿五日侍遇春內兄出城。避往滬上。紅會由華藝三先生等。在城內組成後。即派會員趙君師曾。帶僕人縋城往耀明公司。取此鈐記。不虞道過協濟醫院。爲院長劉君士敏與孫君復儒者。中途取去。於是遂有城內無鈐記之紅會機關。城外有鈐記之紅會機關。致各設救護治療收容等事。而有兩相衝突之各端。嗣聞有城外紅會。發買有印之符號。遂受城內紅會之攻詰。雖然。兩方實行救護治療之事。均尚有成績。今以城內紅會之口碑。俟亂事稍平。將有起訴法庭。始可解決之說。吾邑兵事中而有此種奇異之事。亦兵災中好材料也。

午前聞砲聲隆隆。知奉軍由常州南下。有三路進兵之說。齊軍亦分三路備戰。城內人民。聞奉軍將到。雖希望甚切。然論戰事之危險。槍林彈雨。到處傷人。尤所不能避免者。以故消息之緊迫。又莫不驚駭欲絕矣。

午後至縣公署警察所。晤黃蔚如妹婿。知齊氏因來錫後飯食不佳。責任惕臣弟速招廚司六人。以備本日夏歷除夕之晚餐。時城外之食館全被搶盡。廚司星散。城內之能烹飪者。無一人敢出。至晚間兵站處電話至警所。謂至少非四人或三人不足以應烹調用。且催繳餉項。不得已。遂由錢楊兩君囑公園飯店代辦上好筵席兩桌。偕宋君派人送往齊氏司令部。以爲年關宵宴。聊度歲闌。乃門役索門包五十金。既而以四十元給之。始得送進。而兩席之費六十元。楊錢宋馮四君同見齊氏。哀述錫人財力既盡。際此風雪荒寒。滿目殘破之時。實在無從籌措之苦衷。齊氏始允明日再說。四君辭返。夜深縋城而入。舉步泥濘。衣履盡濕。形顏愁慘。雨雪冰寒。見者莫不謂此種時日不易過也。

自衛團有稽查員之設。恐團中子弟多少年。對於城防之協助。有人多處齊集過多。人少處數百步或千餘步外。均無人負責者。故下午顧君述之組織稽查員。招學商界年長同人任之。是晚開稽查員談話會。推述之爲主席。商定每組八人。全城自朝至暮共四班。每班四組。共一百二十餘人。分段稽查。如有所見。負報告之責。自明日起實行稽查。介生子靜卓甫東屏有成達三雨蒼諸君。以中等學校教員之資格加入之。公推述之爲稽查主任即夕先往城上周巡一次。

是日聞城外來上海紅十字會白十字會輪船兩艘。載去附郭難民千餘人。城中人民聞之羣欲出城爭向西門要求啓門而不得。又向西水關要求出城。皆不克行。至日暮時。始見婦稚負包裹行李而四散。

晚得電話。詢知爲王君景偉在大喧錫湖輪船局來者。云有大輪船一艘。將自太湖開往湖州。避難之人。已有數百在此候行。城中如有欲出險者可以附行。彼欲接眷屬同行。故通電囑爲轉達耳。於是內子氷蘭向黃蔚如妹婿家商之。以爲今西關苟能開門。則黃氏全眷、亦欲出城。而冰蘭亦擬將慰女泉兒送出城外暫避。既以西關無啓門消息。此議遂罷。而王君眷屬亦未出城。

夜十一時北方又見火起。電話探知萬前路口得意樓麵店火起。爲潰兵掠刼衣物後。用洋油引火。焚燒及永和藥店合興餛飩店大新樓酒館無錫旅館玉露春茶店。兩面熊熊之光。槍聲連接。乘勢搶掠。自通運路一帶。無處不着。因齊軍四面混掠亂刼、竟無人敢往救火。直至天明。曙光四逼。始不見火燄。但見白煙縷縷。實尚未全熄也。竊思自十八迄今。七日之夜。無夜不火。城中居民、一見火起。一聞槍聲。無不心膽俱裂。哀此災黎。其何以堪。

慣此逆匪。天胡不滅。吾儕不幸。生此亂世。眞耳目所不忍聞。不忍睹也。吾錫何辜。天降奇禍。竟至如斯耶。噫。

二十四日（即正月初一日）晨東屏雨蒼皆登城稽查。上午鑑往南城觀電綱之裝置。及城門之堵塞。至爲堅固嚴密。在城門內以石條堆垛。爲四成中之最堅者。午前往市公所。聞某君言。城外典當被刼者已七八處。現有某某典業經理。與第十九師接洽。每典送以千元。可以保險之說。昨日接洽妥當。某典首先說明後。即如數送去。孰知今日十九師某團已開往前線。幸其他各典。尙未出手。而某典則雖未經搶刼。然已損失千元矣。

是日皐橋前線。頗形吃緊。城外齊軍。開赴前線者較多。刼掠聲似稍息。蓋已刼無可刼掠無所掠。又以前鋒戰事告緊。在馬路一帶。僅見少數齊軍。抄尋刼餘之物耳。附郭河道中。時見小船載運贓物。及各種家具木器等者。類皆由齊軍一二人帶領。江北蓬戶爲之。午後有齊軍四人。在城根追搜行人衣物。適爲城上商團所見。遂擊槍相向。迫令放走行人。且逼繳步槍兩枝。

聞城外北塘左近有槍聲。探悉齊軍數人。飽掠兩三日。所獲甚多。因互分不均。致各招同道互擊。致各有所傷。各掠所欲而去。原有之數人。均失其過半之所獲者。

城南槍聲。起探詢楊巷被刼。前後數十家。無家不搜。居民均驚逸四散。慘狀不堪。往商團公會。聞榮巷及河埒口。均有齊軍搶刼事。急電河埒口問訊。知有齊軍來鄉。幸由蔣漢槎內姪與之接洽。贈以銀元百餘枚。尚未過於動蠻云。

旅外學生裘君維琳俞君仁培楊君蔭瀏史君搵如等。組織商團補助隊。協助城防。

是日聞有奉軍。由開原鄉山北包抄至山南者。未知確否。洛社石塘灣兩處。電話已早不通。皋橋方面戰訊甚緊。

縣立圖書館之鐘樓。爲吾邑建築物最高處。鑑借秦君震生以望遠境瞭望。見車站方面。火車銜接數十列車甚長。車中滿貯積物。車頭向東。已升火欲啓。知齊軍飽掠吾邑之脂膏勢將東行。

商團公會設瞭望臺於圖書館鐘樓。

是晚兵站處爲齊軍司令部。强索夫役二百名。以城外無夫可拉。電詢縣署。時顧君彬生。以輕犯過赦。尚未釋放。商之管獄員。將輕犯釋出五十餘名。送出城外以應之。此事倘非顧君爲一科長。又不知害幾多之良民。迫充前鋒也。

商團正在守城吃緊之際。缺乏槍械。顧君彬生又將護路隊存儲縣署中之步槍四十餘支發給商團以助城守。此事亦藉顧君之力爲之者。

夜半城西面火起。電話不通。無從探悉。僅知某典被刦。

二十五日（正月初二日）晨往市公所。聞齊燮元李廷玉等發一請客單。席設縣公署。聞壽堂共請客三十餘人。同人集議。共向縣警察所會商之時。適道遇自衛團員沈君。謂晝間城防自衛團任之。頃有稅所七八人運物出城。在城牆上自由上下。禁之不止。急欲報告警所。鑑因與沈君同訪宋君。告以故。立派人通電話於西城警商兩部分之守城者。告以嚴禁閒人在城上自由出入。沈君去。鑑留偕錢宋陳王顧孫諸君商對付齊李入城之方。僉謂對於請客問題。當然函謝。對於入城與衆共商要事之說。當然推請錢宋楊諸君出城接洽。錢君握管作函。王君以爲措辭不當。時有某君圓其面方其掛。大聲曰。李將軍直爽無比。說一是一。不可却。宋君以爲徒謝無益。不如因此獨迎李氏一人。惟入城不帶衛隊方可。某君又言李氏性至暴。彼素知之。宋君云。不如反客爲主。請彼入城午餐。且昨聞李以城外無浴所。故欲進城浴耳。是以此來未必城中有危險之境也。鑑謂萬一許其入城。略帶兵來。則奈何。此種危險。不可不防。蔚如暗示余謂出語須愼。蓋聞此時城外有人在側也。克循曰。此番之事。有人利用機會。以償其所欲者。在均默然。久之。宋君謂僅許個人入城。吾可力保必無危險。如不許其入城而觸其怒。則攻城之險。吾不能保。某君亦笑謂衆人曰。入城而無危險。我亦可保。蓋某君者。昔在某軍任某務。今亦隨人俯仰。往返通消息。鑑屢見其出語糊塗。無以名之。名之爲哈密君。少頃。議決由宋君備轎一。派警二十人。往迎李廷玉入城。至四鄉公所午餐。並豫備某浴所浴。宋君臨時對於巡警。重加訓話。鑑偕錢君孫卿顧君彬生等往商團公會。豫備偕商團等同往西城迎之。道過倉橋。見楊君蔚章戎裝率商團解搶犯三人往縣署。一犯軍褲草鞋。褲內色綢小褲。上身服藍縐白羊皮女襖。暢胸內服色絨緊身。反縛兩手於背。面白而油。兩頰胭紅。厥狀甚可觀。一望而知爲齊軍搶犯也。此外二犯。則一似帮搶之犯。一似鄉農狀。詢諸楊君。知爲商團在東城外一帽帽船中所獲者。現已審實。故解署收監也。余等往商團公會。久之。始聞李廷玉將入城。遂往西城。迎入四鄉公所。以楊幼梅先生與李氏昔在北方有雅故。函請幼梅先生來陪。李氏既抵公所。則宣言齊氏對于江蘇七年來無負蘇民。惟前次江浙戰事。頗知抱歉。此次不得已而用兵。對於無錫。尤爲抱歉。惟兵事上之勝負。雖無一定。然有錢則軍心自固。無錢則兵氣不揚。現今戰事吃緊。大敵在前。徒手肉迫。萬無勝理。必賴糧充餉足。始可鼓勵士氣。是以撫帥本欲進城。與諸君面談。後因我能代彼一行。偕諸君熟商。諸君皆明達。爲全城百姓計。速爲商量一辦法。非寬籌軍餉十餘萬。不足以濟目前也。我向別室少待。諸君試共商之。於是起立。即由楊幼梅先生及徐景華知事。陪往他室。少坐。時在座者爲華藝三先生楊涵西高印川錢孫卿顧彬生孫濟汝陳湛如宋靜廷王克循楊經笙王鑑知馮雲初諸君及銀行代表。並劉副官等。暨鑑凡二十餘人。各相對躊躇者久之。藝三先生曰。無錫財政已竭。欲求辦法。祇有二法。一請齊撫帥派兵入城。向各戶挨搜一請李將軍將我輩地方年長之人。所謂各機關領袖者。用長鍊鎖去。聽候懲辦。舍此二法。一錢莫名。陳君湛如曰。銀行截角之票。可否設法。銀行代表三人。勃然作色曰。吾等不解無錫人之籌欵。何以認定銀行中籌之。銀行之庫欵。已將庫鑰交出。誰不知之。此時猶提及截角之票。此乃銀行中一種變起倉猝。不得已而將所有鈔票。截角毁却。所留之角。僅對於股東負一種信用證實。有若干之票。已毁棄耳。不料身爲公團領袖。出此讕言。以惑人聽。是何居心耶。馮君等爲之解勸。此時非鬥意見之時。還宜早爲設法。劉副官云。舍籌欵以應無法也。藝三涵西克循孫卿諸君。籌商久之。始由馮君謂將防務經費中。前日所籌借之各業債欵。暫移一成數以應之。其餘儘三日後。再籌若干。以對付之。如何。於是招徐知事來。先告以財政之枯竭。縣長須負向齊帥瀝陳地方苦情之責。徐氏傲睨而笑曰。

早就說了。馮君續云。於萬分危急。無可設法之中。擬先借墊一萬元。其餘則請縣長擔保。三日後再籌若干。如何。徐氏愀然曰。這却爲難。同人見此情形。徐氏從中頗有作梗態度。即逕邀李氏過來。請宋君代陳前言。李氏乃大聲向同人曰。我亦曾在家鄉。當過紳士。爲地方計。須明利害。我爲諸君計。爲地方計。終有此相見熟商。否則諸君無辦法。我一出城。即有辦法。昔明莊烈帝召群臣籌軍餉作禦敵計。朝臣無一應者。迨李闖入京。何等拷掠。慘酷備至。斯時人各千金萬金。不得不獻出矣。我爲兩面兼顧。故將良心之語。告訴諸君。倘再無辦法。我一出城。即有辦法。屆時玉石俱焚。莫爲言之不早也。同人驚憤。不作一語。少頃。幼梅先生云。將軍雙方兼顧。同人感荷之至。楊王諸君皆曰然。李氏又起立。仍由幼梅先生陪往前室。略坐。宋君及徐知事亦隨往。李氏向幼梅先生云。老伯母之喪。未克登堂一拜爲歉。幼梅先生即起立應之曰。一爲先母靈柩在堂。一爲全城生命。還請將軍保全。即跪而叩首。泣求之。李氏急遽起扶。謂之曰。何致如此。尚不至如此也。少頃。遣徐景華來問訊商議到如何矣。時群方共議。以二萬元現銀先送。明日再籌一萬元。徐景華傳李氏命不允。又謂李氏云。共須十萬。今日先籌五萬。羣相愕然。藝三先生云。地方財力有限。吾纔所說二法。任行一法。吾輩引頸受縛可也。楊君馮君均言徐縣長作一日縣長。亦當負一日之責。徐君又去。彼此往返數次。始定議。本日三萬元。明日二萬元。馮君曰。對外由徐知事宋局長負責。對內由楊會長王會長負責。各公團領袖則當保障楊王兩會長。共同負籌款借債之責。諸位究竟如何。有何高見。時已下午兩點鐘。預議者漸有退席之人。在座所謂公團代表僅顧君彬生孫君濟汝及鑑三人矣。顧君起立曰。當然負責。鑑與濟汝均曰贊成。遂由楊王二君偕徐宋二人向李氏言。時適有一衛弁向李氏耳語。似報告某項要事者。李氏即起立復來客室中向衆人匆匆作揖告別。且曰。承諸君商定甚善。即行。鑑向藝三先生云。頃間所商無錫無錢。須向蘇州上海設法。盍向彼一言。火車不通。能設法往滬籌之否。藝三先生即往告李氏。李氏即云可單放火車頭送汝等代表往滬籌欵也。

李氏既去。同人約於五時後。往商團公會商籌欵事。

三時徐景華遣人將縣知事印送入城中。交鄭君友漁代收。蓋表面以城外用印。諸多不便。實則徐欲遠遁矣。

四時縣公署照牆前槍斃搶犯一名。即頃間服藍女皮襖之齊軍也。

五時聞西鄉工商中學到奉軍一營。由營長出銀二十元。令學校中代辦晚飯二十桌。電話詢蔣漢槎內姪。知奉軍先鋒隊。由舜柯山越山而南。至橫山前。繞道來校者。昨日本有蘇軍來河埒口由蔣君仲懷父子與之接。洽送以銀錢若干。西鄉一帶。絕無騷擾。今日聞奉軍將到。蘇軍已退向惠山吳橋一帶此時龍山梢閘。有奉軍馬隊未知確否。

六時在商團公會。見馮君雲初邀同銀樓業典業錢業等各方面。籌商借項。對于銀樓業三家。欲其湊借二千元者。祇認五百元。典業欲其湊借三千元者。祇認八百元。錢業欲其湊借一萬元者。祇認二千元。三者之中。銀樓業爲商量最久。楊君涵西。懇之以情。動之以義。銀樓業某君曰有手飾若干。願以値一千元二千元之價者。送至此地。作抵押品如何。現銀則實在無從搜羅。蓋自五時至十時。始湊出六百元。典業則在城者僅六家。越四時之久。允湊現銀二千元。錢業則連前借共二萬元。本日可湊四千元。均由十公團具借據。立限期。償還。

十一時城外胡晋階分所長電述齊氏派人立待銀欵。少頃又有電來。催款之信凡數至。屢推屢宕。無法抵止始於十二時湊集一萬元。由宋局長從城牆縋出。徐景華尚故作色相嫌少不受且指爲失信後由宋局長再三情懇。徑達李氏處方收訖而某君則云此雪中送炭也。是晚由邑中父老豫備公呈一扣。待奉軍到錫。請願於張宗昌軍長者。呈首署名爲顧子文陶端翼楊小黎等諸先生。聯署者二百餘人。

又豫備推陶君冠倫。明晨出城。歡迎奉軍。時有某君、（即所謂哈密者）在側。人言蘇軍大勢已去。某君謂吾頃得前方消息。蘇軍已得勝利。南京方面。又有某鎮守使等反應之說。聞者皆匿笑之。實則此時蘇軍由錢橋退回龍山梢嚴家棚者。已絡繹不絕矣。

在縣教育會。聞城外電話。謂竹場巷茅竹。及蔴餅沿河之紵蔴線。爲亂兵所搶掠。有編造竹梯。乘夜爬城之說。故是晚城防之自衛團消防隊。等均豫備石灰包以防擲。用守衛之嚴。是夜尤爲危急。

匯瀛姪是夕在西區第三段消防隊豫備城守。夜未央。聞人聲。北望又有火起。以城外電話斷者多。無從探悉。一點半鐘。雨甚、匯瀛姪從西水關來電話云。城外有帽帽船四船。上舂有竹梯。今晚恐有爬城之舉。以故西段城防。頗爲嚴密。商團及消防隊。均冒雨防守。豫備一切。家人輩聞之。頗有戒心。

天未明。聞槍聲甚緊。知西鄉有戰事。又聞西北錢橋方面。有槍砲聲。知戰事正劇烈也。拂曉。在嘹望臺。望惠山北麓。濃煙迷漫。槍砲續續。至六點鐘時。聞蘇軍潰兵直向東南潰退。車站方面有調兵前向抵禦之說。

二十六日（初三日）晨匯瀛姪來言。昨晚有帽帽船二艘。蘇軍四五人。泊船于西倉浜。後爲商團放槍追走。又有二船。悉蘇軍五六人。欲登岸搶掠。見前船已去。遂畧泊少許時。即開往南門港。向南而去。

九時槍聲連續。忽起於西水關外。急往詢之。敬輿弟偕雁瀛姪從西水關來。言有奉軍一隊。皆狐皮帽。黃皮嵌肩。追擊蘇軍一大隊。由西水關外。向南奔跑而去。知蘇軍已鳥獸散。奉軍奇兵。已由西鄉及惠山兩路進迫而來矣。

十一時至商團公會。見陶冠倫出城。以白旗歡迎奉軍者。两鞋爲蘇軍奪去。易破鞋而迎奉軍。知奉軍僅到冲鋒隊兩連耳。已南往鐵路旗站。爲截擊齊軍之計。高仲珊君亦出城。與奉軍接洽慰勞者。楊公會長率商團出城。與奉軍遇。略事慰勞。表示歡迎意。奉軍軍官正在搜捕潰兵時。故一切尚無從接洽。聞有奉軍一隊。爲七十一團團附牛襄廷所帶。由惠山沿馬路。北過吳橋。東下直撲車站司令部。用望遠鏡在新世界樓頂瞭望。適早晨火車已開往蘇州數十節。此時正在運輸軍用物品上車。不虞奉軍之突如其來。槍砲直射。火車頭迅速開行。車道板機偶誤。致車紐忽然脫却。留下數節車箱。奉軍登高施放槍砲。射擊甚密。洞穿三列車。斃上級軍官十餘人。兵士數百人。截留軍用品無算。傳聞齊氏爲两人扶掖而遁云。

趙汝梅者。前任無錫縣知事也。是日午間。狼狽不堪。在南鄉某小學校晤某校長。留午餐而去。蓋趙知事爲齊氏之行營祕書。來錫三日耳。

有某某秘書及某旅長等。均鞋襪不完。從東鄉繞道往蘇云。

齊軍自昨晚開往南下之車輛百餘節。滿載所掠之衣物商貨絲繭等。大批贓品而去。今晨所未及開行者。僅十分之二三耳。除爲奉軍槍砲擊毀外。尚有贓品數千百萬件。爲奉軍留置車站堆棧。及兵站處等。俟張軍長抵錫處理之。

聞此次奉軍擊退蘇軍。一方面全恃三十一旅王旅長棟。督隊由惠山之北。越山而南出齊軍不備。而截擊之。所獲齊軍遺棄槍炮甚多。奉軍中路大隊。由皐橋方面進行較遲。自錢橋蘇軍敗退後。大隊始直撲北城。時已下午。王旅軍隊。已包抄錫之南郊。而在南門旗站。截擊蘇軍。致潰退東南鄉。而所獲軍械。聞甚多云。

下午市公所錢總董。遣人四出購買猪羊二十頭。以及酒物等。豫備犒賞奉軍者。

晚七時蘇潰兵四散鄉間。奉軍分搜郭外民家及廠之空屋中。略有擊斃者。

八時張效坤（宗昌）軍長及吳光新總長。抵北城外。楊錢宋馮諸君偕各公團代表出城往見。吳總長慰語邑人。楊君等致歡迎詞。並謝國軍救援意。張軍長謂無錫北外一帶市塵煩盛。倘我軍從正面攻入。恐傷民衆生命財產必多。故從左翼抄山路包圍始得手。然因此而傷斃兵士有數百人之多。今已獲勝。抑亦地方之幸也。惟急須商榷者。（一）開城（二）清鄉（三）善後各種事宜。現派師蘭亭爲駐錫警備司令。辦理善後事宜云云。師蘭亭昔爲無錫水警區長。去任年餘。今隨奉軍到此。以其與邑人多熟識者。或能較爲接洽故也。

二十七日（初四日）晨楊錢宋馮諸君偕各公團代表往第一軍司令部。先將犒賞之物送去。未幾即見師蘭亭司令晤談之頃。擬辦理者以立刻開城。及派兵下鄉清查軍火之兩事爲最要。羣答以人心惶懼。恐城門一開。國軍進城。惹起誤會。可否稍緩數日。至于清查軍火一事。尤宜從緩辦理。師司令未之允。羣謂姑商榷之。於是錢君約同人往錢業公會商量辦法。道過馬路。一片焦土。蓋鑑自十八日出城。遇槍聲於大洋橋。入城後困守孤城九日。至今日始出城。所見瓦礫遍地。市廛成灰。間有未焚之屋。殘破之店。又皆爲奉軍所居住。道上抵有少數之紅會會員。及巡街軍隊往來耳。

鑑之出城也。由西城偕孫君濟時兩人出西門。見胡子綬表弟。余急問家中如何。曰幸免。繞北城行。從瓦礫堆中。遇見兵士數人。荷槍向破店之門闖入。搜取物品。又遇薛君明劍。

急問紗廠中如何。曰稍有損失。過漢昌路。見大隊奉軍。自北而來。約二千餘人。聞人云。此奉軍作戰時之右翼。從堰橋來者。隊伍整齊。惟此項軍隊來錫。當謀住所。由宋局長商諸同人。指定城外空廟數處以居之。遇朱君梅生。述及北塘有奉軍十餘人。進一鞋店。將所有新鞋。除配着外。多數擲向店門之外云云。

至錢業公會。錢君囑鑑擬一公函。致張軍長。請其約束軍隊。禁止自由進店及入民居。搜查一切。時錢業公所中。見有某營長向某君哭述前晚戰敗後。孤身渡河而來。此。今生命尚不知如何也。某君安慰之。余問某君謂此何人。答曰。此即前數日保護北塘之第十九師之營長也。陳君湛如通電話進城。告以下午一時。余等須入城。招呼開北城。抑仍開西城。未幾。商團公會來電話云。師司令定欲開城。現由楊君、宋君與師司令說明。即日合組稽查處。派人看守。祇准人民出入。兵士須有令方可進城。

常州惲禹九先生及某君等三人來錫。述及常州狀況。較吾錫並未殘破。惟供應稍多云。

在錢業公會午餐後。即由北門進城。時城門口已有皮帽兵擎槍守衛矣。馮君雲初謂已有大令在此。五點鐘關城云。

是日合公團具公函往迎林知事於第三師範學校。請其復任。

無錫災兵記　　四十五

六點鐘師司令率奉軍一連進城。暫以市立第一小學之東屋爲司令部。馮君雲初爲裝置臨時電燈。須裝一電表。師司令怒曰。派人將大令去捕蔣哲卿來。雲初云。電燈爲申新廠之電。非耀明公司者。蔣哲卿在上海。亦無從捕也。師司令默然

是晚在商團公會共商善後之方。惲禹九先生述常州以地方各公團組織給養處。辦法甚善。吾邑可效法也。

王君克循欲以商會會長名義。帶商團團員四人。偕欵產經理處孫君濟時往稅務所收稅務所鈐記及銀錢賬簿等。錢君孫卿云。此事已預備交鄭友漁暫時保管。王君不以爲然。兩人略有爭論。既而同人均以錢君之說爲然。王君乃罷。於是王君擬電盧宣撫使。通緝齊徐。後以電報局尚未恢復交通。故未能拍發。鑑戲謂王君曰。足下今日建議何其雄。前日在李廷玉座上。胡一言不發耶。王君曰。前日爲全城計。故必須慎重。今日以犧牲個人言。故不妨憤激耳。

二十八日（初五日）晨聞奉軍既來錫後。所俘蘇軍中之軍官五六人。均交縣署看管。另有搶掠之潰兵。已槍斃數人。以示懲儆。

聞張軍長大兵已定蘇州而南下崑山。直至上海。矣兩日之間。齊氏已遁入日本租界。變

姓名。寄寓日旅館。有將赴扶桑之說、

午後往縣公署。各公團代表商定給養辦法。惕臣弟及胡君晋階在城外多日。勞瘁亦云極矣。調至城內辦事。另請李乾一警佐。偕朱君執鈞、往城外辦理奉軍給養。時惕臣弟由城外進公署。羣爲慰勞。惕臣弟述九日間困苦情形。生命旣置之度外。而精神上之痛苦、有不堪言者。語言應付、稍一不愼。則關於地方民命之責任非輕。初二日之夜半。忽來一差官。傳齊帥命。向兵站處索輪船一。汽油船四。民船二十。民夫二百名。因告以船隻均在河下。請派人同往尋覓。於是一副官一排長、同往大洋橋沿河繞行一周。無一船影。至于民夫。則馬路一帶。皆空屋無人。以此覆齊氏命。久之又來要轎五乘。夫十名。謂將往前敵調遣也。因往老北門轎行。家雇到小轎兩乘。夫四名。送往司令部。少頃即返。詢以故。則云由司令部擡往火車站耳。逆料此時。即一萬元已到手。即齊李二人上車欲遁之時也。

鄭友漁將稅所鈐記。交林縣長保存。所有關于稅務賬簿等要件。均歸鄭君保存。

宋君靜廷辭警察局長職。由林幹材縣長。將警察所長名義。仍請宋君擔任。（警察所長本爲知事兼職。今林知事以事冗不及辦理。故劃歸宋君任之）各公團復向宋君勸駕。遂允任之。

是晚惠山火起。紅光熊熊。人民警懼。却無槍聲。久之。未滅。電話調查。知奉軍在寄暢園烘火。遺火種於柴堆。致延燒甚久。東自秦園西至山門。中間兩面市屋。均一律被焚矣。

二十九日（初六日）往市公所。知張軍司令部之餉處某處長。往縣公署。以韓省長公文。向縣署索餉六萬元。下午擬開會商量辦法。

遇某君言昨日在城外遇兵一。熟視吾鞋曰。速脫下與我易之。我鞋已穿。不能行。吾告以吾亦不能行。奈何。兵乃怒目視之曰。勿多言。汝有家。豈無第二雙鞋耶。吾遂不得不脫與之。於是絨鞋易破履還矣。午後有遇擡傷兵二十餘人入普仁醫院。詢知為錢橋戰役之受傷者。當時以在後營軍醫治療。今日始開拔來城。

師蘭亭司長索下鄉搜查軍火費一千元。市總董錢君孫卿湊集五百元送去。師司長怒甚曰。區區千元而靳與耶。速以大令去取錢。某來於是楊君涵西等婉商之。而怒稍釋。

晚六時。林縣長召集公團代表商奉餉。奉軍糧餉處某處長偕兩軍官來縣署。立待餉款。林縣長請宋所長陪某處長往別室坐待。囑署中備晚餐。同人商榷之餘。均以各公團負債多多。當此殘破之餘。省署尚欲強令災區分攤軍餉。殊屬太無情理可言。正在籌商無法之際。侍役請某處長晚餐。某處長出至客堂。厲聲向林縣長曰。晚飯可以不食。餉款不能誤事。我輩軍人。戰時數日不食亦可。而如此一點小事。不能辦。何以往見軍長。林縣長曰。容與地方各公團商之。某處長曰商不商。與我無干。我以省長公文向縣知事言耳。宋君云。請稍進食如何。某處長曰我在此立待可耳。林宋兩人再三請。始允入室少坐。於是同人復商籌欵之法。浦容濳提出國稅預借法。印劵以向各戶預借。定劵額九萬元。五元者二百張。十元者九百張。二十元者五百張。五十元者四百張。一百元者一百張。由吳君士枚即夕令錫成公司印刷。儘明日一日印齊。兩日內由縣署用印。各機關分認借貸。楊君涵西謂今晚先由商團防務經費內籌撥萬元以應之。馮雲初君謂今晚之一萬元。當從日前某某業所認之借欵催繳以借補之。議定。請某處長出告以先籌一萬元。儘今晚十二時送出。某處長色稍霽。即以印收示衆。謂六萬元之印收。均在此。可惜不能盡籌。然則其餘五萬如何。林縣長曰明日試再籌之。某處長去。同人皆散。於是馮君雲初奔走四處。湊假一萬元。送往城外。

三十日(初七日)知馮君雲初向前某某數業允而未繳之欵。四出催繳。各業湊來。尙未湊齊。同人聞之。均爲焦灼之至。上午公電盧宣撫使韓省長。謂受災慘酷。鵠候撥振救援。所有應攤軍餉。乞收回成命。向江北各縣未曾受災地方攤派。公電京滬同鄉力爭受災區域。萬不能攤派軍餉。

下午偕辛尤顧秦高李孫徐等十餘人往惠山調查戰後情形。時四城僅開老北門一門。東西南門及新北門均尙未開。故繞北城而過西吊橋過棉花巷。則居戶爲亂兵搶掠者門戶洞開。人物俱空。其損失最大者溫氏及陳謝數家爲尤甚。陳氏自大門以迄上房。空無所有。大廳上房。均堆積稻草滿地，爲養馬之廐。溫氏之古玩。（銅磁玉石之古器）衣物據鄰人云約値萬餘金。皆昔日明遠先生一生辛苦所儲者。外吊橋旁某姓家。正在收拾燼餘之品。據云亂兵來不問有無財物。祇以洋槍示威。吾輩逃逸。彼即搜括所有而去。某姓家人稍一遲緩。即將槍桿擊之。亦即逃往他方。及前日返。已屋宇洞穿。地板鑿開。無處不盡矣。

余等至惠山。見山門口起。直至寄暢園。均一片焦土。龍頭口停死兵之棺四具。內有六屍。過其旁有臭氣。隨風四拂。見鄉老某某等。均謂蘇軍在此間未甚搶掠。奉軍來此始尙守軍律。前日寄暢園火起。係奉軍所爲。究其起火之因。不知如何遺下火種。致延燒如是之烈。至昨日奉軍開往上海前敵。而近惠山之鄉村。皆有搶掠事。遇余家坟田（守墓者）某青山灣人。亦言灣內住戶被刦者多家云。

廟巷內停一棺甚大。乃某家灰漆完好之壽器。今置兵屍四具。錢武肅王祠既毀於無情之烈火。余檢得忠孝傳家四金字之碎額。拾歸忠字之底心字中心之一點。又拾得朱漆柱之一塊焦木。此軍火之成績也。

寄暢園中之古蹟風景。盡毀於火。三層崇樓建僅十餘年。亦付諸無情刦火。可慨也。漪瀾堂前池中之金魚七十餘年前舊物。均爲奉軍捕食之。惠山街市上下兩岸盡燬。而人傑地靈之古坊。唐石經藏。古華山門。均聳立依然。不幸中之幸矣。

市立第八小學之校門。擊壞半扇。入校則凡有門戶所在。皆擊壞。鎖皆撬毀。校具略有損傷。見一教室黑板上。以粉筆大書我們軍人。來此參觀。校長何往。速來招待等白粉字。出第八小學校。遇開原第八小學教員。知該校校具完全毀壞。往黃公澗及山麓等。拾得炮彈及槍子等甚多。後東林校役在山上拾得戰餘品最多。鑑等先行。因恐六點鐘關北城門。故先赶回也。少頃東林校役回。辛君檢出領章袖章帽章等紀念品四五種贈鑑。又在馬路旁。拾得梨花莊惠梨小學學生畢業存根簿。爲此次學校受災之紀念品。

是日聞上海旅滬無錫同鄉會組織紅十字會。派員及輪船來錫救護難民者。有張君某。途遇軍隊。爲流彈所斃。噫。此爲救護地方人民而不幸身死。可謂爲地方徇義。將來例當追郵。

晚間國稅豫借劵已經印就。各機關各市鄉分認借募之。縣教育會亦分任一千元。夫教育會爲教育研究機關。今日乃爲分銷軍餉借欵之地。誠自有教育會以來所罕聞者。即日開職員會。商量如何分任銷借方法。結果以私人名義各向有田畝之家銷借之。

三十一日(初八日)鑑在縣教育會。召集在城內之職員及會員商議之。即日分任每人以二十五元爲率。至少則五元。多則愈多愈妙。盡一日之力。共募借得五百元零。蓋教育局長蔣君仲懷於局中認五十元。私人名義認二十元。孫君克明辛君伯森許君少仙各認二十五元。秦君秉臣顧君鴻志秦君仲實共募百元。其餘會員分認者多少不等。至晚始湊足五百元。送往市公所。此種籌欵。殊屬爲難。所謂城門失火。殃及池魚也。

聞市公所。又因縣署及糧餉處催欵甚急。故擬今日羅掘一切。再湊送一萬元。以解目前之急云。

蔣哲卿內姪自滬返錫。在市公所。報告旅滬無錫同鄉。救護難民至滬凡七次。計有數萬人。分住九處。又商議兵災善後辦法。當時議定以十七市鄉各公團共同組織兵災善後會。推定哲卿克循孫卿三人爲總副理事。地點定在商會。哲姪以私人名義墊一千元爲開辦之用。克循孫卿兩君即在商會及市公所。各提一千元爲借墊用費。師蘭亭司令又欲索欵市公所以無款對彼即指定邑紳之素有富名者四人。時四人均在滬。又有往滬捕捉之說。

駐錫總司令部已遷入。且園。舊時水警區署。派惕臣弟爲第二科科長。水警區長爲張軍長新委王冠軍任之。

連日各局所之局長所長。均由張軍長在滬另下委任狀。委任來錫。辦理稅務所長爲馬姓。山東人。鐵路稅局長毛某。直隸人。電報局長賈姓。亦山東人。連袂新官吏皆新受軍長恩寵來者。

二月一日(初九日)晨往唐蔚芝先生處。言及國稅豫借事。蔚老慨認五十元。往縣教育會。爲國稅豫借券事奔走一日。共得三百餘元。故是日復送往市公所三百元。知林知事來。言及奉軍糧餉處催款之急。盧宣撫使覆電。錫災待賑。當派員查明。籌欵即放。韓省長覆電。災情重大。一面查放急賑。一面糧餉仍希勉爲其難云云。計三日間。已送出兩萬元。今晚擬湊送五千元。惟欲滿萬數。則殊屬爲難。

是日聞駐錫警備司令師蘭亭。撤換警察所長宋靜廷。而易以惕臣弟爲警所長。惕臣未

之允且告假一星期師蘭亭爲之震怒疑惕臣之有以規避也欲以抗違軍令治之後經人調處准假三日假滿後即接警所長事

道路交通梗阻四鄉消息既已斷絕而道路傳聞江陰戰事劇烈又聞西北鄉之潰兵搶掠殊甚東南鄉之潰兵則搜括供應亦不貲鐵路雖已恢復行車然僅運輸軍隊及軍用品而已有多數乘客皆欲避難往滬者均與軍車同列能上車者僅少數之客耳

是晚十一時忽聞槍聲四起間有砲聲北望則火光燭天即電話探訊一時人聲鼎沸電話中無從探悉即往外探訊但知近火車站起火耳少頃官警出城查訊城區住戶但聞大砲連珠驚駭欲絕久之方知車站近旁火藥庫失慎云

返校登樓遙望惟見濃煙密罩火光四射槍砲聲絡繹不斷再用電話探訊城外知槍礮火藥儲藏於火車貨棧者不知如何遺落火種致延燒如此巨災也

至夜過半約三點多鐘槍礮聲稍稀四點多鐘槍礮聲始絕至天明火光始熄

二月二日(初十日)校役何祟及車夫藹人往車站返報告貨棧四周烟瘴甚多其味殊難近聞且蘇軍遺貨甚多均燒殘無遺矣

下午偕東屏雨蒼南同往車站觀貨棧巨災遺跡所見鐵篷車十餘列燒成藍灰色遙望

若紙車狀。排列於隔岸。貨棧鐵板屋。均成紙紮狀。色灰白。沿運河北岸。有絲綢布革皮毛等。民間衣服。均燒毀成異樣之色。散于岸灘。新世界屋頂及轉角之窗。並。乾生絲廠前。均有槍彈穿過玻璃。及轟毀遺跡。過大洋橋。見江北人向柴草中檢尋遺物者。爲監察兵士所鞭撻而不顧。過貨棧。見有文書簿籍。狼籍滿地。余檢得蘇軍第六師之放餉簿一册。官封一個。良好之紀念品也。至車站。檢得槍子壳及礮彈遺壳之半截等。皆可作此次兵災紀念品也。

往廣勤路。見民居及市廛。無不搶掠一空。有閉戶者。則門貼被搶幾次。有無門可閉者。則牆壁洞穿也。間有雇人搬物下船。似以殘餘之物。遷往他處者。

返繞鐵路之東北行。見田中有鐵壳數塊。一爲開花礮彈之牆。一爲銅礮彈之底。皆昨夜爆裂之品也。均拾歸之。過車站。見候車之客甚多。詢之。均欲避難往滬者。

往教育會。是日國稅豫借劵。又湊百元。送市公所。前後共繳九百元。尚有百元。一時頗難湊集。

奉軍餉前後已共解四萬元。其餘兩萬元。萬難湊集。電旅滬同鄉。勉借二萬元。已得復電。奉軍某處長不允。再三商懇。始允。惟須十公團代表。具軍令狀。攜帶赴滬。領取此欵。萬一旅滬同鄉會無着。當以軍令狀質問十公團代表者。噫。軍餉急如星火。爲地方公團代表而具軍令狀作擔保。是亦虎虎有生色矣。

二月三日(十一日)愓臣弟接警所長事。胡君晋階爲二等警佐。朱君執均爲第一分所長。師蘭亭派某某等爲警員。

兵災善後會成立。借商會爲會所。電北京及南京等。請放急賑。教育會同人。於日前本由唐蔚芝先生領銜電盧使韓長。請賑。並電北京義賑會等。今日執中得唐君蕙汾覆電。請電寧賑務處。速發急賑云云。聞馮夢花有電來錫。先發義賑一萬元之說。連日爲籌賑事各處電訊往來。均以截留地方正税爲辦賑及賠償地方損失之用。

是日在教育會。將國税豫借券百元。湊集送往市公所。以結束此千元之擔任。錢君孫卿云。此千元當作萬元觀也。

二月四日(十二日)旅京同鄉電詢兵災狀。並屢電南京盧韓兩長。及奉天張帥等。呼籲。始得免繳軍餉二萬元。有電到錫。旅滬同鄉亦同時得有是項電報。故前日奉軍糧餉處長。迫十公團代表所具軍令狀。始得取消。而旅滬同鄉之挪借二萬元。亦得免繳矣。惟無錫駐在之奉軍三十一旅之給養費及駐錫警備司令之軍隊給養等費。則由無錫兵站處供給者亦已不貲。屢由縣公署開會。籌措一切。警察所之警餉。及現在駐軍之供養等費。屢由十公團代表簽字向米粉各業。賒貸之貨亦已數萬元。今日又以警備司令部索費兵站處給養事。開會籌商結果。仍由各公團向各業。將兵站應用之糧食。向各業支領。作爲欠欵。其總數由各業各董擔任，向公團立據簽字。俟軍事結束後總還之。

地方各公團及旅滬旅京各同鄉。電請將無錫大軍雲集速謀撤退之方。張效坤軍長。有調無錫軍隊往蘇滬駐防之說。擬另調他軍隊來錫塡防。酌定軍額。以省地方給養云云。斯言也。驟聞之。似軍隊有撤退之望。熟審之。軍隊方續續而來。是以地方兵災。已十室九空。而勝軍供養之費。又至何時可了耶。

二月五日(十三日)聞駐錫警備司令部。有撤銷之說。未知確否。聞江陰自閉城後。炮火攻城。四日夜死亡無算。破城後。死傷亦多。現其三十二旅畢旅長庶澄。有奉張軍長令來錫駐防之說。

二月六日(十四日)兵災善後會。調查各災戶。由各業分報。擬彙集後。籌辦法。至截留正稅。爲地方賠償損失之說，恐亦徒有此空論耳。

蓋地方借漕忙稅及豫征。均已豫借至明年十五年度之漕忙矣。所謂寅借卯糧者。是也。

上午有潰兵在寺後門某鐘表舖鬧事。擊毀鐘表若干件。後爲軍警所獲。解往駐錫警備司令部。

下午聞有單秋亭者自東亭來城。報告警備司令部。謂有奉軍三人。爲東亭民人擊死。屍身無着。即由師蘭亭派隊下鄉。搜查一切。先後拿獲鄉民九人來城。嚴行審訊。此案未免牽連無辜。至爲可憐。翌日遂由各公團設法保釋四人。其餘五人。情節較有嫌疑。故不能釋放也。

二月七日(十五日)聞因軍隊下鄉辦理清鄉之事。頗有騷擾之說。有一馬弁。爲某軍官服役有年。是晨膳於倉橋某點心舖。因稍有口角。即拔刀刺店夥之股而逸。幸店夥負痛雇車而追。一路搖喊。途人咸抱不平。亦爲警士所獲。解往司令部審訊。

二月八日(十六日)聞奉軍三十二旅將由江陰來錫。爲結束軍事。其他軍隊。均逐漸開往他處。

師警備司令長之司令部。亦奉張軍長命取消。另組守城稽查隊。歸三十二旅畢旅長管理。駐邑軍隊。乃歸一致。兵災善後會。調查受災民戶。及四鄉被災情形。各業報告受災狀況及損失財產之數於善後會。

二月九日（十七日）鑑之按日記載至此爲止。自後所記。僅有關於地方重要事件略志之。

吾邑自畢莘舫旅長率全隊來錫。先後約三月之久。所有應商事件。常招集地方公團代表。籌商之。

畢旅長到錫兩日。即向縣公署及商會市董事會等。商限三日後。一律令商市開店。所有民居商店之駐軍。一律移住他處。選擇相當地點。讓出民居。嚴申軍紀。惟各旅館。一時尚難讓出。而無錫飯店損失尤巨。蓋歷三月之久。均爲第一軍兵站處所駐。至五月七日。方完全交出。

惠山榮巷及南門北門廟宇。均分駐軍隊。馬路市房。間有開市者。

自畢旅長與地方人士相周旋。情愫頗相融洽。霞蔚雲蒸。喧天鑼鼓。山明水秀。滿地瘡痍。地方籌畫給養。每日約二千元之譜。財政既絀。幾經會議。油乾燈草盡。甚至縣公署有斷炊之說。

警察所有嗷嗷待哺之情。各團體代表束手無方。每提一案。無非籌款。未有不面面相覷。一籌莫展者。此種枯寂之境。不知經過若干次。總之敲骨吸髓。盡力給養而已。

迨四月下旬三十二旅逐漸開拔。又有省令迫吾邑繳開拔費五萬元。徐州建築營房費兩萬元。畢旅長商借兩萬元。先後籌措費幾多筆墨脣舌。結果開拔費繳四萬元。建築營房費一萬元。對于畢旅長酬勞費一萬元。對于三十二旅全隊犒賞費五萬元。而軍隊北行。吾邑之避居各地者。始陸續返錫。闔市亦漸有希望矣。

各市鄉調查損失。除開化揚明兩鄉無甚損失外。其餘各市鄉。損失之數多少雖不等。而地方痛苦則一。後由地方組織軍用墊借各欵委員。爲清理債項及向省政府報告。呈請撥還各欵。屢經開會。及縣公署呈報省政府總數。往返兩次。推舉錢君孫卿顧君彬生楊君涵西馮君雲初等。向韓省長力爭。後始行核準。從絲繭稅項下撥還。不敷再由他項籌撥。然際此絲繭稅之收數如何。因未可知。而第一軍之各項給養費。所欠債項。尚無還欵把握。乃於五月十三日。突來第一軍兵站長某君來錫。稱奉張軍長命。特遣三十一旅王旅長率全隊已來鎮江。分派徒陽常錫四縣。各任每月大米四百包。夫柴料等數萬斤。約合銀元月須五六千元。刻正籌商。未能解決。函電飛催。謂如有推諉。即日分兵就食。現正推代表赴省。請示如何辦理。並赴鎮商減。此事正不知如何了結也。今暫先籌借二千五百元。以應之。前債未了。新債又來。脂膏竭而血淚枯。天胡不弔。民何以堪。

此次軍用借墊各欵。既組織委員會清償。然以三月底到期之債欵。一面由委員會負責。續商轉延。一面報省。速催絲繭稅所之欵。再勿解省。茲錄其報省之數如左。（附清册）

無錫縣借墊軍事用費清册

第一類　餉銀四萬五千七百元

第一欵

第一項　蘇軍司令部餉銀三萬元

第二項　江蘇陸軍第三十七混成旅高旅長餉銀一萬元

第三項　三營路營長二千元

第四項　水警二區程區長一千元

第五項　省警備隊程隊官五百元

以上五項。皆有印收者。

第六項　方鼎新營一千元

第七項　孟榮桂連六百元

第八項　方鼎新經手給王得標連長六百元

以上三項。於本縣商團公會在事急時。倉猝交付者。故無印收。

第二類　給養銀七萬三千七百九十一元四角一分二厘

第一欵　現欵銀三萬七千四百四十八元二角〇七厘

第一項　無錫市銀四千三百元

第二項　揚名鄉銀一千八百二十六元二角九分九厘

第三項　青城市銀二百三十元

第四項　北下鄉銀四百元

第五項　開原鄉銀七百〇八元

第六項　懷下市銀二千四百十元

第七項　萬安市銀六千〇八十一元六角四分五厘

第八項　泰伯市銀八百十九元五角

第九項　井陘礦務局一千五百七十五元

第十項　新安鄉銀五百四十元

第十一項　懷上市銀七千三百七元

第十二項　天上市銀二千九百四十七元二角九分
第十三項　北上鄉銀九百五十元
第十四項　商團各支會銀二千六百八十八元九角
第十五項　富安鄉四千八百二十七元
第二款　米糧粉麩銀二萬〇一百九十七元四角九分
第一項　縣公署經辦銀四千七百四十九元二角八分
第二項　警察所經辦銀一萬四千九百四十二元六角一分
第三項　無錫市念二七圖經辦銀一百九十四元
第四項　開原鄉經辦銀三百十一元六角
第三款　器具什物銀一千六百二十四元六角一分七厘
第一項　縣公署經辦銀三十八元四角三分七厘
第二項　警察所辦銀一千五百八十六元一角八分
第四款　油鹽食品銀三千八百四十三元九角〇八厘
第一項　縣公署經辦銀一百七十一元五角五分五厘

第二項　警察所經辦銀一千六百八十七元八角一分
第三項　天上市經辦銀一千二百三十九元五角四分三厘
第四項　青城市經辦銀五百七元
第五項　開原鄉經辦銀四十二元
第六項　商團第五支會經辦銀一百九十六元
第五款　煤炭柴火三千八百二十四元四角四分
第一項　縣公署經辦銀二百九十一元七角二分
第二項　警察所經辦銀三千四百八十二元七角二分
第三項　開原鄉經辦五十元
第六款　電燈電話銀三元四角五分
第一項　警察所經辦銀三元四角五分
第七款　紙張筆墨銀一百六十元〇六角三分
第一項　縣公署經辦銀一元四角
第二項　警察所經辦銀一百五十九元二角三分

第八欵　茶烟消耗銀二百九十六元五角二分
第一項　縣公署經辦銀二十八元七角五分五厘
第二項　警察所經辦銀二百六十七元七角六分五厘
第九欵　薪俸工食銀二百五十一元
第一項　縣公署經支銀八元
第二項　警察所經支銀九十七元
第三項　商團公會經支銀一百四十六元
第十欵　膳食旅費銀二百九十八元三角二分
第一項　縣公署經支銀二十二元
第二項　警察所經支銀二百七十六元三角二分
第十一欵　工程修理銀四十二元四角
第一項　警察所經辦銀四十二元四角
第十二欵　雜費銀九百八十元〇四角三分
第一項　縣公署經支銀七十六元二角一分五厘

第二項　警察所經辦銀九百〇四元二角一分五厘

第三類　地方維持費銀貳萬六千四百六十元四角四分五厘

第一款　防務費錢貳萬四千九百十七元五角四分五厘

第一項　餉需銀五千一百六十六元八角

第二項　電綱電度工料銀六千一百三十二元六角七分

第三項　城關防衛修理銀二千〇〇三角八分

第四項　俸工勞金銀二千六百三十元〇八角五分

第五項　添置物件銀一百八十五元

第六項　膳食費銀三千五百八十三元一角六分八厘

第七項　郵電川資銀五百零七元六角一分七厘

第八項　雜費銀四千七百十一元〇六分

第二款　兵災善後會經費銀一千五百四十二元九角

第一項　兵災善後會經費銀一千五百四十二元九角

以上共計實支洋十四萬五千九百五十七元八角五分七厘

無錫縣借墊國軍餉項給養清册

第一類　餉銀四萬三千貳百四十三元

第一款　餉項銀四萬三千二百四十三元

第一目　第一軍餉銀四萬元

第二目　駐錫警備司令部餉銀三千貳百四十三元

第二類　給養銀七萬五千九百十八元二角五分七厘

第一款　米量粉麩銀六萬一千二百五十元一角二分

第一項　縣公署經辦銀五萬六千二百元

第一目　米銀一萬二千元

第二目　麵粉銀四萬四千二百元

第二項　警察所經辦銀五千零五十元一角二分

第一目　米銀六百五十二元一角

第二目　麵粉銀二千五百四十元

第三目　麩皮銀一千八百十元三角

第四目　黄豆銀二十八元二角一分

第五目　荳餅銀十九元五角一分

第二欵　器具什物銀五百二十二元三角八分五厘

第一項　縣公署經辦銀十四元六角

第一目　碗盞銀十四元六角

第二項　警察所經辦銀五百七元七角八分五厘

第一目　舖板器具銀五百七元七角八分五厘

第三欵　油鹽食品銀三千二百六十六元五角五分七厘

第一項　縣公署經辦銀四元四角八分

第一目　食品銀四元四角八分

第二項　警察所經辦銀二千二百八十九元三角七分七厘

第一目　猪牛肉等銀一千二百〇六元一角六分

第二目　食品銀一千〇六十三元二角一分七厘

第三項　無錫市公所經辦銀九百九十二元七角

第四欵　煤炭柴火銀六千二百四元四角九分五厘
第一項　縣公署經辦銀一千三百七十五元
第一目　煤銀一千三百七十五元
第二項　警察所經辦銀四千八百二十九元四角九分五厘
第一目　柴草銀三千三百二十四元八角四分
第二目　煤燭油火銀一千五百〇四元六角五分五厘
第五欵　電燈電話銀九百六十八元五角五分
第一項　警察所經辦銀洋九百六十八元五角五分
第一目　電燈電度銀九百六十八元五角五分
第六欵　紙張筆墨銀一百四十五元八角八分
第一項　縣公署經辦銀七十二元五角
第一目　印刷品銀七十二元五角
第二項　警察所經辦銀七十三元三角八分
第一目　印刷紙張銀七十三元三角八分

第七款　茶煙消耗銀一百十八元一角五分五厘

第一項　縣公署經辦銀七元七角二分五厘

第一目　香煙等物銀七元七角二分五厘

第二項　警察所經辦銀一百十元四角三分

第一目　香煙茶水銀一百十元四角三分

第八款　薪俸工食銀二百六十二元四角九分

第一項　警察所經辦銀二百六十二元四角九分

第一目　工食口糧銀二百六十二元四角九分

第九款　膳食旅費銀二千五百八十五元五角七分

第一項　縣公署經用銀一百五十三元六角八分

第一目　膳食等費銀一百五十三元六角八分

第二項　警察所經辦用銀二千四百三十一元八角九分

第一目　膳食費銀二千四百三十一元八角九分

第十款　工程修理銀二百八十二元四角五分

第一項　警察所經辦銀二百八十二元四角五分

第一目　修理銀二百八十二元四角五分

第十一款　雜費銀三百十一元六角〇五厘

第一項　縣公署經用銀二十七元二角一分五厘

第一目　雜用銀二十七元二角一分五厘

第二項　警察所經用銀二百八十四元三角九分

第一目　雜用銀二百八十四元三角九分

以上共計實支銀十一萬九千一百八十二元二角五分七厘

兩共二十六萬五千一百四十元零一角一分四厘

至於吾邑此次兵災總損失。鑑已約略調查。知被焚者二百七十戶左右。被掠者約四萬六千戶零。全縣總損失約二千萬元以上。學校損失。以近城小學而論。則梨花莊之惠黎小學校。東門外之啓明小學校。龍山稍之開元第八小學等三校。爲損失最多。貝巷振秀女學校被掠繡片甚多。故損失頗巨。惠山市立第八小學校。亦有損失。惠黎及第八均有掠後遺品。爲鑑拾得。作戰史之紀念者。在惠黎。啓明本學期竟不能開學。此外各市鄉之小學尚未詳知。僅據各市鄉已報兵災善後局者而言。則有四千一百四十七元之損失。其未報各市鄉。不在內。然則學校方面。經過此次兵災。所受影響殊大。可想見矣。即以縣教育局所經理之經費而言。去年每月由縣公署應發八千元者。今年積欠三萬餘元。既無從補發。而縣市鄉教育事業。尚何言哉。

噫。鑑志兵災。僅就個人見聞所及。拉雜記之。至二三四之三月。吾邑人所受之痛苦。以及各市鄉前後詳細情形。俟調查確實。擬續志之。

此記既竣。得二詩以結束之。

痛憶圍城九日中。連宵烽火撲天紅。四郊鼙鼓瘡痍淚。萬戶煙塵杼柚空。險象環生眞莫測。危機瞬息不從同。哭迎新尹驚迎闖。膏血黃金雪炭融。

臘鼓聲中歲已終。忍將杯酒話從容。萬金爲壽機潛轉。一夕傳謠霧又濃。子弟登陣冒風雪。湖山浩劫泣魚龍。欲將功罪分明志。猶有煙雲鎖九峯。

無錫戰史

（民國）馮天農 編纂

《無錫戰史》，（民國）馮天農編纂，民國十四（一九二五）年六月無錫五大印務局鉛印。

馮天農，字國鈞，無錫人。生平不詳。一九二五年年頭歲尾在無錫發生的直系軍閥齊燮元潰兵在無錫搶掠、殺人、放火、勒索。奉軍南下，驅走了齊燮元潰兵，無錫重新淪入了皖系軍閥的統治下。這次無錫民國時期的著名兵災，當時除了由侯鴻鑑寫成《無錫兵災記》和薛明劍主編《無錫雜志》第八期『軍事號』專輯外，在兵災解除的當年，即由馮天農以章回體的形式寫成這部《無錫戰史》。全書共十六回，一至七回寫了齊燮元潰兵占據無錫火車站及附近地區，縱兵大掠，錫城城門緊閉，武裝堅守。潰兵與無錫地方當局多次談判，脅以攻城，乘機勒索金錢，整個圍城中，無錫經濟損失達六百餘萬元之巨。八至十六回寫齊燮元潰兵向東逃竄後，無錫被奉軍占領的情況。全書基本上爲事實之記録，載有二十餘幅照片，有錫城被焚掠後的慘狀，無錫商團首領等人的照片，兵災製造者軍閥的照片。作爲歷史的瞬間，保留了地方的珍貴資料。書前有題辭、序言多篇。書中叙述所載告示、電文、報導等皆爲原始文檔，作者在跋語中寫道：『當時慘迹以翔實而有秩序的紀之，所以志痛也。』

本書據民國年間無錫五大印務局鉛印原本影印。

（徐志鈞）

無錫戰史
涵美

無錫新開

大東旅社

本旅社開設無錫光復門外通運路中漢昌路口地點佔優火車水輪咫尺之間仕商雲集之處本社承接　貴客格外注意新建高大洋房歡迎賜顧特別改良宏傑俊麗絶無比倫雕牆畫棟豔美奪目樓高而偉房深而明冬温而夏涼空氣透達房間寬暢本社不惜巨資專求美滿藉供仕商學界紳董騷人賜顧車馬往來最爲便利特備優待包車送往迎來最爲便利貴客勞步惟登斯樓也舉目觀望實屬暢懷心曠神怡如遺世獨立羽化而登仙釃酒臨窗憑欄賦詩雖建三層樓房高勝上海永安大小房間分闢八十餘間西洋銅床綢綢被褥羅帳蒲蓆紅木器具一應全備零星器物無一不備電燈電鈴電話電風扇電爐一切週備大禮堂應接室閱報室大餐間休息室西式官房浴室飲食清潔有益衛生招待週到茶房伺候任客差遣火車輪埠特派妥夥照料已於五月初一日正式開幕房金價目格外克己以廣招徠承蒙

仕商學界　賜顧無不竭誠歡迎

無錫大東旅社主任謹啓

無錫戰史目錄

□照片插畫

□題詞序言

□回　目□

無錫戰史目錄

無錫戰史目錄

無錫兵災損失表

搶焚損失之總數	六百六十三萬元強

被搶總數	五百九十二萬元強	被焚總數	七十三萬七千元弱

被搶廠家	周山浜慶豐紗廠	周山浜豫康紗廠	周山浜德興絲廠	東門外福綸永吉絲廠	東門外永盛宏緒絲廠

被搶典當	江陰巷保大 北柵口寶源	棉花巷保仁 亭子橋永康	接官亭保康 漢昌路永盛	通運路保興 黃泥橋源興	孟淵弄永大 東亭保裕	寺頭德興 長安橋允濟 堰橋咸德	張涇橋元吉 八士橋協順 楊墅園通元

借墊軍用現款	蘇軍司令部餉銀三萬元	高旅長餉銀一萬元	三營路營長二千元	水警二區程區長一千元	省警備程隊官五百元	方鼎新營一千元	孟榮桂連一千元	方鼎新給王得標連長六百元	各市鄉派給養銀七萬三千元強

同上	米糧麵粉銀二萬元強	器具什物銀一千七百元弱	油鹽食品銀四千元弱	地方維持費二萬六千元強	兵災善後會經費一千五百元強	雜項費銀五千八百五十元強	無錫縣借墊國軍餉項	餉銀四萬三千元強	結養銀七萬六千元弱	雜項費銀一百元強	總數二十七萬元弱

泣告全國同胞

我最親愛之父老兄弟諸姑姊妹乎。吾國何幸。內有**武人**之**私爭**外受**強鄰**之**欺侮** **五卅慘劇**是所顯著。血肉橫飛。烈士捨身。歇浦之白骨未收。漢粵之咀耗又傳。神明華冑任人宰割。嗟彼英野蔑視公理。違悖人道。其**目無中華**達於極點。此而隱忍。**國將不國**我親愛之同胞乎。欲保國權及欲雪國恥耶。則請**堅結其民氣** 民氣可敵夫鎗彈 **奮發其熱血** 熱血可比之飛機臥薪嘗膽。**努力奮鬥** 積極的**籌備實力** 消極的**抵制英貨** 彼日本以外患美俄內遭地震不敢復萌故態。而**英實凶暴** 凡吾國民宜永留腦際而弗忘。**誓今後不購英貨** 實行**經濟絕交** **剝削其遠東貿易**之利益。促其最後之憬悟。是則大聲疾呼泣告于全國同胞者也。若徒恃五分鐘之熱度。出風頭之主義。以及戴愛國之假面具者。直亡國其不遠也歟。同人不暇爲無錫戰史痛。將爲四千餘年相傳之祖國痛矣。其烏乎可。

無錫戰史編輯部同人泣告

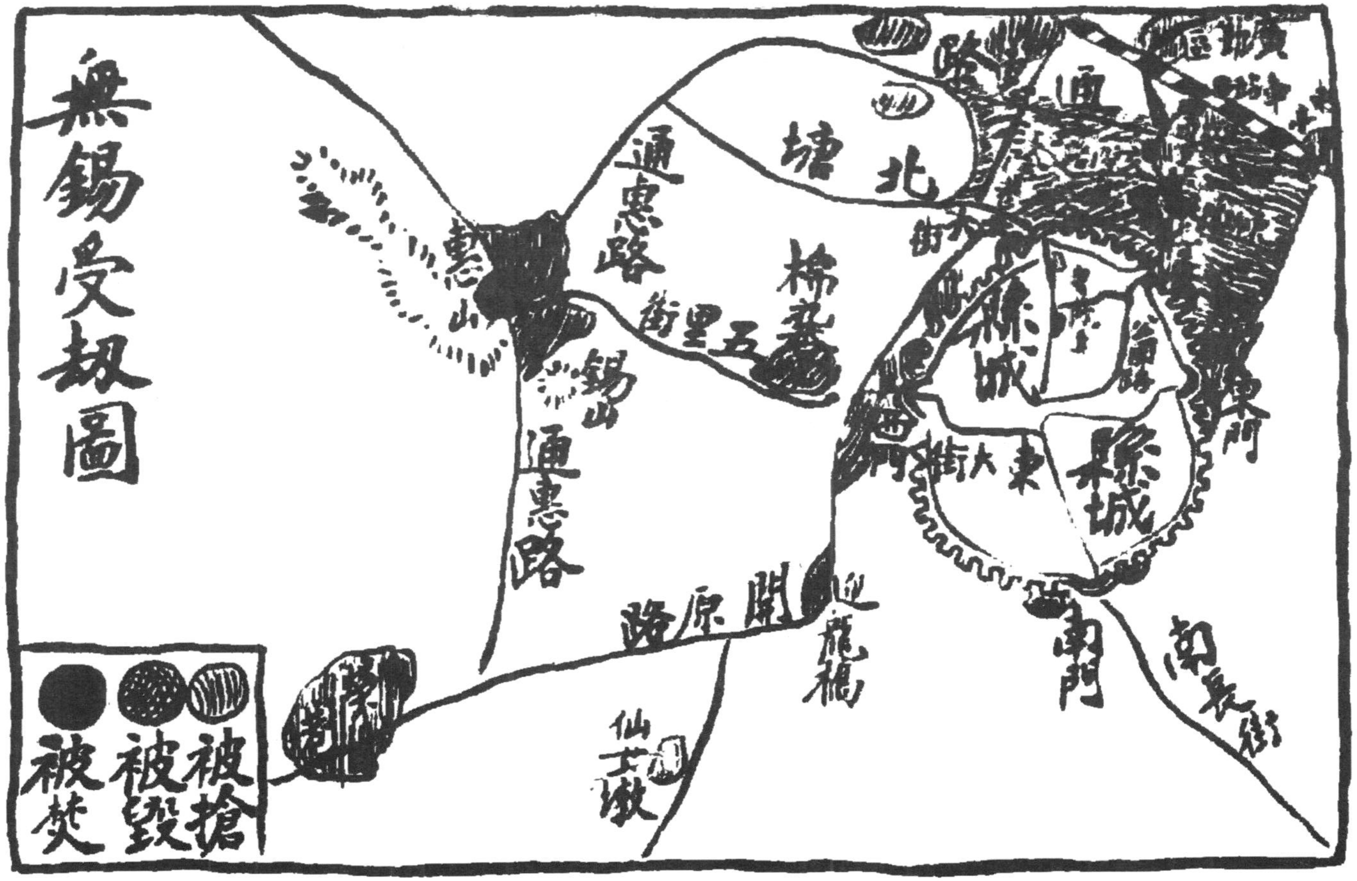

無錫受刼圖
被搶
被毀
被焚
惠山
通惠路
北塘
五里街
錫山
通惠路
開原路
迎龍橋
仙女墩
東大街
縣城
南門
南長街

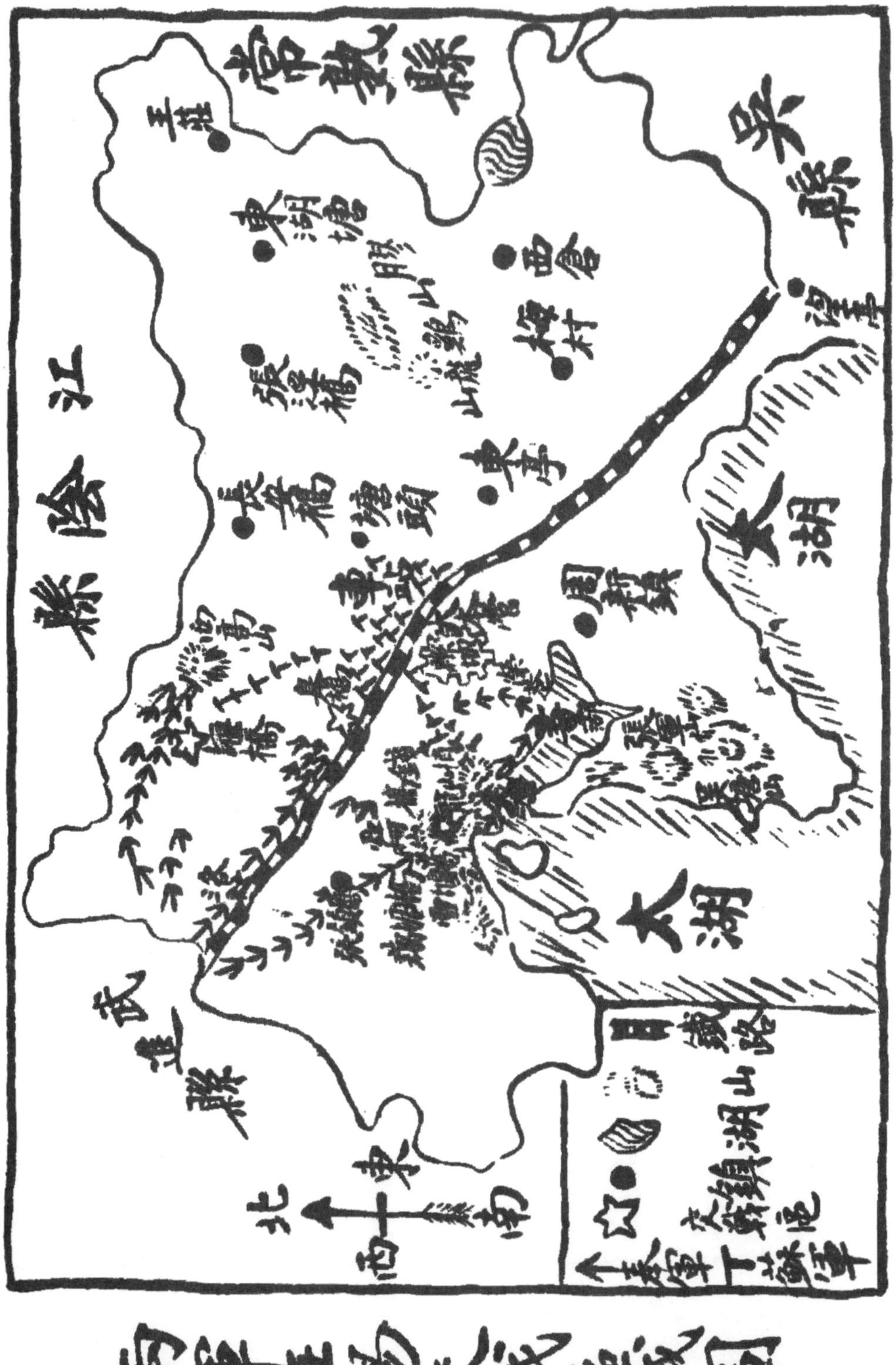

兩軍在錫交戰區域圖

無錫戰史中重要關係人
江蘇督辦盧永祥肖影

無錫戰史中重要關係人
現任山東督辦張宗昌肖影

無錫戰史中重要關係人
前江蘇督軍齊燮元肖影

駐兵無錫維持地方之
華應澄旅長肖影

國軍克復無錫先行抵錫者
現任水警第二區區長王冠軍肖影

甲子臘月
二十四日齊
氏大軍壓
邑肆意蹂
躪本支隊
防守北塘
全綫出死
入生奮勇
捍禦幸克
埃及後奉
令調防東
城登陣固
守備當風
雪迨今正
初三日國
軍克勝始
大定焉矣
攝是影藉
誌紀念而
留雪泥云
爾
乙丑正月商
團第二支
隊謹識

無錫商團守城時之攝影

無錫商團守城時之攝影

守城有功者

商團公會會長楊壽楣（翰西）肖影

盧齊再戰。錫當其衝。城防危險。千鈞一髮。邑彥羣起。捍衛梓鄉。危城得保。此功不沒。因將保城諸公玉影。刊印史冊。昔方直臣捍衛桑梓。後人稱之。不度于吾邑浩刼大難中。又見若方公者多人。城中菁華。得未同歸于盡者。諸公之力也。　天農識

守城有功者

縣警察所所長宋鎮濤(靜廷)肖影

無錫市總董錢基厚(孫卿)肖影

守城有功者

縣警察所警佐侯傅紱(惕丞)肖影

商團交際主任馮家麟(雲初)肖影

守城有功者

縣商會會長王勣(克循)肖影

縣農會會長顧寶琛(彬生)肖影

無錫戰史中之紅會領袖

救護會副會長
沈可傑(舟片)肖影

救護會正會長
周彬(文敏)肖影

救護會副會長
周士撲(廉生)肖影

紅十字分會長
孫鵠(復儒)肖影

守城有功者

縣教育會會長侯鴻鑑(保三)肖影

無錫市議會議長陳作霖(湛如)肖影

無錫戰史中之犧牲者（陣亡兵士）

皋橋及鐵路橋兩旁之壕溝

無錫戰史中之俄兵

國軍所用之鐵甲車

惠山寄暢園被火焚後攝影

火車子彈房失火後攝影

馬路上一片焦土

馬路上一片焦土

永大典當被焚後攝影

救熄馬路上火災之熱心人員

無錫戰史中之犧牲者

袁月泉肖影

豫康紗廠經理方壽頤遺像

編者偕友人沈鐵圓施瑞生救護難民後休息時之攝影坐於中者爲沈君立於右者施君也

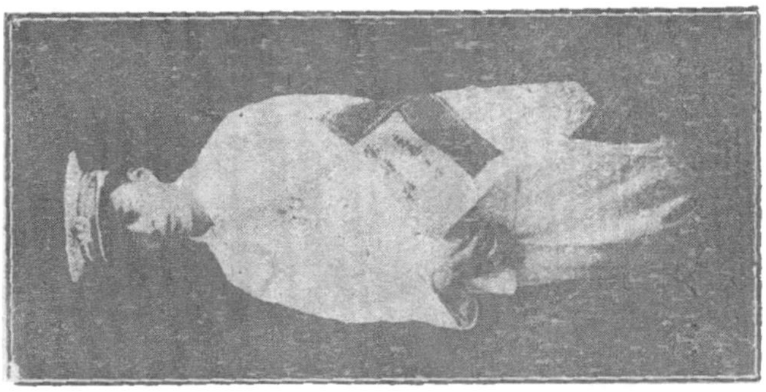

編者馮天農

編者陳伯仁

勝地懷迹

丁錦

創鉅痛深

林芾楨

前事不忘

唐文治敬題

劫餘留影

紫垣

稗史之遺

楚孫

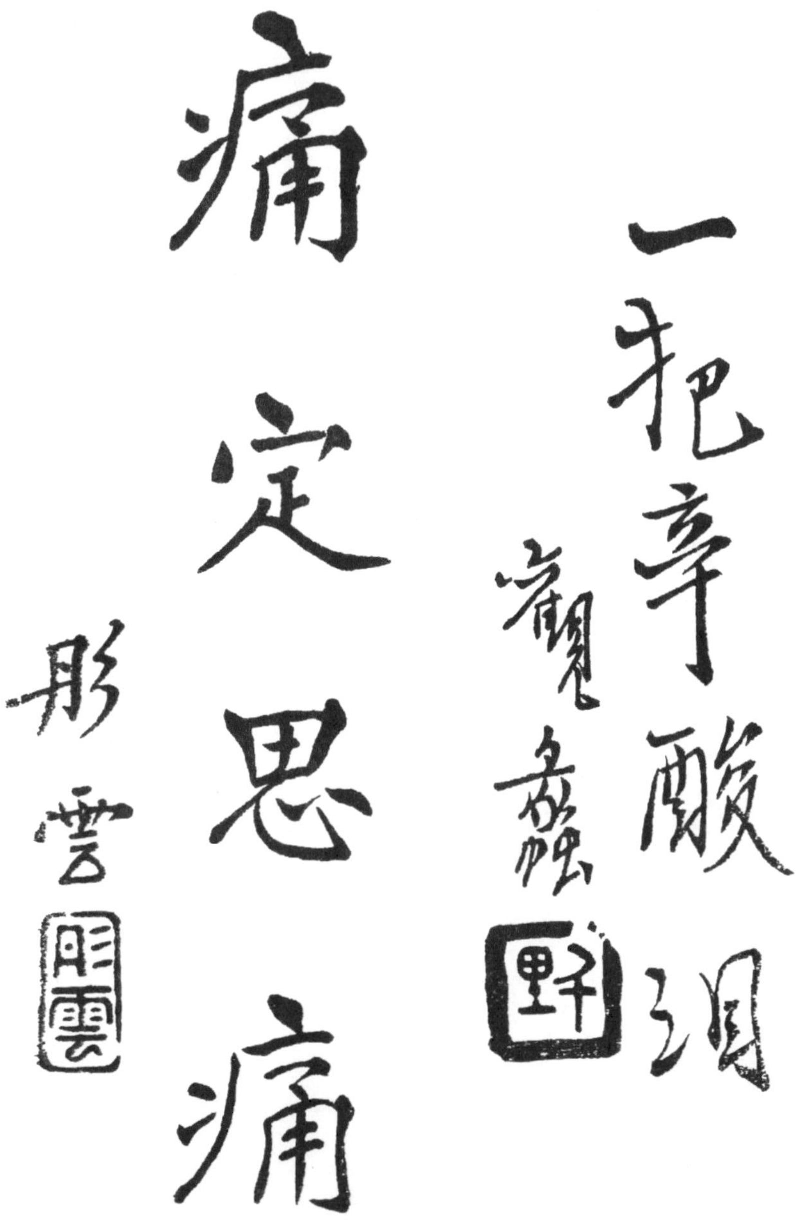
一把辛酸淚
痛定思痛
彤雲

題詞

無錫戰史

閲逢困敦　甯河興兵　烽烟蔽日　鶴唳風聲
四郊剽掠　民不聊生　首遭蹂躪　吁嗟蓉城
張騫神勇　師旅南征　敵人奔北　浪息鯢鯨
湖山再造　功績恢宏　余慚投筆　願請長纓
斯邦承乏　瘡痍未平　司嵇司虢　除暴安氓
一編戰史　目觸心驚　偶題數語　感慨同情

古遂王冠軍題

王冠軍印

無錫戰史

宋序

無錫商務亞於上海而甲於江南商場無駐兵之必要而錫地非兵事上必爭之區是以澄錫之役至錫而止江浙啓釁因無錫設法未駐軍隊不過間接受損失而已奈天禍我錫去年臘月二十四之戰事發生乎前三日而戰於高資繼敗於鎮江論理應在丹徒常州間作戰而兵敗如山倒竟潰退至錫當是時也錫邑祗有警備隊一連維持地面尚不足遑云作戰鎮濤任商團總監察奉商團司令楊公翰西之命令設法布防本擬城廂內外兼顧旋因齊軍毫無紀律焚搶擄掠無所不至二十五日用堅壁清野之計撤城外商團進城協同警察消防隊自衛團等困守孤城八日國軍至而圍始解鎮濤因各公團公推担任警務從各公團之後聊盡桑梓義務然艱苦已備嘗矣茲嵇君天農等編輯戰史紀載甚詳史成而乞序於余余武人也素不能文特以孤城八日身預其事親戰禍之烈而生無窮之感觸念兵災之慘而知設備之必要縣猶國也一日不可無備此次無錫戰事若無商團之力非但城不可保而兵災之損失必倍蓰於現在之數也噫痛定思痛深望吾鄉父老及紳商學各界無論商團警察保衛團等設法進行量力擴充則當時局危急之際可有恃而無恐應未雨而綢繆勿臨渴而掘井斯得之矣然此猶末也至其

本則望政府修明時局安甯息內爭而禦外侮措國家於磐石之安則吾錫最好之商場永遠不致有戰事發生戰史即慘史鎮濤不願再有所論列於其間是則所日夜馨香以禱祝者也是爲序

宋鎮濤識

□侯序

圍城九日兵火滿天事後追維痛定思痛余既有無錫兵災記之刊馮君天農等又有戰史之輯分回十六積言萬餘文都通俗所以便社會一般人民之瀏覽也遺聞軼事不妨搜輯於野人耀武揚威最足驚駭於流俗者俾人人心目中知有兵災之痛苦而家絃戶誦疾首痛心當曉然於公戰歟私戰歟社會國家之幸福歟地方人民之浩刼歟武力果足恃歟人民果何由自衛歟經濟破產教育實業猶有如何之希望而可振興歟元氣既傷恢復非易後患方續設想何堪三十六萬餘之債項未償六百萬以上之損失總渺僅此瓦礫場邊可憐焦土滿園堂下貽禍池魚檢尋炮殼彈頭採作者留記念搜得金心朱木聊表刼後之餘灰而已苟欲籌真正善後方策平糶貸借工賑等雖未嘗不可救濟於一時然永久之謀令

無錫戰史

私之判尤在人心之改革自治之合羣斷非頭痛醫頭足痛醫足之謂也閱是編者普通觀念創鉅痛深作邑人活刼痛史觀也可作中國第二次鴉片戰爭觀也亦無不可十四年六月保三侯鴻鑑序

□錢序

馮君天農著無錫戰史成而問序於予予素不文其何以序君書顧竊有感者往嘗讀賈誼之言曰抱火厝之積薪之下而寢其上火未及燃因謂之安未嘗不嘆其深切著明而有類於今日之人情也夫吾錫人之安寢積薪之上者久矣去夏江浙釁起吾錫人乃始色然而驚騷然而動知兵禍之可畏歲底齊氏肆虐錫邑罹災獨重吾錫人乃始憤然而悲黯然而傷知兵禍之可痛然而前乎此者自辛亥革命以來十許年國之中大戰幾起小亂幾度吾錫人談笑而道之朝夕而忘之若無事也後乎此者未半年國之中大戰又幾起小亂又幾度吾錫人顰蹙而語之日月而置之若有事若無事也人情不相遠返而觀之豈不相似則我之所涕泣而呼之夢寐而存之者在他人視之孤城之守者八日兵火之交者三晨豈不亦談笑而道朝夕而忘也耶豈不亦顰蹙而語日月而置若有事若無事也耶越人視秦人之肥瘠漠然無動於其中一國人之相視而交若是則宜乎戰禍之無已而兵禍之相尋矣今馮君之書皆吾錫人之

所涕泣而呼夢寐而存者也吾錫人讀馮君之書而後知嚮我之所談笑而道朝夕而忘者在於他人皆若此其涕泣而呼之夢寐而存之者也他邑之人讀馮君之書而後知今我之所攢蹙而語月月而置之者在錫之人固者此其涕泣而呼之夢寐而存之也則將見燃眉之火灼膚之痛存於人人而何有於積薪之可安哉予錫人也孤城之八日兵火之三晨涕泣呼之行不盡夢寐存之有不足矣讀馮君書烏得而無感即書以爲序其尙有當於馮君之旨也夫

民國十四年夏日伯圭錢秉璜識

淚痕慘跡

吳敬恒題

□浦序

吾邑南通姑蘇北控毘陵雖有太湖惠泉諸名勝然以地勢論不過彈丸黑子初無險要之可扼亦無形勢之可言自古兵家所不爭吾儕小民亦得生生世世藉以避兵革之禍者也以曠世不逢兵燹之地乃

無錫戰史

無錫戰史

竟突然有戰史發現豈非事之至奇者溯吾錫之有戰兆禍于齊氏之以重兵壓境當齊氏蹶起滬上登高一呼舊部響影奄有蘇淞常鎮四府之地爲齊氏計自當悉其精銳疾趨高資龍潭以爭龍盤虎踞之金陵即使退一步而言亦必扼守京口保蘇常財賦之區以固根本乃計不出此局促于一隅以成甕中之鼈吾知奉軍未來齊氏早立於必敗之地矣況齊軍志在搶掠馬路北塘一帶悉遭蹂躪皋橋泉橋一帶闢爲戰場吾邑何不幸而遭此浩刼亦何不幸而覩此血史也以七十萬人民所託命而易一無意識之戰爭見者傷心聞者酸鼻是不可無以紀載也今也馮君等目覩經過情形而又富於思想飽於筆墨遂就現成事實編成歷史讀都全書都至三萬餘言其事奇而纍其文雋而工寫照傳神仿摹逼肖此固小說家之珍珠船其價値自當于夷堅睽異中求之矣書既脫稿付梓而徵序於予予以國家患貧社會生活艱窘貿然舍教鞭而從事於對外貿易冀以工藝發展貧民生計已五載于茲矣工作之餘藏勤勤年有三百六旬月得四十五日殘編禿筆束諸高閣又何暇坐擁書城珥筆爲文既辭不獲遂略敍數語以博閱者之一噱

民國十四年夏梁溪子敬浦應龍敍於落成新居

▣曹序

曩讀揚州十日記雖區區小冊子而陰森之氣逼人眉宇慘酷之狀描寫無遺令余目不忍覩口不忍讀而又令余不釋忍手也蓋著者身歷虎口九死一生其當時之驚心動魄誠有如俎肉釜魚之莫或倖免嗚呼其人眞其事眞而其文字亦不眞而自眞矣所謂以淚和血濡墨而抒寫者非邪故讀文者不在其文之眞而在其事之眞不在其事之眞而在其人之眞况亂離之餘倉皇之際痛定思痛振筆直書有不令人感慨而泣下者乎馮君天農等因鑒于去臘盧齊之役孤城八日危如纍卵幸賴楊翰西先生等宵旰勤勞得保無虞而四門之外則深溝高壘彌望皆兵居民絕跡盧舍爲墟誠洪楊以還未有之浩刼也馮君家居城外適當厥衝入虎狼之羣臨鋒鏑之地見聞較切記載自確雖彼烏合之衆垂死之獸不如昔日清軍乘勝入關大肆淫威之可慘然中原扳蕩國家多故地方元氣久已殘破重兵壓境其胡以堪此馮君等所以有斯集之刊而不能已于言也國人手此一編亦知亂離之可畏人欲之無窮常存警惕之心毋作怠荒之舉國是前途庶有豸乎

乙丑夏日曹君稼謙於錫報館

無錫戰史

無錫戰史

馮序

無錫工廠林立商業繁盛東南區域之中夙擅富庶聲名西歐游歷之士咸稱發實市場也然而民情懦弱未經風鶴虛驚人性浸安酷愛和平局勢農士商學各事其事各業其業由來已久豈一朝一夕之故哉詎意天災人禍浩刼頻臨戰爭消息屢見報端惡耗傳來漸成事實吳越同胞熙熙攘攘郅治永隆衽席長安久已如一家兄弟之親愛焉湖自軍閥爭權窮兵黷武鬩牆起釁生靈何故均遭塗炭甲子秋令旣已飽受惶悚乙丑春初遽更兵臨城郭哭聲震野愁雲遍地孤城被圍延幾經旬父老痛苦子弟奔馳闔城人士慘若甕鼈鱗也不才念祖墓之在茲痛梓鄉之糜爛仰天椎胸心膽俱裂由是屏棄家園效馳商團赴湯蹈火夜以繼日奔走駭汗義不容辭徒見羽書紛檄一夕數驚竭澤而漁民無噍類而已最痛心者齊軍纍萬明火執杖刼掠民居錦繡商場盡成灰燼雖經披髮纓冠執干戈以捍衛之然城外菁華焚刼殆盡各鄉村鎮虜掠無餘每一回首不能不泣然流涕讀然心傷者久之秉筆記載猶覺戰慄不置也比者兵災已過境往情遷邑人上蒐討血史纂集成編以垂後世此誠洪楊以後至可悲痛之刼難大可紀念之事實意者經茲鉅創殆亦剝極必復貞下起元之預兆乎是則僑鄉不佞又將轉而爲希望也

歷盡艱辛幾瀕顛危余雖不文焉可無一言以序之

中華民國十有四年五月朔日邑子馮家麟雲初氏序於景雲廬

▣題詩

幾度滄桑幾度愁鐃歌聲裏試登樓春郊二月荒寒甚莫怪放翁悔典裘

九龍山色換春晴指點墦間有廢營臺樹荒涼人事變始知道濟是長城

中隱紿翁敬題

▣無錫戰史題辭二十八韻

紀元十有三歲星躔斗子江介早秋涼廣劉戰雲起征調出下邑寡命亦勞止喘息告暫休饑饉繼悲喜

俄驚捲土來卵壓錫山趾屯兵列萬幕鐵軏耕車駛司命覷今宵未及黃羊祀當街走貔貅出柙畏虎兕

搜索到窮簷而況闤闠市或遇乃公瞋可憐室如燬孤城羃如斗重圍環百雉楊公邑之彥吾儕固桑梓

匹婦泣辛壬危巢愁戊己八日邊驚魂年頭與臘尾卒歲賦無衣渾忘增年齒將軍天上降邏馬烽烟裏

風雪奪崐崙衝塞有壯士灑水苻堅遁棄甲如棄屣黃髮正少年裘帶何纚纚八家負郭多門巷堆爲蔚

老弱萬中育蟲沙陣前死蒼生性命賤毋乃等螻蟻破涕問湖山湖山亦被痏丁令倘歸來劫灰難辨視

百日兩滄桑神仙一彈指古有流民圖今有佚史氏千家野哭聲覼縷詳能紀梁鴻歌五噫終古溪流水

百詮氏敬題

無錫戰史

無錫戰史

題詞

神州匡復　政體變更　共和號召　徒有虛名　十三寒暑　水火紛爭　國無寧歲　民不聊生

紀元甲子　江浙搆兵　奉方發難　烽烟再驚　汝南反抗　蘇供犧牲　清河命駕　大舉南征

九龍之麓　師旅連營　槍林彈雨　何處避贏　桑梓父老　肝胆並呈　巡防扼守　八日孤城

彼蒼垂鑒　順逆分明　勢如破竹　旦夕功成　困危以解　禍亂遂平　一編戰史　摹寫其情

千百載後　永作風聲

江祖岷

粵若春秋　日無義戰　降及近代　日見紛亂　窮兵黷武　民受其害　藩籬盡撤　邦本其危

在吾梁溪　六旬安甯　洪楊刼後　再遭兵刑　揚州十日　同茲慘象　捧讀血史　我心如傷

周鐵敬題

高序

溯自吳越失和陡起戰禍一次不已甚而至再吾邑適當其衝時維殘冬邏羅浩刼潰兵搶掠縱橫徧十七市鄉之遠摸金置尉窮搜歷八九晝夜而强迫夫皮冠遠來戰雲起惠麓蓉湖之間齊督東來散兵遍蘇境下流各縣嗚乎歲未安渡桃符不春紅羊兵燹以後相距六十年邑人又遭此大難是豈治亂亦有循環耶今馮君等有戰史之編索序於余稽誌數語以實簡端

絲吐業公會總董叔方高坰謹識

張序

戰爭乃人生天職和平爲癡人夢想此乃哲理上之定論也卽如民族不滅之主因亦賴此戰爭之力爲多其在國家之興廢人類文野之區分更莫不由此戰爭之勝負以爲判況詳察時間空間無時不在戰爭劇烈之中據此論戰則戰之爲功實有創造進化之能裨益於國家與民族者也吾邑客冬之戰既無國家與民族之關係又無促進社會一事一物之意旨僅恃兵權在握任情凶殺實無異於大規模之盜劫考之歷史政治諸學謂之個體相殘匪黨混殺盜掠肆虐則可謂之戰則未免過當也惟以邑紳之義守孤城災黎之痛遭一切工商業之被殃繁華市場之焚燬理應永誌不忘藉作來日昇平後追念中華民國十四年甲子季冬軍閥禍國殃民之罪惡以求公理制裁之佐證然對諸治亂保城拯吾民於水火之人自當表其歌頌之意爰書所見弁諸簡首

中華民國十四年五月張桐序

楊序

春秋無義戰五伯迭起猶託義以興師不失除暴討賊之名今則並此而失之奚有乎義蓋自民八干政變亂相尋卒而勝義則不顧矣試問齊氏此次構兵師出何名職解而甲不解兵休而復用兵丁男被甲丁女轉輸闤市變爲荒涼華樓化成灰燼生者愁苦死者冤亡圖一己之私快不惜殘民以逞然邑民苦矣重遠由京返里睹斯慘狀傷也何如吾友馮子天農在戰時服務于城外救護會救護災民頗著勤勞

無錫戰史

而冒險犇走於搶戰區域故當時情形較城內爲詳爰有戰史之編書成索序于余余見而奇曰何者是其詳且備也照片之搜羅配色之審美吾知馮君殫費心血矣迨夫一書告成洛陽紙貴博一辈贊美不知作者已嘔出無數心血矣雖然彼馮君個人之心血奚足論而書中血跡斑斑讀之令人痛哭不止也是爲序

中華民國十四年六月重遠楊祖烈識

楊序

夫以錫人寫錫地戰史其悲痛爲何如哉以耳聞目擊搶掠焚殺而寫搶掠焚殺之慘情災事其悲痛更爲何如哉馮子天農錫人也耳聞目擊搶掠焚殺者也以生花之妙筆而述慘情災事之戰史其悲哀沉痛甚正不知是血是淚也雖然無錫戰史豈獨錫地戰事之紀念冊已乎吾讀是書不禁重有感焉惠山一役犧牲性命不知幾許焚毀房屋不知幾許彼搶劫者不知幾許有形無形之損失既若是之大錫人莫不仰天嘆曰此亘古未有之浩劫也此吾錫之大不幸事也吾獨曰吾錫之大不幸正吾錫之大幸事也何則人生幾許所見所聞者實有限境此亘古未有之浩劫實不可多覯吾人既遇此浩劫之境適足增吾罕見難得之機會而長許多之智識回憶孤城八日之慘情災事非若電影院中之幻劇乎此勝彼敗此敗彼勝逐鹿爭競戰場人物非幻劇之幕中人乎一旦勝敗分事勢平正如幻劇演畢固空無所有仍歸一幅白布而已無如今日國中之幻劇過多演無已時而終不見白布之原狀也嗚呼勝敗無常循環不息勝則爲王敗則爲寇白雲蒼狗變幻無定功狗功人蓋棺論定逐鹿之人意爲一世之雄不知旁

觀者正笑其愚不可及也今日之禍首非昔日之偉人乎今日之偉人安知非將來之禍首耶今人不暇悲昔人後人復不暇悲今人世態人情既炎涼如此而爭權奪利復熱中如彼可爲長太息者也近年國內戰爭終無已時其實尚非國人之本心同胞殺同胞不過爭一己之私利不惜犧牲同胞之性命軍閥之愚正外人之智也外人不惜資財競借債款與軍閥於是黨同伐異戰爭不息軍閥受外人之惠無形中實受莫大之災也不觀惠山一役人民避居滬上租界者傾國傾城不絕於途人民腦中祇知藉外人保護不知作祟者正即是外人也如此深謀遠慮非至亡國不止亦可爲長太息者也無錫戰史描寫搶掠焚殺之慘情災史宛如一幅哀民圖使讀者生無窮悲痛然不幸之中使吾人得無限之感慨增難得之智識於以知國內戰爭之愚藉可測外人之深謀遠慮國亡不遠矣此書豈獨錫地戰爭之紀念冊已乎馮子誠有心人也感而爲之序

一九二五嘉蘇楊軾序於芙蓉山館

■題無錫戰史（新體詩）

嫺清女士

殺氣充滿在大自然界，
　血腥般風吹遍了宇宙；
摧折了生命之花；
　滿足了强暴的欲望。
世界本燦爛而完整的；
這樣，便慘酷而破碎了。—

可愛底和平之神啊！
　求你勿再躲避吧！
殺氣充滿在可愛的故鄉—無錫—
　戰雲瀰漫着，
把錦繡而富庶的故鄉；
千穿百空地不成個樣。

非戰是人們渴望的福音！
　人們本是慈愛的；
爲甚笨愚地自相殘殺呢！
　蹂躪了生命之菓，
這是何等沉痛的事啊！
一九二五·六·八作於賞菊齋

無錫戰史

無錫戰史

寫在馮天農編的無錫戰史後面

楊錫類

可怕的灰色動物;怎的跳躍前來?怪可惡的,像餓虎一樣猛撲了家鄉一角,又蹂躪了無錫半縣。末了,脫着獸皮跑掉了。可是完整而絢爛的地方,弄得像破燈籠一般!唉!我們惟有求非戰;熱烈地鼓吹非戰;同時還要作廢督裁兵的大運動;實現和平之花,開遍了寰瀛。尤其是要促兵士們的覺悟,禦外侮而戰,則戰;要是內訌,情願在營中休息的好,何苦同胞對同胞,自相殘殺呢?

介紹

無錫評論

為錫社出版物之一評論邑事洞中肯綮言人所不敢言誠關心邑事者不可不備之書

三日刊

為楊慕蘇所編佼小玲瓏頗見精采轟報不轟以此消遣可為酒後茶餘之助

血淚潮

為安劍平所編滬案後應運而生之刊物也愛國同胞不可不閱

無錫週報

內容豐富記載翔實為無錫別開生別之報紙特為介紹如右

(以上書刊五大印務局均有代售)

自序

嗟嗟龍山無靈谿水黯澹風雨恣其淫威日月黝而匿采猿鶴驚怨草木若喪是何天日呈此景象刻丁風雪之殘年鼙鼓之頻敲而酒鶴喪告驚歲不安渡慘劇開幕滿耳聞悲旦之聲惕心動魄張目見失羣之羊則潰卒三萬方壓毘陵而來城防五門已聞驚而閉於是槍聲四起搜比戶之金鐍焚燒警告繩咸陽之祖武未幾鄉外壯士借胡兒碧眼以俱至皮冠佩劍歌塞曲嘹喨而齊聲拔趙幟于惠麓冀民情於安堵然而危城八朝豈亞揚州之十日窮搜一週聊勝嘉定之三屠幸也黃虎守城留一綫之菁華與宋末余壇義民守城事足以後先輝映焉僕也不文生此叔世感四方之多難哀匝地起戰雲蒿目時艱呼天籲訴無已亞畢有言苟全性命於亂世不求聞達於諸侯則刼後餘生甯無怍慰客有以戰史相屬者誠以此遭所遇較之紅羊浩刼有過之無不及猶憶髫齡時聞父老言長毛二字則心惴惴然不克自安而當時慘迹無有統系之記載後人引爲遺憾今茲遭逢大難全邑現一大之裂痕實足垂爲悲痛之紀念戰史之編要亦留鴻爪而已書中所記擇其犖犖大者掛一漏萬在所不免凡我同文幸辱教之是爲

自序

序。

中華民國十四年歲次乙丑國恥紀念日國鈞馮天農識于清心齋

短兵狹巷苦搜尋，校尉原來號摸金，日暮炊烟青不起，幾人溝壑化兔禽。

官書一紙吏人何，強拉丁男夜打門，漫說唐朝天寶事，於今親見石壕村。

（國鈞）

楔子

天農

語曰佳兵不祥又曰兵猶火也不戢自焚黃帝戰蚩尤而用兵原屬征服蠻夷之邦而出此故養兵所以衛國用之對外則可用以對內則未見其可也後世人罔識養兵之道或則竊國篡王以稱兵或則爭權奪利而互殺以萬人之頭顱供一姓之肥私大之將成五代十國之亂小之亦釀成唐末藩鎮之禍銅駝荊棘曾未稍減寖假至于民國革命之幟雖張割據之風未泯高唱共和之政體實則四分而五裂當局以統一相號召全國則棼亂而無已督軍以地盤爲至寶以擴充兵力爲保持地盤之不二法門於是欲排除異己不得不以兵戎相見而我小民苦矣吾邑此次所受兵禍實洪楊以後所罕覩六十年來東南半壁相安無事一次革命二次革命江浙二省未受重大影響李秀山督蘇北廷屢命攻浙吳越危險千鈞一髮李卒不忍生靈塗炭呼籲和平後竟憤而自戕當時未至爆發人民方相慶幸不意客歲秋季江浙戰禍竟不免矣然戰禍僅及劉河嘉定青浦間吾錫不過間接受其影響迨江浙戰罷關外戰事方酣忽傳北廷政變奉軍退出戰線揭櫫和平於是吳佩孚敗矣曹錕倒矣長江各督搖動矣齊督出走滬瀆

無錫戰史　二

孝旣之禍似不應再起而聯蘇齊苟不忍棄蘇似不應離甯而之滬藉曰秦皖一電而使之離甯然齊覺因甚張允明秦皖二人而即時攻甯矣如此吾錫之浩刼大難不復可免矣夫自廢曆廿四日起至小除夕止爲搶掠焚燬時期大除夕至今歲正月初三日止（吾邑習慣用夏曆從俗也）爲戰爭時期試問搶與戰同時並見於吾邑邑人其將奈之何哉吾述戰史不得不追述戰禍之原由客曰使齊督在甯與盧宣撫使斡旋即敗亦不致潰滬甯路而走今由滬而攻甯吾錫會遭其蹂豈有刼數耶客又曰使無客歲江浙之戰齊部六師不致潰亡即亡亦不致以土匪補充即吾錫不爲土匪所擄此冥冥中亦豈有刼數耶余唯唯若聾而記之如此

廢紙利用

當無錫在沒有被刼和沒有戰爭的時候；許多人主張拆城。我想經過這番痛苦以後，這拆城的聲浪！不知又要幾十年後再聽見；但是照江陰縣城又覺得靠不住了。我以爲拆城不如平山，假使錫地沒有龍山，那末，當然沒有險要可據，戰事就可不在吾邑發生了。所以主張拆城，不如主張平山。呵呵！　（小馮）

欲保險者注意

怡和水火保險公司之特點

本公司開辦最早駐錫經理亦已有年信用卓著賠款迅速久爲錫邑人士所歡迎毋待喋喋爲也方今保險事業日形發達非甄別公司愼加選擇不可而本公司資本既云雄厚自屬穩妥可靠且保款克己凡廠家棧房住宅店鋪欲保保險者幸勿交臂失之

駐錫經理華啓鵬啓

寓東門外亭子橋下宏泰繭棧電話六百四十號

旅客注意

陞昌旅館三週紀念大減價

本旅社開辦迄今已三稔于茲房間之清潔侍奉之週到價目之克己早爲顧客所贊許今舉行三週紀念特大減價五星期照碼四折一律小洋如此便宜機會旅客幸勿錯過也

館址　漢昌路玉和春茶樓對門

電話　三　號

攝影界之新紀元

諸君要拍最新式的美術照相嗎？

請到公園路天眞照相館來保你

心滿意足

公園天眞照相館照相主人過志毅於攝影一術經驗最爲豐富最近復從英國著名攝影家麥濟學習美術照相刻已學成回錫並備有最新式海利亞鏡頭所攝之影光線合度並能將被攝者之态勢神情充分攝出較諸尋常攝影有天壤之隔誠足爲吾邑攝影界闢一新紀元也

感謝

喉科 張嘉炳先生
兒科 曹鍾英先生

小兒玉振病喉時余適有事之滬上家人請吾友嘉炳先生診治一劑知二劑已又上次小兒病瘍蒙鍾英兄蒞舍診治隨獲霍然一併鳴謝

馮天農謹啓

第一回

驚心動魄三萬兵抵錫　愁雲慘霧五城門緊閉

萬千頭顱綴山河　四顧中原逐鹿多
厭亂小民無淚哭　幾時能奏昇平歌
滿佈殺氣九龍山　丘八忽焉動地來
槍砲聲聲驚四野　公候博得幾人回

話說天下事有久治必有久亂有久亂必有久治遠考史冊近證列國罔不皆然我無錫自髮匪擾亂以後已享受六十年安甯此六十年內士安於讀農安於耕商安於市工安於作以故人才輩出商業興旺工廠林立實業丕振自鼎革以還又新闢馬路北里一帶又呈一番新氣象而人民亦習於奢華花天酒地酬酢殆無虛夕一席費動輒十金左右矧以滬錫交通便利凡滬人一舉一動及服裝遊戲等錫人靡不從而效尤故近年來吾錫有小上海之稱客秋江浙戰起蘇軍運兵過錫在火車中見新世界無錫飯店之崇樓傑閣儼然歇浦天韻先施之縮影入晚電炬四射照耀如同白晝嘖嘖羨曰此好地方也（禍

機隱伏）這却不在話下有一老者於伏臘殘年眼見西北角天空中現一道灰紅色雲大呼奇奇（奇出禍來）怕不是含有殺氣耶一路信口雌黃呆自行走目戴起玳瑁邊眼鏡手執着旱煙筒且吸且談一縷白烟與其白鬚相映成趣信步跨進茶肆坐下啜茗又大肆議論四座聽見都爲震動以爲江浙戰事甫過瘡痍尚且未復地方元氣猶是傷壞豈堪再有殺氣惠臨（客氣客氣）此老者誠老糊塗矣但是聽衆雖或有譏其妄談不以爲信而表同情于老者則側耳靜聽且移茶就近詢其究竟耶老者愈覺興致勃發又大講紅羊軼事起來大說自四月初十日破城以前天空中亦發見許多異象若掃帚星等不但天空如此且地上亦發見奇異之徵象異象維何即七八月中開桃花二三月開桂花洞憶破城之時髮匪自廣東廣西而湖南湖北沿長江打到江浙二省長毛卽翻山而達吾邑一部分由水路趕到當時逃避者攜老扶幼雇一小船須二三千文（二三千文猶今之二三十元）之譜河中扁舟首尾相聯無錢者則就近逃往蘆柴桑田中墳田中等處大哭小喊慘不忍聞遇小兒啼哭卽強悶致死其故因長毛自踏進長江流域以殺人爲壯聲勢當時殺戮之慘及今言之猶覺毛髮悚然悶死小兒卽所以保父母父母可生小兒小兒不能生父母苟使小兒啼哭則避難卜落被長毛探知豈非大小不保試問小兒爲父

時疫愛現今肉票盛行擄人勒贖之事時有所聞富家小兒擄去要是取贖動輒須幾千元幾萬元方可甚至數十萬數百萬亦說不定以人家貲產多寡爲轉移那時髮匪光降爲父母者因保性命起見覺背下此毒手將小兒悶死實亦逼不得已也云云嚕嚕嗦嗦說得涎沫四飛而聽衆津津有味覺得出神起來原來老者已七十多歲經過髮匪之亂故能詳述當時慘迹地方上人叫他滿清遺老姓金名清民金老人說得口渴已極審地又衝出一位少年說去年秋間我亦常見天空中一大紅星至夜半子時發見足足有一月之久方始不見此豈亦有緣故惜吾儕不諳天文否則大有研究之價値話還未完又一少年接口說在前天晚上天上又下起一種怪雪作灰黑色落在身上宛似黃沙不久即融化不見在黑暗中以電筒照之若顯微鏡照微生蟲然一點點下落於是又互相研究起來說這是不吉之兆紛紛議論頓時茶肆中熱鬧異常閒話少說書歸正傳又過三日正是臘月廿四日常州打來電話說有三萬潰兵將次到錫須防備云云當時北里幾家大商號及幾家銀行錢莊急將現洋移匿城中縣知事林幹才商團公會長楊翰西及各公團領袖都焦急萬分在商團公會互相討論防制方法當時在急促危迫中決定由商團出任維持林知事等赴車站與官長接洽迨十一時十分但見車頭七拖車百餘輛蜿蜒如長

蛇由常方開來（大禍來了）站長阮國瑞邑人也情急智生急將綠旗亂揮意欲使之前開不許停留無如車頭上均有蘇兵監視司機人沒法只得停下計自北面外揚旗停至南面外揚旗後足足有半里之遙車甫停兵已下車此時三萬餘兵如出柙之虎雖有官長已失指揮彈壓之力內中尤以第六師兵因去秋衝鋒及中地雷陣亡過多新自徐淮一帶招來補充試問未經訓練之卒紀律自屬不佳潰退至錫豈有不搶之理維時林知事正乘輿前往車站接洽欲招呼官長午餐猛不防兵士不識奚開朝天槍二響嚇得林縣長棄轎進城連忙打電話各分所說大事不好了不好了快將城門緊閉當時馬路上逃者逃叫者叫上牌門者上牌門實行非常罷市攜老扶幼大哭小喊或則面現倉皇之色或則肩包作避難之舉一片紛亂景象煞是可悲可觀在這紛亂狀態中槍聲已經四起原來彼等開槍是示威連勸並非要殺人民人民却嚇得靈魂出竅手足無措於是三十六着走爲上着愛財物却不可逃愛性命則惟有遠避蘇兵一見居民逃避乃從容挨戶搜刼高興起來還要開槍湊鬧熱正是

未過殘年先受驚　大禍臨頭苦小民

欲知後事如何且待下文再表

第二回

□危城中一片哭聲　□馬路上半成焦土

話說蘇兵潰退到錫即肆行搶劫在這當兒開搶之際作者先將潰退以前情形申說一下原來齊燮元督軍自下野後在滬上暗中與浙督孫傳芳結合將自稱爲滬護軍使之張允明逼走孫傳芳又將陳樂山戰敗齊督更將蘇州獨立之秦洸驅逐於是乘勢欲直搗白門先電命鎮江吳恆瓚部下先行發難吳部奉命即與奉軍在高資間接觸雙方旅進旅退初無勝負不意奉軍從溧水句容包抄襲擊吳部漸覺不支然尚猛力支持以待援軍之至待後援軍抵常一面微聞前線不利一面誤聽間諜謊報謂鎮江炮台要塞司令經如何如何之後預備倒戈相向不宜前進云云官長乃開軍事會議僉以武進無險要可遂決退至無錫再作道理於是即行退錫另一部份約三十餘人遺漏常州致常州北門大街及城外一帶亦遭搶劫彼退錫之兵更實行破壞主義退下一段拆毀鐵道一處退至無錫沿路共損壞軌道十餘處之多故蘇軍一到無錫逆知敵軍修理鐵道頗費時日故從容放心以搶財物而當時邑民因受蘇軍搶掠之苦莫不引領以望國軍之速至一日不至待三日三日不至待五日待五日不至羣疑國軍南下

無錫戰史　　六

軍隊不多實則沿路軌道損壞極多修理頗非易易也表敘明白又欲轉吾筆鋒說到搶刼情形蘇兵下車初無搶意後至馬路尋吃飯見各商店無故罷市罷市後又無端逃避于是蘇兵見財起意即行搶刼（民負兵乎兵負民乎）維時蘇軍旅長王凱慶高良山馬葆琛等猶在無錫飯店與警佐李乾一侯惕承及地方公團領袖暨水警區區長程星三等討論給養及駐紮等問題猛不防外面槍聲已起在座者面面相覷啞口無言即無結果而散那兵士等即分批出發搶刼一批向周山浜搶刼先被搶者爲新泰盛米店恆益豐糟坊同慶餘藥號一批向馬路而搶先搶者爲華得利亨得利鐘表店（兵愛手表甚于愛金）紫陽觀茶食店及楊恆泰米行等一批向顧橋北柵口而搶維時一種社會的混亂狀態不可言宣人民莫不奔走駭愕驚惶萬分西門外南門外人民一聞城門驟然關閉知已發生鉅變打電話探消息者不知幾許司接電話者爲女子此時却不慌不忙衡接電話實堪敬佩維時人民咸知到有大批潰兵開始搶刼均相顧失色路人則談虎色變飛馳而東南西三城外亦已相繼閉市預備逃避者則包裹細軟雇定船只先將妻子寄往遠鄉男子則出外探訪搶刼至如何程度街道中僅少桃符春聯否則一若新歲中情景少頃又聞城中被搶人民疑城防已將失守更爲胆落實則齊兵十餘人在城門未閉之前衝

人城內將蔣天寶銀樓搶刼後又欲圖刼松茂祥而未成因警察商團已彈壓而至逼令出城下午二時許槍聲已稀城門忽開人民互相疑惑又互相驚喜疑城門何故忽開忽閉喜蘇兵或許開去不知當蘇兵搶刼之後幸有商團公會長楊翰西和監察宋靜廷與齊兵十九師旅長高[illegible]山有同寅之雅而與第六師王凱歷旅長同爲上級軍官亦相知有素特請宋出任接洽宋即慨任艱鉅赴車站請王高等嚴申軍紀約束部下經王高等應允隨派兵士二排一駐通運橋一駐通匯橋禁止兵士不許持械過橋地方少見安靜故城門復開也不意五時許高旅長向縣知事索提軍費五萬元林縣長急邀公團領袖至縣署開壽堂開緊急會議結果決向銀行界商借五萬元當夜先湊現銀一萬元請宋靜廷將籌款爲難情形向高旅長等委婉進言那知高等索餉之時北城外已搶得不可開交槍聲較日間緊密城門更不敢開矣八時許咸康布店被焚延燒麗新批發處榮盛新衣店綸華洗染公司及對門三一公司振元五金號錦豐布店等火光燭天不可嚮邇是晚居民均不敢安臥而居住被搶區域內者則連夜遠避鄉中周山浜梨花莊小粉橋冶坊等各紗絲廠之夜班女工因住宿工房中大都被其蹂躪而良家婦女亦有遭殃者一片哀號呼救之聲慘不忍聞當時有詩爲證

個個男兒腰佩刀。　頭戴軍帽身穿袍。　大同主義今實現。　窮乓一時意氣豪。

兩三絲姐服新裝。　窈窕娉婷覓小郎。　丘八一見魂也消。　擎來便作押寨娘。

話說齊兵動手搶。後自周山浜通運路梁溪路漢昌路交際路東新路萬前路光復路前後太平巷迤邐至麗橋下北柵口江陰巷外黄泥橋笆斗弄靈華弄老戲館河埒里大橋街東門外亭子橋等處無不被遭搶刼而埦頭弄因巷門緊閉電網高架未遭波及僅章萬和酒店錦泰隆茶食及某小旅館略受損失蓋爲河中船只而來未及防備故也然布行弄長安橋幸保安全者此巷門亦與有力焉半夜一部分兵擬攻北水關幸商團開槍應敵未得攻破而去于是商團在各城門外裝置電網至二十五日盛傳齊撫萬督軍到錫市總董錢孫卿商團公會幹事馮雲初二君掉集鈔票派員縋城而出送至旅部洎乎午候齊督果至亂兵搶掠稍止忽又傳總司令部將移設城內五城門四水關須完全開放城內居民咸于城外之慘罹焚掠聞訊無不流淚（此爲小哭）如待死之囚旋經宋靜廷探息齊督實無移設司令部于城内之意衆始稍安那知一波甫平一波又起林知事對於齊部之徵發供應已覺不能對付詎爲城關交通一事旁晚忽有自稱兵站司令者在電話中將林知事嚴詞詰責謂奉何人之命竟敢緊閉城關堅拒大軍進城總司令深爲憤怒等語（不禁爲林縣長揑一把汗）令將五城立時開放林君接電大慌不敢詳叩姓氏急掛聽筒一疊連聲遵命隨請各公團領袖立刻進署磋商啓城與否辦法林君亦請宋靜延至車站探詢知爲少數軍官不滿于閉城一事故假電以相恫嚇並非齊之本意消息傳入城中人心又暫稍安入晚一部分兵因不得入光復門回身遷怒于孟淵弄永大典當在十一時許即大放其火霎時火舌四飛紅光滿天保安救火會幹事袁月泉冒險率隊灌救致未成燎原然而可稱得無日不搶無搶不火矣一至二十七日大勢愈覺危險齊燮元忽更委前本邑稅務所長徐景華爲縣知事（禮拜知事登場）林君處强權之下祇得於次日令其長公子將印信齎送出城至無錫飯店交與齊氏接收已則退居於第三師範徐接事後第一條爲開放城關並謂如不開放不負保護責任等語爲恫嚇之計城內居民處於城外無處不遭蹂躪明知開城後必無倖理然處於積威之下又無敢違抗遂設法請徐氏入城集合各公團暨地方父老在四鄉公所開歡迎會徐氏到會仍力主開城時公團領袖地方父老不下百人莫不伏地痛哭叩求拯救旁觀盡爲掩泣。此哭也爲有價值之哭爲不得已之哭邑人其勿忘可也）正是

花團錦簇變瓦礫　哭泣哀求盡酸鼻

欲知哭泣後徐知事如何對付且待下文再表

第三回

□率健兒楊公守孤城　□救災民紅會盡天職

話說城內民衆齊聲向徐景華知事跪哭求救之時一片淒慘景象非一枝禿筆所可形容與城外逃難婦孺之哭聲堪稱內應外合徐氏雖爲齊督心腹此時爲哭聲籠罩迫於公義始允將開放城關問題延緩三日俟城外秩序回復再行酌議並定城外爲徐氏辦公處所方公團誠恐縣署卷宗或有散失公推縣農會會長顧彬生君爲一科主任調排舒齊冷不防新知事又來勒索兵餉三十萬而且限三日交款邑人忍死須臾極盡搜羅之能事湊與現銀二萬元交與徐氏這且按下不表却說此番城防未致失守商團厥功最偉然邑人僅知商團守城之功而不知尙有閉城之功當齊部潰退至錫楊公會長亟招宋君靜廷宋君自鄉趕到楊君一見卽云你來我心定了乃開一度會議通知各支隊出任防務諭令城內商團不准開槍城外則相機辦理令甫下潰兵已由通運橋直下擬進北城門維時紮駐黃泥橋之商團

第二四支隊隊員聞訊亦開排槍嚇得潰兵倒退而回十足從容關閉城門　而楊公會長命令防務十任許頌如令第一隊支守顧橋下江陰巷北大街一帶第二支隊防守硯碉橋陶沙巷小三里橋北塘一帶第三支隊防守城內各城樓及各水關游巡第二隊屬之第四支隊防守外黃泥橋露華弄馬路一帶第五支隊防守南里及長墳上陽春灣一帶第六支隊防守西門及北門城脚西棉花巷一帶第七支隊防守亭子橋以南至陽春灣與五支隊聯防以北至小粉橋爲止游巡第一隊防守通匯橋交際路泗堡橋前後竹塲巷王道人弄黃天蕩游巡第三支隊防守小三里橋以內及大田岸一帶並責成各支隊長督率團員扼要設防毋稍疏忽而楊公會長除於日間往來於車站縣署警察所以外復於夜間率衛二各至北里各處巡邏至北柵口竟被潰兵攔住去路且因要求不遂勢將用武幸公會長才足濟變得以安然出險誠屬幸事卻說各支隊奉令防守後莫不晝夜盡責游巡第一隊長吳伯瑜在泗堡橋擒獲搶匪兩名又在隆茂米行門首格殺潰兵兩名又由游巡隊士周春在後竹場巷顧姓家擒獲搶匪二名七支隊長俞漢民吳錦雲於薄暮七時與潰兵戰於長墳卒被俞君奪得軍帽一頂槍子四粒四支隊暨綠蘇子峻督率團員扼守外黃泥橋時擊退搶匪八名一支隊長章念祖與潰兵相持於北弔橋卒將潰兵

逐至興華弄以東迫半夜一時以後潰兵愈聚愈多各團員人少勢單一支隊退守江陰巷二支隊退守小四房弄四支隊退守北大街八支隊退守周山浜三點鐘時又有大批潰兵向光復門猛撲擬力攻入城幸被擊退楊公會長因城防單薄愛調二四兩支隊進城協防又調一支隊防衛竹場巷本部楊公會長復命令一支隊暨游巡第一隊退守城中貢成一支駐守光復門二支駐守靖海門三支駐守控江門四支駐守試泉門游巡駐守梁湖門其他五六七八九等五支隊仍守原防以維秩序北里治安幸由楊公會長商諸宋警局長因彼素識之十九師營長方立勛連長孟榮桂統率所部一連駐紮錢業公會並令游巡隊長吳伯瑜帶隊士二十名駐會協防另委什遜先馬浩生二君常駐該會照料一切學生界裘維琳史揖如等組織之義務商團補充隊亦告成立委俞仁培爲隊長隨發槍支子彈暨服裝等開赴南門內溥仁慈善會駐紮補助遊巡隊協往南門防務自此城中商團已有九支隊四游巡隊一補充隊人數約在七百以上餐風宿雨冒雪巡城歷九晝夜未嘗休息可謂極筋疲力盡勞苦功高者矣當時有人頌商團捍衛城防詩云

大兵雲集楚歌聲　十萬生靈蹙斗城　錦繡湖山無存土　桃源何處避秦嬴

烽火連朝遍地愁　登城壯士守譙樓　其勤禦寇先朝烈　又拜楊公桑梓里

話說商團盡力守城，而城外難民遍地，於是紅會會員孫鑄等在協濟醫院設立紅十字分會，推孫鑄爲正會長，繆少卿爲副會長，劉士敏爲理事長，成立後即設婦孺收容所十處，救護難民至數千之多，有救護至上海者，有救護至蕩口者，嗣後復治療傷兵及病民，當時北郭一帶之難民得以出至危險之境域者，實孫、劉、繆三君之功。維時城內亦組織紅十字分會，舉華藝珊、高映川爲正副主任，畢宗禮爲幹事長，孫見初、沈錫鈞爲副幹事長，文牘幹事楊少雲、鄒同、錢湘伯、陳湛如、劉于雲、趙師會、陶希誠、陳進立、張子明、王靜安、孫孟陽，交際幹事龔葆誠、顧筠谷、施贊臣、袁鴻超、蔣仲良、蔡季直、孫銘修、楊立人、秦笠鈍、倪林若、李伯損、陶季程、華棟臣，會計幹事王新宇、華少雲、喻澤霖，庶務幹事錢仲和、楊樹寬、陶原浩、余少梅、張景仁、鄒翰臣、楊絜厚、吳仲侯、沈俊千、潘家槐、張伯倩，駐辦員陸鴻聲等，議決設難民收容所於延壽司殿（以上收容東北難民）、南禪寺（以上收容西南難民）等兩處，火車站幹事員推定顧筠閣、施襄臣，接洽軍隊幹事推定龔葆誠、徐元春、蔣仲良，城內難民集合處暫定第三師範、縣立女師、競志中學校等三處，糧食歸各倉廳借給，城內城外之紅十字旗互相飄揚，而服務地方，則一時南門外監理公會牧師周文欽周廣元與南紳周廉生龐魯芹等亦組織婦孺救護會在二十七日成立推定周文欽爲正會長周廉生龐魯芹爲副會長周廣元爲救護隊長沈梓莊副丁芥軒唐文銘爲理事長胡履仁爲評事長蔣天農爲庶務主任宋景祁爲交際主任許燕庭爲會計主任莊鳳岡爲文牘主任江鴻山爲書記主任在紛擾危亂中成立設收容所於東吳八校及永泰繭行救護隊則出外救護難民救護至收容所則分批運往浙境及申江共收難民二千餘人時上海無錫旅滬同鄉會亦組織特別救護隊此係由邑人錢勤甫迭滬報告後方行組織因維時交通已斷郵電不通錫中浩劫至第三日滬上方知乃倉卒間設隊來錫救護就中以陳斌庵隊長最爲得力但滬上輪船來錫頗感不便因沿途潰兵搶滿財物後見船封船以便遠颺而輪船最爲歡迎故輪船來錫者絕少倘有濟生會亦由滬來錫救護可稱熱心之至此外吾邑聯公會浸禮會安息會亦紛紛組織收容所從事收容難民在悲慘痛苦中竟有如許熱心慈善機關拯人民於水火實屬可敬可佩正是

客秋惠麓看難民　今吾難民被人看

去秋江浙戰爭劉河嘉定間難民被吾邑救至惠麓凡看者須出小洋兩角今不幸亦做難民給外埠人

看看眞是意想不到究竟難到如何程度且待下文再表

第四回

滿目瘡痍說北郭　竭盡智慮保南郊

話說天下無難事只怕有心人今則可改天下無難事只怕八太爺拿破倫嘗云余字典中無難字難之一字不知如何解釋今吾邑陡遭兵禍搶掠焚姦無所不至試問此非難地人民遭刧豈非成爲難民誰爲爲之孰令至此誠言之痛心也此時萬千難民幸有滬地及本邑紅會及救護會等從事救護出險此且按下不表却說在被搶後一日作者嘗自南里冒險走長墳至火車站預備至周山浜救護難民並調査被搶後景象維時作者仍着皮袍及嗶吱馬褂僅臂上佩十字架袖章而已至小粉橋時一兵笑容可鞠（其實惡笑）向吾上下打量一番擬剝吾衣吾從容前進至通運橋兵如雲集自車站以至馬路交通幾阻每兵各挾香烟二大包方知南洋烟公司今日亦被搶矣余過車站至商埠局局中友人咸爲余危險有天色將晚勸余速返南者既出局至華盛頓飯店有二伕夫向余罵買特皮並欲向余借衣余告以有急事須赴司令部回來借給你們方得脫身于是心更惴惴無意留戀當時眼見周山浜搶得不像樣

兒工房民房都臨時盡義務租給兵士居住路中馬糞稻草遍地均有該處可稱除許子廣洋房第商埠局牌子未遭搶劫廣勤紗廠藉電網及游巡隊之力得以保全外餘均被搶尤以錢勤甫方壽頤二家被搶最重華盛頓飯店懸起外國旗竟亦遭搜刼每家每店一日中連刼數次者有之連搜十餘次數十次者有之余一至馬路則見一排兵假作巡邏而未入隊者仍挨戶搜刼商店門首有高貼「本店被搶」「本店被搶一空」者甚有大書特書「小店被搶完了快望天兵速救」者使兵士識丁見之作何感想也各商家高貼搶條外即以木板釘牌門阻兵入內享得利門前死一鄉民係搶布一匹被兵警見說「我們壞了名譽來搶你敢分肥嗎再給你外國蓮心吃吃」說完一槍過去鄉民應聲而倒貪小利而致喪命可憐識不足惜也又至失火地方去調查永大麗新批發處都燒個乾淨惜哉惜哉繁華變成瓦礫場矣至外黃堤橋聞友人云浸禮會西人張克生華彼得被蘇兵擄去因蘇兵誤爲俄人余問現在何處云將解司令部余亟往視則誤會盡釋已放去矣余復至大橋街調查則各綢緞莊及各商店無不被搶僅大豐以鐵柵緊閉兵無力撬開致未遭波及達昌祥與鼎餘等被搶甚傷至大橋則見蘇兵荷槍實彈禁不許過方知此爲保護北塘之十九師方營長部故北塘未遭搶刼要亦藉方營長保護之力然非一萬

五千元代價不克臻此（起先要八萬保大和濟担任五萬各商店分派二萬後送去一萬五千）折至北吊橋有二兵尾隨吾後知非好意正思對付忽見劉巡長余呼之同行兵乃卻步余更欲至西門調查下聚豐園附近見砲兵甚多方結隊而過大砲十餘尊砲彈數十箱拖帶同行詢之何往答云赴惠山布防（此乃齊之精兵讀者幸勿與馬路上兵一視同仁）抵西吊橋見電網高架方知為西區商團所設然余欲過橋南歸至此竟進退維谷瞥見河中有渡船一急奔赴渡則該船見砲兵來向小浜中逃去矣余心焦急甚擬至第三分所借宿與胡左泉所長方開談而砲兵連長急足至立囑拆電網胡君不得已允之電網甫拆兵蜂擁而過余亦藉得過橋聞此電網上有顧姓小孩誤觸斃命誠慘事也既抵西門復細細參觀西區商團本在棉花巷王偉雲宅後為審慎起見移設育蠶試驗場團員則出外防守維時天色已晚亟由西外返南返南後即以此行詳報南紳及商團警察暨婦孺救護會立時召集防守會議結果由商團五支隊與消防隊合作在各要塞如長墳興隆橋南旗站及大椿橋等據壕埋伏遇兵來則開槍天一消防隊欲斷興隆橋而未果復於陽春清名兩橋高架電網是晚有兵自南旗站來商團在大椿橋旁方埋伏第　分所長薛頌年亦在該處即獻計購襍香分燃地下排列成行兵疑埋伏者吸紙煙未敢前

造此薛君與商團退兵之功不可沒也至二十七日蘇軍陳連長派兵數人來南調查廠家若干與當若干有所企圖兵苦不知南里商團及警察底蘊遇吾友非鳳藻汁積而善詞令者也兵問南里商團團員有幾何鎗械至乎警察有幾何鎗械足乎莊張大其詞曰商團有四五百鎗械均足警察有二三百鎗彈亦全兵聞而懾焉又二日陳連長輕騎率衛兵四五人至南索四五萬元爲不搶之代價此時南紳錢假孫敎友偕周文徽牧師與之接洽有警察綽號名小東洋者從中斡旋由四萬減至二萬復由二萬縮至一萬更由一萬退至五千薛所長更以富戶人家均避上海無力籌款爲對付最後以一千五百元了之此款由三典當及振藝絲廠分任之是日既解掠亦倖免嗣後余與南紳周康生龔譽芹高仲和等幾無日不在第二分所討論防守方法後無錫中學突來十九師某連願任保護南里之責（謝謝不必費神）惟須日貼二十五元開支耒因該連慾望不奢允之未幾國軍到該連亦不知所終按南里地勢東接旗站北控馬路潰兵苟欲動手實屬易事乃竟未遭波及豈非出人意外正是

荒涼一片敍談過　猶幸南里未被搶

欲知後事如何且待下文再表

第五回

□彈雨四飛前線告接觸　□砲聲雜出皋橋起劇戰

話說蘇軍抵錫竟於短時間內將我富庶而完善之區被壞得不堪聞問邑人待齊氏又不啻去秋辦兵差供軍餉又頗出力鬼其部下又無怨仇爲甚抵錫後大拆爛汚搶掠之餘繼以焚燒北里半壁弄得不成樣兒至二十八日北門外黃泥橋登燃玻璃五金號又失火猶幸保安救火隊灌救得力未曾延及他家至大除夕細雨濛濛朔風凜冽不意至深夜三時馬路得義樓又失火起來霎時烈燄飛騰火星四射一剎那已延燒新美華談景春永和堂登興玉露春等店家當時風狂火烈杯水難救車薪移時電線忽斷電光射入對門無錫旅館遂致兩岸皆火而大新樓沈源昌等亦遭焚燬維時京津蘇滬均疑新世界亦已被焚後覺成爲讖語馬路上更不成市面當時有幻鏡館主作數十字文評之云

馬路上爲萬惡之淵藪無形之陷阱逆旅作待合之所戲場爲引誘之媒娼妓滿坑而滿谷少年失足復喪身而游民成羣橫行不法罪惡盈滿天不恕爾天不恕假兵以懲之亦知天道無親常與善人耶吾知馬路之成其興也暴也其衰也驟也吾于搶刼焚燒之後感不絕於心矣

馬路如此南里幸而保全東西門外此時如何景象不得不表白一下東門接近馬路潰兵搶刼馬路後即沿通運橋旁直趨東郭把絲廠工房搶刼殆遍亭子橋附近老虎灶被焚橋西華叔琴宅亦遭搶刼該處難民紛紛逃往南里由南里婦孺救護會收容至西門外如何情形亦當敘述一番在二十六日夜間十一時鎗聲數作棚下保仁典被搶二十七日晨棉花巷保仁典來三兵從某店索長梯二在典屋旁翻牆而上時觀者甚多兵云我們刼當干你們甚事言時以盒子砲相向途人紛避久之門開兵各攜一小包從容而去西區商團懼其報復莫敢奈何大除夕蓋紫蟾家被搶蓋被兵傷手指高道生家亦被搶而張茂才在滬乘濟生會汽船至錫取得白十字袖章及聯軍司令通行證欲救護其眷屬至滬身藏貴重飾匣近北城脚前來三兵先搶眼鏡繼奪飾匣以通行證出視不應（本軍的通行證不中用還有何說）出手鎗相向正危急間適一商團過三兵見之即擲下眼鏡悻悻而去元旦日晨聞鎗聲大發人民驚惶奔避乃於育蠶試驗所內設紅十字會救濟難民此乃西郊情形而潰兵圖城不得均竄入四鄉故全邑十七市鄉之鉅鎮幾無鎮不遭波及而鄉民與之對抗飲彈而亡者亦不知凡幾鄉中為潰兵所最注意者厥為典當尤可惡者有一班地棍引導蘇軍共搶不知時局平靜此輩均須正法如西倉周錫山在初

三日專敗兵至浦家灣董事蔡林初泊船處搜劫被蓄蔡子平自白門歸聞而怒送周至司令部竟判
死罪尤可笑者寺頭鎮德興典當被搶內有附和亂兵之楊全榮在滬捕獲解錫後竟欲畏罪自殺將腎
囊拉破睪丸流出（性命卵子可兒戲嗎）類如此者甚多一經告發與捕獲逃避者有之判徒刑者有
之判死罪者有之鄉中情形表過轉吾筆鋒說到危城城內在此數日內真是受盡虛驚防守危城之商
團弄得筋疲力竭于是各段消防隊先後恢復王峻崖桿宇明楊仞千周磐士等復組織子弟自衛團額
定三百五十名不攜槍械以石灰包及木棍爲武器二十八日南門外羊腰灣木行被搶城內人民疑兵
將搜木入城子弟自衛團紛紛置辦石灰以備抵禦之用一時城內石灰爲盡二十九日商會發出傳單
謂有流氓三百餘人窺城於是城中防守益嚴顧述之君復招集學生組織學生隊更迭守城以補商團
消防隊之不逮維時震華斷煤電氣將絕城內居民又大起惶恐幸申新三廠薛明劍允往說經理達到
轉送目的宋靜廷復請兵保護該廠得安然送電否則全邑不淪於黑暗世界者幾希是日商團司令部
移於城中旗杆下讓城外司令部於齊氏此時馬路上及周山浜電話均已不通都已被齊軍拆作軍用
電話縣警察所在閉城後急請顧毅同孫迪剛等籌辦電網分送五城門四水關嗣後耀明結算用電共

無錫戰史　二一

四千餘元之譜然効力至大蘇軍欲圖城而觸電死者頗多有斃死于老北門外者有潰兵數十人擬攻光復門商團公會幹事楊敬威前往守護有流彈掠楊君耳邊而過楊俯視地下則有兵已觸電死者在二十五日上午十時總司令齊燮元副司令李廷玉參謀長劉玉珂祕書長孫發緒等同車抵錫（來何速也）設司令部於舊海運局林知事即與楊翰西錢孫卿侯警佐出光復門謁見齊氏齊嚴令每日由地方供給白米二百石麵粉五十袋醃菜樹柴洋油醬鹽等若干逐日由警所採辦是日留侯惕丞孫蓉錫董俊之等於司令部承辦兵差齊爲掩人耳目計復拘獲潰兵三名執行槍斃以昭炯戒是日城內又組織城區消防隊在市公所樓上開會推高崇三曹景范爲糾察竇詠之陳子寬王振業爲巡查長輪班出巡至五時齊氏忽偕李副司令離錫赴滬於是潰兵復猖獗如前大洋橋兩岸各堆棧堆存之乾繭及東門外各絲廠之白絲均被潰兵搶掠一空並用艄艄船裝去運河中艄艄船首尾相連絡繹不絕此次齊兵搶掠蓋一若預定封船以備運物拉夫以備負擔勾結乞兒地痞以備引導先取金銀鈔票手飾繼取絲布衣服戎服佩刀而入綢衣韋體而出甚有以女服裹內者眞笑倒人也至二十六日第二師長魏邦彥奉命來錫充前敵總指揮設司令部于火車站約楊公會長接洽楊翰西君即縋城出外謁見面陳

兩日來潰兵焚掠情形，請求魏師長派兵稽查，以維軍紀。魏允之，但方面持令游巡，一方面仍在自由行動。惟時顧出逃之感，城內存糧告罄，託糧食公會調查，知僅全城共剩五百餘石，且價亦逐漸抬高。乃由公會明定價格，高白米以八元至八元五角為度，次米六元八角，不准居奇。窮民無以生存者，並施賑米。是日宋靜廷就警察局局長職。至十七日，齊總司令由滬返錫，即命徐景華入城接洽。徐入城後，與歡迎人員步行至四鄉公所，甫入門，楊翰西、錢孫卿、宋靜廷、華藝珊等已偕城中紳商農工法報各界百餘人伏地痛哭（此哭也開闢之傷心），大呼請縣長拯民于水火之中。一片哭聲，震動得徐氏亦即跪下，請各界起立。于是諸人含淚相將進會議室，會議救民辦法，推楊少雲君起草請願書，再三懇求徐氏始勉爲應允。一時許，徐氏出城，諸人含淚相送。此役也，以百餘人之眼淚，換得三日以後再行開城八字而已。入晚又來一警告，候惕丞打來電話，謂魏邦彥命令明日關城。本局長走待楊公會長及各公團領袖。是時城內又無不奔走駭告，一籌莫展，卒由錢孫卿、宋靜廷二君縋城出外，謁見齊氏，要求免予開城。齊以公義難違，始允不再關城。當時使無三領袖之冒險請求，則城防不失守者幾乎。至二十八日，徐知事奉齊氏命，向商會嚴令征繳兵餉三十萬，並遲限兩日繳齊（還豬油渣了，然而看得洋錢太輕，三十萬應觸片還不容易切）王克循會長急告知各公團會商解決辦法當由錢莊業湊足一萬元與業各業湊足一萬元先行解繳由楊公會長錢市總董宋警局長馮交際主任由光復門口冒雪繞城同往謁齊先是隔夜諸人商定見齊之措辭均主痛陳焚掠情形無少隱諱並由楊少雲君草一呈文滿敘受害慘狀以耆紳顧景璐爲首列名連署者凡三百餘人既見齊氏遞呈訖齊初猶高談蘇事痛罵韓紫石無良繼閱呈文慚怍之顏立見嗔某副官至側拍桌大罵爲何不事彈壓致令地方殘破若此並叱立刻查明嚴辦否則取汝首級云云某副官當時諾諾而退其實事與副某何干此種貓哭老鼠之假劇往見諸人對之殊有哭又不得笑又不得之苦耳良久楊公會長錢市總董等遂乘機進言婉陳地方財政竭蹶人民蓋藏具空公懇鑒察錫邑困苦實情准免擔負餉需等語齊氏乃顧而言他惟於三十萬元亦不再提及僅泛論軍需緊急勉爲其難而已楊錢諸君退歸說者謂昨索三十萬今僅解二萬不謂一紙空文竟值二十八萬元云互相嘆息聊以解嘲此真所謂破涕爲笑者也至大除夕齊氏忽動除夕過年之興諷令縣署治筵各機關特備年酒兩席楊公會長等冒雨前往致詞并得衣履盡濕（苦哉此代表）回城已十時三刻則楊君等猶未進餐也城內情形表敘已過却說此時邑人望國軍如望雲霓時余（作者

自稱）在南因滬埠輪船日有一次至南常闊滬上隔夜報紙急欲知國軍蹤跡不意一說在高資一說占丹陽使人疑團莫釋在是日奉軍先鋒隊已抵洛社洛社打來電謂自常州方面開來機頭一個上插軍旗後附客車三輛有軍百名下車後向錫方一帶視察地勢而齊總司令于是抽調隊伍開赴錢橋皋橋兩處布防車站馬路方面軍隊已少是晚前線已告接觸中路皋橋兩軍相距甚近一夜槍炮聲不絕

正是

今朝大年三十夜　皋橋兩旁看炮花

原來今日已是大除夕家家戶戶正是收賬過年乃不幸遭遇兵禍被搶則十室九空戰區則槍林彈雨吾儕小民誠不知死所矣欲知前線戰到如何地步且待下文再表

第六回

□三路進兵奉軍取包抄　□四面受敵蘇軍頓失勢

話說奉蘇兩軍未戰之前有一位馬書癡大講其新兵法說兵凶戰危古有明訓況且春秋無義戰齊氏此次之戰是師出無名因齊下野之後又在甯妄稱保安總司令此時如欲與盧宣撫使周旋國人還可

無錫戰史　　　　　二六

說他係保守地盤而戰及棄保安總司令而至滬更遺身以抗盧這眞豈有此理（萬無此理）其必敗者一曹劌論戰一鼓作氣再衰三竭以不經戰之兵受去秋重創之後其可與皮冠佩劍之關外壯士一顯好身手乎此必敗者二以三萬餘兵力之厚齊赴戰線大塢作一星期之抵禦乃與錫人何讎未打先搶搶者則逃不搶則留志在財帛而不在戰爭戰鬥力自然薄弱此必敗者三浙軍盧香亭部亦嘗來錫一見搶劫慘狀即在軍事會議席上即席聲明不加援助立刻退兵盧說因你們搶我們來幫忙豈不是助紂爲虐爲虎作倀嗎況且豈不要共同担着污名嗎乃即立時退兵試問盧部精兵一退齊氏失去助手尚可取勝耶此必敗者四馬菩癡無心講談後竟不幸成爲事實這且不在話下却說奉軍第一軍奉命襄助盧宣撫使來平蘇起先南下不過兩營多兵內中俄兵不少待大軍到齊即實行攻擊鎮江一役藉冷禦秋引導之力得以克復待由鎮江至常州一路修理鐵道已費二日功夫至常州後第一軍軍長張宗昌即召集軍事會議密議攻錫策略當即決定分三路進兵中路沿滬甯鐵路而下直搗蘇軍大本營由俄兵團長聶洽野夫統率俄兵二營乘坐自造鐵甲車南下鐵甲車四面安置利砲前既可開旁又可放右翼由水路進發走雪堰橋取包抄龍山法師廟亭自告奮勇願引導督率左翼堰橋西膠山包抄迹

去兩路掩護中路成圍攻之局戰策議定張軍長即發號施令部下得令開始前進張以重賞之下必有勇夫又發一令曰如有先克復無錫者賞二萬金升官一級同時並知照下級軍官說無錫有黃老虎（即商團）須當心才是因本軍長在甯時訪悉無錫之商團甚有威名（商團得此嘉名亦足以自豪矣然非楊公會長之力不克臻此）現當未下攻擊令前本軍長先派得力先遣隊前往洛社刺探敵軍情形先遣隊得令即乘鐵甲車緩開至洛但沿路毀壞鐵軌共有三四處之多一至洛社奇不奇巧不巧齊軍魏總指揮正派砲兵二十三人在該處刺探奉軍南下消息同時在該處拆毀軌道（今人戰爭利用山水之外又多一鐵道）奉軍先遣隊一見大圍頂蘇軍又在那兒實行破壞主義大怒即不問三七二十一一聲喝打即將急迫砲及機關槍開放蘇軍亦正當抵敵一時洛社居民嚇得逃避者逃避伏地者伏地雙方此時未掘壕溝不過利用地勢奉軍車停五牧則在鐵甲車據高臨下齊軍則伏在田岸下（倒是天然壕溝）對敵雙方鏖戰二十分鐘即互相退卻此二十七日下午三時事也齊軍于是即退守錢橋奉軍即退回常州大本營回復二十八日專行修理軌道時張軍長知洛社蘇軍空虛即令部下三路齊發直撲無錫一面復命三十二旅巫廉澄旅長去打江陰以斷澄錫援軍之路此且不在話下卻說

二十九日晨奉軍大隊南下一至洛社卽分駐于開利禪寺烈帝廟及張鎮橋何家丹豐官殿潘豐通裕蘭行等處隨卽架砲掘壕運彈進餐忙個不亦樂乎此奉方佈置大概情形也此時齊軍得砲兵回復亦已分頭佈置一路早已由西門至龍山梢安放大砲一路出梨花莊至西膠山一路由通惠路至吳橋及皋橋一帶一路至大涫口防守要道齊總司令與衞隊卽在周山浜錢勳甫新宅下動員令雙方佈置完畢互相放步稍接觸隨卽實行攻擊奉軍先在烈帝廟屋頂用遠望鏡探敵軍軍情原來蘇軍步驟退常後以洛社爲第一道防禦線以皋橋龍山梢爲第二道防線以車站爲第三道防禦線至此第一道防線已失奉軍進步攻擊蘇軍第二道防線由張宗昌下總攻擊令此大除夕●夜分也維時中路戰爭最爲劇烈張宗昌身先士卒常在陣前督率指揮而奉軍之利器爲手機關槍比較蘇軍之手機關槍可放遠四百密達（勝負可判）而俄兵又善于夜間開砲（勝負可判）不畏死不恐懼（勝負可判）故一經交戰砲音與槍聲齊鳴彈雨共蝗螭一色乒乓劈拍之聲未稍間斷停一二分鐘轟然一聲者砲聲也砰然●而不絕者急迫砲也更雜以機關槍快槍馬槍步槍之聲砰磞之聲（均是殺人之聲可怕）或宏或遠或尖或近有如黃葉蕭蕭與西風酣戰之聲有如金戈鐵馬之聲有如巨浪澎湃之聲今夕又爲大除夕倒宛似

過年放爆竹之聲而凡百聲中雜以難民之哭聲則又含肅殺悲慘之聲（古時戰爭用刀槍不聞聲今人戰爭乃有如許聲音咲耗國家有價值之利器爲武人爭權奪利之後盾可嘆可惜）雙方劇戰通宵達達而城中居民、則以喜一則以懼喜則喜砲聲愈近解決不遠懼則懼槍砲聲猛烈防遭不測是晚多有伏地而臥者（作者在此三日內亦伏地而臥防流彈也）蘇軍此時均取守勢奉軍則取攻勢但中路直線因蘇軍重兵在此不易攻破至元旦日奉軍改取戰略分三十一旅從張鎮橋窺舜柯山由王子樑旅長督率奮勇前往七十一團團附牛蹟閣率兵同往在槍林彈雨中匍匐前進一抵舜柯山見蘇軍重兵在龍山梢一帶（按蘇軍在龍山稍擺一畚箕形其形如∧然獨于相去不遠之舜柯山上不駐重兵其敗也必矣否則在舜柯山據高憑險尚可支持三日也）大喜過望即在該山安放砲架與對面龍山梢蘇軍互相轟擊白烟濃霧處即開砲處也在該處終日作戰槍砲聲亦終日未斷錢橋一帶及山谷內之居民凡在戰線內者均逃避一空錢橋下某洋貨店落下炮彈一枚由對門某姓家落下化開過來竟將大門轟擊一洞連櫃檯亦被擊壞尤可證明該處戰事劇烈者則有桑田數畝桑枝均被槍彈擊斷一若剪汛中剪斷葉梗也者先是蘇軍某連長自告奮勇率兵銜鋒口中大呼殺呀殺呀！打呀打呀！及其結果大半陣亡後蘇軍中參謀知攻不如守想出偽裝引敵方法即將拉夫身上之衣給與鄉民攜帶炮前進頗獲勝利維時該處陣亡兵士甚多城外紅十字會即派掩埋隊前往掩埋擇輕傷及稍可醫救者即帶往協濟醫院醫治至初二日奉軍由舜柯山下去直上龍山預備包抄圍困龍山背之蘇軍蘇軍膽怯及懦弱者已紛紛潰退此右翼戰情也中路機兵先遣隊開進一段轟炮數聲如遇鐵軌損壞又須修理方可進行一面沿鐵路設散兵綫伏田岸向蘇軍射擊至是日已逼近皋橋炮聲愈近如覺日雷聲猛烈得死屋皆震張宗昌在衛隊車後聞前綫勝利喜不自勝卻說齊軍方面在皋橋閶憑運河及橫河（成十字河）之險要及以掘壕深洪之故陣地頗形堅固但後方接濟將絕子彈礮彈將罄放一空齊總司令焦急情形溢于言表即宣言與奉軍拚一拚命作背城之一戰決最後五分鐘即于是日下第二次總攻擊令一時槍聲歷落礮聲隆隆戰事頗爲猛烈但齊氏一聞西路戰事失利則又不勝悲憤而在吳橋及通惠路一帶之蘇兵則多棄械逃往車站打發司機人開車逃往上海尤可笑者中路齊軍有將搶劫來之女人鞋子放在開槍地方一回開槍一回將女鞋把玩（如此情形不敗何待）不識有「一回把玩一魂銷」之感想否也此奉軍楊連長爲吾言之可笑煞人也壁哥此中路戰情也是日奉軍

左翼節節進攻直撲西膠山壇橋一帶居民遷避一空該處戰爭亦頗劇烈當是時也三路戰事均已爆發槍礮之聲大有銅山西崩洛鐘東應之概過年請財神無有如此熱鬧正是

鎗林彈雨說戰爭　爲誰犧牲爲誰拚

不知戰到如何了結兩軍勝負如何且待下文再表

第七回

□勝負已判齊燮元東渡　□局勢粗定張宗昌到錫

却說梟橋堰橋及龍山梢三處均已開始大戰本邑人民此時咸抱聽天由命生死在數之觀念以爲設使炮火過近則子彈又無眼睛一有不測衛生丸外國蓮心爲雪片而來眞是防不勝防差幸國軍於初二日下午已由舜柯山包抄而達龍山一部份已抵橫山與大澮口蘇軍抵敵維時在龍山者則在石門上安設一炮瞄準龍山梢未退之蘇軍轟擊是役也蘇軍死者頗多而精銳之戰利品被奉軍奪得者亦甚多中路方面于是日退守梨花莊車站及周山浜一帶齊總司令在陣線親自督戰猶夢想希冀最後五分鐘之決勝不意北路堰橋戰事蘇軍着着失利且被奉軍包圍於西膠山從事繳械維時防守孤城

之商團各支隊已七夜未眠（作者亦四日未眠矣）即由消防隊及子弟自衛團等登城代防午刻仍由商團接替互相宣勞誠可敬也在此兩軍戰情可分勝負之際齊燮元與李廷玉還有興致遍發請柬邀請地方各公團領袖在四鄉公所宴會其實齊氏未嘗不知前線失利無如倘稍竭蹶欲借此作大規模之搜括先期電招警察局局長宋靜廷面囑代辦酒筵兩席宋君奉令不敢延遲急即入城與公團領袖會商公決俟齊李二氏入宴會時藉以痛陳地方災況但請宋局長要求李廷玉勿帶兵入城以免人民驚惶宋局長據以商諸李氏未獲覆電報可十一點鐘宋局長接得第一分所長胡晉階電話（按自大除夕通運路大火之後馬路上之電話總綫已被燒斷一四兩路故附近車站及馬路上之電話均由該所代達）略謂李副司令已從車站上動身至西門進城可速預備開城並代包定浴池一所以便副司令洗浴等語宋局長接電後隨約各公團領袖蒲容濬楊翰西顧彬生錢孫卿侯保三楊幹卿孫濟汝王克循秦執中陳湛如高映川楊幼梅華藝三楊仲滋等絡續至四鄉公所會集與宴酒席亦由馮雲初君向公園飯店妥辦送去商團公會特派游巡隊一隊警察局特派縣警察一隊會同水警巡士及分駐所巡士等由各該官長帶領在西門內站隊迎迓先由宋局長出西門沿城脚迎之比抵徐豐盛木行門首

副司令李廷玉與縣知事徐影彥已並肩而來隨由宋局長迎進城中其時西門一帶之避難人民已擁塞道中宋局長見狀不禁潸然淚下遂將難民困苦情形乘機告李李亦爲之惻然（終算心田還有）李徐入城後巡至四鄉公所時公團領袖僅到楊翰西錢孫卿二君及商團公會交際主任馮君雲初等三人遂肅李副司令徐知事等至會客室小憩未幾陳高楊華顧王諸君亦先後到場於是李廷玉起言軍需孔亟籌款爲難巡帥須令商會長會同各公團領袖籌餉十五萬元我（李自稱）因地方困苦已極曾代向巡帥求去五萬元諸君可速爲籌措等語其時各領袖以前次高旅長取去之一萬元二次送往司令部之二萬元已屬東挪西湊竭蹶萬分安能再籌鉅額軍費祇得面面相覷不敢發一言移時始由華藝三答稱無錫財政悉在商場現在北門外及馬路上之商市菁華刻已變成刼灰倉卒之間安能籌措將軍如果愛我地方則求免予籌餉萬一不能請將鐵鍊鎖繫同人等頸項向城中各街巷挨戶搜索或可籌得若干等語李聞之遂獰笑曰我固知非强制不可也然則諸君亦知明代李闖之故事乎（此人臉太厚竟以李闖比了可怕）幸勿待腦箍一緊而後有款也云云既而又霽顏語宋局長云無錫城內戶口甚繁卽以人納三元計之已屬可觀我姑退席請諸君從容商之言畢卽與徐影彥退至款產經理

處辦公室小坐由楊君幼梅周旋一切越半時李又走詢各領袖曾否商得眉目各領袖仍不語李復退既而馮君雲初出作調人先與徐影彥激之以公義動之以私交請其代爲緩頰徐氏初猶諉爲無術可解此關繼經馮君再三情商始云可請宋靜廷來六字至是馮君即退回會客室拉宋局長與李氏談判宋初允即日解現款一萬元三日內再解萬元連前併作九萬李云如此可不談言下似有拂袖而去之意宋恐事機決裂關係大局即答容再商之於是復經兩度之波折始由宋局長馮雲初介紹楊翰西王克循二人保證連夜湊集先解三萬元五日之內再解四萬元連前併作十萬李始允將地方財政竭蹶情形轉陳巡帥再說至是談判告終宋馮楊王四君經三小時之磋商亦已困苦萬狀仰視時計已經三句鐘矣當李徐二人在四鄉公所勒索軍費時國軍右翼已節節進攻龍山梢及錢橋等處之齊軍紛紛望後潰退迨三句鐘時國軍炮火已至逆子殿嚴家棚一帶齊軍潰退至車站者繹絡不絕風聲漸逼漸緊於是原駐站上之潰兵各將鋪蓋行李舁上火車預備圖逃而齊氏亦已密遣心腹至第一分所打電話至四鄉公所招李徐二人速回電由徐影彥自接立向李廷玉耳旁細語其時酒席已陳設於廳事各團領袖正待主人李徐入席而李徐忽倉皇告辭衆愕然堅留不獲遂由楊幼梅楊翰西錢孫卿宋靜廷

下克循雲初擇送李徐二人登輿出城當李廷玉甫及天井時宋局長即趨前一步向李叩首且嗚泣
陳情李見狀大駭詢以因何至此宋曰爲難民請命要求副司令轉陳巡帥撥空車一列運難民赴滬李
諾之於是宋局長始含淚起立各領袖亦送客至門首楊君幼梅更拱手謂李曰全城生靈望公拯救李
點首者再始登輿而去詎李廷玉既登輿而徐影彥之轎夫已失蹤祗得徒步出城所有預先包定之滬
德泄浴堂亦作罷論宴客未安席而主人先行亦奇談也李廷玉徐翰彥既出城覓人力車不得大惑正
徨抱恨閶衞兵報潰兵已至西吊橋於是李徐二人遂怱怱行至第三分所要求湖分所長左梟派警護
送至北城門口復由露華街徒步至司令部說者謂假使李徐二人再遲十分鐘出城則危險之狀必更
甚於當時也維時徐知事亦作三十六着逃爲上着之計即令周會計帶印信入城交與臨時二科長鄭
幼漁復由鄭君交與臨時一科長顧彬生收管周會計復將徐知事之行李自城上一一縋下（此時威
風如何） 由司令部派兵接收聞共有一二百件之多是日下午四時後三路均有大批潰兵西路則有
自西門而逃至南門時作者在南目見潰兵向下流而去有無帽有衣者有無履有帽者有以槍倒負者
額汗涔涔喘息不已頭不作左右顧兩足速率頗快內有數兵口中罵六師之兵謂「他們搶了跑了叫

我們到什麼地方去」大有回不得家鄉見不得爹娘之概唉使齊軍不搶今日雖敗吾人當具數分可憐之心今則一見其敗反方相慶欣民意之向背有如此時西門第三分所長胡左泉與西區商團預備招待潰兵及繳械之事在下午五時正在繳械間忽地奉軍在山上開來排槍胡分所長連忙伏地槍彈從頭頂飛過亦云幸矣是晚惠山與西膠山蘇軍雖告失勢而中路戰事仍然猛烈然苟延殘喘明知支持不下也初三日黎明城內商號及五城門均懸歡迎白旗以歡迎國軍時民心漸安以爲勝軍一至當可收拾殘局不再處於水深火熱之中矣晨九時奉軍七十一團開附牛麟閣先抵錫至西吊橋遇胡左泉分所長詢城內有蘇軍否穿黃色制服者係何軍胡答城內全無蘇軍穿制服者係保城之商團牛問蘇軍潰退至何處胡答向蘇州方面而去牛又問車站有蘇軍否此去有危險否胡答蘇軍尚有如欲去須注意牛即帶同三兵出露華弄在北吊橋要道置兵一排防包圍也至吉祥橋遇蘇兵二跪泣求改編牛高聲謂此時國軍趕到照例敗兵只有遠避沒有跪泣之理顯見不懂羞恥改編後也靠不住不如死了罷乒乓二響該二蘇兵即應聲倒地城頭見者莫不痛快少頃國軍百餘人又續到馬路同時榮巷亦到百餘人駐工商中學另百餘人已抵梅園駐宗敬別墅大渲口一帶之齊軍已被國軍繳械並有鳧水

而逸者一部份國軍則抄至錫山灣途遇齊軍斥堠殲之其時本邑紅會職員因救護難民問題往司令部謁見總司令時齊燮元不見客惟徐朝彥尚强作歡顏語紅會職員云刻已轉敗為勝實則司令部外已潰兵滿站矣且延聖殿以北亦有潰兵自塘頭方面退却（此即西膠山退下者）原駐吳橋一帶之營帳亦紛紛撤除雙河口一帶退兵塞途但滬甯路線尚有礮火社橋等處則深入戰區車站方面甚為吃緊司令部前更焚亂至不堪言狀三里橋以東及興隆橋以南國軍隊伍已絡繹而來時無錫飯店之齊軍兵站處新旅社之齊軍執法處新世界之野戰病院中各辦事員已各攜箱籠包裹爭先逃避（此時他們也怕死了）而司令部人員則因貼近車站故已捷足先登佔據空軍若干輛後至者亦紛紛而上此爭彼奪幾至自相殘殺後見風色不佳趕快打發司機人開車逃避不知趣之齊燮元此時猶一手執匣子砲一手持令箭在周山浜錢勤甫宅旁督戰衣服污泥面上如宵來失眠者厥狀可笑不知國軍左右翼已包抄而來齊之衛隊知國軍至紛紛潰退齊疑衛隊變頓失色左右亦勸想他法追國軍先鋒隊十餘人由西南東三門外包抄至車站向齊軍夾攻齊方知大事已去乃與李廷玉劉玉珂乘馬遁逃（時火車龍頭已無）由廣勤路至東亭更至蕩口招第四分所長惠浩乾惠款以午餐時華繹之聞訊急

將河中汽油船沉下防爲齊用以逃遁也齊食時心不在焉大有坐不定立不安之概向惠要汽艇惠不得已向甘露鎮開設糟坊之某甲借以汽船一艘齊於是逃遁至蘇一抵吳門急換乘人力車抵車站知滬上開來火車迎迓心乃大慰維時飢腸轆轆思欲用膳會申振剛到喚由買飯食畢蘇紳張某等欲上車謁齊齊一以身上多污泥又以數夜未安眠一以逃命要緊恐一誤時候國軍將追擊至迺婉拒不見汽笛一鳴車向上海疾駛而去窮途末路狼狽如此可憐亦復可笑也一抵滬上更不停留即乘預先叫好之東洋丸日輪東渡此且不在話下且說齊氏東渡槍破聲漸稀偶而開放亦爲國軍追擊蘇軍而放戰事至今日告終是役也國軍在四十八小時內竟能克復無錫實覺用兵之神是日下午奉軍第一軍軍長張宗昌亦即到錫師蘭亭等同行地方各公團領袖開城迎接正是

戰雲靉靆愁城閉　忽逢勝軍來營救

欲知張軍長來錫後如何情形且待下文再表

第八回

輕裘緩帶畢旅長駐兵　奮不顧身張浩榮喪命

却說齊燮元完全敗退之後即東渡日本而禮拜縣長徐景華任倉皇間與齊氏中途分散未與偕行徐氏沿鐵路逃至南旗站折而至老窰頭擬循塘岸步行至蘇不意運河阻隔不得過會有艄艄船來願以袁頭一個爲渡河資江北神聖樂允之徐過河即三步改作兩步走倉皇遁去（做縣長時之徐氏固一世之雄也而今如何哉）吾友浦君黃君均見之並謂照徐某在城中情形此時恨不得食其肉而寢其皮也言雖憤激而至痛快先一日水警第二區區長程星三亦縋城避南里宿下塘某姓家者凡三日矣以程與地方感情尚不惡未與爲難後數日程亦不知所終（冰山一倒攀龍附鳳之徒一樣如此下落誠何苦來）齊督東渡前二日編者在南里與第二分所長薛君頌年追同一行李船事甚趣茲錄于下

先是無錫中學校因聞蘇兵將駐校懼甚即雇一小船將行李置船中正欲開行突遇潰兵二三劫之向下流駛去校役急奔至第二分所報告並乞追回余勇心勃發願與偕往薛君亦贊同乃整隊前往余復促商團五支隊同行並請作後援余與薛君及警察則由後路包抄至南水仙廟維時余等已在該船之前商團則在船後追上成夾攻之象潰兵見前有警察後有商團且均有槍械子彈心知不妙即棄船上岸余等見船得不復窮追此事若無如此做法恐行李船早已不知去向矣現該校已具函道謝並稱述勇

敢可佩云戰事既已告終滬鐵路潰兵如蟻蘇軍司令部重要圖章一箱竟亦遺棄於鐵道之旁一鄉曲見而拾之以爲贓物也大喜過望畀而之家啓視之則纍纍然方式圓式之圖章也後知藏之必貽禍患乃擲之河中尚有潰兵逃退較遲者行至北門外黃泥橋適與奉軍相値欲與抵抗竟致肉搏相鬥實行巷戰未幾亦繳械投誠而潰兵一見國軍如鼠之遇貓然常有一人追擊十餘人者亦有二人分立左右各執炸彈押走蘇軍至百餘人者以百餘人不敢抗二人可異奇怪尤可憐者大批潰兵一抵南門因潰退過遲奉軍已由西門趕追而至該潰兵不敢走正街均向後街走大松墳抄道走周新鎭然都苦不識路見途中有人低聲問奉軍到南否間時左顧右盼若有所防不得已出洋數元呼鄉人引導赴周新鎭自衛團繳下蘇軍槍械者甚多後亦呈諸警備司令部又有蘇軍三長官乘馬經大有莊被奉軍喝下馬與鎗竟俱交之奉軍當時得勝之氣概較之垂頭喪氣之潰兵大有霄壤之分（本來勝軍與敗兵大有分別）蘇軍既敗制服及大圓頂帽河中氽滿唉吾人回憶兩軍劇戰時一種恐懼悲壯之心當具同情嗟呼屍橫龍山之尾血流皋橋之河子彈竭兮槍聲絕財物劫兮戰志失其齊軍之敗也固宜齊軍既敗奉軍戴皮冠穿皮背心者已大隊抵錫先到南里有二人面赤帶黑狀甚勇敢抵南後檢搜甚嚴滬防隊

穿制服者既須盤問而商團亦被盤詰疑爲蘇軍南區商團此時險遭鋒鏑奉軍見商團穿黃制服云是蘇軍司令部欲開槍擊之幸警察第二分所盛陸二巡長及警察綽號名小東洋者力勸始能高君仲和亦險遭不測亦爲阻止未致意外發生使商團不遷永泰隆繭行而仍在沿河絲吐公所則該奉軍一到則鳧水投河者不知凡幾矣當兩軍劇戰時旅滬同鄉會組織之特別救護隊隊員張浩榮由滬乘輪返錫擬救護該鄉人士出險時正黎明天色尚暗行至開原鄉孫巷東首猛將殿附近被兵警見高聲問你是誰你是誰張一嚇而頓口無言兵疑敵人因張亦穿制服在朝霧濃厚中模糊難辯竟用鎗開擊嗚呼活潑之張浩榮乃中彈殞命傷哉張氏年方弱冠素在滬習業邑之西鄉張巷人也家寒貧及其死也家人哭之慟旅滬同鄉會于海甯路錫金公所開追悼大會素車白馬盛極一時而張君身後該會亦爲設法使張君有知亦當瞑目於地下矣（無錫戰史中之犧牲者）又如潰兵四竄鄉中鄉民鳴鑼聚衆潰兵開槍射擊致鄉民冤死者亦日有所聞（無錫戰史中之犧牲者）而潰兵被鄉民以木器鋤頭擊死者亦有之致數日後東報浮屍身穿軍衣西報浮屍身穿制服檢驗吏奔走無一日暇此且按下不表却說第一軍軍長張宗昌抵錫後行轅設於新世界委前水警第二區區長帥蘭亭爲警備司令各公團領袖

開城迎接（孤城八日矣至今日得以開放）然維時東南兩門尚未開放蓋猶防潰兵入城也張軍長既抵錫與師蘭亭同往城中洗浴後（張君蓋多日未浴矣）即赴各公團領袖之宴會張君貌魁梧身高大神采弈弈有英雄氣概字效曜魯省人也隨後一面張貼安民告示一面頒發第一軍通行證與紅會及救護會暨各重要機關是日楊翰西等復迎林筱楨（幹才）赴縣復接知事印戰事既平張軍長又抵錫人民不由得興高采烈起來好比如待死之囚忽逢大赦互相欣慰以爲大難可以過去從此可以高枕安臥作者亦以多日失眠之人在是晚竟睡至明午始起不料昨晚惠山寄暢園錢武肅王祠及人和館等在九時被焚情形未曾目睹此且不提却說奉軍到錫即分駐於馬路各棧房俄兵即分駐於梁溪啓泰等旅館由俄人尼卡夫氏統率維時戰雖平定而全邑商民在創鉅痛深之際均嚇得不敢開市惟人民則逐漸出現不復東逃西匿矣警備司令師蘭亭屢出告示勸商民開市終無效又過三日奉軍第一軍三十二旅旅長畢庶澄率隊來錫駐紮蓋徇邑民之請一以請他維持秩序一以欲賴籍恢復商場也原來畢庶澄字莘舫山東文登縣人正是壯年時代生得表表人才用兵如神文墨又佳爲克復江陰之好將而且大有羊叔子輕裘緩帶之氣概儒將風雅邑人莫不欲一瞻風采以爲快正是

大局平定民心安　萬人歡迎儒將來

不知畢莘舫到錫後如何情形且待下文再表

第九回

□舉棋不定地方官更迭　□蘇局全平張軍長告捷

却說畢庶澄旅長未來駐兵以前張軍長（宗昌）早將江蘇完全底定在初二日克復無錫後竟于初四日下午克復上海（攻克無錫以四十八小時克復上海不過三十四小時洵屬快哉）蓋蘇軍精兵已失大本營已星散得不堪收拾惠山一役勝負分判均向下流而退槍械制服遺棄河中及被鄉民拾得者甚多警備司令即出示檢查有無槍械於是四鄉鄉民收藏此項槍械者均紛紛交出以免私藏軍火之罪却說張軍長克復上海後即通電捷報其原電云

韓省長陳幫辦馬護軍使各鎮守師旅長各廳道各知事各公團各報館鑒連日克復江陰無錫蘇州崐山南翔情況曾經電達齊部潰兵沿途擄掠財物麕集申埠人心異常驚慌經派我軍猛力追擊直下上海潰兵一律投降均已繳械遣散地方秩序維持如常滬局完全底定正在籌備善後歸

東一切特電奉閱張宗昌黯

奉軍既底定江蘇第二軍軍長吳光新（暗伏下文）亦即南下至滬張軍長雖已克復上海然大隊仍在鎮常一帶後張君以滬埠重要即令大隊人馬趕速分水陸二道進兵至初四日奉軍二十八旅全旅由錫路走長墳出南門由南塘向蘇滬而去共有一萬餘人之譜步騎砲工輜五等兵均全自四時起至七時止方始走盡浩浩蕩蕩如火如荼洵大觀也（有曹操八十三萬下江南之概）初六日又來三十一旅大隊人馬向下行駛亦有萬餘人之多人民有出首探望者矣蓋當奉軍未到之時街道中人跡全無有人戲作改唐詩云

新年時節亂紛紛　路上行人欲斷魂　借問安樂何處是　牧童遙指在春申

原來是詩亦有感而發因邑人凡遇戰事或風聲緊急時靡不逃避海上作安樂窩公（藉外人爲保護不及吳佩孚萬倍）却說奉軍大隊二批已過大約駐分滬蘇一帶此且按下不表在定日晚間漢昌路生生藥房被焚諸郵政局亦被焚實則保全也至此全邑五城門均已開啓（但是還早關）邑民在危急紛亂中安渡過來痛定思痛蕭條之極竟有啞子吃黃連說不出之苦而未受兵災及未被擄者以爲我

原是我值此新歲期中循例遊古崇安寺徘徊乎公園之內品茗吃橄欖茶亦是驚惶憂愁後不得不尋此快樂所謂强作歡容哭不得而笑其苦甚于哭（此叫苦中作樂）不意崇安寺中大非往年可比往年在初二至元宵節以內紅男綠女熱鬧異常要貨小攤林立其間今歲則受非常變故毫無新年點綴更無新年氣象城中婦女有穿紅着綠者警察所以軍隊來錫復出示嚴禁試問尙有新年景象（今歲新年是告假回國啊）乎況且商店居戶連春聯都不貼而「新春大發開門喜慶」那些肉麻話也一無所見不過兵災善後會所貼之調查條可稱就算春聯代之六十年來破題兒第一遭遇見也縱筆書之實爲傷心寫到此處又要提起邑政來了邑政關乎一邑大局而地方官尤爲施行邑政之重要份子在此棼亂時代極變遷之能事則亦有可述者自林知事在啓泰棧門首乘輿受驚以後即避入城中第三師範而前稅務所長徐景華即被委爲無錫縣知事甫一星期齊燮元以兵敗東渡徐亦一溜煙不知去向于是林知事復於初三日接縣知事印（可稱爲禮拜縣知事）宋靜廷（鎭濤）邑之錢橋人也在齊部大隊壓境之際周旋於高王二旅長及李廷玉副司令之間孤城得以無恙宋君與有功焉地方十公團乘齊燮元更委縣知事時即議決以警察所改爲警察局公舉宋君爲警察局局長不由縣知事委任時城

外秩序歸徐氏負責城內秩序歸宋君負責宋君即於小除夕上午到局就職不意至初八日警備司令師蘭亭忽然更委侯惕丞爲警察所所長朱執鈞爲第一分所所長沈章然爲分駐所巡官並命董篠之爲學習警佐侯君固辭不獲爰於初九日接所長職務當齊部大隊退錫之後第一分所以地居衝要辦理供應日夕不遑自分所長胡晉階巡官秦鏡清以下莫不筋疲力盡連夜不得安睡供應稍不如意動輒以手槍相擬至初二日夜間國軍前鋒馬隊已追至馬路第一分所已處於砲火之下危急萬分胡分所長秦巡官恐危及生命急走至協濟醫院暫避二等巡長劉得勝因本所負責無人由電話報請宋局長派員來所維持宋君接電立即條諭劉巡長暫代分所長職務一面電邀朱執鈞促其立刻出城朱君不獲已乃縋城而出而劉以一巡長已維持四小時矣侯君接任之日朱分所長亦即眞除李乾一仍爲一等警佐所遺二等警佐一職即以胡晉階升補不圖事變無常又生反覆於初九日交卸之前所長宋靜廷忽奉張（效坤）軍長令委爲本縣警察所長元宵日到所接事其時一等警佐仍舊二等警佐已委胡君接充不能出爾反爾以是侯君反致提空在侯君得失固不在意且切實聲明告退但地方公團以侯君身處無錫飯店辦理兵差日夜與齊部軍官接洽勞苦功高未獲升遷反遺落職於心何忍一致向

侯君懇留宋所長亦力請帮忙然以無可位置正苦無兩全之策適值李警佐與沈卓然偕行赴滬未向所長請假宋君遂命代電上峯以一等警佐李熙曾失蹤請以二等警佐侯傳紱提升不意事有湊巧僅隔三時而李君忽然返錫侯君聞之急至郵局欲將代電撤回詎已打包封送往車站無可挽回李乾一得悉此事即謂我本欲辭何必急急乃備言下顛爲不擇次日有某君爲之畫策打二三等電在警務處控謂熙曾魚日因公赴滬佳日返錫任事誤傳失蹤備此電聞等語後李即遄返常熟原籍而警備司令組織下月行徐郎奉令撤銷東門外尤關裏鄉民以鐵鋤擊斃潰兵案亦由警備司令部調查員畢秋亭告發當時一聞謠傳洗村嚇得舉村逃避後因該司令撤銷此案即移歸司法審結鄉民得安然無事正是

變幻無常成一步　做官難做亂世官

欲知後事如何且待下文再表

第十回

□驚魂甫定于彈房又失火　□風聲鶴唳宜長間謠開戰

卻說地方官經過一番更迭之後此時漸循正軌爰以畢旅長到錫以後第一件事即勸告開市其通告

上有凡不開市者真怪軍隊駐紮並張貼保護告示云

爲給示保護事查恢復地方秩序軍民共負其責各工商業既先後開市我軍民自應妥爲保護以期相助爲理早臻平靖倘有無知兵士及地方猾棍借端滋事擾及工商業之進行者一經告發立予重責不貸此佈

畢旅長又將附郭軍隊調駐鄉間免得商民驚恐並訂善後進行事宜十二條規定城內不駐何項軍事機關外商家房屋被兵士佔用者一律騰出軍紀既極嚴明對於地方又極體卹愛護以故學界十六機關亦在第三師範開起歡迎會來屆時畢旅長偕參謀長史佑齋團長賀振青書記官張雁賓馬衛隊長崔慕班諜報主任周寄淵等聯袂蒞止三師校長陳谷岑主席縣教育會會長侯保三致歡迎辭畢旅長史參謀長張書記官等相繼致辭畢旅長之演說云庶澄是軍人沒有受過新教育的陶冶所以對於教育上的科學學教育學不敢貢獻但知教小學生一本書要使學生得到一本書的學業況且無錫的教育界經過這次兵災以後可以把所受的痛苦當作經驗當作教訓使莘莘學生都明白戰爭的原因和軍隊的性質古人說民爲邦本人民是國家的主人教育是立國之本教育與國家才可以强庶澄從前

聽人說歐西各國最多的有兩樣東西一樣是大煙囱一樣是小學生國家有了這兩樣東西纔可以在世界立國昨天庶澄在惠山上望見無錫的煙囱很多上海以外要推無錫迭次參觀的學校又很整齊因此庶澄就聯想到各省各縣倘使都能和無錫一樣還要打什麼仗爭什麼權呢所以庶澄對於自已有一個希望希望解除軍職以後和教育界同人共同擔當樂育英才的責任對於無錫有一希望希望無錫大烟囱一天多似一天小學生也一天多似一天那麼中國的文化可以逐漸普遍無錫的實業教育也可以名聞世界哩（衆鼓掌）可知畢旅長又愛護教育之人此且慢表却說吾邑自去臘到新歲搶也搶過戰也戰過以爲我儕劫後遺黎暫可驚魂稍定矣庸詎知初九日晚上天氣嚴寒北風凛冽在九時許通運橋東首火車站貨棧房子彈房忽又起火警鎗聲乒乓炮聲隆隆房屋震動聲聞十里城廂內外居民方如驚弓之鳥一聞槍炮之聲又莫不驚惶起來此時有疑浙軍助蘇軍來反攻者有疑蘇軍改編後內變者紛紛擾擾淒啼哭于是逃避者有之伏地而臥者有之出外探望者有之但見火光冲天砲彈橫飛各機關電話機上鈴鈴之聲不絕接電話員大起忙碌維時作者以目疾而早睡聞外間紛擾知有異乃靜聽之聞得細微之砲聲俄頃聲愈宏又俄頃聲愈近蓋其聲細微時砲彈尚未攻穿貨車

其聲悶而未遠也及其聲宏則貨車已被攻穿如蜂巢然矣至聲音愈近鎗彈砲彈四射橫飛時聯火車已攻破得不像樣兒僅剩底兒矣是晚吾友沈梓莊穿制服夜叩吾門速余起余以目疾劇未允之蓋彼尚未知車站彈子房失火也余既辯聲音之先微後宏及聞明天空中有火知非戰爭且多砲聲而少排槍聲更認爲子彈房失火即安然睡覺然維時商團警察出防維持已大形忙碌矣當時有人作紀事詩云

中宵砲火又紛飛　遙想孤城勢力微　九里恭雖如已撤　萬家性命更何依　禍殃竟比池魚苦　消息翼同市虎譌　一笑驚魂方始定　得留殘喘仗神威

是役也焚去貨車八輛東西樓房連帶被焚子彈砲彈之損失計百萬左右焚燒四小時而齊軍所捨衣裝於車內者亦付之一炬所幸未傷人耳至起火原因謂係兵士烤火所致然證以該日天氣之嚴寒或言之不爲無因也當時城內及附郭居民接近火車站者固一時飽受虛驚迨經查明即可安定者兩處鄉民離城較遠消息又呆滯非待明日不易知真相也則是晚所受之驚恐爲何如哉不意一波甫平一波又起滬與戰爭之慘劇方告閉幕而宜興長興間戰訊忽起浙江孫傳芳督軍以蘇督齊燮元一敗

不免感齒亡唇寒之想於是一面在松江楓涇大加佈防而復以盧香亭部之精兵齊開長興奉軍方面則欲乘此戰勝之餘勇冀有所進展又見浙江長興間重兵駐紮為防衛計亦調重兵至宜興蜀山張渚一帶（去秋江浙戰爭之老路）於是雙方嚴陣以待若上峯一下動員令則開戰直頃刻間事耳於此時也幸奉軍第二軍軍長吳光新斡旋滬與張軍長孫督辦接洽和平事宜簽訂和平公約以上海為中立區域製造局撤毀局址收歸商辦由上海總商會接收上海不得駐兵雙方各退三十里於是孫督辦即命長興盧香亭部克日撤退張軍長亦命宜興蜀山間之軍隊撤退上海之奉軍撤退較遲致民間謠諑又興（何謠之易起也）張軍長孫督辦特會銜電告真相以安人心其原電云

（銜略）江浙兩省共謀和平以奠大局蘇皖因已於本月支日雙方駐軍開始撤退乃滬上各報竟有登載雙方將發生衝突或有云宜長方面已開火者以致人心浮動謠言蜂起影響大局殊非淺鮮查張軍長所部已由滬退至蘇常甯鎮附近浙軍已由上海長興退至浙邊及省城金衢嚴各回駐紮原防今各報所載或因雙方撤退大軍不明真相致滋疑慮或供奸人幸災樂禍故事挑撥均不可知用特敬告真相倘希察照力闢浮言以靖人心為荷張宗昌孫傳芳皓

同時縣知事林幹才因近日謠諑紛起遷徙頻仍特於十八日電致宜興縣公署詢問當地情形宜興王知事隨即覆電云

無錫林縣長鑒巧電悉敝縣安謐如常特覆孝傳皓

林知事得電後隨即抄送各公團知照然在此數日內外界無風生浪謠傳宜長之間開戰一般輕信謠言者頓現不安狀態挈家出奔者實繁有徒正是

地方治安漸平靖　底事宜長謠開戰

欲知後事如何且待下文再表

第十一回

□庸人自擾無端避難　□熱心團體勸告開市

卻說此番遷避大半爲城廂中人蓋城廂中人未曾目睹城外慘狀胆子自然不及城外來得大萬一宜長間一戰無論城關閉得緊恐怕蹈江陰縣城覆轍其二爲警備司令在城中老縣駐紮兵士甚多城內又未慣見如許兵卒況且當時盛傳某某二公反目難免有絕大禍患以是咸紛紛逃避争向上海而去

此次逃避均有久居之念因彼等思想以爲無錫非短時間即可安謐故除住旅舍及寓親友處外都有租賃滬上房屋者其三爲離開原鄉于十八日到奉軍五千即七十五團段雲閣部也起始駐紮於惠麓李公祠昭忠祠及大老爺殿後遷駐於公商中學等處而七十二團胡賓三部七十七團賀振青部亦次第來錫駐紮此均係畢旅長約率軍紀向極嚴明也然鄉民未慣見兵因是而亦相遷避者矣有此三種原因于是通運路上行李箱籠綿延不絕其時即素有定見自稱鎮定者亦復庸人自擾奔走不遑深堪駭怪城內居民遷避去半數黃包車雇叫一空江北神聚生意興隆包裹箱籠首尾相接不絕於道滬甯車上擁擠得坐位無着後來者連立都無立處亦有擠到從窗門爬進火車內者亦有買票不得請求於脚夫者雖出酒資而人少客惜亦有乘早車擠到午車或晚車方能上車者當時擁擠與紛亂情形可以概見尤以避難時心緒惡劣致行李被扒手竊去者賠了夫人又折兵殊不值得嗣後調查據車站站員語人謂旅客最多之一星期中錫站售出客票約有三萬餘張不買而上車補票及有派司（即免費票）者不在其內鋪稱行李平均每日五百件一星期中約有三千餘件肩荷手攜及隨身之包裹均不在內而人數問題一周間約有三萬人之譜可謂多矣於此可見人民怕兵怕戰之一班譬曰庸人自擾要亦

爲身家性命計而出此也然損失不貲矣維時畢旅長見此情形深恐人心不甯商業難期恢復特出四言韻示嚴禁造謠云

造作謠言　惑亂人心　軍法從事　決不瞻徇

如此一度嚴禁社會上不安狀態稍稍鎮定矣而警察所所長宋静征此時亦寓書於旅外邑人勸令剋日歸來共敍家庭之樂印刷數百份寄往上海飭人分送疊爲（敬告旅外諸君）文電

敬啓者鑲濤未嘗學問謬任警察所長之職綆短汲深時虞隕越幸蒙三十二旅畢旅長暨本邑諸父老錫以南針俾有遵循並勗以梓桑恭敬勉盡義務鑲濤不才恐不能在本邑稍效棉薄謹將時局粗平近日解決諸問題爲旅外諸公陳之（一）商店開市問題本邑商場自去臘受齊軍蹂躪景象蕭條不堪言狀惟失之東隅終期收之桑榆承畢旅長一再邀集各公團會議一面勸令復業保護周詳一面整飭軍紀稽查嚴密復承畢旅長畢祕書長史參謀長渠副官長賀段兩團長等於各城門各警察分所及分駐所派出所設有奉軍衛兵稽查所並由水警二區王區長撥派水警協同辦理倘有遊民冒充軍人欺壓商民等事以便就近報告隨時究辦因是夏歷二月朔日商店一律開市以後通有易無率情歡洽商業

漸復秩序粗安此商店開市之經過情形也(一)學校開課問題學校寒假例於夏歷正月中旬開學刻因經濟艱難生徒逃散業已展緩開學然天擇物競教育實爲要圖樂業安居絃歌不宜久輟猥荷畢旅長首先提倡又經林縣長悉心籌劃已撥款一萬餘元以爲縣市鄉各校開學經費定陽歷三月初旬一體開學如是執鞭各校者固已籌備周至爲學生者課學業之完成而遷地爲良者亦應早賦歸歟爲子弟謀將來之幸福此學校開課之經過情形也(一)工廠開工問題本邑工廠素稱發達茲當兵燹之餘萬姓流離百貨滯塞經營實業者可稱一敗塗地此工作物品切於日用工人生計急於維持而實業家之最感困難力不從心者厥爲交通阻梗運輸停頓一經開工用煤不日告罄迺已稟承畢旅長等出示曉諭庶民人等加意保衛又每日准開貨車二次藉以轉運貨物接濟燃煤故絲紗麵粉等廠早經次第開工庶幾小民生活得所依附實業機關不致停歇此工廠開工之經過情形也(一)不再封船拉夫問題軍事吃緊之際封用船隻以運軍需拉用夫役以充輸卒本屬萬不得已之舉現幸軍事停止行動宜與長與閻雙方已先後撤防亦經呈明畢旅長無論何項軍隊不再封船拉夫萬一有需用船隻夫役等事已由各市鄉董每市鄉雇定民船二隻給與雋價計共三十二船泊於北門城外以備緩急復由警察所

雇定夫役三十名給與工食專供軍隊運物之用則航船往返絕無意外小本經紀照常作業此不再封船拉夫之經過情形也總之此次兵災本邑所受最重未滿一月如商店學校工廠等得以日月重光湖山無恙端賴畢旅長畢祕書長史參謀長梁副官長賀段兩團長水警王區長等軍律嚴明部屬悉遵約範轄軒博采庶政頓復舊觀凡屬桑梓同深感戴鎮濤恐旅外諸公不知大局敉平故鄉情狀用敢不揣冒昧爲遊居在外者進一言且徵諸張軍長孫督辦駐滬辦事處之通告又徵諸宜興安謐如常並如他事之迫覆上海雖屬洋場無錫實爲樂土務請旅外諸公束裝來歸與親戚故舊言歡敘家庭天倫樂事可以節費用可以定心神幸勿到處爲家自貽伊戚敬佈愚忱伏維亮察專頌台綏無錫縣警察所長宋鎮濤謹啓

當時商店在搶戰之後本不敢輕易開市在正月初三開城以後至二月初三尚未開市可想受災之重及痛苦之深矣畢旅長駐錫後嘗作一度之勸告於是茶肆飯店及煙館等逐漸開市大商家則半開半掩馬路上僅有一二小攤售賣香烟一片荒涼蕭條景象可以想見於此時也彼縣商會商團公會及市分所三團體特印傳單萬張上書「勸告寶號即日開市」分貼各商家門牌上又過十餘日各商家卽次

第□市男女大小學校亦相繼開校各工廠各典當（未被搶者）亦先後開工營業即受災最重之馬路及周山浜一帶亦重振旗鼓實行復業惟巍然三層樓之新世界在搶戰時期外埠謠已焚去者實則在搶戰時期得安然無恙而不幸謠言竟成讖語空言發現事實竟完全被焚於開市之後可謂不幸甚矣嗣後縣商會開會定三月底爲補行收賬之期（本來大除夕收的）商店既行開市學校復聽得弦誦之聲農也工也亦正有事將作此空前非常大罷市長時間之停業至此可不成問題正是

海上安樂羣相慶　到底梓鄉亦平靖

欲知後事如何且待下文再表

第十二回

□畢萃舫行軍植樹　□方壽頤慘遭橫禍

却說光陰如箭日月如梭自臘月廿四日起以迄于今宛如一場大夢不知如何安渡過來亞聖有言苟全性命於亂世不知求聞達於諸侯現在在危局中能夠生存倒也不幸中之大幸際此春光明媚柳絲桃灼之時正是遊春之時乃與友人作惠麓之遊湊巧湊巧今日原來爲畢旅長旅次行軍之日畢君連

日冒雨校閱軍隊不覺辛苦倒有興緻作全旅大規模之行軍吾儕今日可以見萬餘赳桓之士飽眼福該軍自清晨在車站空場排隊迤邐出發入光復門出控江門然後到慧山來軍隊所經之地莫不扶老攜幼擁立路旁一觀軍容之盛前導有警察兩名次爲馬號隊再次爲馬衛隊再次爲鞠執法官史參謀長秉副官長張軍械官等四人乘馬參列次爲衛兵二十四名再次爲畢旅長等十餘騎次爲旅部軍樂隊及國樂隊一路中西音樂互相迭奏其餘爲手鎗隊衛隊其次爲六十七團賀團長所部其次爲七十五團段團長所部其次爲七十二團胡團長所部其次爲機關鎗營及工兵團擔架隊等浩浩蕩蕩如火如荼行二小時方始走完也一至清明吾儕正是踏青郊外又適値畢旅長在慧山黃公澗舉行植樹典禮原來畢君在錫已在通惠路通勤路及方壽頤園門前永安街一帶遍植桐柳桃杏之屬有益地方不淺今日又爲畢君行植樹之期先期由農會長顧彬生及宋靜廷所長選定苗圃預先僱工在苗圃前闢一人行道並製黑底白字標籤若干枝寫明植樹人官銜姓名畢旅長並題『莘林』二字自書擘窠大字筆力遒勁蒼老中具嫵媚之態是日往觀者白叟黃童紅男綠女有數千人之衆至午刻商團警察軍樂隊等大隊到齊畢旅長及各機關領袖亦先後蒞止於是縣署四科主任華少純高聲贊禮旅部各官

佐及各機關領袖均手植一枝親自壅土培漑并攝影以誌紀念畢旅長因是日爲清明節不克回鄉上墓祭掃特備祭筵一席在第八小學後面行禮遥祭可見畢君之孝思矣是日縣農會會長顧彬生復爲莘林題跋其文云

乙丑二月吾邑當軍事之後瘡痍滿目四民輟業莘舫將軍奉命蒞錫收束軍隊嚴申紀律保民恤商不逾月而次第恢復市廛改觀會當清明植樹嘉節將軍特頒廉俸于黃公澗之右新闢苗圃一區並分植于通惠路一帶繼東郊之保釐永大樹之勳名閭庶悦豫士民歡忭僉曰此莘舫將軍遺愛也覩棫樸以成材寄遐思于白首顏曰莘林勿翦勿伐將軍曰可並親灑翰墨永留紀念異日者將軍於治軍之暇舊地重臨廣秋杜於道周望棠蔭之蔽芾霜皮溜雨黛色參天當亦顧而樂之矣寶琛忝長農會躬與其盛因不揣譾陋代述民意以誌緣起

吾儕回家之後又陡憶方壽頤案件起來方君爲豫康紗廠經理現年三十八歲爲人精明幹練原籍江陰祝塘以前在同和錢莊執業有聲于金融界近年始經營實業去年在周山浜建築新宅一所顏之曰頤園自去臘齊部潰兵到錫該園因接近車站以故亦被亂兵刼掠方君即挈眷乘船返祝塘至正月下

旬先行來錫見地方已告安謐紗廠亦定期開工三十二旅畢旅長因與方君有賓主之誼（畢旅長曾租顧園暫行駐節）誅聘爲旅部諮議方君深自忻幸爰於本月初七日下午一時半仍乘壽豐汽船駛赴祝塘接眷四點鐘到家初八日上午十一點四十分由祝塘開行同行者其姪秉偉妻王氏妾某氏兩女一子及僕婦三人開行不及五里地名塘石壩汽船因轉灣而開慢突於此時有散兵三名從張姓磚坊內竄出向空開槍數響方君情知有變急命司機人李掌元停船傍岸時船中共有十八人方君背靠玻璃窗而坐汽船將近傍岸時方君忽旋身右顧欲看岸上爲誰不意砰然一聲槍彈穿玻璃窗而入直貫方君右邊腰部向左邊脥際穿而出立時暈倒船中散兵見汽船已停復開兩槍示威旋有兩兵登舟一兵在岸上守把其妻王氏尚未知方君已中槍傷疑爲驚駭至此戰戰兢兢哀告兩兵云爾等何必如此人已驚壞了兩兵不顧仍索銀洋鈔票嗣被取去現洋三元及李掌元之鋼表一只回身見方君暈倒知已中彈即解其胸前鈕扣大約察看傷痕王氏疑爲剝取衣服阻之云人已驚得如此待我來脫與爾兩兵云不要緊不要緊返身登岸隨偕同岸上之兵投南而去方君之眷屬見兵士已去即上前攙扶始見方君腰際流血莫不大驚失色問之已不能言但連搖兩手以示性命不保之意王氏等着急萬分進

退不决繼以離錫尙有三十餘里離祝塘僅四五里遂決計駛回祝塘途中察看創口則大腸突出寸許鮮血汩汩流出開行後不過五分鐘方君卽氣絕身死（無錫戰史中之犧牲者）時正十二點有半也既抵祝塘立時將方君舁入家中一面派四人趕往出事地點追查匪蹤一面派人赴江陰拍電來錫旋據回報三兵自石塘堰向無錫境內之斗山西河頭而去行經畢果廟一兵入內兩兵在外巡行等語後聞附近鄉人言距斗山西河頭不遠之東房橋小鎭於初八日下午忽來游兵三名開槍刼掠並擊傷西人等語旅部得報卽派諜報主任周寄湄會同警察第三分所所長胡左泉偵緝副長倪谷生及旅部衞兵等由水路前往訪拏周君詳細調查終鮮把握果然方君英魂不散卒將唆使犯孫潤源徐燃標先後捕獲訊明正法原來孫於蘇軍搶刼時攫得許多贓物後被方君得悉卽下忠告謂照你如此恐怕殺一百個頭還不夠（禍機隱伏）孫信以爲眞此時奇不奇巧不巧而有黑面麻子之兵向方君取紅木器具之事蓋此器具爲兵搶後安置民房被方君見而收回者也孫于是與該兵吸鴉片吃夜飯頗爲熱心（自有用意） 迨方君往旅部諮議孫私自驚懼懼其所謂殺百頭而不足以敝其辜也方於二月初七日赴祝塘領妻其日期乃爲孫偵知于是卽與黑面麻子等商議進行方法豫康紗廠門丁徐煥標亦在內

于是慘劇開幕矣後經旅部以搜查軍火爲名將孫捕獲經畢旅長五六次之庭訊孫始供認謀殺方壽頤不諱畢君復將孫潤源移解常州軍法處研訊畢君以方爲旅部諮議此時居原告地位張軍長來電判孫潤源以死刑孫卽于三月十五日在車站執行槍斃（無錫戰史中之犧牲者）徐煥標亦在蘇州捕獲經董執法官訊明後亦在蘇執行槍決（無錫戰史中之犧牲者）但所謂黑面麻子之兵尚漏法網則方君此死猶難瞑目也溯此案之水落石出以畢旅長鞫訊之神及周寄湄偵探之能有以致之方君固可少慰於地下焉後紗業聯合會商團公會縣商會錢業公會廣勤區市民公社五公團爲方君開追悼會于于肯樂公園素車白馬一時稱盛方君家有老母年已六十有八長女年方十五次十三子方三齡也此次慘遭飛禍無論議與不識莫不同聲扼腕爲之太息不止當時有菊影館主以滑稽之論調論方案云

孫美瑤姓孫孫潤源姓孫似一　孫美瑤率衆搶刼火車孫潤源易制服强搶包車似二孫美瑤爲匪首唆使土匪撕票孫潤源勾結軍人指使殺人似三孫美瑤槍斃孫潤源亦槍斃似四孫美瑤在山東中興煤礦公司後面就刑孫潤源在無錫中興煤礦公司後面就刑似五同一煤礦公司特魯蘇地點異耳方壽

頤君爲豫康紗廠總辦孫潤源爲豫康紗廠機間總管方斃於槍而間接死於孫潤源之手孫斃於槍直接伏法於方案同廠同冠總字同死於槍孫害方孫死於方案然而方君罹禍於舟中孫某正法於曠野特水陸不同耳嗚呼人孰不貪財而愛命又莫不好名而爭權孫潤源地實寒微位至總管財產逾萬雖不列縉紳之堦亦足稱中人之家宜乎守己安分明哲保身伊則不然乘齊部壓境竟趁風而打刧勾結軍人殺總辦而洩恨於是陷身囹圄飲彈畢命從前坐包車叮噹叮鈴招搖過市厥後垂頭喪氣步赴刑場誠有今昔不同之嘆上九天下九淵之別書至此感不絕於予心矣嗟乎方無孫方不致死方不死孫何從而致死二人之死非蘇軍惠顧又孰從而致死兵猶火也方孫實死於火耳

孫既死方案遂結社會人士莫不爲方孫二君惜蓋因地位同高故也正是

江南三月雪花飛　萬人同哭方養頤

欲知後事如何且待下文再表

第十三回

■基督教兩牧散放春賑　■蔣錢王三紳設善後會

却說方壽頤孫潤源張浩榮一班人都在此次搶戰中犧牲其性命而地方經大搶大戰之後自然元氣大傷精華盡喪眼見得哀鴻遍野嗷嗷待哺不但如此且土匪蜂起東搶西刼凡此種種均爲戰爭後應有之點綴既有如許反常的不良之點綴地方上熱心人士乃有相對的應付之點綴試分別述之地方有流匪也四鄉人民既饑饋不安蘇常鎭守使金綬臣君亦以潰兵四散到處騷擾槍械彈藥隨地遺棄若不速辦清鄉勢必貽留後患特在使署召集各縣負責代表會議清鄉辦法以便着手進行吾邑公推楊紳翰西爲出席代表會議結果即積極進行委林知事爲清鄉處正主任顧彬生孫濟如二君副之此爲清鄉之始以期肅清潰卒土匪限四個月結束地方災黎遍地也于是有邑紳蔣哲卿錢孫卿王克循諸君發起兵災善後會着手調查被災各戶分別貼調查條於被搶人家之門上編號備查而被搶人家則將被兵搶刼之細數書明後依照善後會手續報告該會希冀異日得有賠償未幾兵災善後會又呈請改爲兵災善後局盧宣撫使委蔣哲卿（曾燠）爲總辦錢孫卿（基厚）王克循（勍）爲會辦撙節開支減少用人該局成立後見哀鴻遍野嗷嗷待哺即先辦急賑後設平糶復在被災最重處及焚燬區域從事攝影一以呈報上峯一以留作紀念也據兵災善後局調查此次兵災損失之總數被焚總數共七十

二萬七千五百〇三元連被搶總共六百六十三萬六千七百十一元嗟乎此殘破之局將何以補綴之哉兵災善後局既成立災戶方面接踵而欲組織災戶聯合會發起者爲趙子新吳少之蔣天任楊重遠等宣言書中有要義三點（一）現時之糧食問題及未來之生計問題（二）各處災民雖經正式機關之援助然受災之程度與刼後之情狀如能盡量宣傳俾外界知個中苦况則表同情之範圍當尤大而援助之力必益多（三）齊部亂兵焚掠奸燒經八日八夜之久以致十室九空市廛爲墟主其事者應加以相當之裁制被災仝人所受之損失應規定負担之辦法向主管機關正式請願等語惜乎官廳未允批准立案不識該會將從此無聲無臭耶抑再接再厲以奮起耶災黎既遍野矣而聖公會牧師楊四箴及西人戴爾浸禮會牧師夏悅三均從事募捐後出外散賑監理會與南里紳商合組之婦孺救護會正副會長周文敏周廉生龐魯芹等亦將會中存款悉數散放春賑該會理事高叔方唐文銘江涵秋張叔平及王丹伯等復出私資仝往舜柯山附近鄉村及洛社附近各鄉村暨皋橋惠麓一帶散賑有發白米者有給現洋者不等如此戰區一帶之災黎受惠不淺該會職員王少泉馮天農二君又復往申經募旅滬邑紳祝大椿（蘭舫）棉被數十條帶錫施被又向基督教聯合會會長江長川經募洋七百元匯錫與浸

禮會分半散賑此外富紳未被災者此時亦有慷慨解囊前往戰區散賑者可謂熱心之至矣尤可佩者三十二旅旅長畢萃舫君見遍野哀鴻慘不忍睹竟發宏願在錫獻身舞台特演劇三天所得戲資除開支外悉數助賑于三月十四十五十六三日在第三師範大禮堂開演邑人王韻樓龐霞明亦加入爲演員畢旅長所演之珠連寨等劇均覺精神飽滿嗓音清亮爲看衆所欽服此畢君之惠吾錫地災黎也至今邑人多德之復次有北里錢業董事江煥卿同業蔡有容施襄臣米業董也趙子新鄒雲翔同業許志和李棟珊强、醉圖董蔡吉暉等亦發起臨時急賑購辦白米四百五十石振濟災民維時京津全鄉樸蔭北汪湛青楊味雲丁鷇韓尤幹丞秦晉華嵇滌生唐慕潮廉南湖尤靜涵孫九籙杜掌如等亦已知梓鄉遭浩刧善後問題不容或緩除分頭募捐外並飛電段執政免派籌軍餉又公電盧宣撫使云

（上略）此次無錫慘受兵災烽火所經池魚殃及未聞振撫忍復誅求業經庚電籲懇罷免攤餉在案吏有慮者無錫本非軍事要地向無重兵駐防近者逆燄久消雄師未撤貔貅環守羣情驚惶加以齊部飽掠稍誅脩免效尤何堪再摘亟請援照張埠處置變兵近例嚴懲橫肆焚掠之齊部餘孽勿濫收編或僅資遣稍涉較縱併令現駐錫境之勝兵勁旅移鞏徐防庶士氣不爲柔俗所靡而良

愫亦免軍威之逼事關善後要圖務懇迅賜允行不勝企切

又楊味雲君以個人名義致李財政總長云

鄭侯仁兄總長閣下敬啓者此次齊燮元稱兵抗命江蘇自鎮江以至上海沿滬甯鐵路各縣均被兵災無錫爲滬甯中心又夙以富庶著名被災之慘尤非各縣可比據親友函電報告自陰歷臘月廿四日起至正月初四日止焚掠至十晝夜繁盛市場悉成焦土沿及四鄉村鎮數十里中無一家倖免者時值歲闌猝遭巨刼商民號呼於烽火之下顚躓於風雪之中慘目傷心筆難盡述當亦仁人君子同深憫惻者現由無錫同鄉公稟呈執政府請撥款籌振截留本邑一切稅款以資復業而集流亡昨已謁陳執政蒙允設法即日交大部核辦中央財政支絀不敢有望外之求但冀以本地人民之膏血還以撫恤瘡痍之災黎情理似爲適當（菸酒印花專款不歸省庫不解部庫向爲齊氏中飽能准截留在中央亦惠而不費）務乞我公軫恤下情昭宣上德主持正道立賜德音敬率災黎九頓首以請

如此善後救濟並行不悖地方雖弄得破殘不堪畢竟還有熱心人士出面設法正是

刼後災黎遍四野　全仗善士施春風

欲知後事如何且待下文再表

第十四回

紀念橋名士題詩　含隱痛拉夫遭難

却說吾邑經此次大戰之後地方熱心人士出而謀善後散急賑辦清鄉設平糶均足表示地方文明之進步自治之發展誠是好現象此且按下不提却說吾邑當搶戰時代拉夫之事一日數次如馬路上南兵禍首當其衝故居民早避之一空第一分所雖欲拉而不可得也如西門外南門外竟致無日不拉無時不拉最後卒至無夫可拉而被拉者以爲此行必赴火線運送子彈則在鎗林彈雨中必無生路故有哭泣跪拜以求免者亦有託人說情以求免者被拉後之家庭莫不妻啼子號日盼歸家使家有父母則爲父母者更覺傷心在警察分所固受上峯之命而行之然地方人民在驚懼危險中更受此拉夫之紛擾則愈覺不知死所矣當此時也紅會救護會之袖章及消防隊之制服均發生特殊之效力可以不遭被拉尤可笑者警察分所拉夫初爲迎合地方紳商心理起見分步驟而拉第一步拉乞丐紅丸黨地痞

之屬蓋此輩非徒無益於地方且有害於地方●至遇搶刼時或許勾結亂兵共同動作亦未可知然此輩雖屬下流社會人物與田院內之角色而不知機警特甚一聞風聲莫不逃之夭夭奔向遠鄉而去不二三日街道中此輩蹤跡全絕不得已第二步取拉江北神聖以充夫役可憐江北人知識呆滯臨時又缺急智故被拉者不知幾許也於是江北婆帝帝帶帶哭泣不已後致江北人亦無可拉欲拉商店夥友無奈各商店重門緊閉夥友又東避西逃街道中更人跡杳然不得已而思其次乃竟分赴各鄉村敲門拉鄉民焉於是鄉民刼運至矣最安甯者厥爲城廂中人蓋在搶戰時代未嘗拉過一次也然則拉夫何用當蘇軍搶刼時則拉夫盡爲襄助蘇軍幫拿贓物上車或下船迨夫兩軍接觸則拉夫以助運送子彈等物其危險有甚於幫拿贓物者有蘇州婦女邢吳氏與子名雪根在錫營業在去臘二十七日不意亦被拉去邢吳氏依閭望子希冀早歸詎知消息沉沉人影杳然不一星期而成瘋癲後竟依賴無人不能維持其生活有人見伊在北門外遊山船浜已行乞矣悲夫類如是者頗多至二月十五日紅會職員在蘇葑門炮台營救出被拉夫役吳福庚唐泉生蔣富成吳榮金俞鳳祥潘杏生袁金盤沙成根蔣學成唐紀庚朱大榮趙榮根等十餘人回錫各夫役回錫之後以從此可骨肉重逢莫不感激涕零而去却說有

日畢旅長在南門外巡查乘馬欲過扶橋至黃泥埄馬停足不肯前進巽之乃下馬牽之而過馬不肯前進如故奇之諦視橋樑將圯後知奉軍抵錫係先到南里乃決定在該處造一新橋立命兵工團從事動工兵工隊營長劉慶雲與馬王二副官朝夕督工無稍懈怠不一星期而工竣地方人士以該橋便利交通也則設宴以款劉營長馬副官等第二分所所長薛頌年及南里人士周賡生馮天農等亦常往招待以冀聯絡感情橋成有人在畢旅長前題得勝橋者畢旅長謙遜謝不敢亦有人主題紀念橋者畢君則主題兵工橋以實歸實觀此則畢君不尚虛文崇尚樸實可知嗣後復立碑以誌紀念有邑人周靜騚沈奉江二君爲該碑題詩詩云

將軍躍馬過長橋　盛事崇朝繼僑　不盡雞聲霜跡感　多應勒石紀嫖姚

斷橋古渡播陽春　利涉仁心爲愛民　緩帶輕裘羊叔子　峴山而後見斯人（周恨石題）

將軍豪俠氣如虹　飲馬溪邊暢惠風　春水綠波楊柳岸　中流砥柱奏膚功

軍馬投鞭可斷流　滹沱何用駕輕舟　天涯鴻爪留泥印　南郭謳歌定遠侯（沈奉江題）

該橋自造成後交通頗爲便利可見畢旅長在錫有數事頗有功績如恢復商店維護教育遍植樹木建

造橋梁演劇助賑嚴明軍紀審清方案等均足留絕大之好感于地方不意演劇之後忽奉張軍長命率部開赴臨城塡防於是畢旅長乃與錫地告別矣臨行時猶寫一留別澄錫父老書頗有價値其原文云

此次奉張軍長命進駐澄錫兩地兵役供應雖爲一時之累而父老昆弟諸姑姊妹無一而不以至誠相待若非爲軍隊全部移駐問題所牽掣則彼此均抱願聚不願離之念此爲澄所敢斷言諒我父老亦定表同情也惟是澄行矣在未行之先有欲言而不便言者數事茲於既行之後爲我父老縷晰陳之幸垂聽焉(一)事後補救不如事先預防查客歲戰端首起於蘇兵連禍結相持終年影響所及幾遍全國一星之火竟至燎原至今江山破碎民不聊生誰尸其咎歟人皆曰齊燮元其實齊氏叵測早見諸李英威暴死之際第以天之懲罰至公無私故使之取督授使蒸蒸日上蓋齊氏之位不高則名不顯名不顯則禍不極而誅不深也由今觀之則昔日扶之者正所以除之獎之者實所以懲之惟此一轉移間吾民苦矣使當時我全蘇父老燭其奸查其隱不令其居高位握大權則何至今日耶吾故曰事後補救不如事先預防(二)撤兵不如裁兵裁兵不如安兵夫兵之爲物用時嫌少不用嫌多當齊兵之肆虐也吾

蘇人士莫不馨香禱祝增兵增械希掃賊兵於瞬息而安萬姓於衽席及至今日又莫不以兵多爲累兵災爲懼且有兵一日不去民一日不安之勢實則鳥盡弓藏古有明訓功成身退勢所應爾第今日之兵非昔之天兵天將可以來去無形如神龍之見首不見尾如果軍事善後不求妥善辦法但期移駐他方則江蘇富庶尚難供給江北荒涼更難擔負况念二行省同是國土痛癢攸關休戚與共竊恐此次撤兵之舉未遂他方同樣文章又復高唱入雲矣撤既不妥裁亦困難蓋我國今日之兵若在軍中尚可約束一旦下野則悉變爲匪往事昭昭勿容諱言矧現代紊亂狀況純乎兵之爲祟除非全國悉行裁撤不留一兵方可有和平之期否則即留一兵亦必使國家無寧日也善後之道莫如妥籌安置之方儻能廣設工廠化兵爲工移兵實邊化兵爲農安一箇少一箇由一縣一省而推之全國則不撤自撤不裁自裁矣此雖亦係一種高調然庶澄認爲較諸廢督問題尚易辦到也(三二)爲蘇之患不在奉軍未撤之中而在奉軍既撤之後夫以相持經年之戰亂奉軍於數日解决之當時地方雖受損失而一勞永逸不難漸事恢復惟是以數千健兒之血解除蘇軍三師兩旅之衆歲減軍事負擔千餘萬元倘

從此無論何方不增一兵不添一械則不特數千健兒可以瞑目地下卽吾輩鋒鏑餘生亦可告無罪於蘇人否則此去彼來無異前門拒虎後門引狼既無補於大局矧恐一蟹不如一蟹而高唱撤兵救蘇之論調者其將何以自解耶抑有進者此次擊散蘇軍數逾三萬以上而收繳槍枝不及兩萬其餘一萬餘枝皆散諸蘇境各村鎮中此時大軍集結宵小斂蹤一旦軍隊撤去徒唱高調以動聽而不謀實力自衛則匪之爲患恐較兵爲又甚我父老昆弟其亦曾見及於此否耶(四)救地方不在空言而在實力此次蘇省兵災以江陰無錫爲最而能保全全城生命未至根本動搖者實賴幾位熱心君子實力救護故能挽救於萬一無錫全城未遭損失實賴楊王蔣諸先生守城之力江陰城內未至受最大蹂躪亦實係吳章陳楊諸先生出死入生於槍林彈雨之中雙方奔走之力吳汀鷺先生並長跪於廉澄之前願以一死貸衆生見者淚下使當時無此數君子則覆巢之下難期完卵若果城破則玉石俱焚其死亡之慘可勝言哉至今事過境遷羣能並起各顯神通唱高調者有之說大話者有之甚至鑽營奔走黨同伐異祖膝露臂氣概淩雲雖然如果愛民愛鄉愛地方何不於彼一髮千鈞之際一援手耶庶

澄。對。於。各。界。人。士。無。遠。無。近。無。疎。無。厚。惟。從。賢。如。流。嫉。惡。如。仇。他。非。所。計。也。
畢。旅。長。去。後。地。方。人。士。莫。不。有。依。依。惜。別。之。概。正。是
　　儒。將。風。雅。羊。叔。子　忍。聽。驪。歌。欲。牽。衣。
欲。知。後。事。如。何。再。待。下。文。再。表。

第十五回

▣波譎雲詭賬客失蹤　▣撲朔迷離鄉民認子

却。說。畢。旅。長。未。去。以。前。吾。邑。將。近。育。蠶。時。候。江。南。習。慣。不。常。見。兵。此。番。大。兵。駐。紮。恐。於。育。蠶。有。礙。况。且。吾。錫。每。歲。有。大。宗。出。產。之。絲。繭。產。額。約。數。在。一。千。萬。元。左。右。鄉。民。見。兵。流。亡。不。歸。必。致。妨。礙。蠶。時。現。在。奉。票。兌。換。處。雖。告。撤。銷。（此次奉軍南下帶奉票甚多到處設兌換處吾邑縣商會即爲兌換處也現已奉張軍長令撤銷）旅京無錫同鄉對於撤兵一事認爲時勢迫切不容稍緩特致電奉天張作霖上將其原電云。
（致奉天電一）奉。天。張。上。將。軍。鑒。蘇。省。兵。災。無。錫。最。重。欲。復。元。氣。全。恃。農。桑。今。蠶。期。瞬。屆。大。軍。未。撤。

人盡驚弓之鳥多流亡而不敢歸蠶一失養生機盡絕工商停頓稅源安出懇迅令張軍畢旅尅日開離錫地藉保遺黎一綫生機無任盼禱無錫兵災善後京會楊壽楣丁錦楊壽枬秦瑞玠等公叩

（致奉天電二）奉天張上將軍鑒頃電諒達無錫俗懦民馴地非要塞向無重兵駐防今逆燄早消大軍未撤工商蕭索耕桑愆期哀此孑遺生計將絕且長此雜居無形同化非徒病民亦足弱兵再懇迅令駐軍開離錫境俾集流亡而維蠶業萬民感戴無錫兵災善後京會楊壽楣丁錦楊壽枬秦瑞玠等叩

又致南京盧宣撫使電云

南京盧宣撫使鑒奉讀感電大江以南永不駐兵仁言利溥大慰輿情此次兵災無錫最重欲復原氣全恃農桑蠶一失養生計盡絕現値蠶汛瞬屆千懇迅將駐軍尅日調離錫境俾集流亡及時復業藉保遺黎一綫生機無錫兵災善後京會楊壽楣丁錦楊壽枬秦瑞玠等叩

凡經數日內之函電呼籲及各公團之請求上峯乃允撤兵然撤兵之前韓紫若省長屢電要索開拔費（又來逼猪油渣了）一日數電要吾邑派五萬元林知事凡事取公開主義接電後即與地方各機關領

袖商議辦法結果一萬一萬解去共解去有三萬元於是賀段胡三團及手鎗機關槍隊馬衛隊分批開拔離錫當畢旅長離錫之前有一種笑話發生原來有一班飽食終日無所用心之徒在茶坊酒肆中大放其謠謂畢旅長係我無錫出身面上有麻子幾點背部有黑痣幾粒等妄談無中生有說得活龍活現一班腦筋簡單者更從而附和之從此一人傳十十人傳百傳至不明世故之老嫗耳中居然演出荒謬絕倫之認子活劇如寺巷內之張姓婦西大街之劉姓婦等竟有癡心妄想稱旅長爲兒者可恨亦復可憐不意此謠近已由城而鄉致雙河上惠龍橋鄉婦顧談氏又有具函畢公館妄思認旅長爲子之事誠可謂癡人妄想一想情願者矣茲覓得原函錄之如下(函中別字錯句均係原文)

敬肅者老婦顧談氏世居無錫西門外開原鄉雙河上惠龍橋因得悉奉軍抵錫以來道途相傳皆謂現駐錫奉軍三十二旅長畢公自無錫出身有認生母等節據云赴營報陳者頗不乏人皆其中情意不合惟思氏，於清光緒十八年將四歲三子寄送城中周永道巷王姓爲子該王姓爲外省人所育二女其妻瘋症在床亦軍界人物氏鄉裏婦人不識政界機關是以不悉其詳自寄過之後氏恆至王寓楨子詎王竟白眼相對且其言不懂斷後至該寓鄰家暗俾人通音乳娘或抱至鄰家一見或數次不見氏恆暗泣而返逮至髫年得悉已晉校矣尤非易見面約至十歲偶在途遇見手遺書包氏即阻止然視其面上稍有麻點詢其放夜學乎其對氏嘻嘻而別約過二三年王姓已不知去向即詢該寓鄰舍皆云已囘去矣俾氏得悉不勝暗泣似有所失者旬年迄今二十餘年懷子之心終難釋懷氏三子今三十七歲貴旅長認母諸言已屆卌餘矣氏非貪富貴而冒昧因念天倫而妄舉惟思百里奚爲相其妻求乞至秦奚在人廣之中下案相認夫妻尙然况母子乎自古至今子貴而認父母者不可勝記氏是以稍陳大略祈乞鑒核得能情意合符祈即俾麾下兄弟至西門外雙河上惠龍橋談巷上談錫泉接洽可也敬呈（下略）

畢旅長接函後隨在原信封後面加批云余係甲午生人較汝子尙小五年既蒙垂詢特以聲明昔黃石公以張良謂孺子可教成大名茲錫人多以庶澄爲子實深榮幸

畢君此批旣瀟灑又大度又滑稽見者爲之捧腹不已却說笑話之後此時又發現又驚怕又離奇之賬客失蹤案出來有浙江乍浦鎮裕茂盛建貨號夥友章文聘者在去臘在錫收賬共收到二千零六元住

無錫戰史　七七

新世界旅社（時新世界尚未燒去）在齊兵到錫後章嚇得手足無措後有一身穿鐵路制服手執紅綠旗者招呼聘文謂欲乘救險車赴滬後即竟致失蹤乃父章錫祉來錫調查亦住新世界正在思念間忽聞茶房徐阿四談話謂去年章客人死得可憐人財兩失云云章端陡聞此語知兒十分之八已死于非命乃詳加盤問方知有鐵路員司華某等大有關係後冷瀆浜發見有傷男屍即係章聘文云，然則章，死於何人之手此中是否有見財起意之色采章父雖已告發然至今尚未水落石出則此案大有偵探之價値（嗟乎章聘文亦無錫戰史中之犧牲者）矣然則人生於世不可不識人何人可交何人不可交宜須加審慎至向無友誼而以甜言誘惑者此等人尤宜注意章之死死於不識人也諺云不識字好過日子不識人難過日子信然正是

鬼子活劇方演過　離奇案件現眼簾

欲知後事如何且待下文再表

第十六回

哭風笑雨浪說趣事　野叟下士妄談軼聞

却說錫地不幸慘遭兵禍搶也戰也俱已載筆而紀其事城內公民如裘心禪華漁史陸心栽周磐士侯端行張子惠杜樸臣楊藹士徐志仁華燮龍杜秋樵等因此遭大難商團消防隊警察水警縣警察隊縣游巡隊省警備隊商團游巡隊等八機關團員隊員隊士辛勤萬分飲水思源擬欲建塔以紀其功地址假定在公園多壽樓現正在進行之中又有一班自稱爲戰後休養會者以爲大戰之後受過一番創鉅痛深之苦商業固可逐漸恢復而我輩身心上亦不得不急籌恢復否則於壽限上大受影響於是組織此會專以謀身心上之娛樂爲宗旨一天是該會開交誼會日期主席發言謂今日到會諸君須每人講笑話一段或軼聞一則以資歡樂衆贊成於是某甲起立說有一兵在龍山嚴家棚下見一老嫗攜孫女逃避孫女年甫及笄兵見而動心攜之偕行思欲至民房中行其獸慾時天正大雪兵一手牽馬一手又持傘此時苦無三手乃將馬索繫於右足於是一手攜女一手撐傘老嫗知孫女將受汚辱跪下求免並以手指天示以青天白日不可作此勾當正哀求間馬忽向後妄奔兵亦隨馬伏地拖帶而去蓋馬見傘一撐懼而逃也老嫗於是急攜孫女逃避說得衆人笑將起來某乙起立說當蘇兵搶刼時有某師與某師因分贓不均在保康與附近巷戰又有一蘇兵入富室攫得珠寶飾物納諸懷中自思下半世已享用

不盡奚必廁身戎伍遂將軍衣軍帽棄之道左擇衣冠之稱體者易服穿着昂頭出門去某分所相近又來齊兵二人見其頭戴獺皮冠身穿藍綢狐皮袍玄緞灰鼠褂足登絨繩鞋手持司的克儼然一富翁也即被後二兵截止去路獰笑厲聲曰你的衣服狠好借給我們穿穿某急呼曰老鄉我亦軍人我們是兄弟們呀二兵詫曰既是軍人爲何如此打扮某曰這衣服是如此如此得來的二兵不待其言畢又厲聲曰不行不行你有我們沒有快快脫下某不敢與抗即一一脫下金銀亦被搜去僅剩單衣薄褲科頭跣足懊喪而去此非兵剝兵乎可知螳螂捕蟬雀捕螳螂也衆人又吃吃笑不止某丙起立說當江浙交戰凡未嫁之少女父母恐罹兵禍特將女送至男家以了責任一日北鄉某村家正興高采烈結婚之際突來丘八三人乃登堂逕入新房婦固饒有膽量且有急智者見兵至知逃避與抵抗俱不足解此倒懸於是虛與周旋兵覺欲施以非禮婦乃向兵曰圖茲數分鐘快樂倘鄉人畢集君必無幸請君速將兵衣脫去另易便服儂亦卸妝與君一走了事如何蓋儂本不喜爲鄉婦苟爲君拂衾裯則一朝勝仗飛黃騰達儂之福也兵聞而喜乃依婦命相將出門詎後來之數兵行將刼掠婦言於兵曰予既婦爾此地爲儂之家鄉愛屋及烏當爲我制止之兵乃竭力說情衆始散去婦隨該兵行約里許遇商團游巡隊婦即極聲

呼救兵見該隊有槍械知非敵乎跟蹌而遁噫該村之得以保全自身之不被玷污賢哉此婦智哉此婦可以風矣說罷衆人又互相鼓掌某丁起立說某村有某寡婦生有一女半世辛勤積蓄二百餘金聞潰兵將至知必無幸乃思一計母裝作死人僵臥床上將所有之錢鋪於身下以被蒙覆首目使其女蓬頭垢面在旁嚎啕大哭床側化冥鏹悽雲慘霧宛如喪第少頃丘八果至入門見狀忽發慈悲湊銀洋數元贈作棺殮之資一村人家家被搶惟某寡婦家得以保全並反獲數金豈非幸事又丘八到錫擬欲狂窰子覓花姑娘時娼妓均遠颺所留者韓莊貨耳命旅棧茶房喊叫苟無允鞭撻隨之茶房不得已竭力尋覓既來即亡命而爲之夜渡資起始出十番後稍精括出八元五元及後只二元四元矣言已衆人以所講太穢濁勸講別事於是一位老者亦起立說此等笑話有傷風化不如談別種笑話我來講一件事情吾邑近年有高談拆城者現經此次大難不見主張拆城只見在亂時在城門下將房屋拆除我以爲拆城不如平山惠山一平無險要可憑則錫地永不成爲戰區了衆人聽了哈哈大笑又一老者亦立起說當齊軍搶掠之時馬路上大新樓菜館正購進五千餘元之食品以備新歲春酒所需不意齊軍光降將該樓所存之物用大鍋煮燒融魚翅海參白木耳雞鴨於一鍋各兵分而大嚼最後縱火焚燒此非大

無錫戰史　　八二

新樓生意好連房屋亦吃光耶聽衆爲之捧腹不止原來該會尚有童子入會者甚多此時有一童子起立警告謂吾會既以保全身體謀身心上之娛樂爲宗旨現聞童子拾彈斃命者甚多如蓉湖莊錫豐棧門首陶姓孩童誤拾兵士遺棄之炸彈向地下一擲致轟然一聲鉄片四飛陶姓孩雙足均被炸去而天上市西膠山附近徐巷上鄉民徐阿冬將拾得之炸彈信手一拋致隣家小兒炸斃又青城市南雙廟附近農民張阿法拾得形似鴨蛋之炸彈一枚張不知何物用力一拋轟然聲起張卽斃命如此无妄之災在吾輩孩童最易觸犯警告同志凡遇此等危險物品不可去拾亦不可玩弄以保性命說完卽振鈴散會吾書亦告終結正是

四座靜聽快樂事　　已忘浩刼大難苦

閱者試思吾邑此次經着極大創傷以後如何振起如何恢復如何除奢從儉如何休養生息如何屏絕嗜好豈有餘興尋得起開心嗎唉

★ ★ ★ ★ ★ ★ ★ ★ ★ ★

無錫戰史完

後跋

梁谿爲蘇省闓邑山明水秀文望素著比年以還商場宏闢實業丕振駸駸焉幾駕錫常而上之人且以模範縣稱之矣不幸禍起不測變生剎那而客臘念四日之慘劇忽焉開幕余既振筆實紀其事雖然是日也不啻予吾邑以重大之創傷劇烈之破壞當時恐怖危險之狀遷徙流離之苦人民居火熱水深之中生命處驚風駭浪之天刼掠至八晝夜而强損失達六百餘萬之譜如此故鄉如此裂痕邑人宜常留腦蒂而弗忘則臚舉當時慘迹以翔實而有秩序的紀之所以誌痛也所以誌不忘也惜乎以余刼後餘生飽經患難之軀緒情既形棼亂文思又復惡劣在短時間內倉皇出版紀事則有掛一漏萬之虞措詞難免魯魚亥豕之譏矧以校書如掃落葉訛誤或許不免故曰編而不曰著誠如孔聖所謂述而不作之意然則棗梨災矣此則應向讀者告罪者一也卷首刊印守城有功者之肖影人或謂守城爲桑梓應盡之義務或謂有功者僅屬少數不知顯明有功者固少而當時奔走於槍彈橫飛之中冒風霜雨雪而不顧游說於軍事當局不避危險不畏艱難以地方蹂躪人民痛苦之說直陳希冀以動其心視死如歸使當時軍官心田狠辣用非常而强硬之手段以對付說客則慘劇亦意料之中試問尙忍言哉或則出計

無錫戰史

用。謀。思所以有防城之策。或則代籌軍餉。在羅掘俱窮中奔走。設法以應付極大之難關。使無李闖其人。而演李闖之故事。或則辨理兵差。應對軍官。以聯絡之手腕。藉緩衝夫擾亂。故勞功雖云不同。而報答宜視一例。惟徵求照片。慫費時日。均承贈印。感幸萬分。此則應向贈影諸公答謝者又一也。此次吾邑遭受兵禍。余惟以事實紀之。對於軍界不加評騭。亦不存偏袒。蓋公論自在人心。兵之孰優孰劣。民意豈無向背。夫民意不可侮也。余謂此次大難。實足惕勵邑人。晚近以來。邑人羣習奢華。酒歌徵逐。殆無虛夕。每逢喜慶大事。鋪張少年子弟。爲外物引誘而有失德者矣。良家婦女爲風俗頹敗而有失節者矣。馬路爲新闢市場。實爲萬惡之淵藪。今茲遭遇寇難。恢復匪易。或許上天下一警告。使邑人憬然覺悟。自玆以往。屏除上述之劣點。從事洗心革面。人人抱自治之觀念。改進之志願。使地方經破殘之餘。而協力同心。以補綴之。不第於短時間內恢復舊觀。且能零呈一新氣象。則大刼雖遇。正予邑人以改革之機會。未始非大不幸中之大幸也。復次大戰之後。屍血遍野。臭氣薰蒸。難免無疫癘發生。公衆衛生。亟宜注意。毋使再遇不幸之事。此余所望於地方官長及熱心人士也。吾邑爲荷形。今東北區被災甚重。幾成荒涼一片。猶荷之東北角已形焦萎。余爲碧青之荷葉惜。更爲可愛之梓鄉痛。今於鼙鼓不驚。烽烟已息之頃。不禁感慨而縱筆書之。

中華民國十四年乙丑夏日梁谿馮天農識

編輯者言

一 本書出版辱荷諸君子錫以宏文刊印卷首具聆偉論足見佳章豈特本書之榮抑亦閱者之幸書此鳴謝

二 本書原定六月十號出版不意五卅慘劇發生滬埠罷市致所製銅版不克如期到錫而本書亦因展緩出版稽遲之處幸閱者見諒書此誌歉

中華民國十四年六月初版

無錫戰史

每冊定價大洋叁角

編纂者 馮天農

理事編纂 徐懷葉 陳伯仁

校閱者 錢振民

印刷者 五大印務局

總經售處 五大印務局

分售處 本外埠各書局

無錫民衆慶祝北伐勝利大會特刊

（民國）施織孫 徐赤子 范望湖 編

《無錫民衆慶祝北伐勝利大會特刊》不分卷，（民國）施織孫、徐赤子、范望湖編，民國鉛印本。

編者施織孫、徐赤子、范望湖爲當時國民黨政務人員，生平不詳。一九二七年三月，國民革命軍北伐部隊進入無錫，北洋軍閥在無錫的統治宣告垮臺。四月十二日，蔣介石在上海發動反革命政變，隨之無錫在四月十四日實施了清黨，屠殺共産黨人。這時武漢的國民政府還維持着國共合作的局面，武漢方面譴責蔣介石的反革命行爲。本書所記即是六月二十八日召開的慶祝北伐勝利大會所發的宣傳品，當時寧漢還處於對峙狀態，所以書中有的文章特別表明支持蔣介石。書中載有慶祝大會的歌曲。全書内容爲發刊辭、卷頭辭等。照片有蔣介石、李烈鈞、吴稚暉、胡漢民、鈕永建、何應欽、白崇禧、賴世璜。書中共收録當時國民黨在無錫的頭面人物所寫政治性文章十六篇。文章皆爲政論性的短文。除了有關三民主義和對推翻北洋軍閥統治的慶祝，還有一些對政治和經濟方面的設想。當時正處在四一二政變之後，以清黨之命屠殺共産黨人的四一四政變也僅在無錫的兩個月前發生。在發表文章的作者中即有殺害秦起的兇手鄒廣恒，所以文中有反共的内容。作者中也有縣教育協會、婦女協會和一些支持國民革命的人，體現了當年國民革命的餘風。本書反映了大革命年代無錫的政治史實。

本書據原刊本影印。

（徐志鈞）

中華民國十六年六月二十八日

無錫民衆慶祝北伐勝利大會特刊

無錫民衆慶祝北伐勝利大會宣傳股印

卷頭辭

安劍平

我們在此北伐勝利大會之中、應當聯想到中國國民黨　總理孫先生手訂下革命建國方略底三個時期便是軍政訓政與憲政、

現在我們北伐軍自從出師以來、所戰輒勝、不到一年、已從肅清珠江流域、而飲馬長江、而將會師黃河、直搗燕京、掃平東三省、革命障礙物剷除淨盡國民革命已到了初步成功、同志們、記得、這是初步的勝利、這是第一個軍政時期底勝利・

同志們、記得、我們第一個軍政慶祝勝利時期已經開始、將次過去、我們第二個訓練工作時期又將預備、早經開始・

第一期底勝利、雖是我們民衆底勝利、黨員底勝利、但都半還是武裝同志底勝利、武裝同志鮮血底勝利、無量數先烈之血、滯溉灌溉、終開遍了中華全境革命之奇花・

看吧、我們需對得起先烈、對得起革命、對得起總理、對得起這回第一期軍政初步勝利、我們一百六十萬中國國民黨黨員、每一個黨員心頭底熱血良心怎樣・

看吧、我們每一個國民黨黨員、每一個三民主義的信徒、都拿起「熱情」「熱腸」「無畏」大俠魂的精神、來繼續努力此第二期第三期底最後勝利・

武裝同志底鮮血於向着空氣沙場中灑、我們一般男女工商農學政警底熱血內饒着心臟肺肝而流・

卷頭辭

二

發刊辭

施織孫

凡開一次什麼會，總有許許多多的宣傳品，在那些開會時間好像雪片一般的散發。同志們伸長了手，都有先覩爲快的樣子。但是得着了這張宣傳品，他會立刻兒看的或者保存的恐怕甚少。用了許多的腦筋，費了許多金錢，他的效力，不過在一霎時間；好似遊戲場上的面布，一刻兒就丟開了。這許多散發的宣傳品呢，一回兒就做他們包銅角子的東西了。這是未免太可惜哩。宣傳是什麼作用呢？那是人人都知道，是國民革命最重要的工作，不必我再說。就是要把他的意義一人傳十，十人傳百，百人傳千的傳播起來。並不是做包銅角子的材料，也不是做田單樣子的保藏起來的。印到　種宣傳品，必定含有很多意義，很多理論，很多建設。要把許多的「意義」「理論」「建設」要整個的研究，這必定又要有一種刊物，才能討論，才能咨訪，才能報告，才能常久的宣傳和紀念。所以有這個「慶祝北伐勝利大會特刊。」爲什麼要開慶祝北伐勝利大會呢？那是三尺孩童都知道了，我們總理費四十年的心血，才能有今日北伐勝利，現在革命將要成功，我們的武裝同志，已一律渡江三路進攻，大舉包圍，節節勝利，「浦口」「揚州」「蚌埠」「徐州」等早爲我軍佔領，驅逐敵到黃河以北，不久就要直搗北方軍閥的老巢了。這眞是普天同慶萬民騰歡的時候。我們今天能夠撲滅禍國殃民的軍閥，解除民衆一切的痛苦，還是本我們總理的主義和革命偉人精神造就起來的。所以我們應當飲水思源，認

發刊辭　　二

爲總理是革命的先覺，蔣總司令爲我們四萬萬民衆的先鋒。諸位大革命家是我們的導師，我們追隨他們的後面，一同向前猛進。達到國民革命成功的目的。所以我們編這本慶祝北伐勝利大會特刊，首端登載革命偉人的玉照及小史，並慶祝北伐勝利大會辭章，及國民革命的宣傳品，彙集成冊，分贈民衆，作廣博的宣傳。

蔣總司令

江西省政務委員會主席

李烈鈞先生

中國國民黨中央監察委員

吳稚暉先生

中國國民黨中央執行委員

胡漢民先生

國民革命軍第七軍軍長
國民政府秘書長
江蘇省民政廳廳長

鈕永建先生

國民革命軍第一路
總指揮兼第一軍軍長

何應欽先生

國民革命軍[illegible]前敵總指揮

白崇禧先生

國民革命軍[illegible]軍軍長

顧世璜先生

無錫民衆慶祝北伐勝利大會歌

顧介生沈穎若合編歌施織孫編曲

目錄

本刊啓事一

此次因時間倉促對於革命偉人小史一項未能得充分之徵求現在準備在星期內廣爲徵求印一專册藉資宣傳

本刊啓事二

本刊於怱促間出版遺漏舛錯在所不免諸祈閱者鑒宥是爲至幸

何總指揮小傳

繆 斌

國民革命軍第一軍軍長兼第一路總指揮何應欽字敬之貴州遵義人秉性沉毅謙和謹飭少時畢業於江蘇陸軍小學及陸軍中學繼東渡入日本士官學校辛亥畢業返國充陳英士先生部下爲連長南京光復因功升營長後由貴州王電輪先生電召回貴襄助革命歷任貴州總司令部參謀長混成旅旅長陸軍講武堂堂長貴州警務處處長等要職爲劉顯世袁祖銘等所忌刻貴州政變赴川在某酒樓被凶徒某刺傷肺部當時幸持手杖將凶徒手槍擊落致未遭害後養痾滬上益肆力於軍事政治學問民國十三年春由蔣總司令電請到粵任黃埔陸軍軍官學校總教官殫精竭力教誨不倦是年夏成立教導團即被任爲第一團團長由是奮鬥益力十四年一月政府出師東征蔣總司令親率教導團二團之衆直趣東江淡水之役何總指揮身先士卒將淡水逆賊陳修爵謝文彬等部隊盡行俘虜後洪逆兆麟反攻又被教導團第一團擊潰於是勢如破竹乘勝直追至普甯棉湖即遇林虎黃任寰劉志陸等逆賊約有萬餘人當時教導團第一團人數不過一千與林逆激戰一晝夜死傷累累卒以何總指揮之沈毅果敢堅忍不拔曾不稍却卒獲全勝於是五華興甯等縣相繼克復軍次梅縣即奉中央執行委員會令升任爲黨軍第一旅旅長旋因廣州楊希閔劉震寰叛變復回師將滇桂軍完全俘虜復奉中央執行委員會令升任爲黨軍第一師師長九月二次東征升任爲第一縱隊指揮官惠城著名天險之攻破何氏

何總指揮小傳　二

之功爲最大陳逆殲滅何氏即被任爲潮梅督辦又擢升第一軍軍長去歲九月奉命率師北伐以三師一圍之衆擊潰周蔭人等部隊底定全閩稍事整理即奉命以東路總指揮入浙繼將滬甯克復所向無敵今復肅淸江淮占領徐海任江蘇軍事廳長革命勳業信足垂昭史册不特與蔣總司令並傳千古抑亦中山先生大無畏精神有以樂成之也誠革命軍之健將總理之忠實信徒歟斌忝附驥末自黃埔同事以來無日不追隨戎馬展轉砂場故得悉知其事實就慶祝北伐勝利之盛典以告邦人君子使革命同志知所景仰以完國民革命之全功焉特書其傳略如此時在民國十六年六月——

繆斌

革命健將李烈鈞先生略史

鄧祖禹

先生名烈鈞字協和江西武寗產生而穎異及長美丰姿能文學倜儻不羣有豪士氣同儕輩多尊重之於清光緒年間入江西武備學堂聰穎絕倫每考輒冠羣曾當道愛之選送日本仕官學校畢業後回贛練新軍旋奉調入雲南服務督練公所與蔡（松坡）李（根源）等辦講武堂嗣雲南陸軍訓練爲全國冠實以此講武堂爲基礎　先生廣韜略善用兵其作戰每以寡而破衆恆出奇以制勝且能與將士同甘苦深得部屬之心皆願出死力以相從討袁護國護法北伐諸役此皆關於革命歷史上最緊要最光榮之戰史而要莫不以　先生爲主幹人物　先生隨從　先總理作革命之奮鬥數十年如一日且料事如神每遇奇難之事諸將聚訟無法解決者　先生一至無不以片言決之秉性沉毅當兩軍交鋒戰鬬最烈之際　先生態度從容指揮裕如頗有羊叔子輕裘緩帶之概

李烈鈞先生略史

二

現今革命之意義

李石曾

▲世界革命與中國革命之共同點：打倒馬克思派共產主義

▲世界革命：蒲魯東主義打倒馬克思主義

「▲中國革命：三民主義打倒僞共產主義

革命乃人羣演進之自然，而相與始終，無時或息。其常而久也，則曰進化。其變而驟也，則曰革命。是二者，互爲表裏，不可須臾離。故言人羣之革命者，亦必考人羣之進化。今爲是篇，言「現今之革命」亦猶言「現今之進化」也。

進化云者，普遍於事事物物。然近代進化名詞，則多應用於生物，而直接間接與人生關聯者，均無非其一端。故欲明革命之確狀，不可不先明生物進化之確狀。生物進化之示吾人者有種種：如由簡單而至於繁複；由較劣而至於較善；如形態之層序相承而不爽；皆其例也。此不僅實現於生物與人羣之進化，並見於革命者也。

生物之演進，由最簡而至於最繁。換言之，即由最幼稚之生物，而至於人類；乃經過重疊相承之形態。如蟲也，魚也，鳥也，獸也，皆進化之層序。人爲最高層之生物，而其至於此者，亦經過今昔之多層。換言之。即蟲魚鳥獸等其遠祖，此舉人類而言之也。人之個體進化亦有類於此者。如人自胚胎之始，進而至於完成，其於十個月之期間，亦經過類於蟲魚鳥獸層層之狀態，此生物進化公例顯明之一端，人羣之進化或革命，亦有類於此者。

前已言及之由簡單而至於繁複，由較劣而至於較善，形態之層疊相承而不爽，乃進化中生物與人羣共同之表現也。今以革命言之亦若是。以廣義革命言之猶人類之進化。以中國•命言之，猶人之個體進化。人類之進化為期長。人之個體進化（即胚胎中之演進）為期短。然其簡繁精粗，與層序繼承，固相似也，革命亦然。

世界人類革命之演進，迄今數千年，亦可謂由簡至繁而愈精，層序繼承而不爽，與生物無異。茲列革命之性質與層序如左：

第一層　君主革命，或宮庭革命，或專政革命。（蘇俄專政亦第一層序中之一狀態）

第二層　民權革命，或國家革命，或政治革命。（民族革命亦第二層序中之一狀態）

第三層　階級革命，或財產革命，或經濟革命。

第四層　民生革命，或社會革命，或大同革命。

世界歷史中之人羣革命有種種朝代之更替，如湯武革命等皆屬於第一層序；制度之改變，如法美及吾國辛亥等民權革命，皆屬於第二層序；階級鬥爭，如列甯試行馬克思主義之蘇俄革命，屬於第三層序；世界大同，東蒲魯東先生意中之新世紀革命，孫中山先生意中之民生革命，，皆屬於第四層序。

中國自辛亥以迄於今之十六年中，所經層序，亦與幾千年革命之層序相似。戊戌變法帝后之爭，屬於第一層序；辛亥改元，三覆帝制，皆屬於第二層序；武漢政府進行俄化 屬於第三層序；上海黨護運動(附注)之擁護全民革命，發展民生主義，屬於第四層序

以上所謂層序，其性質自未必至純 往往有此層而亦兼及他層之性質者，惟斷謂某層，蓋以某種性質爲主，而其他附之。即如君主革命，亦未必不參雜政治經濟問題於其間，而究以君權爲主要之性質 蘇俄革命爲第三層序，然亦兼專政與民權兩性質，其主要之點究爲階級爭鬥 國民黨之第二第四層序之革命，包含民族民權民生三項 第 層序，自重在前者兼及第三者。至第四層序，雖仍繼續前二者，而終將以全民之民生主義，或大同主義爲究竟，

以上所言之層序，乃以科學之觀察，明進化之趨向，亦可謂由簡至繁而愈精，層序繼承而不爽 至其層序有一現旋滅者，亦乃生物之常態。人之個體進化中，尤爲通例 如於胚胎期中，雖現其較人幼稚之狀態而不固其形，至最後之成形則人也。

由以上之觀察言之，有可論斷者二：

一 武漢之俄化政府，非中國革命演進中最優最新之層序，而乃諸層序中過渡之一，如鳥獸之狀態，一現於人之胎中也。

一

二　現在上海護黨運動注重民生之全民革命，乃較優較新之革命，乃將繼武漢而更替之者　如胎中之人形，繼鳥獸之狀而成也。

由以上之觀察與論斷，可略明革命之演進，與中國革命之趨勢，得此以爲標準，庶吾人從事於革命者，可知正軌之所向矣。雖然，一二年來，中國革命潮流中，有左右派之聲，洋洋乎盈耳。今於革命之先後，爭辯自必愈多，不可無一言以及之。

近一二年來之所謂左右，其眞實之性質，頗有待於考證者。因其所謂左右，非順乎自然之演進而成，乃由蘇俄之利用與製造而成，故不能以道途傳播之聲，爲確定之性質　因蘇俄政府欲傾覆國民黨而代之以共産黨，故一面利用左右之稱以爲毁譽勸誡；即一面以此爲排擠非共産部份國民黨之工具　故恆失眞實之意義　此中詳證，當另有論列，今不過舉例言之耳。

蘇俄式之共産革命，絕非世界革命，史中最進化之層序，由前表已可略見。更者重要之補充，則爲蒲魯東 Proudhon 馬克思 Marx 主義之異同是也　蘇俄式之共産革命，乃由馬克思學派演進而來　故以「階級鬥爭」，「無産專政」，「政府主義」，「集權主義」，「奪取政權」等(附注二)爲主義爲方法　至蒲派則以「全民主義或大同主義」，「互助主義」，「無政府主義」，「地方主義」，「分權主義」，「社會組合」等(附注二)爲主義爲方法者也　馬派主張階級專政之國家，完全統治於政府強權之下。蒲派主張全民之自由工作，而收政府之性質減縮於最低限度。蒲馬二家在革命哲理與革命史中，顯然爲兩大不同之派別層序。若定爲優而新者爲左，劣而舊者爲右。則蒲派必定屬於左，而馬派必屬於右，彰彰明也。

吾謂武漢之共產運動爲第三層革命，上海之護黨運動爲第四層革命，二者相較比其性質固極顯明，若以左右爲優劣新舊之代名，則武漢之共產革命爲右派，上海護黨革命爲左派，亦彰彰明也。

雖然，吾非謂上海之第四層革命即爲蒲派革命。中國之第四層革命，乃應環境需求內容繁複之全民革命，乃三民主義趨重民生時期之革命，如前所云，而非較爲單純之蒲派革命。固不必附會。但此與蒲派革命，有間接而重要之關係，亦無可諱言，申述之如左：

一　層序之關係　世界革命中，馬派之階級革命爲第三層序；蒲派之全民革命，爲第四層序。中國革命中，武漢之共產革命爲第三層序；上海之護黨革命爲第四層序。此世界之蒲派革命，與現在中國第四層革命，有層序相似之關係也。

二　性質之關係　國民黨之革命，乃全民革命，而非階級奮鬥；乃以民族民權爲開始之方法，而以全民民生爲究竟之目。就國民黨之歷史觀之，可知其具有寬大容納之性質，亦即尊重自由之表現。蒲派於全民革命民生主義相近之外，雖主張極端自由，遠過於國民黨，然二者可互相容納。其性質，雖有異點，而至少可以並存，且無抵觸與衝斷。絕不似馬派共產黨之專橫殘酷，此性質相近之點也。

抑吾又有進者，則人羣之進化與革命，皆與其環境有密切之關係，亦如生物之演進。是故發現於東方者，與發現於西方者，各有不同，而不能强爲移殖。即移殖之，亦須經過若干時期之後，仍必變化，以適應其環境。夫馬蒲兩層革命之方式，發現於歐西，應環境與時代而成也。三民主義之發現於吾國，亦應環境與時代而成也；故適用三民主義之處，非能隨意而代之以其他主義，然三民主義發現較晚，故於各種現象及諸家學說，亦多所包舉，以適用於環境與時代之需求，而達此方民族適當之進展。

三民主義發現於環境廣大而繁複之中國，故其內容亦必廣大繁複，而後能適合於所在之環境。三民主義，固包容種種革命性質於一。隨其所宜而爲適當之應用。

如當滿清與各帝國主義方盛之時，自必注重民族主義；即現今應付蘇俄變象之帝國主義，亦此種革命任務之一端。至民族民權主義時代之要求，俟其條件既有更易，而民生主義能爲充分致力之時，則必於此點特爲偏重。且所謂民生亦非一端，而各有因時制宜之需要。由此言之，是三民主義，若能運用適宜，且隨時演進，固能長久適用於中國政治而有餘，殊無須代之以其他主義，如蘇俄共產主義者。其他種種主義，足以供三民主義之參考取資者固多，但其實大衆複之範圍，可以伸縮自如，適應環境與時代者，尚無能及之。此乃自然現象，非欲株守一家之言，而有所偏好也。

國民黨與三民主義，對於世界革命之學說，有如此之寬容。對於中國革命之實施，有如此之適用於環境。既得此觀察之結果，而後有護黨運動中第四層序革命之信心。既有此信心，故吾人願奮勇當先，以與反動派第三層序之革命決戰，必求破除之而後已。此即現今中國革命之意義也。

總之，世界革命與中國革命，雖以環境不同而大異，然有一共同之點，即同爲反對馬派是也。關於世界革命之歐西，馬克思列甯式之革命，與馬之第三國際，皆變象而加重之專治政體，變象而加重之帝國主義，實爲反革命派之尤者，必將代以蒲魯東派自由互助之革命。且蒲派之潛勢力，已有積極而普徧之進行矣。關於中國革命之實施，俄化亦爲反革命派之動作，吾人必將光復三民主義而代之。中國與歐西均各爲世界之一隅，今之世界已入於第四層序之革命時代，此又現今世界革命與中國革命有共同趨勢之表現也。

附注一　護黨運動，於民國十六年三月，倡始於吳稚暉先生。即衛護國民黨抵制僞共產黨奪取黨權政權之陰謀。因此共產黨對吳攻擊甚烈。國民黨無政府黨均同情於吳。

附注二　馬派 Marxiste ；階級鬥爭 Dutte de Classes ；無產專政 Dictature prol—

—letarienne ;,政府主義 Statisme ;,集權主義 Centralisme ;,奪取政權 conquete du Pouvoir。

附注三　蒲派 Proudhonien ;,全民主義或大同主義 Reconciliation des classe 或 Conciliation Universelle ;,互助主義 Mutuellisme ;,無政府主義 Anarchisme ;,地方主義 Regionalisme ;,分權主義或合作主義 Decentralisation ou Federalisme ;,社會組合 Contrat social。

補白

千般全靠人爲，可嘉那革命的成功非遥。　婦女協會

萬事一憑天意，眼看着軍閥的歡限將絕。

四方皆樂，足表示民軍的愛護軍民。

萬民同歡，可見得國民的喜歡民國。

技本支流，不忘革命精神。

蹊避小道，却是國民熱血。

北伐勝利中共產黨的反革命

繆　斌

我們回想差不多去年的今日，在廣東出師北伐以來，賴革命軍將士的奮鬥，全國民衆的贊助，把國內的幾個著名的大蟲如吳佩孚，孫傳芳，張作霖，張宗昌等。一個個的先後撲倒，到現在只有直魯東三省等地方，還保持他們的殘餘勢力，這是很容易掃蕩淨盡的了。這都麽值得我們可以慶幸的事！

軍閥鏟滅，不過是我們去掉帝國主義者侵略中國最明顯最有效的工具，自然還不算已經竟三民主義革命的全功。今後我們才要開始直接和帝國主義者奮鬥，這件事才開始走上了要求中國獨立自由的道路。但是要和帝國主義者奮鬥，有一個先決條件，便是要中華全民族力量的團結，換句話說，便是要全中國的革命民衆團結起來才有力量。現在軍閥已到了將宣告壽終正寢的時期，我們目前最要的工作，便是團結革命的勢力和力量。

這件事便需要革命的民衆認識中國革命的意義和道路。這幾年來革命勢力之澎漲，的確是一件關於革命進展的幸事；但同時對於革命的意義和道路沒有一致，反而成了革命進展的桎梏。中國共產黨便是中國革命進展的桎梏，其理由還不僅在破壞國民黨的種種陰謀（這可

不必細述，證據確鑿，已經好多同志舉發無遺，大家都已知道）在乎它的理論根本上是反社會反民族以至於反革命•

共產黨的理論，便是馬克思和列甯的主義，這兩個主義，雖然共產黨徒極力說法牠們是傳統一貫的主義，但是事實上列甯主義是違背了馬克思主義的•第一，列甯不應該在俄國資本主義尚未發展至成爲新生產力之桎梏的時候，便妄將烏托邦的共產主義，用所謂亞州式的革命（所謂亞州式的革命者，就以中國論，幾千年來歷史上的鬥爭，無非是大規模的殺人越貨的勾當，等到人口殺得少了，於是亂也平，百姓也有飯吃）殺了驅逐了幾十萬人，以成就所謂無產階級專政，實際只是四十一萬共產黨徒中之幾個最雄斯達林等的專政，這完全是與馬克思所說的不對•第二，列甯不應該利用東方民族革命來偷渡陳倉，這是馬克思的那一條公律！這不但違反了東方的民族性，結果還阻礙了東方民族的發展，簡直是民族革命中反革命的主義•

何況馬克思的主義其根本的理論上，到現在已經毫無價值，被一般社會主義者批評得片甲不留•譬如他的唯物史觀解釋過去的事實，固然也有一部份脗合，但是不足以解釋全部的歷史・物質變動，引起社會變動，但在中國幾千年的歷史上看起來，那只有社會變動而沒有什麽物質變動，唯物史觀在中國的歷史上使根本不能解釋・即如歐美各國物質變動了，然而他們的社會變動亦是不能一致，有君主立憲，有民主共和，有各國不同的民族性，有各國不同的風俗習慣，難道他們物質的變動有了差別！這些都足以證明唯物史觀之不完備，不徹底，那便不是科學的謬說　至於馬克思所預料的階級鬥爭，資本主義的崩潰及盈餘價值等等，在馬克思死後七十餘年中都證明了與事實不符、所以已經不能算爲真理・（其詳當另文說明（

但是馬克思一生所長之處，是處處能用科學的方法來研究社會進化的定律，固然他的論斷有很多不正確的地方，這是馬克思爲空間時間所限制，不能十分責備他・他的科學的方法，這倒是足爲後人楷模的地方・然而共產黨徒却信仰他的主義像信仰宗教一般，不學他的方法而盲目的要實行他的結論，而且學馬克思還只學得一半，所以在俄國實行了便退還過來，在中國却還想要來試驗，以至兩湖人民・感受很大的苦痛，鬧了不少的笑話，這固然做了馬克思主義的罪人，還做了中國民族革命的反革命派！

中國革命的成功，要全民族革命勢力的團結・中國共產黨徒未始沒有革命性不足以爲革命的勢力，却肯從了馬克思主義和列甯主義，結果反走上了反革命的道路，在革命推展中做了很大的障礙。中國共產黨不消滅，國民革命便不能成功，革命的勢力不團結，革命亦不能成功。在北伐勝利中間，我希望全中國革命民衆認識中國國民革命的意義和道路，唯有信仰實行三民主義！

完

我於慶祝聲中的貢獻

鄧廣恆

我們以前在軍閥鐵蹄之下，過的是黑暗無光的日子，吃盡了不知多少的痛苦！現在北伐軍來了，烏雲密佈的黑暗世界，已變成了青天白日。在這個時候，開心呀！暢快呀！然而我們要曉得替我們撥開烏雲的是那一位？就是　孫總理的唯一信徒勞苦功高的蔣總司令。

蔣總司令是我們最大的恩人；我們快些起來報恩去。報恩的法子呢？我來告訴大家：蔣總司令最喜歡打倒帝國主義和軍閥及取消不平等條約。我們去幫打，就是唯一的好法子。就是蔣總司令也是很喜歡的。你們農人們，工人們，商人們，學生們，兵士們，我們快些團結起來，來幫助蔣總司令去打呀！打呀！打呀！拿這一班帝國主義，軍閥，共產黨，打他一個落花流水。

慶祝北伐勝利

▲看革命行將成功
▲望同志更須努力

（徐赤子）

（一）第一期北伐的成功

中國國民黨指導之下的國民革命軍，自蔣總司令率領全體武裝同志，出師廣東，即於很短的時期中，肅清陳炯明，楊希閔，劉震環等反動軍隊，底定珠江流域。再出湘而鄂而贛，以及閩浙蘇皖，都捲入革命的潮流之中。披堅執銳，轉戰數萬里，義師所至，如摧朽拉枯。久爲最大軍閥吳佩孚孫傳芳所蟠踞爲巢穴的長江流域，業已爲民衆的軍隊所完全收回，第一期的北伐，遂大告成功。總理所手創的三民主義，遂益發揮光大；國民革命的勢力，愈形强堅穩固。在革命的成功史上，至少已佔去一部分的地位了。

（二）北伐勝利的由來

總理曾云「凡武力與帝國主義結合者無不敗；反之，與國民結合以速國民革命之進行者無不勝。」國民革命軍不止爲革命鬥爭的工具，且爲主義宣傳的工具；不止與國民結合，直爲國民的武力。所以北伐勝利的結果，並不是僥幸而得，乃早在我們的預料之中。此種預料，我們於民國十三年總理編練爲主義而戰之黨軍的時候，早就有了。所以北伐勝利，一方面固然由於得到民衆的援助，和蔣總司令的指揮，武裝同志的努力；一方面却完全由於總理主義的感化。因此，我們於熱烈的慶祝之中，回想到北伐勝利的由來，一方面固然要誠懇的擁護勞苦功高的蔣總司令，和努力作戰的武裝同志；一方面尤其應當長留總理不死的精神於腦海，做一個努力的模範，纔不枉開了這個慶祝大會。

(三)北伐勝利與民衆的關係

今天無錫民衆，這樣熱烈的來慶祝北伐勝利，足見民衆對於北伐的同情。但是我們還得澈底了解北伐的意義，纔明白北伐勝利與我們民衆的關係；那末這個慶祝北伐勝利大會的價值，纔會更明顯的增加起來。

國民革命，不是少數人的，更不是任何階級的，乃是全民衆的。北伐之目的，便是要用全民衆的力量，去打倒帝國主義及其工具軍閥，而掃除一切民衆建設的障礙；使中國成爲世界上最富强最快樂的國家。這個國家，是爲民衆所有，爲民衆所治，爲民衆所享。所以國民革命軍北伐的勝利，便是我們民衆的勝利。我們慶祝北伐勝利，便是慶祝我們民衆自己的勝利。因爲上面已經講過，國民革命軍，是國民的武力的緣故。

(四)第二第三期北伐的開始

國民革命軍的北伐，原分三個時期：(一)打倒狡滑軍閥孫傳芳，頑固軍閥吳佩孚。(二)打倒萬惡軍閥張作霖。(三)打倒帝國主義。現在孫吳雖已在打倒之列，不過第一期北伐的成功。今天我們在這裏開熱鬧歡暢的慶祝大會，遙想到北方的民衆，方在軍閥的鐵蹄之下過生活，輾轉呻吟，日盼革命軍之速至。最痛心的，總理靈櫬，尚在北方軍閥的手中。使革命的導師，其遺骸猶淹滯於汚濁的空氣之中，這是我們黨員所最抱不安的一件事。所以今天的慶祝大會，不過是結束第一期北伐的工作；決不是北伐終局的成功。帝國主義及其工具一日未剷除，我們的責任使一日不終了。現在徐州會議已告成功；革命前途，更見先明。直搗燕幽，痛飲黃龍的時候，當不在遠。我們在後方的民衆，更須團結起來。大家統一於國民黨的領導之下，做更努力，更徹底，有紀律，有意義的革命工作。將土豪劣紳，貪官汙吏，投機份子，及一切反動份子，腐化惡化份子，一律肅清，使四三七七 七〇〇方里以內，都在光明的青天白日之下，而無纖毫微塵之染入。到那時候，我們再來開慶祝大會，就更有慶祝的意義了。

爲什麼要慶祝北伐勝利？

憤化

北伐軍勝利了，到處都在開慶祝大會，我們無錫也跟着開一個慶祝大會，這大會現在正在舉行了。

無錫的民衆們，你們可知道開這大會的目的是什麽呢？開了有什麽用的呢？如其大家不明白這些意義，非但參加這大會是無意義，就這大會就根本沒有開的必要，非但這大會是沒有開的必要！就連大家對於人的資格都沒有了！

不錯，早被人輕視的『北伐勝利』四個字，在一般人看來確是不必求有其解，只須得其普通概念便夠了，大家也一定能夠知道個清楚『難道連『慶祝北伐勝利』的意義都弄不清嗎？』在每個讀者裏，大約都要這樣想罷！

不錯，確是一些普通字，在高小讀過書的小學生也會把『慶祝北伐軍勝利』幾個字讀的很響亮，很明白，不待現在在看這篇文章的大人先生的看不懂了！

哈！哈！可是大家別高興，大家固然要做一個懂得『北伐勝利』的大好老，就該不怕我的問難罷

我們先問一聲怎樣叫『北伐』？民黨同志會隨着說：『北伐之目的在打倒曹吳，而又須在曹吳既倒以後，永無繼起之人』這是孫總理在廣州時北伐宣言中的一段名言，我們拿來回答『北伐』的意義，確實是很對，可是我就跟着要問當時的曹吳爲何要伐，曹吳倒後繼起之人究竟是拿什麽做標準？這都是頂要問題，不可不知道的重要問題呀！

『北伐』！是孫總理提出來的口號是當時解决時局的唯一方法，當時的曹吳勾結帝國主義

而爲害我們的人民，我們爲了人民起見所以要起來對他們討伐。

曹吳是軍閥，所謂要打倒繼曹吳而起之人，乃指一切軍閥均在打倒之例，不過須一一打倒(各個擊破之戰略)故當時竟暫聯奉而倒直，這為環鏡所急迫，不得不這樣做的。

所以我們還要明白，北伐是爲以除害，救民水火的工作，軍閥是害民的唯一工具，所以打倒他，可是我要問了，軍閥打倒了一個還有一個，這個倒了那個起！如像曹吳倒了，奉張却又大放威勢壓迫民衆。又恐怕在奉張倒後還不能安甯，如像武漢也要變成軍閥了，我們怎樣設法使永無軍閥之發生呢？

這便要知道軍閥之存在所必需之原則，就是成就軍閥必要之條件是什麽？

凡是軍閥的成立，其後必有帝國主義的存在，所以軍閥一個一個的倒而帝國主義倘存在時，則倒的僅是個人，軍閥却仍會存在的，所以我們要根本剷除軍閥，就非澈底打倒帝國主義不可！否則斬草不除根，徒勞每次的掃除而仍無濟於事，這在種種方面看來，都是不很妥當的！

我們既然知道北伐的目的，是爲了要打倒軍閥，要打倒軍閥，同時也須打倒帝國主義；所以北伐的工作、就是與帝國主義的一間接爭鬭，與軍閥的直接戰爭。

可是軍閥是封建社會的產物，也就是說，封建社會所產生的軍閥的被打倒，封建社會必在尚懷的時期了。總之，在打倒軍閥的口號裏，同時是打破封建社會制度！

因此我們打倒軍閥和帝國主義的北伐工作裏，不僅是軍事的行動，同時是政治，社會，經濟各方的改革；因此在軍事的單獨勝利裏，並不是整個北伐的勝利，僅僅是北伐部分的成功罷了！

因此我們如其認北伐軍打了勝仗便以爲是北伐整個的勝利，這不但是錯誤的思想，而且是危險的思想！

照這樣說，北伐的勝利是不容易的，是需要各部勝利的，現在呢？僅僅是軍事局部的勝利，僅僅是證明在軍事以外的各種政治勝利已經有了保證，已經能不生任何問題而很快的可以達到勝利的地步。所以在我們慶祝的意義裏，一方面是慶賀着整個北伐勝利的將要到來，一方面却是勉着各個市民都起來參加革命的北伐工作，以促成北伐工作在軍事以外的未竟工作。

所以今天的大會，是需要着全無錫市民去參加，不單是單純的參加開會同時是急切的希望着確實的來管理革命事業，不要放棄啊！我們個個要想做個幸福國民的無錫民衆啊！起來罷！不要錯過了時機而自叫寃枉呀！我們應該高呼！

參加北伐的聯合戰綫！

打倒阻止北伐的一切障礙物
打倒霸占北中國的奉張軍閥
擁護南京國民政府
擁護中國國民黨
國民革命軍北伐勝利萬歲

我們怎樣來慶祝勝利

婦女協會

北伐勝利，我們開會慶祝，表示我們感謝北伐軍士的勞績，用十分熱烈的運動，十分狂熱的態度，表演出種種的喜氣快樂，和種種的感激。這是我們國民應做的事，應存的心，也是應有的態度。但是心是我們自發的，自願的；不是要用到別人來誘掖的，或者壓制的。所以凡是國民，同享到安樂的幸福，同減掉蹂躪的災禍。這種的欣喜和感激．那個人可以沒有？有了這一種心理，自然要生出種種心的表現起來。集合了許多人的心的表現，就是整個的慶祝。會這整個的慶祝會，也就是各地全民衆的集合心理。換句話說，無錫地方的慶祝會就是無錫全邑民衆的心的表現。再有也可說無錫地方民衆的心理如何，只要看他的表示就能知道。所以這一次的態度和舉動，是可以代表各人的心理的。但是我還有一句話，也是很要緊的

•我們的感激是永久的，不是一剎那的，我們的歡樂是有大小的，有有價值的，也有不足慶祝的，我們能夠在幾天當中表示出我你熱烈的態度和運動，而一現即已事過境遷，烟消雲散，渺渺世事，遺跡何尋？這種的表現，雖然不能一概抹殺，說他不好，然而終不是良善的內心發現。最好於此短時期中熱烈表示，于日常時久，也能永存在我們的良心上，把他作爲燃燒熱情的燃料；常常地燃燒着，不要使我們的革命熱度，一天一天的冷淡下來。這是內心的久暫問題，還有現在的勝利，尚是局部的，還未能統一中國；這一種的慶祝，也是片面的，不是完全的。我們雖然燃燒起種種熱烈的欣喜心理，同時也應該爆發出無窮臥薪嘗膽的咬牙切齒的誓掃強項，誓滅帝國主義，誓剷除軍閥的決心。一方面感謝衝鋒陷敵的武裝同志；一方面就應想起我也是國民，我豈可放棄了國民的義務；我就可知道奮筆從戎，馬革裹尸，是我們青年國民應有的精神和責任了，現在革命尚未成功，國勢依舊飄搖着。還我海山。我國土地如何不准國人行走？此恥此辱，誰不痛心！打倒軍閥强梁仍舊塞途。軍閥猶未剷除。此種責任都在國民身上。凡我同志，固當努力宣傳；而凡屬國民，尤不可不了解各人自己之義務。國民乎，前敵勝利，固宜慶祝，後方之援助也應急起。否則恃人之成敗以生悲歡，萬一前敵不能抵擋而失敗，則吾輩又不可躲而祇可悲矣！于此可見國民要保生自己身家性命財產，最後要保全國家的種種威權，維持國際的地位，要得到眞正永久的慶祝勝利和平，要達到先總理的目的；捨了我們國民萬衆一心的協力奮鬥，同盡革命義務，同表示久遠的內心的熱烈燃燒的表現，是不能辦得到的。同胞們，快快起來，團結聯合奮鬥，求真正的慶祝勝利去。

節節勝利的北伐軍

山

先總理欲謀中國的自由平等，須除去足以阻礙自由平等的帝國主義和軍閥赤黨，故厲兵秣馬，於去年九月出師韶關，一戰而得湘鄂閩贛，再戰而得蘇浙安徽，賊兵望風披靡，不戰自潰，這是什麼緣故呢，蓋北伐軍是有目的有主義有訓練有計劃的軍隊，那裏是那烏合之衆可比。

北伐軍的勢力，既從粵江流域而達長江流域，即把龍蟠虎踞的南京做國都，從此國基奠定，氣象一新，同聲慶祝，可惜在這時期中，那叛黨亡國的共產份子，在兩湖搗亂，蟠踞武漢，如蛇如蝎，可憐那湘鄂同胞，又入水深火熱之中，北伐軍隊不忍一部分同胞受苦，於是分力除暴，以致北伐暫時停頓，坐令那孫張殘部竄過江北，這不是共產黨的罪過麼。

幸吾黨同志團結，義軍奮勇，不待賊兵佈防，即出奇制勝，一戰定淮揚，再戰佔徐州，自古稱用兵之地的徐州，今已爲吾軍所得，第三期之北伐已成功，這不是可以慶祝的麼。日前徐州會議，將馮兩司令且同室會議，作進取計劃，兩軍一任京漢，一任津浦，從此長驅直入

，進取燕京，指日可待，我們第二次的北伐勝利大會，恐怕又要舉行了

同志們，我們在這歡聲雷動的當中，一方面固然要慶祝北伐勝利，一方面還要退下來想到我們自己的功作，做麽，勸讓做麽，須知以前我們不能實現我們的理想，都是給萬惡的軍閥壓制得不能動彈，好了，現在大部分地方，給北伐軍隊驅掉了，我們可以安然做我們革命的工作了，須知北伐軍不過替我們除暴，建設事，是我們民衆的責任啊。

無錫的同志們快起，我工商繁盛的無錫，以前曾給軍閥所蹂躪，原氣既未恢復，種種且待建設，極需要我們去改革創造，做出一個新無錫來，要實現這個理想，一面希望我們的團結力加厚，依照三民主義做忠實的革命工作，一面還要當心妨害我們工作的共黨和土豪劣紳，乘隙而起，

同志們，吾們今天的會，多麽熱鬧，多麽快樂，請問誰賜給我們的，飲水思源，不得不想到前線的北伐軍隊，我們還希望他一面打倒武漢賊巢，一面直搗燕京，進取遼瀋，統一中國，建設一個新中國來，我們今天的口號，是

繼續打倒軍閥，打倒共產黨。

北伐軍勝利

北伐軍萬歲

國民政府萬歲
國民革命成功萬歲

女子可以不起來嗎

婦女協會

男女平等是什麼意思？不是男女是相平的，沒有高下和輕重的分別的意思嗎？現在我們不是大聲疾呼「努力運動而要求男女平等」的口號嗎？我們既然知道男女是應該平等的，再知道先却平等而要去爭還平等了；那末只要是男子應該做的事，應該盡的義務，我們也應該平等的去做。現在北方勝利了，我們要表示我們的內心發現去慶祝了。但是我要說一句話，這一回慶祝，我們女子是很難爲情的，很對不起自己的。一樣是國民，同有五官百體，爲什麼種種的工作，我們女子沒有幾許參加，沒有多大功積呢？這不是我們女子自己有了平等的地位而自己放棄掉平等嗎？我爲什麼要放棄呢？這是我們女子缺少責任心，愛國心；沒有奮鬥的決心；只有修飾貪懶的不上進的心理，退縮好逸的消極思想，所以就造成這一種不可收拾的局面起來了。要曉得，現在是盡義務的時候，做平等的工作。此刻也應該有和男子同樣的內心表示，同樣的狂熱運動。以前的功積，我們雖然不及男子的，多以後的事業，或竟能超出男子之上。目下宇壁未安，前方正在血飛肉搏之秋，兒女豪氣，也應該効班氏之投筆從戎。巾幗英雄，安可勿若古人的成名一時，流芳萬古耶？人熟無死？泰山鴻毛，在吾之自擇耳•我親愛的女同胞，從今日起快排除一身的修飾，放棄貪安縮退的觀念，改除已前的劣根性，先把我們的心理革新了，萬衆一心，團結起來，同去做那革命工作；莫說無謂禮敎，應當打倒；壓迫的主義，應當剷除；臨陣衝鋒，是國民之天職，血濺草萊，乃人生的幸事，好女兒亦當視馬革裹屍爲快談，葬身沙場爲樂事•他年新中華成立，自由平等的目的達到，二十世紀新文明史上，我們女子也可留得一席地，不致名落孫山以外，是在我輩之好自爲之耳•

慶祝北伐勝利的感想

張文良

親愛的同志們，今天的慶祝北伐勝利大會，是非常快樂的•但是這種的快樂，同志們應當要知道，是我們蔣總司令和前線的武裝同志拼命換來的•現在我們的北伐同志，將要直搗幽燕•把從前爭我當作魚肉的軍閥—張作霖張宗昌•一個個的都快要打倒了•親愛的同志們，還要曉得，革命軍是替民衆來解除痛苦的•我們倘然沒有蔣總司令和前線的武裝同志來把這個帝國主義的走狗軍閥打倒，那末我們這時不是還在軍閥的鐵蹄下麼？現在我們的靑天白日旗到處飛揚，我們這時得着這種快樂，來興高采烈的參加北伐勝利大會，一致的援助北伐成功，實現先總理手創的三民主義•願我革命同志們，誓死的來繼續努力，早日完成我們的革命工作，那末同志們快樂的再來舉行我們的北伐完成大會•

連一接二的慶祝

趙應秋

國民革命軍的旗幟所至 敵軍無不望風披靡。試觀國民軍出師北伐 一戰而勝閩贛 再戰而克江浙 今則長江底定 會師徐州 英才濟濟 磨刀霍霍。將有直搗幽燕 痛飲黃龍之概，然而國民軍的所向無敵，敵軍的屢戰屢敗 其故安在。豈國民軍的奮勇力和槍械力較勝於敵軍麼，還是國民軍訓練有素，臨場不畏怯。視死如歸的緣故麼，可是讀了蔣總司令北上時在南京向羣衆的演說 （事載本月廿一日滬報）就知道國民軍固然富有勇毅力。而敵軍並不是完全懦弱的，至於槍械一層，國民軍軍隊裏不完全的不少。恐怕反而不及敵軍較為完備 較為精銳呢 那末究竟是為什麼緣故呢。就是一面是有主義的有紀律的，一面是為私利的沒有紀律的。沒有主義和紀律的軍隊。碰到有主義和有紀律的軍隊 沒有不失敗的道理 這回國民軍北伐 對於敵人。如拉枯摧朽 節節勝利，就是這個緣故啊。蔣總司令在南京向衆說 「中國沒有可以和國民軍抵抗的軍隊」。我們驟然視之 似乎是蔣總司令說大話 其實蔣總司令說這句話也是根據這「主義」和「紀律」兩種上面來的，現在為我們國民謀解放求幸福的有主義有紀律的武裝同志 已經替我們把帝國主義的工具軍閥打倒 得到勝利。我們怎麼可以不慶祝哩。

共產黨誰也都知道他是阻礙革命工作。搗亂國軍後方，毒如蛇蝎的黨 他把我民軍流血換來的武漢據爲己有，荼毒百姓，殘害忠良，無所不爲，可是我民軍本百折不回的精神，猛力前攻。連奏凱旋，要曉得民軍得勝一地，直接固是敵軍失去地盤，間接也就是減少共黨的勢力，今民軍勢力的擴張，由南及北，由北將及全國。那共黨的氣燄和勢力，已經削去不少。將來決可剷除盡絕呀，在此共黨已入奄奄一息的時代，我們實行三民主義的將士將他當頭一棒，使他受了一個不可救藥的病症。我們怎麽可以不慶祝呢。

民軍蒞錫之後，這回是第三次慶祝，在第一次慶祝的時候。日期祗有一天。參加的團體也沒有這回多。這回第二次的慶祝就轟轟烈烈和第一次不同了。無錫有一句俗話叫「一二不可三」，現今北伐的將士們正在奮勇地北伐，由此看來，統一全國，在短時期內定可實行，到了北伐統一，我們第三次的慶祝，日期當改三天爲一週或一旬，參加的人民也無所謂團體，凡是全邑的民衆，不論男女老少都要聯合在一起，唱慶祝勝利歌，提慶祝勝利燈。那游藝也並沒有規定的地方。商者喜於市，農者歌於野，那歡忭欣喜之狀，眞所謂禿筆難於描寫，罄竹不能盡書。我們在這歡天喜地的第二次慶祝之後，趕快接連着預備第三次的大慶祝罷。

預卜南北統一之時期

鍾瑞女士

溯自民國成立，十六年來，軍閥爭鬨。南北分裂，擾攘連年，民不聊生。幸賴國民革命軍蔣總司令起義廣州，一戰而下兩湖，再戰而得浙閩蘇皖贛魯等省，西北馮閻兩司令，聞風響應

○勢如破竹，故其原因，固由於革命將士之用命，而各省國民之能自身覺悟與革命軍表裏合作。同站於革命陣線。共起推翻帝國主義。實爲最大原因。刻下東北國民之處於軍閥之下者○莫不望北伐如雲霓，預計桂子時候 定能直搗黃龍 痛飲燕京。以故全國統一之期，指日可待，凡我國民。預備屆時繼今日盛况。而慶祝北伐完成可也，蓋萬事分合，皆有定數。所謂分久必合 合久必分。如周衰之後，諸侯並爭，至秦始皇而一統之。迨南北朝之分裂 五代金遼之割據，隨唐宋元而統一之 由此以觀，益可信分久之必合 年來軍閥之割據。實不亞於當日之戰國，故北伐成功之期，三尺之童，亦能知之矣。我雖未學卜術。敢信決不所失●望我同胞。均可拭目俟之。

慶祝北伐勝利紀念成偶

鍾瑞女士

國徽高掛舞空中，白日青天滿地紅，男女趨蹌齊慶祝，歡呼北伐大成功。

慶祝北伐勝利中一點感想……（屠克强）

北伐勝利，就是我們全民衆的勝利，可以算得中國自古來，沒有像今日最榮光的日子了，所以大家來參加熱烈的歡欣的雀躍的舉動，慶祝這 個北伐勝利大會，那種北伐勝利會中，它全出於帝國主義軍閥政客土豪劣紳及一輩貪官污吏，對於我們民衆，痛苦剝削，達到了極點，乃就組織武裝革命同志，及領導他的中國國民黨，在中國全民衆做國民革命奮鬬！把偉大的救國的藥三民主義，瞻望於民衆，以鮮紅的熱血，犧牲的精神，果毅的勇氣，而國民革命奮鬬的結果，轉瞬就奠定東南，攻克徐州，然後再把北方帝國主義走狗軍閥所盤踞的北京，掃除了之後，方能將中國全民衆之痛苦解除，而皆處於光明幸福的境域，造成青天白日庇蔭之下的世界，但是我們雖然在這裏熱烈的慶祝，一方面却發生了一個絕大的感想，是什麼呢？腦筋裏想着，不能不使我們抱着一種恐怖憂慮的思想，就是恐怕這次慶祝的結果，反而使了失去慶祝的本意，將要陷入了危險的境域，致造成辛亥革命的覆轍，爲何緣故呢？功敗於垂成，有一般腦筋簡單者。却都以爲這次慶祝北伐勝利之後，革命算成功了，就可以從此高枕無憂，享太平的幸福，從前的努力精神，將付致于飄盪無蹤，其實呢？今天這種慶祝北伐勝利中，却含有着多方面的深意，並不是一種不澈底消極的謬誤的思想，照這次慶祝北伐勝利的舉動，歸納起來有幾種感想——我們今日感覺到無錫民衆站在這樣光明程途裏，達到了這樣的自由幸福，雖然說在革命程途之下，我看尚未竟其全功，革命的目點，尚未全行達到，僅僅可以說到有了一部分的勝利，要達到國際地位平等，政治地位平等，濟經地位平等，使總理主義實現，就是有兩個工作，(一)國內工作，今日北伐得到一部分的勝利，就是軍事時期的將告成功，然後再尚存着二個時期，這二個時期比較軍事時期更屬重要，就是訓政憲政這二個時期，完成則可以達到一切光明自由的幸福，故我對于今日慶祝勝利的時候，我們仍舊要喚醒着民衆，做種方面的宣傳工作，(二)國外的工作，我們現在列强均採用武力威赫的政策，牽制國民革命進行，我們應當抱着一種犧牲的精神，使得他民衆有鞏固組織，使得他一致聯合起來，羣起反對這列强的罪惡，主持正義，方才可以算國民革命始終成功，以上兩種工作，個個人應當在·祝北伐勝利的日子，積極的進行，要使民衆再接再厲的努力國民革命，一個個要踏在革命聯合戰綫上，庶幾乎有最後的勝利，

無錫民衆慶祝北伐勝利大會祝辭

無錫縣市教育協會

中華民國十有六年，歲在强圉單閼，皋月之二十有九日，我無錫民衆舉行慶祝北伐勝利大會。粵維古之君子。躬逢盛烈，莫不有鴻章鉅麗。發爲歌頌，用昭休美。我蔣總司令統率國民革命軍北伐。未期年而粵湘鄂贛閩浙蘇皖。相繼肅清，今則黃河南北，行將抵定 師行所至。壺漿相迎，喁喁向慕，望切雲霓。夫革命軍之勝利，卽民衆之勝利也，迺者軍閥强夷。相繼退避，黃童白叟。聯袂偕來。四民歡樂。八表欣慶。梁鴻溪畔，城開不夜。千百家燈彩，遍耀火樹銀花。九十萬民衆。得見青天白日。烏可以無言。爰式告邦人而繫之以辭曰。

革命之花兮鮮妍而豔豐。先烈之血兮慘淡而殷紅。撲滅軍閥兮驅之無蹤，救我兆民兮水火之

中。吾民向往兮若大旱之望雲虹。壺漿相迎兮其樂融融。各界聯合兮商學農工。願爲後盾兮葦吾微衷。嗟將士之艱辛兮冒彈雨而前衝。喜魯境之已達兮行將登泰山之高峯。吾民歡祝兮豪興無窮。歌聲嘹喨兮上徹太空。願奮吾志兮以竟　總理未竟之功。百萬雄師兮。直搗黃龍。念先哲之聖訓兮天下爲公。繼　總理之遺志兮現世界於大同

慶祝北伐勝利感言

華南

我國處於帝制之下垂數千年一舉一動一衣一食均須仰承君意不敢稍參己意不然小則監禁流配大則殺身滅族所謂弔民伐罪救民水火者不過假借名義逞彼一人之窮奢極慾而已鮮有以民爲懷者也

自辛亥革命推倒滿清政府改建民國以爲從此民權得復民意得伸矣孰知仍是以暴易暴而萬惡之軍閥又乘機而起媚外賊內吸民脂膏一切行爲有過於帝制竊維建設民國並非易易乃犧牲許多熱血許多生命而得者今萬惡軍閥擾爲己產宰割由他凡我國民稍有血氣者其願乎否耶

先總理數次申討而還延未實行是與人以自新之路免國內之流離顛沛也誰知萬惡軍閥帝國主義之走狗非惟不自斂跡痛改前非反是變本加厲蹂躪民意此先總理所以痛心疾首死不瞑目者也故立有遺囑囑我同志繼續伊旨猛力做去務使萬惡軍閥帝國主義不發現於我大中華民國並不發現於世界各國恢復我國民之五權促進世界爲大同方爲革命成功

十五年秋將總司令秉先總理遺囑聯合同志實行北伐至今數月已自廣東而至山東奚可稱旗開得勝所向無敵雖是民氣所歸武裝同志努力所致要亦蔣總司令運籌帷幄殫心竭力所使然孰料所謂馬克司主義者又搗亂於後方使前線武裝同志不得專一茲共黨大部肅清萬惡軍閥不日授首自當聯合民衆作大規模之慶祝我邑定於六月二十八日爲慶祝北伐勝利日期如此盛舉不可無以紀念之爰綴數言以識紀念并祝國民革命萬歲

北伐與南征

劉麟書

我們國民革命軍　張着北伐旗幟，由粵而湘出發的時候。聰明先覺。帝國主義走狗的軍閥張作霖。慌忙聯絡孫吳。也就張起南征旗號。對壘起來。

乒乒乓乓一陣血戰之下。張孫吳已剩一息殘喘，不日可告肅清了。我們國民革命軍。走一路。勝一路。這種勝利的方法。帝國主義者和軍閥等。終始是意所不料的。只恐今日他們相處日暮窮途之下。還是詫異不止呢。

張孫吳帶甲數十萬。龍蟠虎踞。他們大敗爲什麼這樣的快。這就是他們狄克推多主義的酬報。我們革軍擁護着孫總理的主張。爲民伸討、軍民一致革命。才有這樣的勝利。所以說是軍事的勝利。我們尚可說政治上的勝利。我們的武裝同志。固然勞苦功高。不過爲着政治民衆來犧牲。才得到這樣的軍事勝利。揆之本原。可說是政治的勝利。

今天我們慶祝北伐勝利大會。是我們民衆自己慶祝生辰一樣。並不是替別人家去慶祝的。我們親愛的同胞呀。快快一致起來　慶祝北伐勝利。參加政治運動。

九分九

薛雄全

同志們，消息傳來，北伐着着勝利，不久就可會合濟閻，直搗燕京了。在此勝利的聲中，各處慶祝會風起雲湧的發生。我們無錫民衆，也發起大規模的慶祝會，以祈前途勝利。萬民歡躍，另有一番新氣象。但是在這個慶祝聲中，我得到一種感想。今天慶祝的緣由，是人人知道的。不過要明白今天的慶祝，是慶祝前線的勝利。並非是慶祝北伐全部的成功。雖然北伐事業，可算得十分之中，祇有一厘未達到。但是一厘，較之九分九尤爲重要。因爲世間事業，往往使人不知不覺失敗於細微之中。况各國出兵華北，隨隨都是北伐的障礙。後方共黨暗伏，處處存搗亂之心，我國民黨實處於楚歌之中，尚未脫離險境，凡我同志，切不可自今天慶祝會之後，以爲革命是成功了。我們以後祇要虛應故事的開開會，唱唱高調，就是我們的革命工作。那就一着錯，滿盤輸。一厘帶落九分九。永無成功之希望了！我願諸同志個個抱不屈不撓的精神。向前做去，須知革命事業是無止期的。即使我們中國已達到國民革命成功；但是我們的工作，還不能夠算終止。要拿壓迫我們最酷辣的英日帝國主義打倒，方可稱得國民革命成功。語曰：「有志者事竟成。」凡我同志，務須牢記。不可藐忽此一厘之責任。以博最後的勝利。誌此數語，藉申慶祝。原與諸同志共勉之。

婦女協會

小詩

燦爛光華，
照耀宇宙；
這是中華的國魂，
這是自由的鮮花；
灌溉着的熱血，
澆洒着的心靈，
農工商學兵，
努力前進！
石經曲折儘不平，
猳虎儘縱橫，
熱血！精神！
努力！奮鬥！

責在好國民，
今朝發軔・

勘誤表

頁	行	字	原文誤	應改
二	二	廿五	熱烈	熱烈
三	九	十	汗史	汙吏
七	二	五	北中國	中國北方
八	二	十六	我你	我們
八	十四	三十	保生	保全
一〇	三	七	功作	工作
一一	十三	廿三	的・多	的多・
一三	六	廿七	勇毅力	勇敢毅力
十五	一	十五	將士	將士
十五	八	九	候之	俟之

頁	行	字	原文誤	應改
三	七	九	先明	光明
四	十一	廿四	宜言	宣言
七	十二	二	・會	會・
八	十	卅三	海山	河山
九	十四	六	將	蔣
一一	五	五	疾呼	疾呼着
一二	十	六	我當當	我當
十四	六	十一	第三次	第二次
十五	三	十三	時候	香候
十五	九	九	戍偶	偶成

中華民國十六年六月廿八日出版

非賣品

編輯者 施織孫 徐赤子 范望湖

印刷者 無錫五大印務局

無錫民衆慶祝雙十節全國統一紀念大會特刊

（民國）華萼　編

《無錫民衆慶祝雙十節全國統一紀念大會特刊》，(民國)華蕚編，民國十七年(一九二八)鉛印本。

華蕚，無錫人，國民黨政務人員，生平不詳。據該書後之輯編餘話中所述，華蕚也參與了一九二七年慶祝北伐的刊物編輯。本書爲繼北伐慶祝大會所刊宣傳品之後，又一本類似的政治宣傳小册子。一九二八年十月『雙十節』，正是國民革命軍北伐進入北京，並把北京改名爲北平的時候。由於張作霖被日軍炸死於皇姑屯，張學良成爲東北奉軍的首領。同一年，張學良宣布服從國民政府，廢除北洋軍閥時代的旗幟，史稱易幟。國民黨即把這件事作爲北伐完全成功、全國『統一』的標志。其實這時外蒙古還在蘇聯的控制下，臺灣還處於日據時代，況且一九二八年時紅色革命根據地正在迅速發展。當時國民黨在無錫的統治勢力，被部分的勝利所陶醉，而舉行群衆大會正是大革命的遺風，纔産生了這樣的政治小册子。册中所收文章，着重宣傳繼承孫中山的遺囑，主張以工農爲革命的主力，爲占全國人口大多數的工農謀利益。主張『國民黨要完成他的使命，必須有民衆的基礎，民衆的基礎必須建築於工農階級之上』。這些正可看作國共合作的政治影響，雖然當時已經破裂，但共産黨的革命主張已深入人心。全書共收二十餘篇短文。該書部分文句有反共内容。它反映了一九二八年時無錫上層及民衆的政治狀況。

本書據原刊本影印。

(徐志鈞)

無錫民衆慶祝雙十節全國統一紀念大會特刊

本刊啓事

一、本刊以時間匆促，急於出版，魚魯亥豕遺悞殊多，至希各界見宥是幸，

一、本刊定六日截止集稿，後惠著作，不及付印，祇能割愛，不勝抱歉！

一、本刊蒙王雲軒先生惠錫書畀同仁，特賜宏著，不勝欣幸，謹此謝謝，

一、本刊編者，才疏學淺，又感於職務關係，未有充分時間，整理一切，錯悞必多，統希鑒原爲荷！

無錫民衆慶祝雙十節全國統一紀念大會特刊目次

總理遺像

（革）（命）（尚）（未）（功）（成）

余致力國民革命凡四十年其目的在求中國之自由平等積四十年之經驗深知欲達到此目的必須喚起民衆及聯合世界上以平等待我之民族共同奮鬥現在革命尚未成功凡我同志務須依照

余所著建國方略建國大綱三民主義及第一次全國代表大會宣言繼續努力以求貫澈最近主張開國民會議及廢除不平等條約尤須於最短期間促其實現是所至囑

（同）（志）（仍）（須）（努）（力）

帝國主義
軍閥

過去
將來
現在
全國統一

我們把：

滿腔熱血，一鼓勁兒，放到有價值的，

國慶紀念聲中去。

發刊詞

（尊華）

在熱烈歡欣之前，要想到雙十節之產生國慶日之由來：要在熱烈歡欣之中：要明瞭易專制爲共和除軍閥而統一之艱辛：在熱烈歡欣之後：務須盡承先緒而開後，羣國家享和平之責任。本刊發行，不過是！

慶祝紀念的結晶，

努力前程的借鑑，

國民衆們共同努力罷！

國慶紀念歌

C　十七年雙十節　2/4　（費錫胤作）

| 1·1 5 | 6·6 5 5 | 1·1 2 3 | 2·0 |
(一)今日是　十七週年，國慶良　辰，
(二)喜今朝　統一告成，萬衆歡　欣；

| 3 1 1 | 2·1 6 1 | 5·3 1 3 | 2 2 1 0 |
想當年　武漢起義，打倒專制　好費心，
看新都　建設南京，施行五權　和三民；

| 5 3·3 | 4·3 2 1 | 2·2 1 2 | 3 5 5 (|
恨軍閥　禍國害民，共和民國　成虛名，
要感謝　革命烈士，吃盡辛苦　爲吾民；

| 6 5 6 | 5·5 3 2 | 1·1 6 1 | 2 2 5 |
看現在　南北統一，青天白日　放光明，
願大家　協力同心，跟着烈士　向前行，

| 5·5 1 2 | 3 3 5 | 4·3 2 3 | 1 ·0 |
國民革命　快告成，到處慶昇　平；
造成東亞　新民國，還我自由　民；

慶祝雙十節全國統一紀念大會特刊

萬歲歌聲

C　2/4　（費錫胤作）

1·1　1·6 | 5·6　5·3 | 2·2　2·3 | 1·0 |

十月　十日， 國慶　良辰， 到處　闢盈　盈；

3·5　3·5 | 6·6　6·5 | 1·1　2·1 | 6·0 |

國旗　飄揚， 結綵　懸燈， 燦爛　又光　明；

5·5　6·5 | 3·2　1·2 | 3·5　5·5 | 1·0 |

舉國　同慶， 統一　告成， 新都　建南　京；

3·5　3·5 | 6·6　5·3 | 2·2　3·2 | 1·0 |

大家　齊來， 同聲　同調， 高呼　萬歲　聲！

1·1　6·1 | 2·2　2 | 321　6·5 | 6·66 |

中華　民國， 萬萬　歲！ 國民　政府　萬萬歲！

165　3·5 | 6·6　5·3 | 2·5　5·5 | 1　0 |

萬歲！萬歲！ 萬歲！萬歲 萬歲！ 萬萬　歲！

雙十節暨全國統一紀念頌詞

（雲孫）

猗歟休哉。東燭食漠。西倉流沙。熠爍寶顏。南揚丹屋。鐘鼓紀開天之盛。旌旂揭革命之徽。計自十五年七月。我國民革命軍廣東出師北伐。僅十有五月。已剷除軍閥。統一南北。斯固萬世之榮光。亦一時之令典已。回憶武裝同志。彈雨槍林。攻城殺將。挺身而出。肉薄以登。或慷慨扣舷。或悲歌擊筑。氣貫長虹。心同明月。風雨一身。關山百戰。功成不據。解甲歸田。是則吾人當永誌勿忘者也。外拒帝國主義。內扶弱小民族。剷除封建思想。擁護農工利益。 總理遺訓。聲猶在耳。是則吾人當遵行者也。履發伐罪弔民。禹稷飢溺猶已。古昔尚然。何況今日。若知而不行。何以慰 總理之靈乎。迺者序屬三秋。節逢雙十。除苛解縛。政通人和。緣圖賁靈。金鄰效祥。男樂其疇。女業其紅。則揚厲庥和。張茲國威。邦人之任。于是全邑民衆。咸懷驩虞。喁喁通衢。凱眥其裳。戢眥其居。采秋芳之龍馨。折翠松之蒨蔘。飄繡旂之猗柅。青天白日。服華衣之徽衡。皓叟黃童。乘褰龍。鳴玉鑾。吹參差。陳竽瑟。以酬以嬉。載歌載舞。旦則肅隊歡呼。夕則烈炬譬燈。誠曠世之隆。千載之盛也。記者不敏。躬逢勝會。用貢篇什。謬附風頌。其詞曰。

放勳協和。秦誓一德。秩秩雍雍。爰定於一。
總理遺訓。永守勿失。於萬斯年。永念雙十。

國慶日應有的認識

（胡彬）

十月十日國慶日，是我們民族運動達到勝利的一天，固然是值得慶祝和紀念，不過回想到過去的十幾個國慶日，却無日不是在軍閥窮兵黷武，爭權奪利，和貪官汚吏，土豪劣紳，以及封建思想的剝削之下，還加上帝國主義實行他的軍事上政治上經濟上的種種侵略，把先烈熱血光復來的燦爛山河，差不多被這班妖精的烏煙瘴氣，籠罩得日月無光，使得我們民衆非但共和的幸福沒有享到，反而加重了壓迫的痛苦！這是我們最悲痛的！所以這十幾次過去的國慶紀念日，實際上，絲毫不能去興發民衆的慶祝心，祇好比是民衆過節的習慣，照例敷衍一下就完結，簡直沒有什麼意思。

霹靂一聲，前年黨軍實行北伐，賴着武裝同志們的犧牲精神，大無畏主義，不到二年功夫，把頑固而倔強的大軍閥吳佩孚孫傳芳張作霖等剷除去了，全國飄揚着青天白日旗，把十幾年來處在壓迫痛苦裏的民衆解放起來，重見青天白日，把十幾年來被軍閥搗碎的地盤，重新集成整個的國家，南北統一，全國和平，這種好現象，是多麼值得我們歡呼慶祝的；所以好說今天的國慶紀念日，是中華民國十七年來的第一個，有意思，有價值，的國慶紀念日，以後我們的幸福，就在今天發軔，並且還要積極的團結起來，去和帝國

慶祝雙十節全國統一紀念大會特刊

主義者奮鬥！不過在這訓政時期，是確定新社會的根據，最關重要。凡是我們同志，和民衆宜乎認清一個目標，去工作起來：

一、國民黨黨員要爲黨而犧牲

青天白日下的國民黨，是解放民衆痛苦的，是領導民衆革命的，然而自從黨的糾紛發生之後，黨員民衆，對於黨失却了信仰。而黨內是既有共產黨從中拐騙民衆，來想推翻國民黨、還有一班投機份子，和假革命寄生在黨內，實行腐化，再受土豪劣紳來贊譽，所以把整個的黨，弄得四分五裂，不但黨務不能發展，還險乎把黨的新生命失掉，這是我們黨員，回想到以前危險情形，而應該得到的一種教訓，現在這次總登記，已竟把黨嚴密的整理起來，黨內的不良份子，多摒除出去，把黨務的發展責任，更重大的加在黨員的肩上，負担起來，我們黨員既是做三民主義的信徒，應該要有眞確的眼光，堅定的毅力，犧牲的精神，鞏固整個的黨權，擴大。黨的威信，嚴密的大團結起來，抱定愛黨，甚於愛命的決心，再實行下列幾件爲黨犧牲的宗旨；

一 犧牲意見上的衝突，

二 犧牲系統上的關係，

三 犧牲情感上的結合，

四 犧牲勢力上的聯絡，

五 犧牲金錢上的誘惑，

我們黨員既能爲黨而犧牲，一切祗受黨的運用

慶祝雙十節全國統一紀念大會特刊

不爲任何外力來衝動，于是共全站立在黨的立場上，受黨的領導，努力奉行三民主義來，到民衆裏頭去，實行民衆黨化，那時民衆對黨有相當的認識，纔有信仰力發生，而黨可以去解除民衆一切痛苦。

一　黨治下的民衆應受黨的領導而建設；

國民黨是實行三民主義來解除民衆痛苦的，所以民衆的痛苦，惟有黨可以來解決，不過現在的民衆智識薄弱，若是沒有黨去忠實的領導，就容易受共產黨的欺騙，而被其利用，並且受反動份子挾制，而受其朦蔽，故此民衆要黨的力量去扶助其發展，更要與黨有密切的關係，於是黨可以施用其力，立在領導地位，指導民衆活動，民衆呢爲了本身利益問題，就可以受黨的政治法律來保障和解決，但是在這訓政時期裏，國家經濟力量在整理期間，不足以扶助民衆去建設，祇可指導民衆自己去設，而民衆要解除本身的痛苦，也惟有處處受黨的指導，而從事於本身利益上的建設，竭力要避免與任何階級利益相衝突，還應該確定以下的建設事項，

一　建設生產上的改良方法，

二　建設教育上的普及設施，

三　建設交通上的便利機關，

四　建設衛生上的必要設置，

五　建設生活上的需要事項，

六　建設地方上的公共事業，

民衆能受黨的領導，而注意於建設的進行，則黨一面扶助民衆去建設，一方面可運用一切使民衆對於政治有相當的智識，和能力，然後三民主義纔能達到實行，既確定了社會的基礎，然後可以完成國家大計。

以上的兩件事，在今天國慶紀念日裏，是我同志民衆們，應有的認識！而努力去實行！則來年的國慶紀念日，更令人具有慶祝的意義了。

●慶祝國慶紀念對於中國國民黨應有的認識

（高祖羔）

今年的國慶，是全國統一於青天白日旗幟下的第一個國慶，很有紀念的價值，但在慶祝國慶時，對於領導政治的中國國民黨應有確切的認識，

中國國民黨是先總理手創的黨，是實行三民主義的革命黨，是一個抱有由中國國民革命到世界革命的使命的黨，我們知道一個黨就是某一個階級或幾個階級的利益，代表者的最高的政治組織，也就是領導某一個階級或幾個階級的民衆，使他得到集中統一的革命行動，以奪獲他的利益的政治組織，黨要顯他的作用，決不能離開民衆，民衆有了革命的要求，而沒有黨的作用，也很容易陷入羣龍無首的狀態，革命仍是不能成功，所以黨與民衆，實是不能相離的，國民革命固然是各階級聯合的革命，中國國民黨固然是，代表各階級的利益的黨、然而中國農工階級、佔全國人

慶祝雙十節全國統一紀念大會特刊

口百分之八九十，同時又是革命中的主力軍，那麼我們所謂各階級聯合的革命，斷不能拋棄這個革命中的主力軍，我們所謂代表各階級的利益，斷不能拋棄佔全國人口大多數的農工階級的利益，所以國民黨要完成他的使命，必須有民衆的基礎；民衆的基礎，必須建築於農工階級之上。胡漢民同志說：「國民黨爲以黨作國民的領導者，植基礎於農工階級而爲全民的利益，……注重的是保護農工階級的利益，扶助其團體發展，謀其解放」。這是我們在慶祝國慶時，對於總理手創的中國國民黨，應該確切認識的！

●辛亥革命與今後國民革命的認識

（王同壽）

雙十節是我們中國在革命歷史上最光榮的一頁，但是他的誕生原因，在當時政治上經濟上皆有種種的背景；這許多背景，遂促成產生這個寧兒的雙十節，當時係總理目覩中國近百年來，外受國際帝國主義的強暴迫脅。內因滿清政府的懦弱腐敗及封建餘孽——軍閥的相繼割據把持，致國家主權日益喪失，國際地位日益低落，當此以往，不但中國的民族地位無從恢復，而民衆苦痛，也無從解除了；就是這種次殖民地的資格，也不能保持的了，或者要弄到淪于亡國滅種的地步說完！總理此時，深知中國危弱的病由，和人民痛苦的總原因，完全由於國際帝國主義的侵略，及

（9）

國內軍閥連年混戰的結果之所致；要挽救中國的危亡，非對外打倒一切帝國主義，對內肅清一切封建餘孽的軍閥不可，於是誓志從事革命工作，歷盡艱苦，終于辛亥年成功，把數千年來專制一旦推倒，可是自從那年起到民國十五年中，政事皆窳，兵禍連綿，民生凋比實際上沒有進的能可性，像北洋軍閥；安福系軍閥；奉系軍閥；他們日以爭奪地盤權利爲事，把一個中國弄得四分五裂，民不聊生，這個極熱烈混亂時期——軍閥割據時期，恐怕除了中國歷史上：

一、周末六國之亂約三百年； 二、秦末劉項之爭數十年； 三，漢末三國之亂約五十年； 四、晉末五胡十六之亂約三百年； 五、唐末藩鎮之亂至五代之亂約百五十年； 六、宋末遼金之亂至元初約三十年； 七、明末流寇之亂約五十年；

沒有這樣再亂的了。然而反過來說：怎樣會弄到這種地步呢？都是這一著之差，注重破壞而忽視建設，結果：只換得一個共和的空招牌。要曉得革命有兩方面。一是破壞工作，一是建設工作，在革命開始的時候，爲了要集中力量去做破壞工作，所以建設方面是暫時被拋棄了的，可是一到革命有相當段落的時候，仍然抱着破壞時候的觀念，不積極地從事建設，這于革命是沒有絲毫意義，社會上一切深根固蒂的東西，仍舊沒有隨着破壞工作的進行一同消滅，你看辛亥革命袁世凱得以稱帝，張勳之得以復辟，實是在那時候，共和的基礎，沒有鞏固，社會一切勢力，仍然存在，所以今後的革命，不積極地推翻一切舊的組織。築下革命的新基礎，必然又會蹈前車之轍，中國永遠沒有眞正完成之日，所以革命的完成，不在破壞工作完成之日；革命的完成在將整個的舊制度，舊組織完全推翻，建設新的制度，新的社會。法蘭西大革命的完成不在羣衆破壞巴的士獄那一天，攻擊巴的士獄，只是革命的發靱第一幕，他的成功是在沒收貴族僧侶的土地，解除農奴而給予土地，所以法蘭西革命雖經過許多險阻艱難，內憂外患，而終究能爲光明燦爛的歐洲民主國家，

此次北伐成功，一般人民的心理，以爲北伐成功，就是國民革命的成功，從社會上考察這種心理，實在到處充分地表現着，一般民衆這種企望着歡呼着，爲輿論界的報紙，也是這種鼓吹着，要曉得國民革命的意義，是被壓迫民衆在這軍閥帝國主義的兩重壓迫之下，掙扎着而求一條生路，這條生路就是國民革命。所以同國民革命的背景是：國內有封建軍閥橫暴的壓迫，國外有帝國主義猛烈的侵略，中國是在這種情勢之下國民革命所負的使命，內求剷除軍閥，建立民主的政府，外求國際間得到國際地位的平等使經濟政治得到同一的發展，所以現在國民革命北伐成功祇算做了第一步——打倒軍閥，此後的工作更加重要而

且更加困難；根據以上所說：我們可以知道出師北伐不僅攻服北平乃至收復東三省便算了事了而出師北伐的遠大目的，乃在完成中國國民革命，實現三民主義，求中國之自由平等，現在只算總理所說的軍政時期過去訓政時期開始，在這時期裏，我們應該怎樣，據我看來，現在急應實行的就是：

一、根本剷除封建軍閥的思想，和變相的封建軍閥割據的形式！

二、敦促國民政府即日自動宣告廢除一切不平等條約！

三、以大無畏精神肅清一切貪官污吏，開始訓政時期工作！

四、請國府明令廢除苛捐雜稅，解除人民痛苦！

五、實行總理的兵工政策，從事建設，

今後革命的意義和眞理

一九二八·十·八·無錫榮巷民教院

（YHN）

革命是爲着被壓迫民族謀生存而起的一種要求，是用公理來和強權奮鬥，所以革命是離不開民衆的，革命而離開民衆便沒有革命的意義，也就不算是革命，更進一步說，革命應以民衆爲主力，不可以民衆爲工具。如何使民衆瞭解自己的利益，與認識革命的意義，而聯成一片使民衆有組織有團結，實爲今日革命最切要的一件事，也是革命唯一的使命，和意義。

慶祝雙十節全國統一紀念大會特刊

時無論古今，人無論愚智，一切思想行動，都受着生存的支配人類的生存，遞嬗不息，思想行動，也演進不息，因思想的演進而生慾望，因行動的演進而有社會，自從有了慾望，有了社會，在義羣衆思想和行動上，便發生分歧的現象，因之人類生存也就，成了競爭的焦點，總理在民生主上說：

古今一切人類之所以要努力，就是因爲要求生存，人類因爲要有不間斷的生存，所以社會纔有不停止的進化，

人類求生存，既然是社會進化的定律，而在事實上，卻又發生了不少的矛盾，由人與獸爭遞演而爲人與天爭，又遞演而爲人與人爭，競爭的結果，神權還沒有推倒，君權又接着發生，君權還沒有剷除盡淨，國際的政治勢力和經濟勢力，又接着發生，一方面的勢力，既澎漲不已，又一方面的勢力，則被壓抑而不得伸，因壓抑而發生的反動就是戰爭——國際的戰爭，商業的戰爭，階級的戰爭，相激相盪，愈演愈烈，把整個的清平世界，直鬧得人翻馬仰雞犬不甯，因爲人類慾望的衝動，倘然軼出進化軌道之外，這樣的競爭，便不合生存的需要。

生存是全人類所共有的，不是一部分人所專有的，物質是全人類所共享的，不是一部分人所專享的，社會進化，要全人類福利爲對象，如果個人主義，或國家主義，或階級主義，過分澎漲，便

失却人類的理智，便阻礙自然的發展，便不合社會進化的定律，這種現象，是病的現象，最可痛的，一部世界史，完全沉浸在病的現象中，佔有慾和支配慾，充滿了全世界，我們到處都聽得見弱者的呼聲，都看得見被踐踏的人們流的鮮血，獸性的發揮，亙千古而不絕，直欲恢復到原始野人狀態，使社會的光陰倒流，迷亂的路途，和強烈的誘惑，把人們的趨向，都引到幽淒的墳墓中，我們只要觀察現代國際的傾軋，社會的紛擾，和思想的浮薄，就可知道現代的社會性，是因襲的，不是開創的，是退化的，不是進化的。人們都贊揚歐洲文化，其實歐洲文化，只是狹隘思想的科學家，狡詐手腕的外交家，和功利主義的政治家，用有形無形的飛機潛艇，造成現代的恐怖文明，自一九一四年歐洲空前大戰發生以後，殺人如蔴，所得到戰利品，惟有悲哀和殘忍，而自詡倡導和平及放棄侵略的人們，尚在繼續不斷的埋伏遠東爆裂彈，白色和赤色的噴火口，直欲吞滅大多數人類的幸福，他們都自視為世界嬌子，都以為凡是弱小民族，應該無限制的受他們征服或利用，在這變態心理的社會中，我們只看野獸狡狐縱橫跳浪，那裏還信是有理智有感情的人類。我們不要咒詛世界，我們也知道形體上的人類，是假定的名詞，在生存原理上，並不是顯然有疆域之分的，自從人類在慾望上有了人類分野，一切恐怖危險，痛苦煩憂，使在芸芸人海中，發

慶祝雙十節全國統一紀念大會特刊

滋長，由分子的人類，擴大爲羣的人類，人類的界限愈顯明，社會的罪惡也愈複雜，這種罪惡，中於人心，便無術自拔，歷時稍久，遂誤認所爲人類所當然，像這樣違反人生的肯定，實在是人類自滅的，象徵。

法律固然可裁制罪惡，然只是相對的、而不是絕對的，倘然罪惡的勢力，超乎法律以上，則法律條文，無論如何嚴密，都要失其效用，所以罪惡有時可以變更法律，有時使法律無可執行，且有時竟利用法律以爲作惡之工具，如果沒有較大的勢力，以抵抗罪惡，以改造環境，那末，人類的慘痛，必至殺人人殺，無有底止，而大多數人類的生存問題，便成了永不兌現的支票

人類是有理智的動物，無論怎樣屈伏在惡環境支配之下，而求生衝動，總是人類不可泯滅的本性，由求生衝動而生的現象，自然是不可，避免的戰爭，如果戰爭的傾向，達爲專到生存目的而止，則整個的世界還不會造成，今日紛擾不甯的現象，人類所以發生恐怖危險的原因，就是戰爭目的的轉移，和戰爭能率的增進。我們只要看現代所謂強盛的國家，他們從前也曾受過極大的痛苦和壓迫，也許是爲生存而鬥爭，可是從生存取得保障以後，又想超越本來的要求，進一步取得國際上和經濟上優異的權勢和地位，致釀成物質上生命上重大損失，這都是所謂軍國主義英雄主義資本主義嘗試的結果人們固然要選擇自己的目的

，但同時也要顧到人類生存的共同性，陰險譎詐縱橫捭闔，固然是政治家和外交家的常態，然絕不是社會進化的正軌，歐洲大戰時，參預同盟協約雙方者達十餘國，他們的口號，都是爲人道而戰，等到歐戰結束以後，僅有的口號，也就跟着壽終正寢，從凡爾塞會議到諾加拿會議，除了坐地分贓地圖變色以外，只落得弱小國家的苦痛和失望，而軍備的設施，且有加靡已，好好世界，被他們明爭暗奪，攪得熱火一團。

在這樣濃厚恐怖的氛圍中，一般未脫獸性的帝國主義者，都夢想他是全知全能，都夢想一切民衆一切國家都受他們的支配利用，都因慾望的衝動，而從事於盲目的破壞，燦爛的勳章，是犧牲無量數財產爲代價，巍峨的銅像，是聚積無量數白骨而築成，無定河邊，春閨夢裏，殺機遍地，人慾橫流，於是悲天憫人的哲學家和文學家，如拍拉圖，如託爾斯泰，如羅曼羅蘭 Ronin Rolland，都爲他們尋覓心靈，無奈殘暴的帝國主義者所有的心靈區域，久已爲黑暗勢力完全佔領，除非有新興的勢力，可說是無攻克的可能，

因此大多數被壓迫者，便不得不急切需要革命了，

革命是美的藝術，是愛的結晶，是全人類福利的保護者，革命的目的，在實現眞理，革命的手段在驅除罪惡，革命精神的表現，是社會進化，全中國民衆處於帝國主義者和軍閥雙重壓迫之下，

慶祝雙十節全國統一紀念大會特刊

自然也需要革命，不過不是法蘭西式的革命，不是美利堅式的革命，更不是蘇維埃式的革命，我們所需要的，所永遠需要的，乃是三民主義的革命。

一、不專重破壞，而重在由破壞達到建設。

二、不重在奮學理的因襲，而重在新精神的發展。

三、不是無目的，無方法的盲動，和失却民族自信力的盲從，乃是以中國固有的道德文化爲基礎，先恢復民族地位。

四、不是單純的民族獨立運動，乃是以民族問題爲始基，以民權問題爲骨幹，而以民生問題爲全部的重心。

五、不止是求本國的安全，更要濟弱扶傾，成一個大同之治。

所以惟有三民主義，才算精深博大，才能救中國救全世界，惟有三民主義的革命才算澈底，才算是進化的原動力。總理說：

我們現在的革命，不是徒勞無功，想存一個長治久安之計，所謂一勞永逸，免除將來的後患。

世界戰鐘又鳴了，白色和赤色的帝國主義者，都在盤馬彎弓，躍躍欲試，默察大勢，總覺得帷燈匣劍，大難快已臨頭，我們應該怎樣呢？

我們的口，要爲三民主義而宣傳，

我們的足，要爲三民主義而奔走，

我們的腦，要爲三民主義而思考，

我們的血，要爲三民主義而流，
我們的生命，要爲三民主義而犧牲，
我們的靈魂，要完全寄託於三民主義中，
我們爲三民主義而生，爲三民主義而死，
同志們！同胞們！莫回顧！莫徘徊！快向前進吧！

訓政時期的國慶與民衆的自覺

（姚心垂）

在羣衆高呼慶祝全國統一雙十節的今日，滿眼飄搖的，都粉飾着青白的顏色。在表面上的觀瞻，誰也不能否認我們全國已經統一、由軍政而進至訓政時期了。可是在實際上是怎樣情形呢？根深蒂固的封建制度；盤痕錯節的惡勢力，到處荊棘叢生，依然橫梗在前，民衆革命的熱望，感到的無非是苦悶和歎息。

以前在北京豬圈裏，齊大帥懷抱裏的羣獐鼠鹿；孫傳芳脚下的磕頭大虫；張宗昌部下效死力的癩灰走狗，偏偏和那腐衙門裏的無恥官僚；以及割土據地的帝國主義的工具……爲伍。牠們都會搖身一變，「放下屠刀，立地成佛，」居然在革命政府治下自命不凡；威華顯耀，不減當年。政治上有這陸離光怪的豬狗點綴着，統一後之中國，自然會有長足的進步了。

走頭無路的小政客，只要他能夠喊幾句三民主義的口頭禪；高等的市井流氓，只要他會在什

慶祝雙十節全國統一紀念大會特刊

壓養成所裏坐過一會兒；或者和要人們有些緣分；或者喊幾聲打倒帝國主義和肅清腐化惡化的口號，自然目爲忠實，努力工作。這種革命同志，時髦的黨官隊裏，少不了牠們的位置。三個月來，各地黨務的進行，大概也着實可觀罷。遺留下的貪官污吏，新興起的土豪劣紳，以及一切變相的惡勢力新工具，支配着整個的縣治或省治。鎮日奔走忙碌，以期達到舞弊營私的目的，做牠們自身的建設。訓政時期的承平氣象，「夜不閉戶，路不拾遺，」似乎就要映在目前了。

最難不堪的是革民黨人，是一般人心目中推測，目爲胡鬧，只會破壞。惟有老成持重的朽官昏僚，變幻莫測的腐頑政客，才配講建設，才能治國平天下。軍政時期中，犧牲了多少同志們的碧血精神，唯一的代價，就是做他們搖旗吶喊的角色，成就了牠們的一幕滑稽狗劇。馴良的青年，不知不覺做他們「吃狗屎的忠臣」美其名曰「努力卜層工作」，聊以解嘲。

民衆們滿腔沸騰着的熱情，因而逐漸減低。儘宣傳博士們喊破了喉管，及不得一個事實的反證。這種觸目驚心的現象，造成黨國極大危機，悲痛之不暇，何暇忭歡慶祝呢？或許在表面上不得不裝腔作勢，做那「對人歡笑背人悲」婦女偽態，其實民衆革命的勇氣，早已降到冰點以下。

革命的民衆們！你們要知道，惡劣的環境，誰能担當改造的責任？社會封建制度惡勢力的存在，是你們懦弱不努力的表徵，始終是我們的羞恥。在這種環境之下，絕對不應許我們自暴自棄。該退一步自己來檢點我們自身的創造力量。不要專作會議室裏搖頭擺尾；大會席上趾高氣揚；書案邊頭直筆提書，這種事不但不足以驕人，畢竟幼稚得可憐。因為皮囊裏所裝着的，並沒有新奇的學理，完全是「人云亦云」的論調。我們要翻開一部實業計劃，我們將從何處着手來講物質建設；翻開一部民權初步，我們將怎樣來訓練人民辦理地方自治，我們能「知」多少，「行」多少，只教於建築三民主義新國家的工程上做一些實際的工作，這是我們今日——訓政時期的民衆應該自覺的。

十，五日，作於縣指委會民訓會。

●黨與雙十節

（毅君）

誰不知呢，雙十節，是我們中華民族感受壓迫痛苦而發生的反響，自己興奮創造新生命，產生出萬世莫朽而至偉且大的雙十節！

雙十節是中華初次革命的成功，因為外來民族快要把我們侵吞了，非革命不足以救中國。武昌起義，推翻滿清，毅然以革命手腕建設出中華民國來，十月十日就是我們中國人民的誕生日啊！

不幸！可憐！這不幸的雙十節，在第一第二屆……以來直至……為止，那一個雙十節是製造雙十節的本意的要求之象徵呢？可嘆！在第一次雙十節以後，製造出幾許軍閥來；第二度以後，製造出政客後，第三第四…國內自己製造內亂，國外帝國主義來造成我們的國恥，十五年來，雙十節一度一度的過去，其成績不過如此而已！唉！

雙十節在我們無錫，已經第二次……去年今日張宗昌猶自強撑于津浦之間，今年今日，北平抵定全國黨治，值此滙辰佳節，國府通令各地作大規模之慶祝，誰說不宜；

革命不以形式，而以實際，雙十節初次革命成功以後，民衆不能享受革命的果實，由于當時革命之沒有實際之工作，所以前年廣東北伐重振革命，是由于第一次革命不滿人意而形成之，那末我們今年雙十節雖曰全國統一就不能不注意到黨義之深入民衆，否革命基礎之鞏固否，因形式不足恃實際便是鞏固革命基礎！

要曉得黨好似一個人的軀殼，而主義好似一個人的靈魂，黨與主義關係至密，全國黨治，便是把黨的主義來統治全國，黨的組成，由于黨員，則黨欲統治全國，必由全體黨員深知主義到民間去引導民衆去入革命之路，這才是黨治全國的實際，這一個實際的工作，要在今年的雙十節，給中國國民黨黨員担任起來！

同志記着吧，今年雙十節，黨治統一中國，黨員便要努力實際的工作啊！

雙十節的特殊意義

張錫昌

「十」是犧牲的象徵，因爲耶穌釘死在「十字架」，爲着救世人而犧牲。我們看到了「十」，就可以想到那時耶穌臨刑時的犧牲精神。

「雙十」是象徵兩個「十字架」，可說是含着「加倍犧牲」的意思。

我們慶祝全國統一，紀念雙十節；我們應抱着犧牲的精神，應抱着加倍犧牲的精神。

國民革命軍的足跡，已踏遍全國了，青天白日的旗幟，已飄揚大江南北了；但是我們的黨怎樣？我們的政治怎樣？我們的社會，經濟，教育……一切的一切，又怎樣？我們還要犧牲，還要加倍的犧牲！

農民依舊在窮困的生活壓迫之下掙扎；工人依舊過着那奴隸式的生活；商人仍是混混噩噩，不知國家爲何物；青年學生，又很少能走上光明的大路。所爲解除民衆的痛苦，爲民衆謀福利，不過大家借着爲搖旗吶喊的口頭禪罷了！這樣，我們不能不犧牲，不能不加倍的犧牲！

民衆們！「雙十」，原來是加倍犧牲的意思；我們紀念雙十節，就要抱着犧牲的精神，要爲民衆解除痛苦而加倍的犧牲！

（二）全國統一雙十節紀念日之無錫?化

（歇）

我時常聽得老伯伯們說：凡人無論處什麼事，總要把四只檯角都㨪到，方才可以做去；否則難免枝節橫生，甚至累及自己，對啦！這是老于世故的經驗談呀！但是初出茅廬的一輩子，大都

慶祝雙十節全國統一紀念大會特刊

沒有感到社會情形的複雜，做起事來，本着純潔的良心和主義，勇往直前地進行，不曉得荆棘滿地，終至失敗，煞是可憐！還要給所謂識者譏嘲，我也替他們痛心哩！好了，上一會當，學一會乖；來者鑒于前車的覆轍，便下個戒心，練習得一番所謂水磨工夫，倘使磨勿到棱角，一事就勿做；大丈夫八面玲瓏，四處聯絡，樂得賣個人情，弄得根深蒂固，而革命事業，一樣也能博得美譽。

無錫城裏的當路或露天坑廁，不算少吧？雖經取締，終難有效。別的勿論，就如駐踪橋下為出入西門的要道，有縣黨部教育局水警區在那裏，而橋下的坑廁。好似那三個機關東來的門房；還有公共體育場旁的露天坑缸，也像賴牠點綴景色；路過那裏的人，一定都能享受那種風味！

公園裏新建的同庚廳，的確足以替無錫增光，眞堪令人欽羨！可恨我是一個窮漢，幷且沒有面子，倘使我是既富且貴，一定也要集合幾個同志在公園裏築一所什麼廳或堂，活的時候，可以在那裏逍遙取樂，死了以後，再不妨葬在那裏，也許留得一個臭古蹟，不知闔邑人士，都肯默許我麼？

崇安寺的山門，快要發生危險，然而因為牠是古蹟，所以只好改造，不得拆掉，這到却是有理，所以我希望以後把崇安寺裏或別處湮沒的古蹟，都漸漸地恢復起來，也可以使一般人値得紀念；不然，徒有其名而無其實，豈不引以為憾麼！其餘幾處改築的工程，莫怪未能完全革新，其中必自有道理哩？

還有團體方面，事還未做，先就鬧個不了！想來是水磨工夫的成績不齊，所以有這個缺憾！或者還有別的緣故，我也不得而知，

有人說：無錫的革命，是改頭換面罷了！我道無錫的革命，確實是富有各種經驗的，所以既然光榮，又復穩當！但是所以不能使人澈底明瞭者，不知無錫究竟是？化？現在已是全國統一雙十節紀念了！

今後的努力

（許仲華）

今天是民國十七年的國慶紀念日，是革命先烈民衆先導實行民族革命，推反滿清政府；剷除四千餘年專制餘毒，締造中華民國的一天。是中國有史以來最榮譽最偉大、最值得紀念慶祝的一天。我們對於這一天應該有無限的歡欣，無窮的紀念。但是十七年來的中國，外受列強的侵略，內受軍閥政客土豪劣紳的摧殘那，一天不在風雨飄搖之中！已往的今日，我們總是攘臂疾呼，和惡勢力奮鬥！在這悲愴恒悼的時候，那裏還有歡欣的表示！

自國民革命軍大舉北伐，不數月間，東南半壁，悉數蕩平，為惡的共產黨，搗亂後方，以致甯漢分裂，停止北伐，清黨以後，復繼續北伐着着進展，一年以來，青天白日旗，果然已飄揚於大江南北了，奉直魯三系軍閥，死徒流離，已告肅

清，當現在全國統一，萬衆騰歡的時候，偉大的國慶日又到了！回憶去年今日，我們呼着悲壯的口號，「繼續辛亥革命精神，打倒賣國的奉魯軍閥」，「打倒北京交民巷統治下的僞政府」，「繼續北伐完成國民命」……不料到了今天的國慶日都實現了！奉魯軍閥打倒了，北京政府消滅了，那末我們今天可以歡欣鼓舞，痛痛快快熱熱烈烈的紀念一塲了！

但是我們再想到國際地位平等了沒有？民權中張了沒有？經濟發了沒有？換句話說：三民主義實現了沒有？國民革命成功了沒有？那末我們應該繼續不斷地努力。要知道現在是破壞的成功，革命是建設的事業先總理和我們定下了步驟規定了時期—軍政—訓政，憲政—現在是軍政結束訓政開始的時期我們要滿足衣食住行四大需要，受着四權使用的訓練，在這時期應該有充分的預備，努力地進行。一方面還要準備着和帝國主義作戰，防止新軍閥土劣的產生，雜色黨派的搗亂，那末中華民國才有眞正自由平等的希望。

同胞們！我們前途的事業何等偉大！責任何等重大！我們踏着先烈的血跡，抱着無畏的精神前進！前進！不斷地前進！努力！努力！加倍的努力！

●由慶祝雙十節而想到民衆教育

(柳方)

多少的先烈，拋擲了頭顱，飛濺了熱血，造

成了這一個歡騰的雙十節，啊！功績的偉大啊！我們在歡呼聲中永不會忘却他們偉大的犧牲，神聖的賜予！

滿清的推倒，民國的建立，革命呼聲的高奏，青天白日的飄揚，那一件不是踏着先烈的血跡而造成實現的新的局面？回溯過去，不能不不紀念革命的先烈，縱觀現實，想着呻吟的民衆，打算將來，更放不過救國的根本計劃。

慶祝聲中的同志們！我們在全國已告統一軍政宣告結束的時期，誠然值得歡忻鼓舞，加倍的快樂，但是我們如能回顧一下，青天白日旗幟下的民衆們，究竟得着眞正的解放沒有？國民革命最後的成功，究竟完成了沒有？

我們只看見帝國主義者虎視眈眈，並不因革命事業之進展而稍稍斂跡；虐殺民衆的軍閥是打倒了，滿着懷封建思想的餘孽絲毫沒有減殺；貪污土劣之輩，依舊聲氣相通的勾結不解；心存叵測之叛黨者，更隨隨想鼓動民衆，利用民衆，以逞其個人之私利，慾望。

可憐中國的民衆啊！他們陷於水深火熱之中，而自己不認識其所處的環境，他們還沒有認識猙獰可怕的帝國主義者環伺着的面目，受了惡勢力的重重壓迫仍然不知自謀抵抗，中了共黨的毒計，而不知已之被人欺騙，經濟不足維持個人的生活而亦絲毫不知改進，一切的一切，他們還是昏迷不醒，只知怨天，不知奮起！

這是確實的；中國民衆雖有革命的思想，迫切的「生」的要求，却不認識自己惡劣的環境，不了解革命的方法，不懂得如何參加革命的工作，對於切身的政治茫然不知如何盡自己的責任，因執著封建社會的思想，習慣，支配著一切的行動，怎有能力去建設新的事業，造成新的社會！

我們如真能依照着總理的遺教，謀三民主義的實現，想建立新時代的民主國家，希望雙十節每經一年而增高千百倍歡樂的熱度，我們應在訓政開始時期努力於根本工作，切實謀民衆教育的推行和普及，養成全體民衆個個具備國家主人翁的能力，能明瞭中國政治和經濟的地位，能認識並使用普通的文字，有政治常識，會組織團體，懂得參加革命的方法，并能切實改進自己的生活。只要看同志們的努力，工作雖重大，遲早總可獲得相當的效果。

「用教育的方法，解決政治問題；用政治的力量，解決社會問題；」這是我們的信條。

依關國本的初等教育中等教育高等教育，其對象固然也是民衆間之一部分，力謀發展，自屬當務之急；而多數的民衆—特別是青年和成人，他們至少是五十年內構成中國社會的中堅分子，簡直沒有相當機會受正式的學校教育，我們不得不用最經濟最簡單的方法，使他們受最切要最實用的補習教育，這就是民衆教育所以亟不容緩的簡單的理由。

此外我們應認識：實施民衆教育不但是設立民衆學校的一種方式，民衆俱樂部、圖書館、體育場、問字處、武術團、游藝會、政治宣講、農業改進團、合作社等等都是我們應該努力的事業。推行的責任，固然要由政府負起，我們應更有深切的認識，隨時與以相當的助力。

我預祝着十七年以後的雙十節，因爲民衆教育的普及，中華民國在健全的民衆組織之下，顯出全民的歡騰，個個興高采烈。

●慶祝雙十節—促進民衆教育

（華晉吉）

全國統一了，訓政開始了，要不是義師北伐，奮鬥犧牲，那裏有這萬民歡忻，舉國同慶的一日。這是何等值得我們紀念而慶祝啊！訓政開始以後，國民革命成功以後，教育當然也有揚眉吐氣的一天。以前那樣受帝國主義的經濟侵略，受軍閥的連年兵戎，把國內的財政多用於軍事上，以致阻礙前途的發展的種種現象，當然不會發生；確定新社會完成國家大計的民衆教育事業，自然也爲一般人所重視了。因爲教育是增長人民智識的寶庫，是促進地方文化的利器，是政治活動的導師，在這民衆智識薄弱的時候，全靠教育的普遍，而加以督促方纔能使民衆有政治上活動的能力，以造成新社會新國家起來。我們每人要抱着促進民衆的心愿，要切實的履行起來，如何指導。如何督促？怎樣設施？怎樣進行？提起了精神！

盡力的幹一下，不致再徘徊觀望，我們還要趁着這盛大的國慶，希望教育的前途，也應該隨着慶祝的熱烈而發揚光大，所以很希望民衆們自動的覺悟！一致起來協助民衆教育的進行，以完成有政治力量的國家，今年的雙十節，確有促進民衆教育的意義在哩。

諸位！我們努力民衆教育，是國家百年大計，協助民衆教育，爲民衆自身的利益，我們願站在一條戰線上加倍的努力！

●我對於「國慶紀念」的一點感想

吳伯明

靜的動的一幕幕。眼花撩亂的不耐人瞧了。但比較有注意與思索的價值的。還是政治與社會的種種現象。今天是雙十節。國民革命成功以後的雙十節。那是多麼的偉大呢。喧天震耳的樂鼓。奏着革命成功的凱旋聖歌。和那千紅萬紫行長似火龍彷彿的提燈會。這都是表示雙十節的偉大。值得慶祝的。并且不獨我們無錫一邑的民衆有這樣的表示。恐怕普天下莫不同聲齊慶罷。檢閱過去的歷史。每到雙十節。不過形式的慶祝而已。激昂慷慨和動容的文字。祇是遺給我們不滿的意識。這並非喪心病狂。却是愛國心的表現。因爲辛亥的成效。實際上政治。經濟外交以及其他。依然沒有解決。或是一部分的解決。所以慶祝的歌聲。適足是民衆的痛哭的悲聲。國慶紀念日。適足是民衆追悼烈士枉死與切身痛苦的紀念日。而多一個國慶紀念日。便是多給民衆追憶痛苦的機會。啊！吾復何言。現在可以說國民革命已是成功了。軍閥們已摧枯拉朽似的都倒了。土劣們都幾乎平民化了。帝國主義亦都噤若寒蟬了。籍着主義的力量。政治的建設，逐漸有了始基。所以這是值得慶祝的。但是我們不敢自滿，仔細回憶。自然還是有很多的懷疑。現在把我所有一點感想秉筆直書。作一討論。

今後國民黨黨員應有之認識與民衆應抱的態度

國民黨是救國的黨。國民黨員是救國的一員。但是稽考過去的國民黨一再從無形的分裂。到有形的混亂。使旁觀者十分杞憂。這是誰都承認的罷。明顯些說。國民黨的混亂。就是中國政治的混亂。就是中國政治的混亂。與國民黨破產的鐵證。我們並不是危言聳聽。至少限度。國民黨員是太不努力。根本對黨的理論與主義。缺少研究。所以以後黨員對於黨的理論固切實的信仰踐行。而對於黨的紀律更宜絕對遵守。我們以爲只有黨的意志。沒有個人的意志。只有黨的組織而沒有個人的組織。只有黨的行動。而沒有個人的行動。只有黨的自由。而沒有個人的自由。而黨員是民衆的一員。民衆却不盡是黨員。黨員的應有的認識已是瞭解了。而民衆在現在當然應抱有什麼一種態度。民衆們既同時受三民主義的薰陶。自然同時在三民主義下努力。應該覺悟革命是民衆們的一個共同要求。并且該明瞭現在的國民革命不過是軍事上的勝利。在實際仍希望民衆本着自己的天職。負責指導監督政治的入於正軌。簡單說來。希望國民黨黨員領導民衆訓練。民衆站一條的革命戰線上。先要切實的訓練國民黨員。使黨的本身增加熱力。燃燒起來。才能使黨與國前途光明。

嚴辦土劣，與肅清共產黨是同樣的要緊事情。土豪劣紳與CP分子是絕對不相容的。但同時是腐化惡化。在社會上每一組都不能占一位置。有人說。土劣與CP分子。是互爲因果的。因爲被壓階級的反抗者。就是CP。而壓迫階級就是土劣。CP對土劣的進攻。全係因果關係。或報復主義。這話雖過火一點。但土劣一天的存在。斷難早一天消滅共黨分子。大概土劣確是足以產生挺而走險的土匪。與希冀萬一的暴徒。CP分子在我們用的透視之下。不過如是而已。有時他們能利用弱點。乘間混進革命隊伍。當充革命的假隊士。失敗後又索意造成恐怖。擾亂搗毀。以致普通民衆。大有「城門失火。殃及池魚」之感。現在不論他是CP分子是土豪劣紳。同時是惡化與腐化。同時須受三民主義的伏罪。我們的方法是一面把土劣嚴辦。一面再設法消滅CP。不過我們要注意。眞正的土劣是鳳毛麟角。眞正的CP亦是寥若晨星。

擴充人類本能的「自私」變成世界的大公

總理所謂的「天下爲公」是着意在積極方面的。「消除私見」是着意在消極方面的。不過目的是同一的。周佛海先生說「中國的積弱。實由於民族意識的不發達。」而民族意識的不發達。還是客觀的條件—個人的私心太旺盛了。對於「私心」的言論。先人已我反覆重言了。如「自私足以喪身亡名。大而是禍國殃民。」但是至今誰都依舊給「私」支配着。大概(私心)是人類的本能。人類對於不良本能。會特別的發展。這不但心理學上告訴我們。却是有眞正的事實可以證明。但是我們忍人類的(私心)是不會有一個時候而息滅。却希望把自我的(私心)變成國家的世界的。如此雖私亦無足患了。

國慶紀念日是我們反省的日子。披肝露膽的赤心反省我們的錯誤。個人的錯誤。有個人負責誨過。團體的錯誤。同時有我們匡正和褒貶的可能。總結。希望國慶紀念日是永遠的存在。民衆們同時切實的致力主義的研究和實踐。使國民革命有實際上的成功。但首先實踐悠文博大的三民主義。然後建設一個三民主義的國家。同志們。急起來罷。

慶祝雙十節全國統一紀念感言

(奇石)

我中華民國。自成立以來。內亂日紛。外患交迫。究其原因。爲國民者徒知自私自利。絕少國家觀念。對於國事。不知負有相當責任。致軍閥囚以擅權。民生日形凋敝。須知民治國家。一切主權。全操於民。民爲邦本。古有立言矣。先總理孫中山先生。深知民爲邦本之道。創三民主義五權憲法。藉以喚起民衆。實行國民革命。改造中國。一生艱苦奔走。竟爾爲國捐軀。猶幸主義未亡。精神不死。同黨忠誠。咸能貫徹其主義精神。將國內殘暴軍閥。完全打倒。掃滅南北。演成統一。軍政告一段落。訓政得以開始。全國民衆。共達自由平等之地位。呼吸於青天白日淨潔空氣之中。幸何如之。福誠大哉。值此雙十慶節。全國統一。百凡民衆。應感知革命偉人之宏賜發揚。民爲邦本之責任。舉凡身體鍛鍊。眞理鑽研。道德實踐。藝術愛好。職業改進。政治活動。均宜奮勉力行。以充實其知識。完固其人格。庶幾黨國團結。外患掃除。民族民權民生三大主義。早期有完善之解決。願邑人共勉之。

●雙十節全國統一國慶紀念感言

（芝雲女士）

誰也夢想不到，今年的國慶紀念，又夾着一個全國統一紀念！近這是要何等熱烈地普天同慶啊！

回憶先總理領導着許多先烈，和萬惡清政奮門時候，經過多少次的失敗，多少次的犧牲；黃花崗一役，不知流着多少血，拋却多少頭顱，才得辛亥革命的成功，造成這偉大的國慶紀念！豈

慶祝雙十節全國統一紀念大會特刊

料民國以來，內訌外患，歲無寧日，殘暴軍閥，陰謀政客，起而割據，祇圖一已私慾，置家國如危巢而不顧，東西紛紜，南北構戰，十七年來，民不聊生，到現在北伐已告成功，全國已是統一，軍閥匿跡，政客潛形，新社會，新中國的建設指日可到了。我們要維持這個統一的局面，使中華民國永久統一，不再發生分裂的現象，那末我們不可這知形式上的統一，而不注意精神的團結，意志的合一。要曉得十七年來的中國，並不是形式上的分裂，是精神上的分裂，形式上的統一，不算統一。精神統一才是真統一。所以希望此次統一以後，舍形式而取精神一致府民衆統一意志，謀政治上的建設，犧牲個人意見，擁護民衆利益；一致奮起抵抗外來的侵略，同心同力，爲國爲民，繼續先烈遺志促成國民革命中華民國才有永久生存的希望。所以我們慶祝統一紀念也不是形式的表示而在乎精神的團結。民衆們！我們從今天起要統一我們的意志，集中我們的力量，在一條戰綫上前進呵！

●全國統一後的雙十節（施織孫）

久不開口的我，昨天應拓華同志會的招，就到會一走；碰着華君晉吉，他來徵集我雙十節特刊號的文章，我笑着對他說：狗嘴裏落不出象牙；請幾位識廣見博的朋友多做幾篇罷，他說你無論如何要請做一篇來。那末我只好把七嘴八搭胡言亂道的東西來糟榻紙張，厭煩觀衆，

（34）

慶祝雙十節全國統一紀念大會特刊

慶祝二字，是中國頂普通的一句忻歎語，什麼都用得着，但是今天的慶，是國慶，是四萬萬民衆共同的慶祝；我國專制政體之遺毒，害了民衆有幾千年了，回想到十七年前的今日，革命黨領就黃克強先生在武昌起義，推翻專制，建設共和，不數月間，民意大張；嚮應的遽然有十餘省，把幾千年專制政體的毒；一旦掃除，救四萬萬人民在水深火烈之中；試想，這是何等偉大的舉動？所以雙十節這一天，在中國革命史上可稱最光榮的一頁；也可以說是中華民國開國紀元的一天，這還不值得紀念嗎？

但是我們慶祝雙十節，先要紀念造成雙十節的一般先烈；當辛亥之役的革命，除推翻滿清外，旁的工作簡直沒有做下去；所以辛亥革命祇可算民族革命的成功，對於民生民權並沒有絲毫成績，因此釀成了十七年來的內亂，袁世凱做洪憲黃帝啊，吳佩孚想武力統一啊，此仆彼起弄到一榻糊塗，人民所受的痛苦可說比專制時代還要利害，這種不澈底的革命，從嚴格說起來：也可算得革命的失敗啊！

總理是本黨革命的先覺，他惟一的革命主義，就是三民主義；最重要的，尤在求中國之自由平等；使四萬萬民衆都能得平均的利益，辛亥革命既然沒有澈底，總理的主義當然不能實現；於是養成一般軍閥，一般政客，蠻橫不法，弄得國幾不國，民不堪命，同胞們受到的痛苦，何異於洪水

刊特會大念紀一統國全節十雙祝慶

猛暇，他們爲了地盤主義，爭權奪利，利用土匪式的軍隊，屠殺人民，死屍山積，唉！這個罪惡少不了歸罪於那的政客，和軍閥，現在軍閥政客都打倒了，然而不鑄頭角的共產黨，還在到處利用農工，殺人放火，搗亂治安，應當如何去纖滅他，剷除他，却還是一個大大的隱憂；所以我們今天紀念十七年度的國慶，快樂的固然應當紀念，悲痛的也不可忘記，說句笑話：如果把十七年來的一筆槍炮軍餉，以及民衆的一切損失等費，拿他的代價，做在建設上呢；我認爲至少可以同美國的紐約，法國的巴黎，比較一下呢；我記得去年今日曾經和大衆說，這一次慶祝紀念，是要使我們去努力革命工作，完成最後的目的，救出北方軍閥鐵蹄下的同胞們來；待到明年這時候，我們的慶祝紀念，豈不是更覺有價值了，誰料一霎時，竟到了這一天，最後的目的據然達到，軍閥政客悉數打倒，共產黨亦在嚴厲的撲滅；青天白日的旗幟，遍豎於全國，所以敢說今天的紀念，是十七年來所未有的紀念。在這紅燈綠彩，萬衆喧騰的慶祝聲中；最要記到的有二點：『一我們飲水思源，民衆能夠有今天的自由解放，是先總理的一生苦心孤詣，和無數武裝同志的熱血換來的；得之非易，保之宜慎。』『二現在已經到了訓政時期，國民黨的忠實同志們，應該萬衆一心一致團結起來；緊緊的握着手一共同向光明的大路上進展，建設三民主義的新中國；那末纔不負造成雙十節一般先烈的熱血，配得上我們來同唱慶祝的歌啦。』

今年的國慶

（須小山）

在星期一的下午就是國慶日的前二天，某學校的閱報室中，比平常更爲熱鬧。那班在那裏休息着，還沒有上課的先生們，各展其懸河之口，滔滔不絕的談論起來，好似噴水泉這般的向四處亂噴。人人臉上，更都含着一派歡樂之容，這大概因爲國慶日將到，又可得到一番熱烈的慶祝機會罷，所以自然而然的，談到這國慶問題上去了

甲道：『今年的國慶，確和往年不同。往年我們一般小民，都被踐踏於軍閥鐵蹄之下，不勝憔悴呻吟之苦。國事更是弄得一塌糊塗，名說共和政體，其實非驢非馬，和君主專制沒有什麼兩樣，那有可慶之理！今年可大大不同了，本部諸省固已脫去了軍閥的羈絆，歸由國民主政，東省蒙古也有來蘇之望。這樣，全國一統，青天白日之旗，滿樹東亞，這眞應大大的慶祝一番呢。』

乙道：『而且還有一件可慶的事，便是恰恰在這國慶將到之時，五中全會，結果美滿，政府實行五院制度，從此組織嚴密，中央鞏固。而海外國民黨老前輩以及各地同志，都來首都，協助政府，從此一德一心，團結起來，而使訓政時期，放出鮮明之花，還怕三民主義不能實現麼！』

丙道：『就是在外交方面講起來，也十分樂觀，實在可以慶祝的。原來各國因我國民政府統

一全國，內部逐漸團結，政治逐漸清明，知道不可再如從前的橫加欺侮壓迫，所以外交空氣，爲之一變，對於不平等條約，多願修改；侵略山東的倭兵，分期退回；而古巴美利堅且首先承認政府，這不更算得是件快心之事麼！」

丁道：「便在民政方面講起來，也是豁然改觀，和從前大不相同，難道不可以慶祝得麼！我們別的不必講，祇講貪官汚吏，已知匿跡，土豪劣紳，雖半芟薙，吾儕小民，業已受賜不少了」

當衆人談鋒四起的時期，獨有兀坐一隅的戊先生，却默然不說一句話。其實，他正想着中山先生『革命尙未成功，同志仍須努力』的兩句話，覺得何等的可以鼓勵，奮發向前。所以他以爲今年的國慶，雖比往年的來得可慶，然而也不可一味的焰然自滿呢。但是衆人那裏了解得他的心思，倒怪他對於這個國慶節，爲何興味這般的淡薄，竟一句議論也不發。有幾個刻薄一些的，竟呼他是冷血動物。他只是笑而不答。

●今年雙十節爲什麼要開紀念大會

（雄雞）

中華民國十七年了。今天已經是第十七個雙十節了。

可是從前的十幾年。南北構兵。民無甯歲。雖年年有雙十節。年年舉行慶祝。這是南方一部分民衆的舉行慶祝。並非普天同慶。那時北方的一般民衆。都是被壓迫於萬惡的軍閥下面。天天過那水深火熱的日子。累得一般愛國民衆。雖站在青天白日旗幟之下。也不得不替北方同胞悲痛。時掬同情之淚。所以每逢雙十節的慶祝。沒有一個不是哭喪着臉。說許多牢騷話。一般喪氣的態度。就是一般樂天派看見了。也免不得要轉喜為悲了。這種慶祝。徒傷志上之心。實無價值之可言。今年(民國十七年)則不然、軍閥都被打倒。北伐完全告成。南北政治領袖、雙方實行攜手。全國民衆。都已脫離火坑。大家站在青天白日旗幟之下。可以一致舉行慶祝了。這是南北真正的統一。實屬難能可貴。這是要舉行慶祝的原因。

南北統一的時期。恰逢雙十節。雙十節是武昌首義的紀念日。追本溯源。凡欲紀念革命。總要紀念這革命成功的一天。而南北的真正統一。在民國十七年中。今年却是第一次實現。那麼雙十和統一。都極有慶祝的價值。全國民衆因為他們值得慶祝。所以特定雙十節舉行大規模的慶祝。開慶祝雙十節和南北統一的紀念大會。無非是伸慶祝。表紀念。示不忘罷了。

成人後的中華民國

(趙熙秋)

講到中華民國的產生。實在是不容易。他的媽媽孕妊在身上的時候。實足有三十多年。當懷孕的時候因為他媽媽身體虛弱的緣故。常常弄倒疾病叢生。寢饋不安。到了辛亥年十月十日幸而沒有流產。中華民國竟呱呱墮地了。當中華民國產生的時候。頭角崢嶸。智慧伶俐。不同凡人。好一個甯馨兒令人贊賞不止。不料剛過一二歲。中華民國身上生了一個帝制毒。毒逾蛇蝎。中華民國被他吸精吮神。身體日漸尫瘠。大有懨懨待斃夭殤的樣子。幸而她的媽媽善于撫育。立即聘請國內有名的內外科醫學博士內修外補。把奄奄一息的中華民國起死回生。然而中華民國出了帝制毒以後。身體終是日漸羸弱。不是頭上生了一個疽。潰爛作痛。便是足上生一個瘡。舉步維艱。弄得體無完膚。急得他的媽媽一面遍請國內名醫日夜診治外。一面還自己研究醫學。用什麼三民人參湯。建國再造丸等等。日夜作爲中華民國的補劑。可是他的媽媽因爲奔走勞瘁。在六十歲的時候竟致患病不起。幸而他媽媽的同志和朋友，都不忍頓失怙恃的中華民國無人撫育。就繼續他媽媽的遺囑用三民人參湯。建國再造丸等——唯一的救中華民國的良藥——去滋補中華民國。中華民國服了這藥身體逐漸強健。在十六歲發育正盛的時候。服了這些補品。身體更加強健。到今年十七歲就內症差不多完全消滅。外症雖然不能說是完全除掉。然而能夠暫時不發。羣人見中華民國能於九死一生之中轉否爲泰。化弱爲強。在他第十七次誕辰——就是今年十月十日——都歡呼騰躍地去慶賀他。祝頌他。我們在這天可以到處看見鮮明的黨國旗高懸於空際。紅綠的紙燈。蕩漾於簷下。快樂的歌聲。充塞乎耳中。諸位想中華民國在今日何等地快樂。何等地被人家值得慶祝他。然而中華民國的病症雖然大半已去。但是在久病之後。病體的血液裏面，還有一部份有很惡劣的細胞。所以凡我民衆還要想法和中華民國打兩針血清。把這惡劣的細胞盡數殲滅他。一面還要想法使他身上的外症，根本除絕他。使他不復

此之謂國慶

（敭）

這一次的國慶紀念，——是全國統一後的第一個國慶日——當然是空前的盛典；做國民的，應該怎樣熱烈的去慶祝她；但是全國縱是統一，國慶雖足紀念，老百姓的痛苦，依舊還沒解除，黨政的糾紛，還是爭執不已。矮賊的野心，至今還未稍懈，弄得一個大好的中華民國，雖說是革命已經成功，其實還是渾亂不堪的局勢，豈非一回很可痛心的事麼？

不過，國家的改建，當然要經過一番很可怖的內亂，并且外患也要隨之而生，人民的痛苦，自然不必說了！中國自從鼎革直到現在，好似一個小孩，她自有生以來，便備受疾病痛苦，無日不在顛沛流離之中，現在革命已經成功，猶之他已成年，百病漸癒，從此她一定可以日漸健全起來，消除一切痛苦，這是值得慶祝的？

再生。到那時候我們眞正可以大慶而特慶這中華民國了。現今中華民國正在發育強盛之時代。祇要略加調養。來年定可百病消除。養成一個強壯自由之身。到那時候我們眞正要普天同慶中華民國了。

十七年國慶祝歌

（費錫胤）

烈烈烈！轟轟轟；
東也如醉又如狂，西也歡聲似雷動，
美麗啊靑天白日滿地紅，
光明啊燈綵燦爛耀大空；
爲的是光榮雙十節，
爲的是北伐告成功，
爲的是中華江山歸一統，
不分南北與西東
軍閥呢消聲匿跡，
民賊呢無影無蹤，
帝國主義者也將退避三舍，
不敢霸道逞強兇！
光榮，光榮，是我們無上的光榮！
慶祝，慶祝，宜其典禮隆重！
今日裏，鬧盈盈，熱烘烘，處處撞起自由鐘，
自由鐘聲大且宏，喚起自由神駕臨吾亞東。
平等神博愛神先後喜相逢，
走遍中華江山，引導四億民衆；
向那光明和平之境，自由世界之中。
到那時，人人相親相愛，樂也融融；

欣看 處處鼓舞昇平，永息兵戎

吾中華 雄飛宇宙，

吾中華 民族光榮！

再看我泱泱大國之雄風，

吹遍全球，萬國景從，

我將登崑崙之巔，歡呼着：

「天下爲公」

「世界大同」

—七·十·五·草於錫中實小

吳嘉女士

●贈雙十節

四千年沉沉的黑夜，

經了許多專制魔王的浩劫，

忽然現出一線光明；

許多迷路的人們，

都從此得着救星，

雙十節啊！你是四千年來黑暗專制魔王的救主！

⊕ ⊕ ⊕ ⊕ ⊕

十二萬萬的民衆，

世界上三份之二的領土，

滿佈了凶惡豺狼的爪牙，

忽然現出一線光明；

許多被壓迫的民族，

都快得解放了，

雙十節啊！你是世界上十二萬萬被壓迫民族的權主！

⊕ ⊕ ⊕ ⊕ ⊕

漫漫長夜，
沉沉密雲，
籠罩着冷靜的大地，
月落星沉的天空，
閃爍着一點星光，
經了多少的腥風血雨，
現出歷史上一頁最光榮的紀載，
雙十節啊！你是在冷酷黑暗中掙扎出來的。

⊕ ⊕ ⊕ ⊕ ⊕

我今朝，
熱血洶心的爲爾慶祝，
歡天喜地的爲爾吶喊，
怎麼慶：
臉兒笑盈盈；
怎麼喊：
山崩如怒濤，
雙十節啊！你應該永存千古，光照萬世。

十，五，作於縣指委會民訓會

(胡文琴女士)

●雙十節之慶和慨

呵！鮮血染紅着的雙十節，
又閃躍在我的眼簾裏了！
慶祝，慶祝，
慶祝的聲浪，震動了蔚藍色的穹窿。

⊕ ⊕ ⊕ ⊕

歡讌裏，我獨蘊擒着淚水，
在壘壘的坟墓間徘徊；

慶祝雙十節全國統一紀念大會特刊

墳墓裏靜悄悄地躺着，
血染了國慶日的先烈！

⊕ ⊕ ⊕ ⊕

呵！『你們勇敢的烈士！
提起三尺龍泉劍：
剷除了荊棘，殺盡了「滿凶」
替我們建設了光明的社會——共和』

⊕ ⊕ ⊕ ⊕

『你們的碧血，染殷了沙場上的枯草；
你們的頭顱，填塞了敵人的戰壕；
你們的奮勇，摧喪了「滿虜」的靈魂；
你們的鎗彈，鑽進了敵軍的腦殼……』

⊕ ⊕ ⊕ ⊕

呵！呵！『你們犧牲了鮮血和頭顱，
只換來今日的慶祝！
而你們的墓前，長滿了荊棘！
嘆息着為沒人來打掃……』

⊕ ⊕ ⊕ ⊕

『一年一度的大慶日，
亦沒有杯酒來祭祀；
妻子離散，父母流離，
亦沒有人來憐憫……』

⊕ ⊕ ⊕ ⊕

只聽得：
墳裏勇敢的骷髏，
懺悔着：

「未曾斬盡這……」

國慶日有感

（謝致和）

（一）

我們渴望着的「全國統一」，
到如今纔能欣欣地實現；
已往的民族革命—政治革命，
到今日方纔得能完成。

（二）

大地已滿佈着青天白日的光明，
全國的民衆，正在熱烈的歡歌同聲；
我們希望將來的國慶，
要祝「經濟地位的自由平等」。

（三）

但是，我還要問：
「軍政過了，訓政開始：
已破壞的事業，是否重行建設？」
恐怕還要照着孫總理說：
「革命尚未成功，
同志仍須努力！」

（四）

國慶「所以」慶國」，
究竟什麼值得我們紀念「慶祝？
因爲今日之得以開着鮮妍地「革命之花」，
完全是靠着身忘殉國的「先烈之血」！

無錫民衆慶祝雙十節全國統一紀

念大會宣傳大綱

△辛亥革命之背景
△辛亥革命事略
△辛亥革命之成功與其失敗
△辛亥革命後之中國
△辛亥革命後之本黨
△今年國慶應有的認識與努力

（一）辛亥革命之背景　溯自產業革命以後。帝國主義者挾其侵略之手腕。征事宰制世界上弱小民族。由歐洲而漸播東亞。東亞諸國。除日本由維新而得免于危亡外。皆有早不保暮之勢。際此存亡危急之秋。吾國清廷不自奮發。反粉飾虛張。不修政治。先進諸烈士睹此危象。爲自求生存計。集合同志。揭櫫革命。以冀拯斯民於水火。免國家於危亡。革命運動。遂一發而不可復遏。是以辛亥革命。實滿清政府與帝國主義交壓下之反響也。

（二）辛亥革命之事略　自辛亥三月廿九一役以後。各省義軍。風起雲湧。黨軍因廣州一敗再敗。乃轉謀武漢入手。於是派陳英士同志等奔走長江流域。會四川鐵路改歸國有之議起。清政府加以高壓。民情大憤。彭澤藩楊宏勝等諸先烈。認爲時機已至。密謀起義。乃派人赴滬請黃克強等來鄂。不意事機不密。爲提督張彪所探悉。劉楊等俱殉難焉。先進諸同志莫不憤慨。遂於十月十日在武昌起義。武昌新軍炮兵工程營熊秉坤首先

慶祝雙十節全國統一紀念大會特刊

開槍發難。革命軍推黎元洪爲湖北都督。各起義軍。紛紛響應。不數月先後光復十餘省。革命成功之迅速。爲世界史上所未聞。

（三）辛亥革命之成功與其失敗　革命成功之要素。不外乎「順乎天」而「應乎人」。辛亥以前。滿清專制中國。對於滿蒙回藏大多人民。無不盡其高壓之能力。故一般人民。感於韃虜之凶橫。迫於專制政體之束縛。知非驅除韃虜推翻專制政體。不足以救中華於垂亡。拯斯民於水火。惟其痛苦愈深。革命之志愈堅。故義旗一起。不旋踵而清室亡已。清室既亡。黨員惑於『革命軍起，革命消滅』。對於總理之主義，總理之方略。民衆革命之力量。本黨自身之組織。均置於不顧。從此都成泡影。釀成十餘年擾攘情形。甚至本黨幾瀕於危矣。

（四）辛亥革命後之中國　辛亥革命。既如是之不能徹底。遂有袁世凱之圖謀稱帝。張勳之復辟。馮國璋徐世昌之毀法。曹錕吳佩孚之狼狽盜國。段祺瑞張作霖之盤據北京。十餘年來。連兵結禍。不顧國家之垂亡。勾結帝國主義。釀成十四年之五卅慘案。沙基慘案。十五年之萬縣慘案。十六年之漢口慘案。及今年五月三日之濟南大屠殺。環顧國內。滿目瘡痍。社會紛擾。險象叢生。如斯景況。觸目皆是。苟不急起挽救。將何以爲國。

（五）辛亥革命後之本黨　辛亥以後。袁世凱

慶祝雙十節全國統一紀念特刊

竊據北京。解散國會。毀法稱帝。總理乃將國民黨改組為中華革命黨加以嚴密之組織。與袁賊作不斷之奮鬥。卒倒袁賊。總理知革命已往之失敗。由於組織之不健全。黨員之缺乏訓練。遂於十三年改組中華革命黨為中國國民黨。並於十三年一日召集第一次代表大會於廣州。正式成立中央執行委員會。自革新以後。三民主義遂能普遍宣傳於民衆。革命勢力。以此突飛猛進。勢如破竹。乃共產黨從中擾亂。牽制革命。本黨為自衛計。為救中華民族計。毅然厲行清黨。今者全國已告統一矣。回憶自十五年秋正式出師北伐以來。殉難諸烈士。不知萬幾。有今日燦爛之中華民國。全國統一之雙十令節。皆數萬烈士之碧血有以造成也。吾黨黨員宜如何努力奮鬥。使中華民國能獨立自由屹然永立於世界？

（六）今年國慶應有之認識與努力

全國軍閥已由竭力掙扎而至于消滅矣，十餘年來之分裂局面。已告閉幕。吾黨黨員當竭其能力使黨內日臻于團結。中華民國為中華民族人民之國家。決非封建時代一二人之國家。國民政府為全國人民之政府。全國人民。當熱烈擁護。使其能按班就步。由軍政而訓政。由訓政而憲政。由憲政而漸躋于民有民治民享之國家。當茲歡呼慶祝之時。更數言以告者。辛亥革命失敗之原因。由於本黨自身組織之不健全。而今而後。須統一吾黨之意志。集中革命力量。嚴密黨之組織，使一切惡化腐化份子。無從侵入。積極從事建設事業。並扶植民衆于本黨領導之下。鞏固實力。打倒帝國主義。使青天白日之旗。飄搖於世界。與日月同不朽。方不愧乎今日之慶祝！

編餘話

我記得民國十六年的國慶紀念，也是發行特刊．當時范君望淵和小子擔任編輯，他的內容．大都覺得空空洞洞似乎很不切實，到了這一回國慶紀念，我又做出獨腳戲來了．那麼唯一個宗旨．要主張切實一些，不過我是有力無用處的，結果還可說比較去年的許多文字，要特殊一點。

當時間很倉促的時候．要整理這許多作品非常爲難，並且各有各的論調，各有各的意見，終算便宜了我，先睹爲快，增加着不少的智識，胡彬蓁柳岸吳伯明諸君的著作，是有具體辦法的，還有姚必垂王同壽諸同志的作品，都很有見解的我們在縱觀之餘，應當容靜了一回，把他的意味，仔細研究一下，不辜負許多先生的熱心發表意見，

（夢）

無錫民衆慶祝雙十節全國統一紀念大會特刊

中華民國十七年十月十日

編輯者　華　等

發行者　無錫民衆慶祝雙十節全國統一紀念大會宣傳委員會

印刷者　無錫中華印局

非賣品

無錫民衆慶祝雙十節全國統一紀念·標語口號

——我們認清下面的標語——

一·雙十節是推倒滿清政府的紀念日
一·雙十節是反抗帝國主義的紀念日
一·雙十節是本黨從事革命的紀念日
一·雙十節是總理領導革命的紀念日
一·雙十節是三民主義革命的紀念日
一·慶祝雙十節不要忘了總理革命的精神
一·慶祝雙十節不要忘了中途犧牲的先烈
一·慶祝雙十節不要忘了辛亥革命失敗的原因
一·慶祝雙十節不要忘了阻撓革命的帝國主義
一·慶祝雙十節不要忘了民衆應負的責任

——我們高呼下列的口號——

一·慶祝偉大的雙十節　一·完成國民革命
一·慶祝革命的雙十節　一·實現三民主義
一·慶祝北伐完成　一·國慶紀念萬歲
一·慶祝南北統一　一　中國國民黨萬歲
一·總理精神不死　一·中華民族萬歲
一·革命諸先烈精神不死　一·三民主義萬歲

無錫民衆慶祝雙十節全國統一紀念會宣傳委員會製定

錫社一覽

錫社編

《錫社一覽》不分卷，(民國)錫社編印，民國十四年(一九二五)七月鉛印本。

錫社是以『提高邑民常識，促進無錫社會生活』爲宗旨，以『堅毅、合作』爲信條的社團組織。民國十三年(一九二四)一月二十九日成立於公花園『池上草堂』。當時僅有社員繆斌、楊蔭瀏、陸定一等十四人。同年七月五日召開該社第一次暑期大會時，社員增至五十一人。民國十四年七月十一、十二日召開第二次暑期大會時，社員包括秦邦憲、榮偉仁、薛明劍等在内已有九十五人。在執行委員會之下，分設社務、出版、經濟、教育、宣講、調查、婦女等七個委員會。秦邦憲任執行委員、組織部主任和社刊『無錫評論』編輯部主任。《錫社一覽》即爲記載該社當時基本情況而編印。内容包括：錫社宣言、錫社解剖(錫社的工作)、社史、社員對於本社意見之一斑、本年度錫社進行計劃、錫社章程、民國十四年暑期大會議決案、社員録等。錫社是民主革命階段無錫的重要社團組織，成員來自各階層，以後又劇烈分化，社員中不乏近現代重要歷史人物。故《錫社一覽》是研究無錫近代史重要的第一手資料，頗具文獻價值。

本書據民國十四年七月《錫社一覽》鉛印本影印。

(沙無垢)

錫社一覽

錫社一覽目錄 民國十四年七月印行

錫社一覽 1

錫社宣言

（一）

我們站在這燦爛的地球上，受着天然賦給我們的眞理的培養；我們感激着這天然，更感激這眞理賜給我們的精神上的爽快。我們很覺得應該依着天然賜給我們的眞理，一部分相當的工作，供給人間的缺少。這樣，便可不負這天然所分配給我們宣傳眞理的責任。

我們懷抱着上述的願望，便覺得有行使這義務的必要，但是我們既生長在這山明水秀的無錫，——我們的故鄉——我們行使這種應盡的義務，便當從無錫起程。使這山明水秀的無錫，更加着眞理的光明，昭耀在大地。

無錫在物質上的進步，比較的算是發達；但是因爲缺少智育，德育的培養，空氣中混沌着陳舊的腐氣，街市上滿露着腐敗的氣象，社會上含藏着奸邪淫惡的黑幕，我們沒有一刻不感到一種深刻的刺激。所以組織這『錫社』，依着眞理的精神，先辦這小小的月刊。以提高國民的常識，促進無錫社會生活爲宗旨。對於市政，教育，工業，商業，科學，和社會問題等，都有提議，討論，和批評的責任。

我們本了「堅毅，合作」的精神，在社內「共同協謀，」不受任何一方面的支配；在社外與本邑父老兄弟姊妹們同負「增高無錫地位」的責任•

（二）

炮聲聽夠了，馬路上燒殘了，喪妻失子，扶老攜幼，東竄西逃的痛苦吃夠了，紙老虎的模範縣拆穿了！醉睡而糊塗的無錫人也該醒醒了！

但是糊塗而無恥的無錫人却還在做他的黑甜之夢；哀鴻嗷嗷，遍野待哺，還要圖飽私囊，尅扣着賑款；兵革遍地，盜匪出沒，還只在歌功頌德，諂諛獻媚，博取顧問咨議；在猪圈牛欄裏眼看着姊妹們被人强奸霸佔，却還在談着似是而非的哲學，做着似通非通的戀愛詩；明明自己是個地方上的大紳士還看得見五色旗的招展，却偏要得意洋洋的掛着美國旗在門前•唉！「哀莫大于心死•」稍有一些人心的青年們，見了這種現象，誰能不太息流涕而怒髮衝冠呢？！

唉！光榮的黃金時代早已去得遠了！職工失業，教育停頓，精華全毁，文化倒行，凡我們以前所自詡自負着的，現在都那裏去了呀？所留着的，只有思想淫靡的風俗，十一二世紀遺下的陳死人，狡黠浮滑的鬼蜮青年，這種現狀，在有些人心的青年見了，豈是搖頭太息所

能了的？•

所以我們要進一步主張，把我們所有的眞情，所有的熱血，來打破這種『陳腐殘破』的現象，挽回我們『已失的光榮』，恢復我們『已死的人心』•

所以我們在這種情形之下，第一步工作是：

『抱着一腔沸騰的熱血，一種嚴肅的態度，一副公正而尖銳的眼光，以及坦白的胸懷來批評一切社會上的鬼蜮伎倆：「頑固的頭腦，汚濁的輿論，離奇的形態，萬惡的行爲•」我們不知勢與利，我們亦不怕勢與利，我們不怕摧殘，我們亦不怕犧牲，我們只知把沸騰着的熱血，一洗那「陳腐殘破」的汚跡•』

這是無錫評論第二年的第一期，又是刧後的第一期出版，我們敢恭恭敬敬把我們這小小刊物今後應持的態度，——也就是有些人心的人們應持的態度—告訴我親愛的讀者先生們•

『嗚呼！

無錫還是人的世界嗎？

無錫社會還是過的人的生活嗎？

惡風怒濤排空的打來，

紙老虎的模範縣已經拆穿了。
願我們青年一致努力，
共拿出——
眞的情，
熱的血，
大無畏的精神。
來修理彌補此已穿的紙老虎——故鄉無錫。」

錫社的宗旨是：
提高邑民常識；
促進無錫社會生活。
錫社的信條是：
堅毅，
合作。

錫社解剖

錫社自從成立以來，所作所爲，處處可以表顯他的宗旨：——提高邑民常識促進無錫社會生活。然而還有許多人在那裏懷着滿腹狐疑，把錫社當做一個莫明其妙的結合。哈哈！這是什麼話？雖然，我們從沒有天天喊着我們要怎樣，我們要怎樣，像傳教的牧師天天喊着他的上帝似的宣傳。然而葫蘆裏賣的是什麼藥？我想只要看這葫蘆裏所已倒出的是什麼藥，便是賣的什麼藥了。但是我們所得到的結果，却還有許多猜疑和驚奇的光芒及聲浪，從社會的深深處傳來。唉！可是一個團體存在着，而使人懷疑，這個團體一定要遇着許多不幸。所以我不得不略略地把錫社來解剖一下，使邑中人士都了解錫社是怎麼一回事；這也是社會所驅使着叫我說的。

在沒有說到錫社現在的眞相以前，先得把錫社的來歷，赤裸裸地供獻一下：

去冬冬天，幾個負笈他鄉的我們，在談話中間，感到我們故鄉一種日趨華麗的景象，足使我們無錫人得意，但在無錫社會的背景上視察一下，却又不覺慄慄危懼，毛骨悚然起來了。我們不必拿別的來觀察，只須把無錫人所常常當做出面寳而常給人家稱贊着的幾件說說就夠了。

6 錫社一覽

大凡到無錫來游歷的外鄉人，他第一件恭維我們的話，總是說：無錫的工商業眞發達；無錫的教育眞發達； 無錫山明水秀，眞不愧爲文物之邦。 一條滬甯路上，除了上海之外，第一個地方，總要說無錫。 唉！恭維的時候，我們誰不覺得很可自豪？但是我們老實想一想，無錫的工商業究竟發達到什麼程度？ 所有的工廠都現着什麼一種現象？ 一般商人都是具着一種怎樣的人格？ 怎樣的程度？ 教育是比較的發達，對着外鄉人可以說幾句門面話了。 但是邑民的普通常識是怎樣？ 社會上的生活是怎樣？ 倘使我們在街上遇到學齡兒童，是否都是在學校裏的小學生？ 即便遇到了小學生，對於學校裏的工課、能不能回答出所學過的三分之一二？ 走到可使我們自家的光復門外，我們看見的是怎樣？ 狹隘的城裏，更不必說了。 眼見工商業發達的文物之邦的無錫，一天一天的在那裏開着倒車，直向墮落的軌道上去。 社會上的流氓，一天多似一天； 嫖風賭風，一天甚似一天； 那守着家財家勢的紈袴子弟，也只日見增加。 教育機關成爲敷衍着的養老院； 商店成了浮蕩子弟的養成所。 城內的路燈，常常有許多不見放光； 坑廁只見增加起來； 沿街的屋簷上，搭滿了袴子襠；足上踏夠了垃圾堆； 公園成了上海的游戲場； 縣知事踱到城隍廟裏去求雨； 這都是什麼一種現象呢？這就是我們無錫人可以時時自豪着的現象麼？ 處在這種社會裏面，有些腦筋的人們，應當覺得何等地悲憤而自愧呀！

我們明知自已的能力是有限，但決不能對於自已的故鄉　處於旁觀的地位。　所以聚集一些同志，組織這個錫社，把這個大大的責任，便自已揹上了。　能否有效，當然不能預料；但只得盡自已的力，對着自已的宗旨做去就是了。　只要覺得可能，錫社是永遠要勇猛的做去。　錫社不怕危險，不怕勞苦，不怕威權，不怕任何困難；　錫社不被威脅，不爲利誘，不尙權利，不講情面，不染私心，不因稱譽而自滿，不因攻擊而自餒；　凡是良心上覺得是的，都應當大刀闊斧的狠狠幹去。　因爲覺得這都是人人應盡的責任；　見應盡的責任而不做，那簡直是什麼人呢？

所以錫社所作所爲，都憑着以上所說而做的。　現在我們已竟做的：平民學校，學術演講會，無錫評論，平民，錫聲，錫鐘等附刊；五卅案發生，我們也加入了後援會的隊伍；一方面我們出版一張血淚潮，做我們的喉舌。　這所做過的種種乃是依着我們宗旨而做的一部分的工作。　人家總以爲這幾種是錫社的全體事業，那曉得這是錫社起頭所做的小小部分？服務的事業，何嘗是限於這幾種呢？　社會的狀況，日新月異的變着，錫社的工作，當然也是層出不窮的了。

人家說：錫社是什麼黨派的機關；且有少數人藉着這句話做這無聊而無意識的譏評。哈哈！這句話是從那裏說起？說這句話的人，究竟懷着什麼用意？是否有意破壞，淆惑社會觀聽，阻止錫社服務地方的熱誠，不願意邑民常識的增高，不願意無錫社會生活之促進，不願意無錫日新月異，永遠做中國全國的模範縣，而甘處於保守退化劣敗淘汰的地位？那是我不得而知了。

不過我有一句話要提醒你們的：「不論何等人組織的團體，假使這個團體能做好事，正正當當的用他們十二分的熱誠和毅力，向光明的路上去的，你們便該鼓勵他們，或同他們合作，不該存着沒理由的妬忌，造着無根據的謠言，鬼鬼祟祟的去破壞他。」

現在外面有許多人對着錫社懷疑，探頭探腦的向門縫裏廝張。咳！你們既在那裏狐疑，爲什麼不堂堂皇皇的敞着大門進去，問一個請楚呢？爲什麼只管狐疑着，站在門外打轉，胡亂地猜度，造出那種不三不四的謠言，去謊騙人呢？天下的事，不問不明；好像一本書，不去細細地看過，怎知他的內容？你們對着錫社也應該如此。因爲這樣，我們對於社員的取舍，是很嚴格的。社員並不是登着廣告招來的，也不是雇着人拉來的，乃是用觀察的考驗而登記的。考驗的標準，便是：

(一)是否贊成本社宗旨
(二)能否同我們堅毅合作
(三)是否有真誠的入社意志
(四)平日行爲有沒有對於本社宗旨信條與精神有相反的地方
(五)是否有本社社員二人以上之負責介紹

凡是一個清正淨潔的會社，做清正淨潔的工作的，其中份子，也必清正而淨潔，否則便永遠拖泥帶水，爲人家口舌，與人以破壞的機會。 本社收錄社員，始終抱此宗旨，即有缺陷，也在想法彌補，務期使這錫社通身潔白，沒有一些斑點。

錫社的範圍是無限制的。 錫社的事業也是無限制的。照現狀論，我們的事業雖只如此，但是後來究竟怎樣，連我自己也不知道。 不過總可以自信，不使無錫在這進化的軌道上開倒車就是。

錫社的工作是
扶弱，耡强；
除舊，佈新。

社史

(一)成立

本社於民國十三年一月二十九日成立於公苑之池上草堂。當時僅有社員繆斌；王啓周；許廣圻；許慶圻；孫祖基；孫祖宏，趙谷音，楊蔭瀏，顧穀同；顧穀宜，楊樹仁；高祖武，陸定一，楊文炳等十四人。議決以『錫社』爲社名；以『提高邑民常識；促進無錫社會生活』爲宗旨；以『堅毅合作』爲信條；此三項；以後永不改變。又議決簡單之社章七條（見第三期無錫評論），並舉定職員如左：

（主幹兼會計）繆斌　（書記）王啓周　（編輯）孫祖基楊蔭瀏趙谷音

自該日起，本社常從整頓內部，發展社務方面進行，至今不懈。故一月二十九日爲本社之『紀念日』。

(二)改組

同年三月二十一日，本社開改組會議於南洋大學。將社章略加修改，又重舉職員如下：

（主幹）繆斌　（書記）高祖武　（編輯長）王啓周　（編輯員）陸定一　許慶圻

（總發行）孫祖宏　（駐錫經理）許廣圻　（會計）楊樹仁

錫社一覽 11

又議決出社刊一種，定名「無錫評論」，月出一張，以實行「提高邑民常識」之宗旨，即於四月一日出版。然經費甚絀，全賴零星捐款，勉强支持，幸社員合作，自出版後至今，未稍停頓。近且刷新內容，改張爲册，月出二期矣。

(三)第一次暑期大會以後

同年七月五日下午二時，開暑期大會於縣教育會。此時社員已增至五十一人。復將社章大加修改，較前更形完善(見第五期無錫評論)。舉定職員如下：

(主幹)王啓周　(會計)楊文炳　(駐滬書記)孫祖基　(駐錫書記)沈定瑛

(總編輯)許廣圻　(編輯)安劍平　華立　顧翏同　(總發行)孫祖宏　(發行)王昌祺　蔣寅生

又議決以職員組織行政委員會，爲大會後評議執行之最高機關。本社現行之委員制，即造端於此。自大會後，社員日多，且辦事者均能精神煥發，社務因是蒸蒸日上。茲略述之：

(一)敦請邵力子，葉楚傖，何世楨，吳山，陸禮華，李權時，吳稚暉，繆斌(社員)，開學術演講會於縣教育會。

(二)七月十日，假蘇民報餘勇欄編輯「平民」週刊，以鼓吹平民教育。由華立主任之

12 錫社一覽

・後以九十月間齊盧之戰，該報停辦，本週刊亦隨之消滅。

(三)七月十五日，本社平民學校，始於冉經橋第七國民學校行開校禮，由華立等主持之。後亦因齊盧之戰，與平民週刊同時停辦。幸許廣圻，沈全畲，吳紹基，蔣文祺，朱六才等之奔走，於十四年三月中旬，假南門光華小學，重行招生開辦，學生甚盛。

(四)七月二十一日，假錫報之小錫報欄出週刊一種，定名『錫聲』，以研究文藝思想為要旨。不幸第二次齊盧戰興，錫報停版。『錫聲』亦因以告終。

(五)八月四日五日，本社以經費不足，特舉行募捐隊五隊；又開音樂跳舞大會於第三師範，開空前之大觀焉。

(六)十一月九日，南洋大學分部成立，該處有社員十八人，委顧毓琇為部長。

(七)十一月十六日，無錫市分部成立，委施織孫為部長

(八)十一月　　日，本社又假無錫新報編輯週刊曰『錫鐘』，以評論邑事藉補無錫評論之不足。該報因第二次齊盧之戰停版，本刊遂絕。

(九)十四年六月六日，泰伯市分部成立，委吳幹初為部長。

錫社一覽

（十）十三年年底　本社因社所無定址，頗以爲苦，擬舉行大規模之募捐，以建築之．惟在未曾建築之前暫假縣議會爲社所焉．

本定於十三年寒假中舉行大會，重定社章，改選職員；適遭齊軍焚掠，社員等忙於守城救護等事，奔走倉皇，未克實行；遂將任期延長至十四年暑期大會而止．在此一年中，除上述數事外，本社對於民氣之鼓吹，民衆運動之指導，均盡力貢獻，略具成效．

（四）第二次暑期大會以後——現狀

社務既日見加增，社員亦大增；惟苟不將內部加以整頓，則基礎不固，社務之發展，亦難希冀．爰於十四年七月十一十二日開第二次暑期大會於縣議會，將從前簡章變更廢棄之，而改定新章．內部之組織，完全用委員制（見本編社章），藉收合作之效．現有社員九十五人．舉定職員如下

執行委員——王啓周（委員長）許廣圻　安劍平　孫祖基　秦邦憲　尤蘊渭

顧毓琛　華　立　沈定珙

「一」社務委員會執行委員——許廣圻

「1」組織部主任——秦邦憲

[illegible]錫社一覽

「2」文牘部任主——錢福康

「3」交際部主任——薛明劍

「4」庶務部主任——蔣文祺

「二」出版委員會執行委員——安劍平

「1」編輯部主任——秦邦憲

部員——華　立　陸定一　許慶圻　戴耕庸　尤福楷　吳

蓁彭　秦宏濟

「2」發行部主任——蔣寅生

部員——陳伯安　曹朗西

「3」圖書部主任——錢福康

「三」經濟委員會執行委員——王啓周

「1」徵收部主任——秦壽焜

「2」會計部主任——沈景華

「四」教育委員會執行委員——華　立

「1」平教部主任——沈全崙

部員——許廣圻　朱六才　秦惜華　顧慕陶

「五」宣講委員會執行委員——孫祖基

「1」學術部主任——孫祖基

部員——徐明德

「2」通俗部主任——薛卓中

「六」調查委員會執行委員——顧毓琭

「1」工商部主任——吳紹基

「2」農村部主任——馮耕庸

「3」普通部主任——楊文炳

「七」婦女運動委員會執行委員——沈定璞

「1」學生部主任——施曉霞

「2」家庭部主任——祝靜貞

上述各委員會，均在依照進行計劃積極進行中「見本編各委員會進行計劃」除在「無錫評論」社

16 錫社一覽

務。報告欄內逐期登載外，當於明年社史中敍述之。社史至此，暫告一段落。

「五」進步之大概

在此一年半中，本社之進步，有如下列：

「一」社員從十四人至九十五人：

「二」社章從極簡單之七條，至現行之社章；

「三」社務從編輯一張『無錫評論』至現在之七委員會十七部；

「四」範圍從一簡單之集合至現在之分社三處「一」泰伯市分社

「二」南洋大學分社

「三」福新第七廠分社

通訊處十一「一」東吳法科　「二」東南大學

「三」暨南大學　「四」上海大學

「五」唐山大學　「六」揚名鄉

「七」天上市　「八」萬安市

「九」景雲市　「十」福新一廠

「十一」奉天邊紹

社員對於本社意見的一斑

——以暑期大會前收到者爲限——

此次本社塡新入社表，各社員都有很好的意見發表，現在一一列出，以示社員對於本社所抱的態度。但是這許多紛歧的意見，請諸位社友要去比較一下，然後定出一個結束；依着這結束，大家抖擻精神，各自向前衝上去，不要怕。前仆後繼，永遠不倒退。

施織孫 減省形式；注重實際。

華藝鄉 謀精神上的團結。

吳幹初 希望從速籌集經費，建築社址，以便永久固定；然後切實對外發展，指導社會進步

吳千嘉 希望設立分社，以便對外發展；改革社會風化。

張正覺 整理內部；從事發展。

錢福康 要希望對外發展；須先從籌集經費起。

方起鳴 希望促進無錫各種事業。

顧穀同 希望致力於主義上之宣傳事業，以圖大規模之發展。

許廣圻 （一）革命事業，先從家鄉做起，錫社只是一個起點罷了。

18 錫社一覽

（二）希望社員都能澈底了解本社的過去，現在和將來，本社所負的使命，又和我們最終的目標。

（三）希望大家先努力於社員精神上的指導和訓練。

（四）希望社員們都自告奮勇，成爲一彪生力軍，向現有的社會衝去。

莊蔭梧 希望各社員精神團結，使得社務蒸蒸日上。

方友鶴 羣而不黨。

姚導新 願望是社爲錫邑之導新者。

秦邦憲 （一）希望本社能爲民衆的利益而奮鬥，爲被壓迫階級而奮鬥，所以第一要打倒一切侵掠壓迫的大小侵掠者。

（二）要放大眼光，做民族解放的工作；不僅止於家鄉改造。

上述是我對於本社最大的希望。

王啓周 （一）希望社員監督社務。

（二）希望全體社員抖擻精神，內謀團結；外與惡社會奮鬥。

（三）希望職員各負其責勿懈。

錫社一覽 91

許慶圻　首須提起全社社員之注意合力向無錫努力進展，然後再事其他。

顧毅宜　（一）對內社員須有不斷之鍛鍊，務使人人有熱烈之愛社心。於本社之目的，人人有明確之了解。

（二）對於外本社純爲平民的團體，無階級之色彩。

高祖武　願社員有一分力，盡一分職：毋霸佔，毋旁觀，毋假公濟私，毋以私害公。

孫祖基　（一）擴張社務。

（二）注重協作及建設事業。

（三）無謂之社務可取消。

孫祖宏　（一）本社宜於社會事業上有建設的供獻。

（二）內部組織宜聯絡社員聲氣不致隔膜

楊樹仁　內部一致，遵守社中信條，固結團體，然後一致向惡勢力攻擊。

楊文炳　堅固團體，作强有力的對外。

秦宏濟　（一）本社應先有縝密而適應現時的組織。

（二）社員應該有充分的聯絡。

（三）社務不要染灰色。

安劍平　（一）精選社員分子。

（二）先謀内部堅實，然後對外發展。

徐明德　先事鞏固錫社自身，然後對於錫邑教育，社會上事業一一發展之。

吳壽彭　對外發展。

秦壽焜　關心國事及社會事業，竭力整頓徹底改革，以期將來成爲勢力雄厚之團體。

馮曉庭　本社出版之無錫評論，當取法現代評論，多登小說，以增讀者興趣。

顧毓琮　（一）本社的章程速速製定。

（二）本社對於社會應盡力貢獻。

（三）本社的工作是引導人們同環境奮鬥。

（四）希望本社社員各自好好修養，無論學識上，精神上，都宜加一番工夫去鍛鍊。

（五）希望本社社員的團結十分鞏固。

（六）希望本社出版物的增多。

華　立　（一）希望在最短期間内，產生一完美之社章。

(二)鞏固內部團結。

(三)對於社會事業應積極進行。

(四)對於社會現狀有所不滿。應取商榷及建議的態度。

(五)社員間應設法聯絡如在評論上闢社員通訊欄等。

孫保基　(一)社員宜實行堅毅合作。

(二)對社會有宜改革處，應取貢獻商榷態度，切勿信口批評，有傷感情於社會。

(三)宜實事求是、勿過于理論着想。

榮溥仁　努力從事。

衛　杍　希望本社勿多作空虛之批評，對於社會做實際的改革。

錢同洵　希望各社員努力合作。

沈景華　希望速即整理內部，俾可對外發展，以達改良。社會之正義。

曹朗西　希望各社員堅守信條，堅毅合作，以成就偉大事業。

薛卓中　(一)本社無錫評論，應取法嚮導週報；對於國事，亦應加以充分批評，並加入詩歌一欄，以引起人生的興趣。

22 錫社一覽

(二)社員應互相督責，如果一社員作出不良舉動，人格發生問題時，其他社員應立即提出公斷，取消其社員的資格。

陸定一　本社須致全力於組織農工及有職業者。

周駕山　謀地方幸福及本社之發展

尤福涓　願大家不避險阻，不畏艱難，從事改造的工作；以期本社成一个眞正革命的團體

王爻元　願共謀社會幸福

許鳳華　改良社會

王樂水　希望社員同心協力，勿生異心，庶本社永垂不朽。

蔣嘉祥　(1)先成立詳細章程，規定應做事業，限期舉辦。
(2)社員自身應切實訓練，培養人格，勿貽人口實。
(3)對外宣傳，應取和平商量態度。

沈定誠　望速組織女子部，以便與女界聯絡。

沈全崙　無偏無黨，實事求是。

施晴雲　無錫評論，還望以極顯的文字，使一般平民都能領略。

錫社一覽 23

辥明劍 輔助社會，改造人心。

周光中 以合作之精神，改良社會。

蔣寅生 務使本社為本邑惟一民衆團體。

蔣文祺 謀幸福於社會，除不良是我們的天職。

周玉坤 全心合作

胡寒茄 打倒社會，黑暗事業。

秦惜華 多做實在事業。

張振先 振興實業，提倡教育。

鄒民樂 宜言行一致。

李鳳曦 希望各社員遵守信條，團結對外，以達改良社會目的。

施錫其 社員應做的事業，不要諉之他人，宜於社會多所建樹，勿儘紙放言高論。

曹啓東 遵守信條，團結內部，切勿言行相背，一致努力進展。

顧毓瑞 希望本社努力子婦女運動。
對于社員之徵收，務取嚴格。

本年度本社進行計劃

我們並不是求個人的福利，我們爲的是闔邑的名衆，我們求的是未來的新無錫，所以我們想做的只是實事。

我們雖然不能知道我們的結果，我們却可以預定了最近時期內應做的計劃。做我們第一步工作上的預備，所以我們不得不把我們正在預備進行的事實，在此發表。一方面，使社會上免除懷疑，一方面也可以使我們未結合的同志們，得以明白了解，給我們以一點指導的助力。在本年七月十一日的全體大會裏，把社章重新訂定了之後，我們內部的組織，已大大的改變，我們分了七個委員會，十七部，分別負責一切社務。下面便是各委員會正在預備進行的事實。

（一）社務委員會

關于社務方面要急于進行的事很多，因爲要輔助各委員的進行，不得不把幾件基本而切要的先進行。

（一）社所公共會堂　錫社設有社所，開會起來，只能東借西借，好像一個無家可歸的遊子；無錫沒有公共會堂，民衆要一個集合地點都沒有，而所謂提高邑民常識的社會事業，也無

錫　社　一　覽

從下手；這是誰也感到困難的。　現在這社所公共會堂的建築，雖經大會通過，而在進行募捐，所以我們在這最短時期內，第一件志在必行的，便是使這社所公共會堂的實現。

(二)社員　本社成立，一年有半，社員尚未滿百人，雖然未免遲鈍，而在本質上講，以前所取方針，還未免太濫。所以我們從社務委員成立之後，社員的徵求，當然要努力，但對于新社員的人格才識，尤須絕對的嚴格；而對于社會上許多未結合的眞同志，更是十二分注意。

(三)分社　我們的志願，本是要結合有志于地方改進的同志，而與地方上一個大大的革新。所以我們對于各地的同志，更是竭力徵求。　我們章程上既然有了分社的名目，所以我們預定在這一年中，促進本邑各市鄉以及旅外各地分社的成立。

(四)對于社員意見的徵求　社會是進化的，團體決不能不跟着變化？所以以後規定每半年徵求社員對於本社之意見一次：以決定本社前進的路程。

(二)經濟委員會

處現在的社會，無論什麼，離不了經濟。雖然各部進行得很好，而經濟獨不能支持，眞委員會二十元，社務方面一切零用雜費，大約年需百元，而所有一切學術演講調查等費，還不在內。所以除把社員年納之每人社費一元，作爲社務方面一切零星雜費外，每月開支的最抵限度，需洋約六十元；合一年計之，則需七百元之譜；而尙未能于一切社務上稍事擴充。倘能成立基金一萬元，存儲可靠機關，用利不用本，還可以稍事擴充。所以募集基金，實是刻不容緩。

（二）社費的徵收　社員散處各地，要將社員應納社費，立時收集，本是難事；所以現定此後決由徵收部函託各分社，各通訊處常務委員分頭徵收，彙交徵收部。

（三）募集社所公共會堂建築費　既經大會議決；卽當刻不待緩，所以二萬元之大募捐，更是急需努力。

（四）款項支付　凡本社各執行機關向本委員會支付款項，均以每個委員會爲單位，由各負該責執行委員塡就收條，簽名蓋章，向本委員會支取，惟年費不得超過預算。

（三）出版委員會

出版物是全社的喉舌，本委員會也可說是全社的喉舌；本委員會的精神就是全社的精神。下面便是最近的計劃。

錫社一覽　27

(一)無錫評論　我們決用全付精神，維持這無錫評論，既由本委員會議決改爲半月刊，那麽無錫評論對于無錫社會，必將更加親切，所以今後我們所取的態度是：

1.注重理性的批評，少發感情的語調；

2.多論事實，少發空言

(二)發行事宜　全社的精神，雖然全寄在這無錫評論，所以發行是很緊要的了。我們在這最近時期內的計劃是：

推廣鐵路，徵收廣告，冀本委員會的經濟得以獨立。

(四)教育委員會

在這羽毛未豐的錫社，對本邑的教育事業，抱有無限熱烈的志願，望改革的路上走去。可是限于實力，只能對于教育界用我們的喉舌，給以一種貢獻。一待羽毛稍豐之後，便將努力于教育的改革。在最近時期內所能盡力的，只是我們已辦的平民學校。

我們已辦的平民學校，第一屆已經畢業；以後決再辦二所，並定以後每年招生二次：第一次在三月招生，暑期畢業；第二次暑期招生，冬初畢業。能使本委員會經濟獨立，不受經濟委員會之節制，則敝所希望，而校數之增添，尤是我們急待努力的事。

(五)宣講委員會

我們的宗旨是提高邑民常識，所以宣講這一件事，是我們惟一的工具。所以我們對于知識階級，已舉行學術演講，對于民衆，想舉行一種通俗演講。學術演講，我們在去年已舉行過，今年也已舉行了一次有統系的軍事教育演講。而我們的計劃中，還想舉行外交常識，和法律問題等等演講。並且希望在最短時期內，將我們的演講錄彙印出版。

至于通俗演講，現在還在培養羽翼的時期，預備一年之後，成立幾個鄉村巡遊的通俗演講隊。

(六)婦女運動委員會

我們除了在去年九月中出過一期無錫評論婦女號之外，對于婦女運動，雖然時時有人提出注意，但從來不曾具體表示過。今年大會中修改章程，因爲社員意向，對于現在無錫的婦女界，似乎不能不注意，並且不能不努力于婦女運動了；所以這婦女運動委員才成立。

我們對于婦女運動，分了兩部，但在這婦女運動剛才萌芽的無錫，更在我們這初創的委員會中，簡直說不到分部進行。現所急于進行的是：

1.徵集女同志，加入我們這提高邑民常識的隊伍，打破女子吃飯不管事觀念。

2. 注意于無錫各女校的教育，借我們的喉舌—無錫評論—給以一種文字的貢獻，使當局有所省悟，以冀改革于萬一；一方面使在校的學生們覺醒，知道自己現在所處的地位，和自己應負的使命。

3. 努力擴充我們的隊伍，使他稍有力量。

倘若我們已成立一個稍有力量的隊伍了，我們將再進行我們進一步的工作，那麽才說得到婦女運動。

(七)調查委員會

無錫沒有確實的調查錄，所以也沒有確實的統計。做了無錫的智識界中人，倘若有人要問到無錫確實的情形，眞是連自己也莫明其妙。我們要促進無錫的社會生活，但是無錫的社會生活，現在是怎麽樣，恐怕誰也不能有詳實的答復。所以我們現在預備做的是是：

1. 調查各鄉的農村狀況和缺乏，而設法給以扶助。

2. 調查本邑工商業狀況和缺乏，而促其自覺。

3. 調查本邑普通民衆之生活，和缺乏，以補助通俗演講之進行。並調查各地各學校，各機關之情形手續，以爲本社後日設立介紹部之預備。

末了，我們已經赤裸裸地把我們在在進行的表示了．能否完全成功，雖然不能絕對武斷，但是自己還可以信得過．

錫社的目的是：

追隨世界進化潮流，

打倒一切惡勢力；

攻破一切鬼蜮伎倆；

創造光明燦爛的新無錫．

錫社章程

第一項　總綱

一、定名　錫社

二、宗旨　提高邑民常識促進無錫社會生活

三、信條　堅毅合作

第二項　社員

四、資格　凡了解本社宗旨願守本社信條者皆有入社資格

五、手續　經本社社員二人以上負責介紹塡就入社表及志願書再經本社執行委員會之審查與通過

六、責任　凡社員均負下列各項責任

(一)絕對遵守本社社章及履行本社社員大會及各委員會之議決案

(二)盡力擁護本社發展社務

(三)負本社經濟上之責任

七、權利　凡本社社員均有下列各項之權利

（一）發言權表決權
（二）選舉權及被選舉權
（三）糾察及彈壓權
（四）本社全體大會及各委員會所規定之一切權利

八、懲戒　凡社員有下列之行爲者得由社員十人以上之提交執行委員會或由執行委員會自動的覺察酌量輕重提出相當之懲戒
（一）不盡其應盡之責務者
（二）個人行爲有礙於本社名譽上精神上及社務上之一切者

九、出社　依據前條約社員經提出執行委員會後得由多數委員表決而令其出社其自願出社者須具理由書由介紹人證明提交執行委員會審查而通過之

第三項　組織

系統　本社組織系統如下表

錫社

全體大會

執行委員會「委員長」

特別委員會

社務委員會「執行委員」

經濟委員會「執行委員」

出版委員會「執行委員」

教育委員會「執行委員」

宣講委員會「執行委員」

婦女運動委員會「執行委員」

調查委員會「執行委員」

各地分社—常務委員「各地通訊處—通訊員」

文牘部—「主任」—「部員」
庶務部—「主任」—「部員」
交際部—「主任」—「部員」
組織部—「主任」—「部員」
徵收部—「主任」—「部員」
會計部—「主任」—「部員」
編輯部—「主任」—「部員」
發行部—「主任」—「部員」
圖書部—「主任」—「部員」
平民教育部—「主任」—「部員」
其他—「主任」—「部員」
學術演講部—「主任」—「部員」
通俗演講部—「主任」—「部員」
普通調查部—「主任」—「部員」
工商調查部—「主任」—「部員」
農村調查部—「主任」—「部員」
學生部—「主任」—「部員」
家庭部—「主任」—「部員」

第四項　全體大會

十一、常會　本社每年規定冬夏各開常會一次由執行委員會定期召集之以全體會員過半數爲法定人數以執行委員長爲主席以文牘部主任爲記錄

十二、臨時會　凡遇有特別事故經社員二十人以上之提議或由執行委員會之議決得臨時召集之

十三、職權　全體大會爲本社最高機關其職權如下

(一)修改本社章程
(二)議決本社一切應行事務交執行委員會施行之
(三)彈劾及質問執行委員
(四)審定預算查核決算
(五)選舉執行委員
(六)組織特別委員會而審定其辦事規則

十四、特別委員會　本社遇有特別事故得由全體大會組織特別委員會其中一切均由全體大會酌定之

第五項　執行委員會

十五、組織　由全體大會舉出委員九人組織之

十六、職權　執行委員會爲全體大會休會時之本社最高機關由委員長臨時召集之其職權如下

（一）舉行全體大會之議决案

（二）總理全社一切事務

（三）審查新社員而通過之

（四）通過本社各部主任部員而委任之

（五）審查各主任各部員及各社員而督察之

（六）决定全體大會日期而召集之

（七）解釋社章

十七、委員長　由委員互推對外代表執行委員會而施行一切對內主席全體大會召集執行委員會而主席之

十八、統屬機關　執行委員會統屬七個委員會依照第三項第十條組織表推舉相當委員負責組織各委員會執行社務

第六項　各委員會

十九、組織　各委員均以所屬各部主任及執行委員一人組織之

二十、職務　分列如下

（一）社務委員會　凡不屬於各委員會之一切零雜社務均由本委員會負責統理之暫分四部

甲、組織部　收發社員志願書及入社表答覆詢問本社之情形及調查各地社員而促其分社及通訊處之成立並保護本社各種圖籍

乙、庶務部　司理本社一切雜務

丙、文牘部　保管本社一切文件繕寫一切對外公函記錄全體大會及執行委員會之議案繕印本社一切通知及報告書而交庶務部

丁、交際部　司理一切對外交際事宜而努力於本社宗旨上之宣傳

（二）經濟委員會　專司收付及籌措本社一切款項以及徵收各社員社費造成預算決算清冊交執行委員會而報告于全體大會暫分二部

甲、會計部　專司本社一切經濟上之收付稽核各部細賬造成預算決算報告大會

乙、徵收部　徵收本社各種社費及特別費交于會計部

(三)出版委員會　司理一切出版物而編輯發行之暫分三部

甲、編輯部　司理一切編輯事務

乙、發行部　司理一切發行及廣告事宜

丙、圖書部　司理本社一切出版物之對外交換事宜及一切社有書籍之保存

(四)教育委員會　司理本社對於非智識階級之教育施行事宜暫設一部

甲、平教部　設立平民學校維持而發展之

(五)宣講委員會　專司邑民常識上及本社社務之宣傳暫分二部

甲、通俗演講部　因調查委員會之報告而作通俗演講以提高邑民常識而爲本社實際上之宣傳

乙、學術演講部　研究學術舉行演講以發展本邑智識階級之思想

(六)婦女運動委員會　專司本社對於本邑婦女界之聯絡及宣傳事宜暫分兩部

甲、學生部　專司對於學生方面之聯絡及宣傳

乙、家庭部　專司對於家庭方面之聯絡及宣傳

（七）調查委員會　司理本社對於本邑一切調查事宜而彙集報告於執行委員會暫分三部

甲、農村調查部　調查本邑本鄉農民生活狀況

乙、工商調查部　調查本邑城鄉各地工人商人及工商業狀況

丙、普通調查部　調查普通民家生活狀況

二十一、各部主任　由各委員會執行委員敦請後再經執行委員通過委任而報告於全體大會

二十二、各部部員　由各部主任自行酌量敦請交執行委員會通過而委任之

二十三、任期　以上各委員各主任各部員任期均以一年爲限連舉者連任

二十四、開會　以上各委員會均由各該委員會臨時召集之

第七項　分社及通訊處

二十五、分社及通訊處　本社于社員滿五人以上之各地設分社不滿五人者設通訊處由組織部襄助組織之

二十六、職員　分社設常務委員一人通訊處設通訊員一人均由該地社員推舉經總務委員會提交執行委員會通過而委任之

第八項　經費

二十七、經常費　本社經常費由社員負責項目如下

（一）社員每人年納社費一元於暑期大會時一次徵收

（二）社員之經濟獨立者得捐其百分之幾爲特別社費

二十八、特別費　遇必要時經大會議決得舉行向外募捐

第九項　附則

二十九、議決案　各項會議須有出席人數三分之二以上之通過方爲議決案

三十、各委員會各分社辦事細則　由各自訂定交執行委員會通過之

三十一、修改　本章程如有未妥善處得於全體大會時經社員十八以上之連署方得提出修改之

十四年度暑期大會議決案

「一」社務基金募集辦法公決暫分八隊每隊十人最低額隊募二百元總額爲一萬元推定顧毓琇沈景華孫祖基許廣圻尤福渭蔣寅生沈定瑛楊文炳等爲隊長詳細辦法由隊長另定之

「二」定製徽章問題公決赴滬甚製格式由執行委員會決定之

「三」聯合縣教育會市教育會通俗教育館等舉行衛生運動案公決舉行一星期

「四」社旗問題公決由社務委員會辦理之

「五」改良本邑公共閱報處所案公決由教育委員會辦理之

「六」督促市警兩當局改良市政案公決由原提議人及連署人說明詳細意見交執行委員會辦理之

「七」聯合各團體請求市總董公布歷年賬目案無異議

「八」注意市鄉宣傳案公決交執行委員會辦理之

「九」調查各大學中學內容及招考辦法以便介紹社內外人士之入學及轉學案公決交普通調查部辦理之

「十」聯合外交後援會組織國貨展覽會案通過

「十一」宣傳中國近百年來之外交失敗情形公決由宣講委員會撰布文字開外交問題演講會

「十二」通過鼓吹救國青年軍案

「十三」追認請楊宗康王昌琪出社

「十四」平民習藝所擱議

「十五」另設駐社辦事員擱議

「十六」關防由執行委員會辦理

「十七」泰伯市分社經費由社務委員會議定

「十八」無錫市分社問題由社務委員會解決

「十九」印刷本社章程由社務委員會担任

錫社的精神是：

「富貴不淫，

貧賤不移，

威武不屈；」

「苟日新，

又日新，

日日新。」

無錫社會的病源

甲、貧苦的人，無受教育的機會！

乙、智識階級，見不到適應潮流的書報！

丙、普通民衆，聽不見合乎潮流的公共演講。

丁、教育機會，不容納活潑新鮮的思想！

戊、當權的人，不肯放棄他狡猾的自殺政策！

己、有勢的人，不肯換去他灰色的近視眼鏡！

邑民的缺乏

甲、缺乏國家及世界觀念！

乙、缺乏自由思想！

丙、缺乏各種學識的研究！

丁、缺乏科學的智識！

戊、缺乏民治精神！

己、缺乏公共道德！

庚、缺乏組織能力！

社員錄

——以姓氏筆劃爲次序——

姓名	通信處（一）	通信處（二）
丁惠康	上海靜安寺路丁福保醫室	上海愚園路㢊衖
尤福渭	無錫北門小三里橋尤家埂班船肆	
王爻元	揚名鄉私立培本小學	南京北極閣東南大學
王汝霖	無錫泰定橋十六號	上海閘北福新第一廠
王秋舫	無錫西門棉花巷	上海崐山路東吳法科
王啓周	無錫虹橋南五十八號	南京下關惠臨里
王煥辰	無錫昇平巷	上海閘北福新一廠
王樂水	無錫城內虹橋南五十八號	上海
方友鶴	無錫城內中市橋巷十一號	
方起鳴	無錫八士橋	
江祖岐	無錫南門外瀨團緒	留美
朱雲	無錫南市橋巷育才衖	無錫陳家橋天上市第一高小

44 錫 社 一 覽

吳子嘉	望亭后宅轉吳澄橋	
吳紹基	無錫南市橋南首十五號	無錫泰孚絲廠
吳幹初	望亭后宅轉吳澄橋	望亭后宅第一校
吳壽彭	無錫東湖塘	上海南洋大學
李鳳曦	上海新閘大通路福新七廠	
沈全崙	無錫鳳光橋沈裕泰號	
沈定瑛	無錫鳳光橋一號	無錫小婁巷縣女師
沈景華	無錫楊名鄉青祈徐祥巷	上海福新七廠
安劍平	無錫安鎮	
施錫其	無錫小婁巷	上海上海大學
施織孫	無錫稅務前	南鄉青祈培本小學
施曉霞	無錫中市橋十四號	
周光中	無錫周涇巷	
周玉坤	無錫電話公司	

錫社一覽　45

周鶴山	無錫懷上市陳墅	眞茹暨南大學
袁公夷	無錫推官牌樓	
祝靜貞	無錫小婁巷三十八號	
胡健生	無錫壩橋	上海南洋大學
胡蹇茄	常熟辛峯巷	無錫梅村强家橋泰伯市第五校
莊鳳岡	無錫南門外跨塘橋	
姚導新	無錫陳墅	無錫崇安寺新新書局
徐明德	無錫城內稅務衖	上海尚文路第二師範
馬　穎		
秦邦憲	無錫城內觀前街	
秦宏濟	無錫城內箬葉巷二號	
秦惜華	無錫城內大河上廿二房	無錫三皇街市十一校
秦壽焜	無錫太伯市后宅	上海大通路福新七廠
華　立	無錫留芳聲巷	上海南洋大學

46 錫社一覽

華鍔		無錫鳳光橋
華藝薌	無錫北鄉北七房	南鄉青祈培本小學
華汝成	無錫留芳聲巷華實甫醫室	留日
許廣圻	無錫中市橋巷	
許慶圻	無錫中市橋巷	上海南洋大學
許鳳華	上海康腦脫路康樂里六八二號	
陸淦	無錫張涇橋	
陸定一	無錫西河里九號	上海南洋大學
陸鳳彻	無錫南門內百歲坊巷	上海江灣復旦大學
高祖武	無錫城內神仙橋九號	上海南洋大學
馮耕庸	無錫治社	無錫陳家橋天上市第一高小
馮曉庭	無錫前洲鎮	吳淞中國公學
鄒民樂	無錫望亭轉后宅鎮	
曹啓東	上海江西路五十八號福新公司	

錫社一覽 47

曹朗西	無錫南門外跨塘橋下塘	眞茹暨南大學
陳伯安	無錫北門外石灰場	無錫大橋下復元莊
張振先	無錫城內清寧巷	無錫乾甡絲廠
張　倫	奉天四洮鉄路邊昭車站	
張正覺	無錫南延市茅塘橋	蘇州后橋北上第一棧
張啓明	無錫城內崇安寺	上海南洋大學
孫保基	無錫西門內迎溪橋	上海南洋大學
孫詠沂	無錫石塘灣啓秀堂	上海南洋大學
孫祖宏	無錫萬巷	上海崑山路東吳法科
孫祖基	無錫萬巷	上海崑山路東吳法科
蔣寅生	無錫西河里底	無錫北塘老麗成金號
蔣紹基	無錫河埒口	南京東大附中
蔣文祺	無錫北門內周師巷	無錫南門外泰孚絲廠
蔣嘉祚	無錫小三里橋尤家埂班船轉	南京東大附中

48 錫社一覽

榮溥仁	無錫榮巷承德堂	
榮偉仁	無錫榮巷榮承德堂	
楊文炳	無錫水獺橋九號	上海南洋大學
楊樹仁	無錫城內留芳聲巷二號	
薛卓中	無錫東門外泰隆糰粉廠	
薛明劍	無錫西門內橫街	
薛萬鵬		
衞杼	無錫城內百歲坊巷	無錫八兒巷縣議會
蔡維城	北門外蔡家衖	唐山唐山大學
錢福康	望亭后宅鎮	無錫縣議事會
繆斌	無錫南門內希道院巷口	廣東黃浦軍官學校
顧谷同	無錫耀明電氣公司	
顧穀宜	無錫張涇橋	
顧穀綏		
顧毓瑞	無錫虹橋下一號	南京東大附中
顧毓琇	無錫虹橋下	上海南洋大學

錫社募捐委員會啓事

本社募捐委員會自即日起分隊出發募捐本社基金及社所公共會堂建築費預定總額為三萬元收據上蓋有本社關防及經濟委員會圖章為憑恐未週知特此聲明至希各界慨捐鉅款同襄義舉為幸

後記

無錫是中國吴文化的發祥地。七千多年悠久歷史與文明，造就了『梁溪明秀之區，衣冠禮樂甲於江左』的城市人文傳統和深厚的歷史文化底藴。數千年來，文脉綿延，永世流芳。邵寶在《錫山遺響》序中曾經這樣描述：『錫之爲邑，在三吴間。山水清麗豐曠，生其地者，多沉雅秀整，以文名家，代不乏人。』文化已經成爲這座城市最本色的氣質。爲傳承吴地文明，建設文化名城，進一步彰顯無錫城市内在精神特質，經過幾年的精心策劃，旨在全面整理地方文化典籍的《無錫文庫》編纂出版工作於二〇一〇年全面啓動，二〇一一年起陸續與讀者見面了。

無錫的城市文化曾經爲中華文化寶庫作出過巨大貢獻。顧愷之、倪瓚、王紱、鄒一桂、賀天健、徐悲鴻、錢松嵒、吴冠中，如松秀群嶺，在中國繪畫史上擁有很高的地位；華秋蘋、楊蔭瀏、劉天華、華彦鈞（阿炳），乃韵動天籟，對中國音樂發展發揮了重要作用；李紳、蔣防、尤袤、蔣捷、陳維崧、顧貞觀、嚴繩孫、周濟、劉半農，皆胸懷錦綉，在中國文學史上可謂各領風騷；計六奇、顧祖禹、顧棟高、秦蕙田、嵇璜、錢基博、錢穆、錢鍾書、錢海岳，可稱堂奥廣庭，學造淵源，在中國學術史上卓然大家；顧憲成、高攀龍之東林，唐文治之『國專』，徐霞客之游記，徐壽、華蘅芳之『格致之學』，陳翰笙、錢俊瑞、孫治方、薛暮橋之經濟學，都堪稱中華文化史上的一座座高峰，至今閃耀着炫目的光芒。

深厚的歷史文化底蘊激發了無錫城市的文化自覺。市委、市政府滿懷對鄉土誠摯之情、對文化敬畏之感，以義不容辭的責任擔當，致力於文化强市建設，以科學的理念和方式對歷史文化遺産作全方位的觀照、深層次的發掘、系統性的保護，匯四海之智，舉全市之力，共襄文化建設盛舉。二〇〇六年十二月，無錫市成功申報國家歷史文化名城，標志着新一輪文化意識的覺醒，并迅速轉化爲文化自覺的實踐。近年來，我市全面啓動惠山、清名橋、小婁巷、榮巷、蕩口等五個歷史文化街區和十個古村落保護修復工程，『護其貌，顯其顔，鑄其魂，揚其韵』；鴻山遺址成功保護的經驗被國家文物局譽爲大遺址保護『無錫模式』，并被授予首批國家考古大遺址公園，闔閭城遺址考古發現則確立了歷史上無錫曾作爲吴王闔閭都城的地位；建成開放六十餘座博物館、名人故居和紀念館；對無錫的非物質文化遺産予以重點保護；每年春天舉辦的中國（無錫）吴文化節、中國文化遺産保護論壇成爲文化亮點，享譽海内外。這些舉措遵循規律，探索文化建設體制和機制的創新，形成了寶貴的『無錫經驗』，得到海内外學者、專家的一致肯定。

在注重保護歷史文化遺存的過程中，發掘、整理無錫歷史文獻著作，展示和弘揚無錫城市的思想精神世界，自然而然成爲大家關注的重點。二〇〇六年，市委宣傳部組織無錫文史專家、學者編撰的十七册三百萬字的《無錫文化叢書》正式出版，引起强烈反響，出版後供不應求，在二〇〇八年再版加印。《無錫文化叢書》集中反映了無錫城市文化精華，展示了無錫城市文化特質，彰顯了無錫歷史文化的厚重，同時也告訴人們，文化精神的傳遞是文化繁榮發展的重要内涵，一旦擦去歲月蒙塵，優秀的歷史文化就會轉化成爲取之不盡的精神財富。

爲了進一步彰顯城市歷史文化底蘊，二〇〇七年，市委、市政府將全面系統整理無錫文化典籍擺上工作議事日程，明確提出編纂《無錫文庫》。由于無錫歷史文化底蘊深厚，卷帙浩繁，内容豐富，編纂工作千頭萬緒，要想整理出一部簡明扼要而又内容翔實、主旨鮮明而又文質彬彬的文獻集成，難度遠大於預想。爲此，我們先後成立了《無錫文庫》工作委員會和編輯委員會，加强對編纂出版工作的組織領導與統籌協調，在尊重歷史、尊重規律、尊重科學、尊重專家的基礎上，積極推進文庫編纂工作。編輯委員會經過反復論證，明確原則，綱舉目張，有條不紊地開展工作。充分憑借地方文史專家的優勢，充分發揮高校人文學院、研究機構的作用，充分依靠出版機構的專業經驗，并邀請國内外著名文史專家指導、把關，形成了文庫編纂的工作合力。

在編輯過程中，我們力求使《無錫文庫》成爲經得起歷史考驗的鄉邦文獻集成。

全面規劃又保持開放結構。面對豐富的歷史文化積澱，没有規劃就不可能形成清晰的編纂思路。在前期編纂工作中，編輯委員會經過二十餘次的論證會和專題研討會，形成并確定了《無錫文庫》總書目，明確了收録範圍和内容主體，立足無錫市區，兼顧江陰、宜興，主要體現無錫本土内容，突出人文科學，適當兼顧其他門類。據此，《無錫文庫》收録圖書五百五十餘種，分爲五輯：第一輯『官修舊志』，收編無錫地方志（含江陰、宜興）；第二輯『地方史料專著』，收編反映無錫地方史料的專著與筆記；第三輯『年譜家乘』，收編無錫（含江陰、宜興）地方名人年譜和望族的家譜；第四輯『無錫文存』，收編歷史上無錫作家詩文和專著的精華；第五輯『近現代名家名著存目』，編撰無錫近現代名家名著的書目提要。爲使文庫具有更大的開放度和包容量，《無錫文庫》注重整體設計，在框架分類上既注意整合，又突出重點，考慮到文庫的涵蓋面和系統性；在書目選擇上既注重經典性，又强調代表性，兼顧到圖書本身質量和作者特點；在出版方式上既總體規劃、循序推進，又采取較爲靈活的方式，成熟一批出版一批，不編序號，爲今後增補書目預留空間。

尊重歷史又反映時代特色。《無錫文庫》注重歷史性與時代性相結合，以嶄新的學術角度和現代學科理念對城市歷史文化進行整理和弘揚。編纂工作充分體現對歷史傳統的尊重，儘可能減少評述性成分，杜絶截割、改篡、增删圖書内容，對節選本衹采取作者的自選本。與此同時，以現代學術視野來看待傳統史料，增加收録有價值的歷史資料和文獻，如對民國時期的一些稿本、期刊、會刊、紀念册也予以應有的關注，收入了部分重要的民間史料。

保持原貌又便于讀者查閲。《無錫文庫》除第五輯外，全部采用原版影印方式，力争選擇最優版本作底本，保持文獻著作的歷史面目。爲了便於閲讀、查證、使用、研究，每一輯均撰寫編輯説明，每種書撰寫提要，并編撰《文庫》書目索引。通過這樣的方式，使《無錫文庫》兼具工具書檢索的作用，增强文化典籍整理的實用功能。

如期完成又精益求精。《無錫文庫》作爲一項重大文化工程，編纂工作面廣量大，必須集中力量，一鼓作氣。我們明確，從編纂工作全面啓動開始，花三年時間完成《無錫文庫》出版工作。《無錫文庫》總書目形成後，五輯的書目編纂工作同時開展、整體推進。我們要求，《無錫文庫》編纂出版工作要强化精品意識，力求思想精深、内容精彩、選編精當、學風精良、裝幀精美。文庫編纂出版的每個環節都反復論證推敲，確保經得起歷史檢驗。

《無錫文庫》的編纂出版工作，得到了鳳凰出版傳媒集團的大力支持，鳳凰出版社在版本選擇、編輯出版方面做了細緻的工作；由於《無錫文庫》收録的資料有三分之二散落在全國各圖書館中，中國國家圖書館、上海圖書館、南京圖書館等一批國内知名圖書館爲此提供了積極的幫助；應邀擔任《無錫文庫》學術顧問的專家，都是無錫籍的文化名人和國内一流的古籍研究專家，他們有的不顧年事已高，有的不顧自身工作繁忙，爲《無錫文庫》的編纂工作付出辛勤勞動；《無錫文庫》工作委員會和編輯委員會成員以及編務人員在文庫編纂出版過程中做了大量的工作。在此，謹向他們表示崇高的敬意和由衷的謝忱！

由於《無錫文庫》收録内容涉及範圍廣、時間跨度長，部分書目已經散佚，可利用資料受到限制，加之編輯委員會水平有限，《無錫文庫》的編纂工作難免會有一些疏漏和錯誤，不當之處敬請讀者指正。

王立人

二〇一一年一月